El *Mio Cid* del taller alfonsí

El *Mio Cid* del taller alfonsí:
versión en prosa
en la *Primera Crónica General*
y en la *Crónica de veinte reyes*

Edición crítica de

NANCY JOE DYER

Juan de la Cuesta
Newark, Delaware

Copyright © 1995 by Juan de la Cuesta—Hispanic Monographs
270 Indian Road
Newark, Delaware 19711
(302) 453-8695
Fax: (302) 453-8601

MANUFACTURED IN THE UNITED STATES OF AMERICA

ISBN: 0-936388-72-2

Índice general

Historia de la presente edición

EN FEBRERO DE 1973, EL profesor Samuel G. Armistead, entonces de la University of Pennsylvania, me sugirió como tema de mi tesis doctoral la preparación de una edición crítica del *Mio Cid* prosificado en la *Crónica de veinte reyes* (=*XXR*). Me dio una fotocopia del manuscrito de la Biblioteca de El Escorial X-i-6 (=*J*), ff. 72-102, aprobó mi transcripción de los primeros folios del manuscrito y me refirió al estudio de Theodore Babbitt hecho en los años '30, en que se describen los nueve manuscritos por él conocidos. El profesor Babbitt en julio del mismo año, en una amable respuesta a algunas preguntas mías, me ofreció un ejemplar de su libro y mencionó su "pleasant surprise" al saber que todavía había interés en las crónicas.

A fines de la primavera llegaron a mis manos los microfilmes de los manuscritos de la Biblioteca Nacional, Madrid (1501 = *F*; cambié la sigla de *Ll*, asignada por don Ramón Menéndez Pidal, para evitar una posible confusión con *L*), los de la Biblioteca de El Escorial (I-y-12 [= *N*]; X-ii-24 [= *L*]) y los de la Biblioteca de Menéndez y Pelayo (M/549 [= *B*]; M/159 [=*Ñ*]). Por medio del proceso *Xerox Copyflow* saqué de los microfilmes copias positivas para poderlos manejar con mayor facilidad.

Tras comparar con *J* las lecturas de *NLÑFB*, decidí que el texto de *J* serviría mejor para mi edición. Al igual que *N*, el otro candidato posible en aquel entonces, *J* se lee con facilidad; pero *J* tiene la ventaja de conservar un mayor número de arcaísmos lingüísticos, como puede verse en las "Variantes" de la presente edición. (Véase Cap. V., F. "Valor de variantes.") El otro grupo de manuscritos (*LÑFB*), por haberse distanciado tanto del lenguaje del *Mio Cid* primitivo en verso como de la *Primera Crónica General* (=*PCG*), me pareció menos aceptable.

La noticia de que dos manuscritos de la Biblioteca de Palacio habían sido trasladados a la Biblioteca Universitaria de Salamanca (mod. 2211 [= *K*]; mod. 1824 [= *X*]) me llegó a mediados de octubre en Lisboa, pues en ese momento me encontraba allí estudiando con el profesor Luis Filipe Lindley Cintra, siempre que la inestable situación política permitía que hubiera clases en los meses anteriores al golpe de estado de abril 1974. Noté que *X* se destacaba, entre la familia *JXN*, por la mayor cantidad de lecturas arcaicas emparentadas con el texto poético y el menor número de faltas y errores, pero sus lecturas no ostentan suficientes ventajas para justificar que dejemos el manuscrito

J como nuestro texto base. Esta decisión parece haber influido al Ayuntamiento de Burgos que escogió el mismo para su edición porque "en su favor el ser el más antiguo, conservarse en perfecto estado y estar escrito en una buena gótica redonda...[y] que transmitía el mejor texto ("Manusc.," 53).

Varias veces durante la primavera de 1974 viajé a Madrid, El Escorial, Salamanca y Santander para comprobar lecturas difíciles y redactar las descripciones a la vista de los mismos manuscritos. Transportaba las variantes en una caja de más de ocho kilos, con cada renglón de *J* en una página individual, anotadas las lecturas de cada manuscrito que se diferencia de *J*, y se compilaban por subfamilia al pie de la página. Por entonces añadí al aparato crítico las variantes de los manuscritos relativamente "nuevos" de la Biblioteca Nacional (18416, ant. 1079 [= *G*]; 1507, ant. 2-J, F-124 [= *C*]). En enero y julio de 1974, el profesor Diego Catalán me ayudó con problemas paleográficos y con la interpretación de las variantes para averiguar la filiación de los manuscritos y empezamos a tratar de la publicación de esta edición en la serie *Reliquias de la poesía épica española*. Tuve la oportunidad de estudiar parte del manuscrito de la University of Minnesota (Z946.02-fc981 [=*M*]), gracias a mi madre Josephine Mims Greenwood Dyer, bibliotecaria de la Navasota (Texas) Public Library, quien obtuvo una copia de parte del mismo y de la tesis doctoral de Collins basada en *M*.

Durante el año académico 1974-75 enseñaba en la University of California, Los Angeles, desde donde pude consultar con el profesor Catalán, quien enseñaba en la University of California, San Diego. Durante los dos años dedicados a la preparación de mi tesis doctoral, el profesor Armistead me ayudó con su habitual cordialidad y dedicación, a través de una correspondencia regular, envíos, llamadas telefónicas, breves reuniones en La Jolla, y al final, él mismo entregó mi tesis a la Graduate School de la University of Pennsylvania, en abril de 1975.

La segunda etapa de la elaboración de la presente edición duró siete veces más que la inicial. Me concentré en realizar minuciosas revisiones del aparato crítico y decidí incluir en el libro una edición del texto correspondiente a la leyenda cidiana en los manuscritos de la *PCG* (Bibl. Univ. Salamanca 2628, ant. Biblioteca de Palacio II 429/2-E-4 [=*F*] y Biblioteca de El Escorial X-i-4 [=E_2c]). Rehice la clasificación de las variantes, la introducción y las notas. Fue preciso realizar otro viaje de Texas a España (subvencionado por una beca de Texas A&M University, 1978), para estudiar los textos de la PCG y otros dos viajes a La Jolla para discutir cuestiones editoriales con el profesor Catalán (1976, 1980). En 1980 entregué un borrador de la presente edición al Seminario Menéndez Pidal, donde fue sometido a modificaciones editoriales y fue anunciada "de inmediata publicación" como la "primera contribución post-pidalina a la nueva serie" (Catálan, *Relíquias*, ix). Al no salir a la luz por una multitud de razones, comencé a ocuparme de nuevo de la edición de la leyenda cidiana en abril de 1987, aprovechando la ordenadora para cotejar y analizar el texto.

En 1984, el profesor Catalán me mencionó el hallazgo de otro manuscrito (Caja de Ahorros y Monte de Piedad de Salamanca [=*S*]) que parecía ser de *XXR*. Fue comprobado como tal en 1990 por Pattison y Powell ("Two New") y a fines de agosto del aquel año obtuve una fotocopia del mismo manuscrito gracias a la intervención del profesor Catalán y Mariano de la Campa. En 1991 se incluyeron las variantes de *S* en el aparato crítico y, por su marcado arcaísmo, resulta ser de inestimable valor en el estudio de la prosificación alfonsí y su transmisión textual.

El presente libro se preparó en WordPerfect 5.2 for Windows, con tipografía proporcional y cabe en un disco de doble densidad de 1,392,068 bytes, en marcado contraste con la primera transcripción, que con sus de variantes en papel de tisú, guardada en una caja de cartón portuguesa, pesaba más de ocho kilos. Esta transcripción preliminar me había acompañado como mi sombra por los archivos españoles en 1973-74. El adelanto tecnológico ha superado el primer medio de transcripción igual que, según espero, el presente libro ha podido superar mis esfuerzos iniciales en el estudio de la prosificación del *Mio Cid* en *XXR*.

Agradecimientos

LOS VALIOSOS CONSEJOS DEL profesor Samuel G. Armistead me han sido imprescindibles en la preparación de la tesis doctoral. Su constancia, su entusiasmo y su ayuda indispensables me han apoyado durante las revisiones extensivas que se llevaron a cabo entre 1975 y 1994. Al profesor Diego Catalán le debo inestimables consejos en lo que se refiere a la ampliación del estudio y la inclusión de otras obras del taller alfonsí, así como muy valiosas contribuciones al aparato crítico y copias de materiales del Seminario Menéndez Pidal. Quisiera recordar también la ayuda de los profesores Paul M. Lloyd y Alan Deyermond, y de mis amigos Margaret Winters, George Young, y Ana Valenciano, y mi madre Josephine Mims Greenwood Dyer († 1995), que en varias momentos me han ayudado con el proyecto. Con especial afecto reconozco aquí la eficacia de la Sra. Corina Valdés quien pasó el manuscrito a la ordenadora. A mi esposo, Steven M. Hodge, le debo valiosos consejos referentes al uso de los medios electrónicos.

El profesor Eduardo A. Borges Nunes, de la Universidad de Lisboa, el Sr. Francisco Santiago del Servicio de Microfilm de la Biblioteca Menéndez Pelayo, y el Sr. José de Prado Herránz, de la Biblioteca de El Escorial, se han destacado por su bondadosa cooperación, al hacer asequibles indispensables fuentes manuscritas, al igual que el personal de la Biblioteca Nacional (Madrid), la Biblioteca del Palacio Real (Madrid) y la Biblioteca Universitaria (Salamanca).

Estas investigaciones fueron llevadas a cabo en parte con la ayuda de becas y subvenciones de la Fundação Calouste Gulbenkian, del National Endowment for the Humanities, del American Council of Learned Societies, y de Texas A&M University.

Con la más profunda gratitud por los largos años de paciencia, lealtad y apoyo de parte de mi familia en Texas durante los largos años de preparación y revisión de estas investigaciones, dedico esta páginas a mi familia.

College Station, Texas, mayo de 1995

I
La fuente épica
Y sus manifestaciones cronísticas

A. PROPÓSITO

E L PROPÓSITO DE LA PRESENTE publicación es contribuir al conocimiento de la fuente épica cidiana prosificada en el taller alfonsí, vista en los manuscritos de la *Crónica de veinte reyes* (=*XXR*), siguiendo el texto del manuscrito *J*, con las variantes de todos los demás manuscritos conocidos hasta ahora, y en dos versiones de la *Primera Crónica General* (=*PCG*), manuscritos E_2c y *F*. (Ver Capítulo II, "Manuscritos.") Editamos los pasajes cronísticos basados en el poema épico prosificado, pero no los capítulos o los extensos pasajes que proceden exclusivamente de otras fuentes. Todo detalle del aparato crítico está concebido con el fin de hacer patente la relación entre la fuente épica y sus manifestaciones cronísticas.

B. EL *MIO CID* EN EL TALLER ALFONSÍ

La *Estoria de Espanna* (=*EE*) de Alfonso X, desde la Creación hasta la historia de los Godos (una historia que se prolonga, sin solución de continuidad con la de los reyes "godos" de Asturias), se nos conserva, entre otros códices, en un manuscrito alfonsí de la cámara regia, Esc. *Y-i-2* (=E_1), que originalmente incluía lo que hoy constituye la "mano primera" del manuscrito Esc. *X-i-4* (=E_2), hasta alcanzar la mitad del reinado de Alfonso II el Casto. La segregación de este fragmento final del manuscrito original (*E) sirvió para crear un segundo volumen "regio," que abarcaba la historia desde Pelayo a San Fernando. El nuevo manuscrito E_2 fue compuesto probablemente entre 1340 y 1345, utilizando como núcleo central un manuscrito regio post-alfonsí, que empezaba en el reinado de Ramiro I y que constituye una *Versión amplificada en 1289* de la *Estoria de Espanna* alfonsí (Catalán, *DAX* 326n20). Esos dos manuscritos (Esc. *Y-i-2* y Esc. *X-i-4*), después de reformados a mediados del s. XIV, son el texto base de la edición de la *PCG* publicada por Menéndez Pidal.

Entre las fuentes de la historia del Cid utilizadas por el taller alfonsí se cuenta con la prosificación del *Cantar del Destierro* de un

Poema de mio Cid (=*PMC*) parecido al poema de Per Abbat. Un cronista o bien un equipo historiográfico alfonsí abrevió esa prosificación en varios grados, moldeándola a una perspectiva pro-monárquica y haciéndola conformar al "castellano drecho." E_2 se interrumpe súbitamente en medio de la historia de la conquista de Valencia por el Cid, en el lugar denominado la "laguna cidiana" (f. 198v). A continuación, otra mano del s. XIV interpoló una narración desarrollada, novelesca, e innovadora del monasterio de Cardeña que parece ajena a la *EE tal como la concibió Alfonso X (Catalán, *DAX* 68-69; "Crón. gen." 206). La sección de la *PCG* que aquí reeditamos procede de la parte del códice artificioso E_2; excluimos la narración posterior a la "laguna cidiana" pues refleja el conocimiento de una leyenda del Cid refundida, cuyo estudio no se relaciona con el enfoque en la fuente épica, de interés en la presente publicación.

En la historia del Cid, junto a E_2c, indicando así la "tercera mano" del llamado manuscrito "regio," se reproduce aquí otra versión de la *PCG*, Salamanca *1628* (=*F*), que para caracterizarse y distinguirse de *E*, se bautizó el "vulgar." Por comenzar en el reinado de Fernando I, no es posible determinar si su texto procede también de la *Versión amplificada en 1289* o de una redacción previa "alfonsí."[1] E_2c y *F* se apartan a veces conjuntamente de las fuentes; pero otras veces innovan frente a ellas por separado, alejándose en unos casos E_2 más que *F* del supuesto texto base común y otras a la inversa ("Crón. gen." esp. 302-03). Aunque las lecturas de la versión "vulgar" se citan muchas veces en el aparato crítico de la edición de *PCG* de Menéndez Pidal, no se hace esto de una forma tan sistemática como para que sea reconstruible en su totalidad el texto de *F* a través de las variantes. Aquí damos una edición íntegra de los trozos de *F* basados en la prosificación. Después de la "laguna cidiana" *F* continúa con una narración idéntica en todo a la interpolada en el s. XIV en E_2, por lo que no la incluimos aquí.

El prototipo de esa versión "vulgar" que los cronistas conocieron en una u otra forma también se nota en otras crónicas generales: la

---

[1]La fecha de 1289 consta en una digresión actualizadora añadida (en E_2c, *T, G, Z*) "en la era de mill et CCC et XXVII annos del reinado de Sancho IV" (Catalán, *DAX* 57, 75n9; "Crón. gen.," 202n26). Desde Ramiro I hasta Vermudo III conocemos una "Versión concisa" alfonsí anterior a la *Versión amplificada de 1289*; pero ninguno de los manuscritos en que se nos conserva continúa más allá del fin de los reyes de León, esto es, de la muerte de Vermudo III (*DAX* 172-73). El manuscrito *F* no puede considerarse continuación de esa "Versión concisa," pues no ofrece las mismas características ("Crón. Gen." 202n26).

Crónica de los reyes de Castilla (=*CRC*) y la *Crónica Ocampiana* (=*CO*).[2] *CRC*, en la historia del destierro del Cid, amplía el relato con otra versión del poema épico relacionada con la de Per Abbad (Armistead, "Initial" 180). *CO*, por su parte, vacila entre el texto de *PCG* y *CRC* y, a veces, combina ambos (*DAX* 330n25). Prescindimos de editarlas aquí porque no siguen directamente la fuente épica del arreglo alfonsí, pero nos referimos a paralelos en las Notas cuando resultan de interés.

Cuando la muerte truncó el gran proyecto historiográfico de Alfonso X, la parte final de la historia del dominio cidiano sobre Valencia no había sido concluída. Algunos historiadores de la escuela alfonsí, apreciando el interés popular por la historia castellana--es decir, la historia "moderna" de España--se centraron en un fragmento de la historia referente a unos trescientos años desde el reinado de Fruela II en adelante. El reinado de Fruela II constituye el comienzo del libro V de la fuente principal de este período, *De rebus Hispaniae* (=*DRH*) de Rodrigo Ximénez de Rada. Lo reelaboraron los historiadores alfonsíes como una unidad en sí, usando la inconclusa *EE, junto con las fuentes reunidas por Alfonso X, y completando la obra a la vez que la corregían. Aunque este arreglo sea post-alfonsí, no debe ser posterior a fines del s. XIII o principios del s. XIV (Catalán, *DAX* 188, 202; "Crón. Gen." 205n34; "Taller" 367).

XXR comprende los reinados de Fruela II a Fernando III, siguiendo el arreglo de *PCG* basado en la organización de su fuente principal, *DRH*, Libros V-IX. En lo referente al destierro del Cid, sigue el arreglo común de *EE visto en *PCG*: la misma prosificación abreviada de *PMC*, cotejada con las mismas fuentes (en particular la *Historia Roderici* [= *HR*] y la traducción de la historia árabe de Ben Alcama). Pero en el lugar donde el historiador post-alfonsí de *PCG* de 1289 recogió la extensa historia cidiana novelesca de Cardeña, *XXR* se dirigió de nuevo a la prosificación del *PMC* y de ahí a la del resto del poema. *XXR* abrevia la prosificación muy poco y apenas la ajusta estilística y lingüísticamente, dos etapas en la redacción que borrarían los rasgos de la asonancia. Encuadra la prosificación ya medio-cotejada con *HR* y otras fuentes dentro de un marco cronológico que da pre-eminencia al reinado de Alfonso VI, un arreglo indudablemente comenzado en el taller alfonsí. Al llegar al *Cantar de Corpes* desaparecen las otras fuentes y el marco cronológico, y se presenta una

---

[2] Siguiendo al Prof. Catalán, reservamos el nombre *Crónica Ocampiana* para la cuarta parte de esta historia, que comprende los reinados de Fernando I a Fernando III. Véase *DAX* 192; "Taller" 374n1.

prosificación que apenas redacta, sino para subrayar la restitución del Cid a la "graçia" del rey. Concluye *XXR* con las segundas bodas de las hijas del Cid, o sea, con el final poema de Per Abbat.

Nuestro cotejo de la narrativa cidiana en las diversas crónicas generales confirma que, hasta la llamada "laguna cidiana," en medio de la historia de la ocupación de Valencia por el Cid, las dos redacciones hermanas de *PCG* (los manuscritos *F* [versión "vulgar"] y E_2c [versión "regia"]) y la *XXR*, reflejan una compilación de fuentes y una prosificación de la fuente épica única y común llevada a cabo en el taller alfonsí y enriquecida con fuentes no-épicas para la magna obra incompleta *EE*. En el relato del destierro, *PCG* refleja más claramente la redacción alfonsí que *XXR*. El hecho de que los compiladores de *XXR* alcanzaran a conocer una copia de la compilación independiente de E_2c y *F* y de que a veces consultaran de nuevo las fuentes hace imprescindible su testimonio en el estudio del primer cantar.

En la sección de la historia de España que aquí editamos, los redactores (o el redactor) de la *XXR* aprovecharon el relato del destierro del Cid ya elaborado o abreviado para la *EE* por los equipos alfonsíes, que incorporaba la historia tradicional del poema épico a la historia latina (*HR*) y a una versión árabe (de Ben Alcama) de los sucesos que culminan con la ocupación de Valencia por la hueste de Rodrigo Díaz. Pero al llegar al lugar donde no pudieron reconciliar las fuentes (la llamada "laguna cidiana"), concluyeron la historia del Cid hasta su restitución a la "graçia" del rey recurriendo a las fuentes que su antiguo patrón y maestro había autorizado para la composición de la *EE* y, muy en especial, al extenso relato épico. Para estudiar la fuente épica cidiana del taller alfonsí, el conocimiento preciso de *XXR* es, por lo tanto, esencial, porque, a partir de la "laguna cidiana" en el *Cantar de las Bodas*, sólo *XXR* continúa realizando, a su manera, el proyecto alfonsí; el *Cantar de Corpes* refleja casi sin retoques cronísticos la primitiva prosificación alfonsí de hacia 1270.

A nuestro juicio, el *Mio Cid* viejo (en un texto hermano del conservado en el manuscrito único de Per Abbat) se refleja en las crónicas a través de una tradición textual que puede esquematizarse así:

Nuestra edición de los pasajes cronísticos de ascendencia juglaresca procura proporcionar toda la información necesaria para la reconstrucción de la fuente épica. Para el análisis del texto de las crónicas y la reconstrucción de la fortuna del *Mio Cid* en el taller alfonsí, véase las conclusiones, Cap. V.

C. LAS CRÓNICAS EN LA EDICIÓN Y EL ESTUDIO DEL *MIO CID*

Desde su temprano descubrimiento por la erudición moderna, el manuscrito de *PMC* de Per Abbat forzó a los investigadores de la primitiva epopeya castellana a la búsqueda de fuentes que permitieran completar sus lagunas y proponer enmiendas a las lecturas defectuosas en él conservadas. El recurso unánimemente empleado fue acudir al testimonio de las crónicas medievales, pues en ellas se incluía una narración prosística paralela a la del antiguo poema (Dyer, "*XXR* Use"). La existencia, desde la primera mitad del siglo XVI, de dos libros impresos de gran difusión facilitó tales comparaciones: la *Crónica del famoso cavallero Cid Ruy Diez Campeador* del padre Juan Velorado (Burgos, 1512 y 1593)[3] y *Las quatro partes enteras de la Cronica de España que mando componer el Serenissimo rey don Alonso llamado el Sabio* (Zamora, 1541) de Florián de Ocampo. En efecto, Velorado parece haber basado su edición sobre el manuscrito *B* de *CRC* (*DAX* 326n20) y Ocampo basó la suya en un manuscrito desconocido.[4]

---

[3] Edición facsímil de la edición de 1512, por A. M. Huntington (N.Y., 1903). V. A. Huber re-editó la edición de 1593, *Chronica del famoso cavallero Cid Ruy Diez Campeador* (Marburg, 1844), (=*Famoso*).

[4] S. G. Armistead, "*La gesta de las Mocedades de Rodrigo*: Reflections of

Las investigaciones de Francisco de Berganza proporcionaron a los estudiosos del poema información complementaria, asimismo impresa (*Antig.* 506). Para narrar el destierro del Cid acudió a un manuscrito, hoy perdido, de la *CRC* que se asemejaba a la familia *RD* y, por lo tanto, difería de la representada por la crónica de Velorado (Catalán, *DAX* 337-338, esp. n36) y la contrastó con un segundo manuscrito de la misma crónica. Para la sección correspondiente al *Cantar de las Bodas*, dio preferencia a la *XXR*, que conoció en dos manuscritos distintos.[5] Según su opinión, se podían "discernir los sucessos históricos de las fantasías de los Copleros" (*Antig.* 506-507). Sea por suerte, o por la diligencia del estudioso, se ha establecido la división bipartita de los manuscritos de la *XXR* desde los más tempranos estudios de la leyenda cidiana: uno de los manuscritos citados por Berganza comenzaba con "don Ramiro" (como el manuscrito *N*, según indica el propio título del manuscrito) y el otro con "don Fruela" (conforme con *KLÑFGBC*). Sin necesidad de acudir directamente a los manuscritos, la erudición pudo consultar, desde un principio, textos correspondientes a las *CRC*, *OC* y *XXR*.

Hasta fines del siglo XIX, los editores y estudiosos del *PMC* se dejaron guiar por las versiones publicadas en las crónicas, cuyo contenido les ofrecía una solución engañosamente sencilla a los problemas textuales planteados por el manuscrito único de Per Abbat. Hubo algún intento de examinar directamente la tradición manuscrita de las crónicas, pero el esfuerzo realizado no bastó para poner orden y claridad y determinar la relación existente entre los diversos especímenes del género. De resultas, la utilización en los estudios cidianos del testimonio cronístico careció de una estructuración sistemática.

El primer editor del *PMC*, Tomás Antonio Sánchez, en la introducción a su edición (1779) se hizo la pregunta previa de si el compilador de la *Crónica del Cid* "tuvo presente el poema del Cid, o

---

a Lost Epic Poem in the *Crónica de los Reyes de Castilla* and the *Crónica General de 1344*," Tesis inédita, Princeton University, 1955, 285.

[5] Berganza lamenta que los historiadores alfonsíes confundieran las "fantasías" de los juglares con los verdaderos hechos relatados en las crónicas latinas: "Si por aver mezclado en vna Obra los sucessos Historicos, que son pasto de personas graves, y prudentes, con las canciones, que sirven de diversión, y admiración a los ignorantes, son dignas de censura, merecen también algún aprecio, por la sinceridad y legalidad con que citan a cada passo las Historias del Arçobispo don Rodrigo, de don Lucas de Tuy, y de Giliberto, que escribió la Historia de los Reyes de Africa" (*Antig.* 456-57).

si éste se sacó de dicha crónica" (*Colec.* I:224-225). Después de cotejar las ediciones de 1552 y 1593 de Velorado con el *PMC*, Sánchez se mostró "convencido de que el autor de la crónica tuvo presente el poema, siguiéndole puntualmente en mucha parte de los hechos, y muchas veces copiando las mismas expresiones y frases, y aun guardando los mismos asonantes" (xvii). Con esta observación Sánchez abrió el camino a la utilización comparativa de los textos cronísticos en el estudio del *PMC*; pero ni él, ni Rafael Floranes, que intentó esclarecer la compleja historia de las crónicas de España, logró determinar la relación entre las diversas ramas cronísticas. Como consecuencia, los dos toparon con graves dificultades al utilizar las fuentes historiográficas en sus estudios cidianos.

Damas Hinard en su edición del poema (1858),[6] partió de la transcripción de Sánchez sin volver a examinar el manuscrito e introdujo enmiendas basadas en las lecturas de la *Crónica del Cid*. J. Amador de los Ríos (1863), hábil en el método comparativo, examinó la *Crónica General* publicada en 1541 y concluyó que "sigue la *Estoria de Espanna* tan al pie de la letra al mencionado *Poema*, que pueden fácilmente restablecerse sus versos" (*Hist. crít.* III:584). A Amador se debe una clarificación de las relaciones entre la *OC* y la *PCG* (*Hist. crít.* III:588n1 y 590n1). Sin embargo, su uso de los manuscritos nos resulta hoy insatisfactorio, al descubrir que los códices de la *Estoria* por él cotejados fueron una vez el manuscrito *E* de *PCG* (Esc I-x-4) y el manuscrito *F* de *XXR* (Bibl. Nac. F-133, mod. 1501) y otra vez el manuscrito *F* de *XXR* con el manuscrito *G* de la *CRC* (Bibl. El Esc. I-x-11).[7] Por su parte, Manuel Milá y Fontanals (1874) notó que "la *General* no apartaba la vista del *Poema*, en una redacción sin duda ampliada, y aún a veces transcribe fielmente el texto" (*Poes. hero.* 265).

Otras dos ediciones del *PMC* publicadas fuera de España basaron sus enmiendas textuales exclusivamente en las crónicas publicadas: Andrés Bello (1881) sólo consultó la edición de 1512 de la *Crónica particular del Cid* (*PMC/Ob.* II:27), limitación que Pedro Grases considera muy de lamentar, aunque nota que Bello tuvo conocimiento indirecto de la *PCG* a través de la obra de Berganza.[8] Eduardo Lidforss

---

[6] Damas Hinard, *Poëma du Cid, texte espagnol accompagné d'une traduction française* (París, 1858).

[7] Ramón Menendez Pidal corrige la confusión de clasificación de los manuscritos de *XXR* y *PCG* (*Cat. crón.* 108n2 y 109n4). Para una descripción de los manuscritos de *Castilla*, véase *DAX* 329n17 y S. G. Armistead, "MS *Z* of the *Crónica de Castilla*: Lost and Found," *LaC* 6.2 (1978) 118-22.

[8] Pedro Grases, *La épica española y los estudios de Andrés Bello sobre el*

(1895) sacó sus enmiendas de las ediciones de Zamora 1541 y Valladolid 1604 de la *CO*, rechazando el uso de la *Crónica particular*, que "no es sino la parte correspondiente de la Crónica general retocada y refundida arbitrariamente por algún ignorantón del siglo XIV...y otra vez retocada y refundida arbitrariamente á principios del siglo XVI por el editor Juan de Vellorado" (sic).[9] Florencio Janer, a su vez, cotejó la *CO* de 1541 con el poema para verificar la relativa antigüedad del *PMC*, pero sus enmiendas no se basan en este cotejo.[10]

Durante los años 1896-1898, las incisivas investigaciones del joven Ramón Menéndez Pidal transformaron el panorama de los estudios literarios e historiográficos.[11] Tras clasificar los numerosos manuscritos cronísticos de la Biblioteca Real (*Cat. crón.*), formuló una teoría de la filiación de las varias crónicas que iba identificando (*Lara* 411-414). Sus estudios cronísticos, que culminarían con la edición crítica de la *PCG*, le proporcionaron una perspectiva adecuada para evaluar la relación entre las crónicas alfonsíes y sus fuentes, y para determinar con precisión el valor de las prosificaciones de *PCG* y de *XXR* en la restauración del *PMC*. Menéndez Pidal, en su examen de las crónicas y de los diversos grados de parentesco entre las narraciones en prosa y el poema épico conservado, comprobó el valor de la *PCG* para el estudio del *Cantar del Destierro* ("*PMC*/Cr. Gen." 456-469). Al mismo tiempo, vio claramente cómo la estrecha relación entre las dos versiones de la leyenda, la prosística y la poética, disminuía en el *Cantar de las Bodas*, por lo que admitió que los prosificadores de fines del s. XIII utilizaron una refundición del *PMC*, que en todo su comienzo seguía de cerca al poema conservado, pero que luego se apartaba de él apreciablemente (*CdmC* 1:135). Sin embargo, aún encontró en *PCG* algunos datos útiles para retocar los versos 1352, 1356, 2050 y 2053. A pesar de que *CRC* y la *Particular del Cid*, frente a la *PCG*, reflejaban un *Mío Cid refundido* más alejado del viejo texto resumido en *PCG*, no por ello resultan inútiles para la restauración del *Poema*. A veces son más fieles a las fuentes de *PCG* que los manuscritos de esta crónica, sea porque deriven de un manuscrito de *PCG* "mejor" que los conservados, o porque se basen directamente sobre las mismas fuentes que *PCG* (*CdmC* 134).

Sin embargo, el texto paralelo más exacto al *PMC* es el de *XXR*,

---

Poema del Cid (Caracas: Academia Venezolana de la Lengua, 1954) 27.

[9] Eduardo Lidforss, *Los Cantares de Myo Cid* (Lund, 1895), 105n1.

[10] Florencio Janer, "Introducción," *BAE* (Madrid, 1898) 57: xixn2 y 396.

[11] Sobre las contribuciones de Menéndez Pidal al estudio de la épica y las crónicas, véase Catalán, "Crón. gen." 198, esp. nn5-7.

pues contiene una prosificación de los versos 1221 en adelante basada sobre un manuscrito del *Poema* que, si bien era algo distinto (compárense los versos 1371, 1475, 1495, 1854, 1947, 1938, 2124, 3004) y quizás más viejo (v. 3008) que el manuscrito copiado por Per Abbat, coincidía exactamente con el contenido del poema conservado:

> Nos da la *Crónica de Veinte Reyes* un trasunto y una prosificación bastante completos, que nos permiten hacer correcciones utilísimas a la copia actualmente conservada, añadirle algunos versos y colmar sus vacíos y omisiones, con un texto enteramente igual al de la copia de Per Abbat, y no con una refundición ampliada (*CdmC*, 135-36).

La edición póstuma de los estudios pidalinos sobre la épica española, llevados a cabo en los años '30 y retocados hasta 1960, hace resaltar su hipótesis de que el *PMC* se elaboró en tres etapas distintas: "de hacia 1140, que no sabemos si es primero de serie; luego esta serie se prolonga por los dos siglos siguientes y de ella conocemos dos momentos principales, uno de 1289 y otro del comienzo del s. XIV..." (*Épica* 151). La versión escrita a mano por don Ramón mismo indica en las láminas que él intentaba describir la extensión de un núcleo de 1140 que narra el *Cantar del Destierro* (Láminas VIII-IX), a la adición de hacia 1210 que incluía un *Cantar de Valencia* (Lámina XII) relacionado con el rey Búcar, al poema de hacia 1270 con el *Cantar del Destierro*, el *de las Bodas* y *de Corpes* (Lámina XXIV-XXV). En cuanto al testimonio cronístico, la prosificación vista en *PCG* remonta a un poema épico cidiano con "3.880" versos y a "la *refundición del Mio Cid*" hecha en el siglo XIII que contaría unos "5.500 versos o más, muy ampliada en sus episodios y recargada de aventuas nuevas" (*Épica* 196). Nuestra edición de la prosificación alfonsí en *PCG* y *XXR* refleja un poema que no sobrepasa el v. 3723 en la versión copiada por Per Abbat.

A. Coester[12] y después J. Cejador y Frauca[13] y N. Zingarelli[14] reaccionaron contra la teoría pidalina de la relación entre *PCG* y *PMC*; pero, por falta de una visión de las ramificaciones de la cuestión, sólo lograron complicar inútilmente el problema. Aunque difería marcada-

---

[12] A. Coester, "Compression in the *Poema del Cid*," *RHi* 15 (1907): 98-203.

[13] J. Cejador y Frauca, "El *Cantar de Mio Cid* y la epopeya castellana," *RHi* 49 (1920): 1-310.

[14] N. Zingarelli, "Per la genesi dels Poema del Cid. Alcuni raffronti con la Cronica Generale," *Rendiconti del Reale Instituto Lombardo di Scienze e Lettere*, serie 2, 58 (1925): 705-26.

mente de Menéndez Pidal en cuanto a la irregularidad métrica del *Poema*, Lang se apoyó en *XXR* como fuente para sus correcciones ("Contrib," esp. 37-44). Otro editor del poema, Alwin Kuhn, observa que Menéndez Pidal "benutzt vor allem die inzwischen ans Licht gezogene *Crónica de Veynte Reyes*, der offenbar eine bessere Abschrift des *Poema* vorgelegen hat als unserem Kopisten Per Abbat. Immerhin: schon Bello hatte das später von MP so glänzend gehandhabte Verfahren angewandt, aus der Prosa der ihm zur Verfüngung stehenden Chroniken ganze Epenverse herauszulösen."[15] En su edición, resume la narrativa de *XXR* para llenar la laguna que sigue al verso 2337 y también la que sigue al 3428; a veces indica otras correcciones a base de la crónica, probablemente siguiendo a RMP (compárese el v. 2824b de las dos ediciones).

Aunque no se interesa sino marginalmente por los problemas relacionados directamente con la utilización del *PMC* por parte de las crónicas, Luis Filipe Lindley Cintra transformó profundamente las bases en que se asentaban los estudios anteriores sobre la épica castellana, al reclasificar la *Crónica Geral de Espanha de 1344* como obra portuguesa, mostrando que, tanto la *CRC* como la de *XXR*, eran anteriores a 1344 (*Cr. 1344* 2:cccxiii). A partir de su revisión de la filiación de las crónicas generales, la cronología de las refundiciones épicas establecida por Menéndez Pidal vino a quedar sustancialmente modificada por el propio Menéndez Pidal, quien ya había llevado a cabo los reajustes mínimos exigidos por los descubrimientos de Cintra.[16]

Apoyándose en las averiguaciones de Cintra, Diego Catalán realizó un minucioso estudio de las crónicas generales, volviendo a examinar cada una de ellas en la pluralidad de sus manuscritos. Sus estudios (*DAX*, "Crón.Gen." y "Taller," *Estoria*, principalmente) pusieron de manifiesto que la *PCG* no puede identificarse con la *EE de Alfonso X, pues está construida con materiales diversos, procedentes, es verdad, de esta obra, pero agregados y continuados después de disuelto el taller historiográfico alfonsí y por compiladores que desconocían las fuentes y el esquema de la *EE. La proyectada obra

---

[15] A. Kuhn, *Poema del Cid*, SRU 31 (Tübingen, 1970) xiv-xv.

[16] R. Menéndez Pidal, "Tradicionalidad de las Crónicas Generales de España. A propósito de los trabajos de L. F. Lindley Cintra," *BRAH*, 136 (1955): 131-197. Más radical es la revisión que prevé Catalán: "El proceso recreador de la epopeya, asequible a nuestros conocimientos a través de las Crónicas Generales, se ve así encuadrado en márgenes cronológicos mucho más estrechos que lo supuesto de antiguo por Menéndez Pidal" ("Crón. gen." 205n35).

alfonsí nunca llegó a completarse. En la historia de los reyes castellanos o "Cuarta parte" de la Crónica General, la compilación alfonsí reflejada en la *PCG* ofrece "al lado de ciertos trechos compilatoriamente bien acabados, otros se hallaban sin duda aún a medio elaborar" ("Crón. gen." 204; cfr. "Taller" 366-67). En medio de "El capitulo de los castiellos que pechauan al Cid et de lo que el enuio dezir al rey de Saragoça et de como cercaron los almoravides el castiello que dizien Alaedo" (= *PCG* §896), en que se produce la llamada por Menéndez Pidal y Cintra "laguna en la historia del Cid" o "laguna cidiana," *PCG* deja de remontarse a la *EE y de utilizar las fuentes alfonsíes ("Crón. gen." 205-215; "Taller" 367).[17]

Catalán sostiene que el *PMC* prosificado por Alfonso X es parecido al conservado en el manuscrito único de Per Abbat, pero que, a partir de la "laguna cidiana" la *PCG*, al dejar de referirse a las fuentes reunidas por Alfonso X, deja de utilizar para su versión de la historia cidiana el *Poema* viejo ("Crón. gen." 291-306). Hasta la "laguna cidiana" se basa en la compilación preparada para la *EE, tal y como se refleja en *PCG*, pero sometida a revisión crítica después de re-examinar en algunos detalles las propias fuentes ("Taller" 374), y conserva los rasgos de un verso cuyo contenido no se refleja en *PCG* ("Crón. Gen." 303-04). *XXR* combina los materiales alfonsíes de acuerdo con el plan de la *EE, pero difiere de esta obra estilísticamente en el modo de aprovechar las fuentes y en el discurso ("Crón. gen.," 210-15). Sin embargo, muchos de los pasajes que han dado pie para suponer "versos perdidos" o "versos desconocidos" del *Cantar del Destierro*, inexistentes en la copia del *PMC* conservada, se explican como simples elaboraciones cronísticas ("Crón. gen." 295). Sólo a partir de la "laguna cidiana," *XXR* continúa, por su cuenta, la prosificación del Mio Cid viejo, a diferencia de la

---

[17] Con esta observación considera superada la vieja discusión, protagonizada por Menéndez Pidal ("Crón. gen." 305n127; *Lara* 71, 411; *Cat. crón.* 110; *CdmC* 25-126; *EDC* 973; *Poes. jugl.*₆], por Lang ("Contrib." 42), por Theodore Babbitt (*Latin Sources* 17, 25, 161, y 207-208; "Twelfth Cent." 128-136), por Cintra (*Cr.1344* 1: clxci-cccxvi, esp. ccx, cccxiii), y por Evelyn Procter (*AXC Patron* 110) acerca de la cronología relativa de *PCG* y *XXR* y los problemas suscitados por la hipótesis de un "borrador compilatorio de fuentes latinas y árabes traducidas al castellano." Para la bibliografía sobre este tema véase *DAX* 97-123 y Armistead, "New Persp." 207-209. Pese a que la posición de Catalán armoniza las aparentemente contradictorias tesis de Menéndez Pidal-Cintra-Procter y Lang-Babbitt, J. Gómez Pérez ("Elab." 254-58 y "Est. Esp." 493-97 y 504] ha reaccionado fuertemente en contra de lo afirmado por Cintra, resucitando en su pureza la hipótesis de Babbitt.

PCG y demás crónicas con ella relacionadas, en que toda la materia épica correspondiente a los versos 1209-1210 en adelante procede de una "*Estoria del Cid*" amalgamada en Cardeña. En el año 1992 el profesor Catalán reimprimió doce de sus estudios sobre la historiografía alfonsí con índices muy útiles (*Estoria*).

Después de la muerte de Menéndez Pidal en 1968, dos editores ingleses, Colin Smith e Ian Michael, se colocaron en la vanguardia de los estudios cidianos, encabezando una reacción "neo-individualista" respecto a los métodos y conclusiones pidalinos. En general, desconfían de la posibilidad de utilizar las crónicas para completar el texto conservado, aunque creen necesario acudir a ellas en ciertos casos. Smith examinó la relación entre la épica y las crónicas, incluyendo en su edición de *PMC* una bibliografía sobre el tema (*CmC* 172-176; *CmC*Mad. 353-359) Analiza veinticinco casos de supuestos versos, "rasgos poéticos complementarios y...útiles," pero añade:

> Esta 'utilidad' es, sin embargo, un término peligroso. Carecemos de un estudio lingüístico y estilístico que analice con detalle el proceso seguido por los cronistas al hacer la prosificación; hasta que lo tengamos, muchas de las correcciones y adiciones que MP introduce en el texto (y que adoptan sus seguidores) deben ser consideradas como interesantes y posibles pero carentes de prueba... (*CmC*Mad, 354).

Ian Michael, en sus ediciones del *PMC* (1975, 1976) señala algunos versos donde *XXR* facilita la interpretación de *PMC* (vv. 3007, 3395-3396, por ejemplo). Indica que conoce más de un manuscrito de la crónica, pero no aborda la cuestión del uso de *XXR* con referencia a problemas textuales.

Miguel Garci-Gómez adopta una posición extrema, rechazando la evidencia cronística como base para enmendar el texto conservado. Sobre el uso de las crónicas en la reconstrucción de la primera hoja perdida sugiere: "Es posible, sin embargo, que dicha información de las *Crónicas* fuera en sí una reconstrucción de sus autores para dar sentido a los comienzos vagos y sugestivos del *Cantar*" (*Cantar* 177). Llama la versión en prosa del v. 3513 "un incidente de poca trascendencia, que parece, en mi opinión, inventado por el prosificador..." (*Cantar* 44).

Al comienzo de la década de los '70 dos tesis doctorales se enfocaron en la épica cidiana en *XXR*. Brian Powell en su tesis doctoral (Cambridge University, 1975), dirigida por C. Smith, estudia el contenido y estilo de la leyenda cidiana en *XXR* (basándose en el manuscrito *N*), fijándose en las fuentes no-tradicionales que preceden al poema de Per Abbat. La publicó con pocos cambios. Rechaza la posibilidad de otra versión alternativa del poema enfocándose más en las fuentes latinas, en los elementos retóricos y otros elementos no-tradicionales. "As modern authoritative versions of the poem have shown, the *PMC* stands up very well in its own right and emendation of the manuscript on the basis of the CVR is generally unreliable and unwise" (*Epic/Chron.* 111). En mi tesis doctoral (University of Pennsylvania, 1975), dirigida por S. G. Armistead, edité la leyenda cidiana en *XXR* manuscrito *J*, con variantes de los manuscritos *XNLÑFGBC*; señalé los restos de asonancia en la prosa y algunos posibles versos perdidos. En un estudio posterior he propuesto una interpretación de la intervención cronística en el manejo de la prosificación alfonsí ("*XXR* Use") y he identificado una docena de posibles fórmulas tradicionales en la prosificácion ("Vars., refun."). También he estudiado las técnicas estílisticas de la prosificación del *PMC* ("Stylistics"). Estos estudios, a mi ver, apoyan la probable existencia en el taller alfonsí de versiones de la epica, paralelas y contemporáneas del poema de hacia 1270.

En un importantísimo estudio de las crónicas alfonsíes, D. G. Pattison examina el testimonio cronístico y subraya algunas las alteraciones que tienden hacia la ejemplaridad. Por otra parte, S.G. Armistead lo ha criticado por no tomar en cuenta la pluralidad de fuentes del romancero que apoyan el carácter tradicional de las fuentes épicas o cronísticas.[18] Pattison y Powell (1990) continúan contribuyendo al conocimiento de las crónicas alfonsíes, en particular del manuscrito *S* de *XXR*.

Los hallazgos de Mercedes Vaquero respecto a las prosificaciones tardías del *Cantar de Sancho II* apoyan la pluralidad de fuentes épicas y de romances sacadas de ellas.[19] Este punto de vista fue apoyado con la reciente (1992) publicación póstuma de don Ramón en que expone la complicación de otro género que se incorporó dentro de la épica cidiana, el canto lírico de tema histórico (*Épica* 128-132). El papel de la fuente épica cidiana se menciona en la edición del manuscrito *J* de *XXR*, en el estudio de Fradejas Lebrero ("Valores" 41-43). Se espera que el estudio de la historia de los reyes de León y Castilla en la versión crítica de la *EE, anunciada por Inés Fernández-Ordóñes, trate de la cuestión cidiana en detalle. Su magnífico estudio de los reinados

---

[18] Véase la reseña de Armistead, "From Epic," *RPh* 40.3 (1987): 338-359.

[19] M. Vaquero, "The Tradition of the *Cantar de Sancho II* in Fifteenth-Century Historiography," *HR* 57.2 (1989): 137-54; *Trads*. Véase la importante reseña de S.G. Armistead, "Chronicles and Epics in the 15th Century," *LaC* 18.1 (1989): 103-107.

anteriores ya revela un amplio conocimiento de esta fuente épica y su importancia en el taller alfonsí (*Versión crít.* 60-64, 259).

Las vicisitudes expuestas acerca de la utilización, por parte de la crítica, del testimonio de las crónicas no impide que sigamos sosteniendo como hecho indiscutible la confluencia de leyendas tradicionales referentes al Cid. La narrativa cidiana en las historias medievales de España tiene, como una de sus fuentes principales, un poema épico, o más, en un contorno tradicional y oral, íntimamente emparentado con el que conocemos por medio del manuscrito único de Per Abbat. Las diferencias entre *PCG* y *XXR*, y entre los manuscritos representativos de cada crónica destacan la multiplicidad de variantes de tipo tradicional y oral. Dado que la copia conservada del *PMC* no parece ser el original utilizado por los cronistas, la reconstrucción de la prosificación de esa fuente épica, en la forma más exacta y completa posible, resulta ser tarea esencial para conocer mejor la historiografía medieval española y para estudiar la primitiva épica castellana en su medioambiente intelectual y cultural.

II
Manuscritos

AUNQUE LOS MANUSCRITOS conocidos de la *PCG* y la *XXR* han sido descritos en varios catálogos y estudios, incluyo aquí una nueva descripción completa de los que he consultado directamente. Presento la información descriptiva según el siguiente esquema: sigla, localización del manuscrito, número de referencia, bibliografía de descripciones previas,[1] encuadernación, título en el tejuelo, corte, papel o pergamino, fecha de la filigrana,[2] condición del manuscrito, número de folios y de guardas, foliación y errores de foliación, tamaño de la página, columna y número de líneas por página, tamaño de la caja de

---

[1] Las descripciones y los inventarios de grupos de manuscritos de *XXR* y de *PCG* incluyen: Artigas, *Cat. BMP*, 412-14; Collins, "Unknown," 24-30; Gayangos, *Cat. Brit.M.* I: 193-94; Lang, "Contrib." 39-46; José Lopez de Toro y R. Paz Remolar, *Inv.B.N.* IV: 391-92, 396-97; Pedro Roca, *Cat. Gayangos* 35; Ruíz Asencio, "Manusc." 62n1.

Las descripciones del conjunto de todos los manuscritos de *XXR*, conocidos hasta la fecha de su correspondiente publicación, son: Babbitt, *Sources* 164-66; RMP, *Lara* 406-08, 512 y *Cat. crón* 111-24; Gómez Pérez, "*Est. Esp.*" 515-16; mi "*PMC/XXR*"; Powell, *Epic/Chron.* 112-15. Para el manuscrito norteamericano (*M*), que no se utiliza en la presente edición por no abarcar la materia correspondiente al *PMC*, utilizo las descripciones de Gómez Pérez ("*Est. Esp.*") y Collins ("Unknown," Cap. II). Para los de *XXR* recientemente redescubiertos por el equipo de investigadores del Seminario Menéndez Pidal, cito la descripción de Powell y Pattison ("Two New") que complemento con mis apuntes sacados de una fotocopia del material correspondiente al reinado de Alfonso VI.

En cuanto a los manuscritos de *PCG*, véase Gómez Pérez, "Elab." 233-76. Aunque no integra una descripción completa, es muy útil por ser correcta la lista de manuscritos en Pattison, *Leg./Chron.* 151-59.

[2] Se comparan las filigranas de los manuscritos de papel con las del estudio de Charles Briquet, *Les filigranes: Dictionnaire historique des marques du papier dês leur apparition ver 1282 jusqu'en 1600*, ed. Allan Stevenson, 4 tomos. Amsterdam: The Paper Publication Society, 1968.

escritura, fecha de la escritura, dibujos, marginalia, reinados incluidos en el texto, citas del comienzo del primer folio y del fin del último folio, y los folios utilizados en la presente edición.

A. MANUSCRITOS DE LA *PRIMERA CRÓNICA GENERAL*

Sólo son de interés para nuestra edición los dos principales manuscritos de la *PCG* que incluyen la prosificación de la épica hasta la "laguna cidiana" a la mitad del capítulo § 896, de los manuscritos "vulgar" y el "regio." (Véase la sección II.A del presente capítulo.)

1. El manuscrito E_2c (o "versión regia amplificada en 1289")
Biblioteca de El Escorial *X-i-4*.

 Descripciones: RMP, *PCG* lviii-lix, y *Lara* 384; Zarco Cuevas, *Cat. El Esc.*, II: 450-51 y III: 2; Catalán, *DAX* 19-93 (esp. 61-63); Gómez Pérez, "Elab." 268-69 (no. 12).

 Encuadernación regia, tafilete avellana; en el tejuelo "Estoria de Espanna"; manos del s. XIII; miniaturas, epígrafes, calderones de color; numerosas notas marginales; pergamino, buena condición, 359 ff.; 432 x 300mm; Pelayo - Fernando III.

 Comienza el f. 1: "Esta es la coronica de Espanna et escomiença en el rey don Pelayo que fue el primero rey de leon et fabla fasta la muerte del rey don Fernando el que gano Seuilla et Cordoua et el rregno de Murçia et Jahen et otros logares muchos en la frontera. En el libro de la estoria que comiença de como Moysen fizo el libro Genesi et otrosi de las generaciones.... "

 Termina el f. 359: "Miraglos que Dios fizo por el sancto rey don Fernando que yaze en Seuilla despues que fue finado por la qual razon las gentes non deuen dubdar que sancto confirmado de Dios non sea et coronado en el coro çelestial en conpanna de los sus altos siervos."

 Folios utilizados en esta edición: 164r^b - 173v^a.

2. El manuscrito *F* (o "versión vulgar")
Biblioteca Universitaria, Salamanca *2628* (*olim.* Bibl. del Palacio Real *II-429*, ant.
 2-E-4; VII-F-5).

 Descripciones: RMP, *Cat. crón.* 19-22 (no. 8, con facsímile); Gómez Pérez, "Elab." 242-44 y 267 (no. 10); Catalán, *DAX* 58n17, 65-68.

 Encuadernación de pasta; en el tejuelo: "Crónica de los Reyes de Castilla"; papel; 212ff + tabla i-x (faltan los ff. 205-207); foliación original; pág. 287 x 195 mm.; a dos columnas, 30 líneas;

epígrafes y calderones rojos; Fernando I - Fernando III.

Comienza el f. 1 con la Tabla: "Del rregnado del rrey don Fernando el magno que rregno en Castilla en Leon .xxiiii. años despues del rrey don Pelayo."

Termina el f. 212: "el rrey Ferrnando tornose bien andante e onrrado a Toledo a la noble reyna." (Cf. § *PCG* 774b23)

Folios utilizados en esta edición: 32v-43r.

B. MANUSCRITOS DE LA *CRÓNICA DE VEINTE REYES*

1. El manuscrito *J*

Biblioteca de El Escorial, *X-i-6* (ant. *1.N.7, 1.D.7, Est. 16-2*)

Descripciones: RMP, *Lara* 407; Babbitt, *Sources* 164; Gómez Pérez, "*Est. Esp.*" 515-16 (no. 1); Zarco Cuevas, *Cat. El Esc.* II: 453-54; Dyer, "*PMC/XXR*" 2-3; Powell, *Epic/Chron.* 113; Ruíz Asensio, "Manusc." 53-56.

Encuadernación propia de El Escorial (400 x 294mm), gastado el borde superior; falta el título en el tejuelo; corte dorado, escrito en negro: "6. Φ Chron. de Spaña"; papel; filigrana en forma de escalera de mano con lados y travesaños dobles, fechado por Briquet después de 1451; manuscrito en buena condición, remendado el primer folio; 165 ff. dos hojas de guarda anteriores, tres posteriores rayadas (serían los ff. 166-167); foliación original en números romanos en el ángulo derecho, inferior y la foliación moderna en números árabes en el ángulo derecho superior; pág. 388 x 281 mm; a dos columnas de 40-44 renglones; caja de escritura 272 x 202 mm; mano de principios del siglo XV; tinta pardo-oscura; títulos en rojo por el copista original; calderones rojos; iniciales policromáticas, doradas en el primer folio; figuras policromáticas, antrofitomórficas en el margen izquierdo del f. 1; Alfonso IV - Fernando III.

Comienza el f. 1: "Aqui comiença la segunda e terçera parte de los rreyes que ovo en Castilla e en Leon en la qual fabla de los sus muy grandes fechos que fizieron e comiença deste el rrey don Alfonso e que fue fasta el rrey don Fernando que gano a Seuilla. En el sesto (año *añadido por el corrector*) del rreynado del rrey Alfonso que fue en la hera de nueveçientos e treynta e ocho años."

Termina el f. 165: "por que merescamos aber parte con el en aquella su santa folgança de claridat que nunca escureçe ni heredad en ninguna tristeza mas sienpre plazer, dulçor e alegria. Amen."

Folios utilizados en esta edición: 72r^b-77v^a, 93r^a-94r^b,

95r^a-97v^b, 98r^a-102r^a.

2. El manuscrito *S*
Salamanca, Caja de Ahorros y Monte de Piedad

Descripción: Pattison y Powell, "Two New" 5-9; Fernández-Ordóñez *Versión crít* 17-21, 265-66.

325 ff., más hoja de guarda anterior y posterior; falta el f. 1 ant.; pág. 360 x 260 mm., a dos columnas, 39 líneas.

Comienza el f. 1 (ant. 2): "e de aqui lo que es la parte del çerco de tierra es Misia con sus pueblos."

Termina el f. 325v "e coronado en el coro çelestial en conpanna de los sus santos siervos."

Sólo es *XXR* a partir del reinado de Fruela II; lo que precede está mesclado con la *Crónica General Vulgata.*

Folios utilizados en esta edición: 206v-207r (columna y media en blanco), 207v-213r, 223v-234v, 235v-239r, 240r-244v.

3. El manuscrito *X*
Biblioteca Universitaria, Salamanca. *1824* (olim Biblioteca del Palacio Real, mod. *II-180S*; ant. *2-C-2*)

Descripciones: RMP, *Cat. crón.* 111-20 (no. 19, con facsímile), y *Lara* 407; Babbitt, *Sources* 165; Gómez Pérez, "*Est. Esp.*" 518 (no. 7); Dyer, "*PMC/XXR*" 3-4; Powell, *Epic/Chron.* 113.

Encuadernado en cuero (320 x 250 mm), con borde de filigrana dorada delante y detrás; título en letras doradas en el tejuelo rojo: "Chronica / dlos Reyes / de España / II Parte"; papel; manuscrito en excelente condición; 222 ff., hoja de guarda y una hoja en blanco anterior y posterior; apenas visible la foliación original en letras romanas, foliación arábiga moderna en lápiz (1-222), faltan algunos folios, otros desordenados; pág. 307 x 230 mm; 2 volúmenes; 35-36 líneas; caja de escritura 235 x 165 mm.; mano del siglo XV; tinta parda; títulos y calderones en rojo; huecos para iniciales al principio de capítulo; Fruela II - Fernando III.

Comienza el f. 1: "Alçaron dos por su juez ca non tenian que si de los mas altos omes tomasen para aquello que les querria a señor como rrey." (*Falta el f. 1 original que corresponde al Capítulo 3 de otros manuscritos.*)

Termina el f. 222 (final de este volumen): "E venieronse derechamente muy denodados contra ellos. E quando fueron cerca fizieron." (*Añadido en mano del siglo XIX:* "Tiene doscientos veinte y dos hojas utiles." *Añadido en lapiz por el foliador moderno*: "La última hoja 226 colocada despues a la 217.")

Folios utilizados en esta edición: 98v^b-106r^a, 130r^a-131r^b, 132v^a-136v^b, 137r^a-142v^b.

4. El manuscrito N

Biblioteca de El Escorial, *Y-i-12* (ant. *II.N.7, 1-D-ii, Est. 16-1*).

Descripciones: RMP, *Lara* 407; Zarco Cuevas, *Cat. El Esc..* III: 18-20; Babbitt, *Sources* 164; Gómez Pérez, "*Est. Esp.*" 516 (no. 3); Dyer, "*PMC/XXR*" 4-6; Powell, *Epic/Chron.* 112-13; Mannetter, al. passim.

Encuadernación propia de El Escorial (377 x 280 mm); falta el título en el tejuelo; papel, f. 1 de pergamino; filigrana semejante a Briquet 2935 (fechada 1406); gastado el corte dorado, en negro: "12, Chron. d. los R. Leon y Cast."; manuscrito en mediana condición, se caen hojas interiores, se deteriora el borde inferior; 260 f. (1-245 originales), 3 hojas en blanco, originales, anteriores y 5 posteriores. Notas en la hoja de guarda: (3r) "Historia del rrey don Ramiro el Segundo y de Diez Reyes de España / el segundo 22"; (3v) (*tachado*: «II.N.7/No. 6») "Chronica de los rreyes de Leon y Castilla dende el rrey don Ramiro el Segundo hasta el rrey don Fernando el 5to cuentase tambien los hechos del conde Fernan Gonçales y del Çid Ruy Diaz de Biuar." (*tachado*: «i.D.ii.»), «j.y.12», (*tachado*: «Est. 161»); foliación original en cifras romanas, apenas visible en el ángulo superior derecho, foliación moderna en números árabes en tinta; pág. 363 x 258 mm., los ff. 246-260 y 3 hojas en blanco posteriores 346 x 235 mm.; dos columnas, 37-38 líneas, los ff. 246-260 no se dividen en columnas, 33 líneas por página; caja de escritura 150 x 240 mm.; ff. 1-245 en mano del siglo XV, ff. 246-260 en mano tardía; tinta parda; títulos en rojo por el copista; calderones en tinta roja, gris o negra; iluminación, f. 1 policromática, pero predomina el púrpura, las iniciales se iluminan con diseños fitomórficos y geométricos; notas marginales y el texto subrayado por la misma mano del siglo XVI y otras notas posteriores; Alfonso IV - Fernando III.

Comienza el folio 1: "En el nonbre de Dios. Aqui comiença la coronica de los nobles rreyes de Seuilla y los sus notables fechos que fizieron en la qual dicha coronica se contienen Honze Reyes de España. E eso mesmo sse contienen los fechos muy famosos que fizieron el conde Ferrand Gonçalez e el Çid Ruy Diaz de Biuar. La qual presentemente comiença el primero capitulo de commo el rrey don Alfonso dio el rregno a su hermano don Ramiro y el entro monje en el monasterio de San Fagund. En el sesto año del regnado del rrey don Alfonso que fue en la era de nueveçientos e treynta e ocho años."

Termina el f. 245r[b]: "Los que querien ganar que los moros que en perdimiento estauan e sse tan acuytados veyen e tan çercados de todas partes." (*Mas abajo, en mano tardía*: "Esto que a mi dieron no dize de la muerte del rrey don Fernando aunque lo que aqui falta so cuenta otras historias con gran partian (*ilegible*) exemplo de gran christianidad su muerte.")

Termina el f. 260r: "Despues quel su finamiento fue le enterraron en la yglesia de nuestra Señora Sancta Maria de Sevilla muy excelente e muy honrradamente como a tan buen rrey combenia en la qual muerte fenesçe y haze fin el presente libro que en el principio del de los Honze Reyes despues se yntitula. Laus deo. Deo graçias."

Los ff. utilizados en esta edición son: 114r[a]-122v[a], 149r[b]-150v[a], 151v[b]-162v[b].

5. El manuscrito *N'*

Biblioteca del Palacio Real, Madrid. *II-2437* (ant. *2-K-8*)

Descripciones: RMP, *Cat. crón.* 123-24, y *Lara* 408; Babbitt, *Sources* 165; Gómez Pérez, *"Est. Esp."* 518-19; Dyer, *"PMC/XXR"* 6-7; Powell, *Epic/Chron.* 113.

Encuadernado en cuero moreno (313 x 233 mm), filigrana en el borde; título en el tejuelo en oro: "Cronica / de / España"; corte moteado de azul; papel; manuscrito en excelente condición; 321 ff. faltando algunos (lo correspondiente a los Cantares de Corpes y de Boda) y otros cosidos en desorden, hojas de guarda de papel moteado; foliación árabe; pág. 303 x 215 mm.; caja de escritura 258 x 185 mm.; mano del siglo XVI; tinta parda; títulos por el copista, separados del texto; Alfonso IV - Fernando III.

Comienza el f. 1: "En el nonbre de Dios. Aquí comiença la coronica de los nobles rreyes de España e los sus notables fechos que fizieron en la qual dicha coronica se contienen Honze Reyes de España. E eso mesmo se contienen los fechos muy famosos que fizieron el conde Fernan Gonçalez e el Çid Ruy Diaz de Biuar. E aqui preferentemente comiença el primero capitulo de como el rrey don Alfonso dio el rreyno a su hermano don Ramiro e el entro monje en el monesterio de San Fagund."

Termina el f. 211v, final de este tomo: "fue en perdimento estauan e se tan acuytados veyen e tan çercados de todas partes."

No se incluyen las lecturas de *N'* en esta edición, pero lo referente al Cantar de Destierro se encuentra en los ff. 151v-159v.

6. El manuscrito *M*
University of Minnesota Library, *Z946.02-fc881*
    Descripciones: RMP, *Lara* 572; Collins, "Unknown" 24-30; Gómez Pérez, "*Est. Esp.*" 515 y 519 (no. 10); Dyer, "*PMC/XXR*" 8; Powell, *Epic/Chron.* 115.
    547 ff., a dos col., 280 x 215; encuadernación tafilete; iniciales en color, generalmente con rasgos caligráficos y salidas marginales, epígrafes rojos, notas y llamadas marginales, foliac. arábiga en tinta.
    El f. 1r comienza con la tabla: "Dela batalla que ouo el rey don Ramiro conlos normanos y los vençio y destruyo la flota que trayan."
    El f. 547v termina: "Los sabios antiguos que fueron en los tienpos pasados...del rey don Alfonso que fue en la era de mill e treynta.
    Es *PCG* (cf. sub-familia *TGZ*) en los ff. 1-497v; sólo es *XXR* en los ff. 498r-547v. No contiene la leyenda cidiana.

7. El manuscrito *K*
Biblioteca Universitaria de Salamanca, 2211 (*olim* Biblioteca del Palacio Real mod *II-1782S*, ant. *2-M-1*).
    Descripciones: RMP, *Cat. crón* 120-23 y *Lara* 406; Babbitt, *Sources* 165; Gómez Pérez, "*Est. Esp.*" 518 (no. 8); Dyer, "*XXR/PMC*" 9-10; Powell, *Epic/Chron.* 114.
    Encuadernado en cuero (320 x 230 mm), con filigrana dorada en el borde; título en el tejuelo en letras de oro, cuero carmesí: "Chron. de / los reyes / de / España"; papel; manuscrito en excelente condición; 229 ff., hojas de guarda moteadas, versos en las tres hojas de guarda anteriores, las tres posteriores en blanco; numeración original en tinta de números romanos que comienzan con 96, equivalente al f. 4 de la foliación moderna, en lápiz que seguimos en esta edición; pág. 305-215 .nm.; 38-41 líneas por pág.; caja de escritura 275 x 185 mm.; mano de principios del siglo XVI; tinta negra; títulos de capítulos por el copista; Fruela II - Fernando III.
    Comienza el f. 4: "Aqui comiença la Coronica de los Onze Reyes de España ques la segunda parte que hizo copilar el rrey don Alfonso. Capitulo primero. De como começo a rreinar al rrei don Fruela el Segundo y de como mato a dos fijos de Liundo y echo de la tierra a don Fumino obispo de Leon. Después quel rrei don Ordoño fue muerto rreino en pos su hermano don Fruela el Segundo un año e dos meses."

Termina el f. 327v: "No debe de dubdar ni christiano quel santo e con firmado de Dios no ssea coronado en el coro çelestial en conpana de los sus ssantos siervos. Amen. Deo graçias."

Folios utilizados en esta edición: 90r-96v, 118r-119r, 120r-124r, 124v-130r.

8. El manuscrito *L*
Biblioteca de El Escorial, *X-ii-24* (ant. *V=14, ij.B.16*).
   Descripciones: Zarco Cuevas, *Cat. El Esc.* II: 492-93; Babbitt, *Sources* 164; Gómez Pérez, "*Est. Esp.*" 516 (no. 2); Dyer, "*PMC/XXR*" 10-11; Powell, *Epic/Chron.* 114.
   Encuadernación propia de El Escorial (297 x 224 mm.); falta el título en el tejuelo; papel; corte dorado, escrito en negro: "24 Φ Fruela II. 16"; f. 1 en mala condición, gastado la parte inferior, tinta marchitada, primer folio y encuadernación manchado de agua; 202 ff., tres hojas de guarda anteriores, nueve posteriores. Notas: (3v) (*tachado*, «V=24») / "y-x-24 / Chronica de algunos rreyes de Castilla y Leon dende el / rrey don Fruela Segundo deste nonbre hasta el rrey don Fernando que gano a Cordoua, llega la historia hasta / la toma de Cordoua y falta lo demas." / (*tachado*: «y. B.16»); foliación arábiga original; pág. 280 x 210 mm.; 33-35 líneas por pág.; caja de escritura 230 x 166 mm., escritura se extiende a 242 x 166 mm.; mano del siglo XVI; tinta negra, marchitado a pardo; títulos por copista; Fruela II-Fernando III.
   Comienza el f. 1: "Coronica de algunos rreyes de Castilla desdel rrey don Fruela Segundo deste nonbre y ansi sucesivamente hasta otros diez sus subçesores de los quales diremos por su orden. Capitulo i. Que commo el comienço de su rregnado mato a dos hijos de Olmido y echo de tierra don Farmino obispo de Leon. Despues quel rrey don Ordoño fue muerto rreyno en pos del su hermano don Fruela Segundo un año dos meses." (*Margen superior, parcialmente cortado*: "C. Rey don Fruela Φ"; *también en mano tardía*: R. D. Fruela ii Φ.")
   Termina el f. 202v: "mas prometedme que fasta que a vos torne que no yres de aqui; vos ni vuestra gente del consejo fuy muy pagado y Abenhuti gelo ortogo."
   Folios utilizados en esta edición: 98v-105v, 129v-130v, 132r-136r, 126v-142r.

9. El manuscrito Ñ
Biblioteca Menéndez y Pelayo, Santander, *M/159* (ant. *I-5-4*)[3]

Descripciones: RMP, *Lara* 406-407; Artigas, *Cat. BMP*, 377-378 (no. 319); Babbitt, *Sources* 165; Gómez Pérez, "*Est. Esp.*" 519 (no. 11); Dyer, "*PMC/XXR*" 11-12; Powell, *Epic/Chron.* 153.

Encuadernado en cuero (320 x 218 mm.); título del tejuelo: "Coronica / de los / Onçe Reyes de España / MS"; papel; manuscrito en excelente condición; 393 ff. tres hojas en blanco anteriores, doce posteriores; foliación romana original; pág. 293 x 208 mm.; 28-31 líneas por pág.; caja de escritura 240 x 142 mm.; mano del siglo XV; tinta parda; títulos por el copista original; calderones y reclamos; faltan iluminaciones o dibujos; notas marginales por el copista; Fruela II - Fernando III.

Comienza el primer f. 1: "Aqui comiença la Coronica de los Honze Reyes de España. Capitulo primero de como començo a reynar el rrey don Fruela el Segundo y de como mato a dos fijos de Olinundo e echo de la tierra a don Frumino obispo de Leon. Despues que el rrey don Ordoño fue muerto reino en pos el su hermano don Fruela Segundo un año y dos meses."

Termina el f. 393: "Despues que el su finamiento fue le enterraron en la yglesia de Sancta Maria de Seuilla muy exçelente e muy honrradamente como a tan buen rrey convenia en la qual muerte feneçe y haçe fin en el presente libro que en el principio del de los Onçe Reyes de España se intitula. Laus deo. Deo graçias."

Folios utilizados en la presente edición: 163r-178r, 215r- 217v, 219v-236r.

10. El manuscrito F (anteriormente *Ll*)
Biblioteca Nacional, Madrid. *1501* (ant. *F-132, F-113*).

Descripciones: RMP, *Lara* 406; Babbitt, *Sources* 164; Gómez Pérez, "*Est. Esp.*" 516-17; Lang, "Contrib." 39-46; López de Toro y Paz Remolar, *Inv. B.N.* 391-92; Dyer, "*PMC/XXR*" 12-13; Powell, *Epic/Chron.* 113-14.

Encuadernado en cuero, color moreno claro (300 x 224 mm.), filigrana dorada en el margen; título en el tejuelo verde, "Coronica

---

[3] En cuanto al número de este manuscrito de la Biblioteca Menéndez y Pelayo, y también para otro de esta collección (M/549 [=*B*]), Gómez Pérez ("*Est. Esp.*" 519), Powell y Ruíz Asencio sustituyen el número del catálogo de Artigas por el del manuscrito. Pattison emplea el número correcto (*Leg./Chron.* 153).

/ de Onze / Reyes"; papel; manuscrito en buena condición, el f. 1 remendado en la parte inferior, un poco manchado de agua; 419 ff. cuatro hojas de guarda en blanco, una anterior y posterior de papel moteado; foliación original romana y moderna arábiga (utilizada en esta edición), 1-401 texto, 402r-419r tabla; pág. 292 x 205 mm.; dos columnas de 19-26 líneas; caja de escritura 225 x 153 mm.; dos o más copistas del fin del siglo XV; tintas negra y parda; títulos por el mismo copista; Fruela II - Fernando III.

Comienza el f. 1: "Comiença la Coronica de los Onze Reyes de España. Capitulo primero de como començo a rreinar el rrey don Fruela el Segundo e de como mato a dos fijos de Olinundo e echo de la tierra don Frimino obispo de Leon. Despues quel rrey don Ordoño fue muerto rreino en pos del su hermano don Fruela el Segundo un año e dos meses." (*Margen superior*: "Comienza coronica Moños de Hedon.")

Termina el f. 401: "Despues quel su finamiento fue lo enterraron en la yglesia de Sancta Maria de Seuilla muy excelente y muy honrradamente. Deo graçias." (*Nota en otra mano*: "Murio el santo rrei don Fernando a treinta de mayo quando andava el año de la encarnaçion en iiicclii años.")

Termina el f. 419r (*tabla*): "De como entro el muy noble rrey don Fernando en Sevilla. ccccclvii."

Folios utilizados: 166r-168r, 170r-179r, 219v-220v, 224r-v, 226r-242v.

11. El manuscrito *G*

Biblioteca Nacional, Madrid. *18416* (ant. *1079*)

Descripciones: Roca, *Cat. Gayangos* 35; Gómez Pérez, "*Est. Esp.*" 517-18 (no. 6); Dyer, "*PMC/XXR*" 13-14; Powell, *Epic/ Chron.* 114 (=MS *P*); Ruíz Asensio, "Manusc." 62n1. (=*T*).

Encuadernado en pergamino (290 x 214 mm.), atado con cuerdas de cuero; título en el tejuelo: "Co / ro / ni / ca / de / los / Hon / ze / Re / yes / de / Espa / ña"; papel; varios papeles con distintas filigranas, la filigrana en la porción utilizada corresponde a Briquet 11276 (fechada 1580); rasgados el primero y último f.; 169 ff., una hoja de guarda anterior y otra posterior; foliación arábiga por el copista; pág. 284 x 209 mm.; dos columnas de 40 a 44 líneas; caja de escritura 245 x 155 mm.; mano del siglo XVI; tinta parda; títulos por el copista; calderones; iluminación de inicial "D" en el primer folio; Fruela II - Fernando III.

Comienza el f. 1: "Comiença la Coroni / ca de los Onze Reies de España. / Desde el rei don Fruela Segun / do deste nombre

hasta / el rey don Fernando el / Sancto Tercero de / este nombre.
Capitulo 1. De como començo (...) reinar el rei don Fruela el (...)
de como mato a dos fijos de Olinundo e hecho de la tierra a don
Friminio obispo de Leon. Despues que el rei don Ordoño fue
muerto reino en pos el su hermano don Fruela el Segundo un año
e dos meses." (*Margen superior, tachado:* «Cr. de la librería de San
Benito el Real de Valladolid.»)
    Termina el f. 169r: "Despues que el su finamiento fue lo
enterraron en la iglesia de S. Maria de Seuilla muy exçelente y
muy honrradamente." (*Abajo, tachado:* "[*ilegible*] fray, / [*ilegible*]
/ Blasco de Torres y Riofrio.")
    La porción utilizada en la presente edición: 80r^b-85v^a, 101r^a-
102r^a, 103v^b-109v^b.

12. El manuscrito *B*
Biblioteca Menéndez y Pelayo, Santander. *M/549* (ant. *R-jj-11-8*).
Parece que se ha perdido.[4]
    Descripciones: Artigas, *Cat. BMP* 413-14 (no. 320); Babbitt,
Sources 165; Gómez Pérez, "*Est. Esp.*" 519-20 (no. 12); Dyer,
"*PMC/XXR*" 15-16; Powell, *Epic/Chron.*, 115.
    Encuadernado de pergamino (312 x 222 mm.), con cuatro
cuerdas de atadura; título en el tejuelo: "MS / de / los XI. Rey. /
desde D. Fruela II": papel; manuscrito en mala condición: sólo
quedan la mitad inferior de los ff. 1-4, 254-263, deteriorados los
ángulos del manuscrito entero, carcomido, tinta marchitada; 263
ff., una hoja de guarda anterior y posterior (ff. 1-253v texto,
254-263 tabla); tres distintas foliaciones, todas a tinta: original
romana, dos series arábigas (seguimos la serie interior); pág. 300
x 217 mm.; 28-44 líneas por página; escritura varía de 277 x 192
mm. a 284 x 211 mm.; tres manos del siglo XVI; tinta parda;
títulos por los copistas originales; Fruela II - Fernando III.
    Comienza el f. 1: "Comienza la Coronica de Honze Reyes (...)
/ (*Interpolación en otra mano*: "Esta historia es parte de la
General y llega a la muert [...] / a Sebilla y tiene al fin un c. que
habla de los çinco maravedis [...]") / Capitulo primero de como
comenzo (...) / rrey don Fruela el Segundo de como (...) / hijos de
Olinundo e hecho de la tierra (...) / obispo de Leon (...) / Despues
que el (...)" (*Nota en el margen superior, otra mano*: "[...] Historia

[4] "This manuscript appears now to be missing; the library staff have been
unable to locate it on a number of occasions, most recently in April 1983"
(Pattison, *Leg./Chron.* 152).

de XI Reyes desdel rrey don Fruela [...] / rreyes de Leon." *Nota margen interior, mano tardía*: "La historia deste rrey comiença Esteban de Garibay Camalba en su Compendio Historial lib. 9, cap. 27 plana 453 + y dalli adelante va continuando la Historia de los XI Reyes de Obiedo y Leon que contiene esta Historia y libro de mano." *Adición en otra mano*: "Y la Historia General del rrey don Alfonso el Sabio ynpriso y de mano que tengo yo no pone a est [*ilegible*] D. Fruela 2° [*ilegible*] segun don Garibay dize en los f. 453 por aver sido tirano y otras razones. Es un libro medio de oro beneficho al paresçe.")

Termina el f. 251: "Pues del su finamento fue lo henteraron en la yglesia de Santa Maria de Seuilla muy exçelente e muy honrradamente. Deo Grazias. E murio el santo rrey don Fernando a treynta de mayo quando andava el año de la encarnazion de iUccli anos." *Mas el capítulo* "Como el rey don Alfonso de Castilla pidio el pecho a los hijos dalgo e de lo que acontezio sobrello" *que termina* "trasladado de otra coronica" y tabla; *ambos en manos tardías*.

Folios utilizados en la presente edición: 121v-128v, 149, 151r-160.

13. El manuscrito *C*
Biblioteca Nacional, Madrid. *1507* (ant. *2-J, F-124*).

Descripciones: López de Toro y Paz Remolar, *Inv. B.N.* 396-97; Gómez Pérez, "*Est. Esp.*" 517; Dyer, "*PMC/XXR*" 16-18; Powell, *Epic/Chron.* 114 (=Q); Ruíz Asensio, "Manusc." 62n1 (=R).

Encuadernada en cuero verde con filigrana de oro; título en el tejuelo "Chronica / de los .XI. / Reyes de / España"; papel; filigrana semejante a Briquet 11289 (1584); manuscrito en muy buena condición; 399 ff. una hoja de guarda de la encuadernación moderna delante y otra detrás, y cinco de delante y cinco detrás con notas en las hojas de guarda: (*ii* v) "2-J / F-124 / 1507," (*iii* r) "Nota: F124 este códice procede de la primitiva Biblioteca de Felipe V," (*ii* r) "Tabla de los Reyes de España que se contienen en esta chronica intitulada Chronica de los Once Reyes de España." Tiene 399 ff. etc.; tabla; foliación original en tinta en números arábigos, texto 1-388v, 389r-399v y las hojas de guarda tienen números romanos a lápiz; pág. 295 x 205 mm., hoja de guarda *v* 130 x 185 mm.; 28-35 líneas por página; caja de escritura 265 x 120 mm.; mano del siglo XVI; tinta parda oscura; título en el margen superior, *v* r: "La Choronica de los Honçe / Reyes de España"; Fruela II - Fernando III.

Comienza el f. 1: "Comiença la coronica de los Onçe Reyes de España. Capitulo primero de como començo a rreynar el rrey don Fruela el Segundo y de como mato a los fijos de Otibundo y echo de la tierra a don Fymino obispo de Leon. Despues que el rrey don Ordoño fue muerto, rreyno en pos del su hermano don Fruela el Segundo un año e dos meses." (*Nota en margen superior por copista*: "Coronica general de España. 3.p. Cap. 16 fol. 48b.")

Termina el f. 388v: "Despues que el su finamento fue lo interaron en la yglesia de Sancta Maria de Seuilla muy exçelente y muy honrradamente. Deo graçias. Murio este sancto rrey don Fernando a treinta de mayo quando andaua el ano de la encarnaçion en mil e doçientos e cinquenta e dos anos. Finis. Tiene dos abeçedarios y mas +++ que es prin. del Tercero."

Termina el f. 399r: "Fin de la tabla de los capitulos de esta coronica."

Folios utilizados en la presente edición: 159r-170v, 208v-210v, 212-229v.

C. CLASIFICADOS EN LA PROSIFICACIÓN POR VARIANTES

1. *La Primera Crónica General*

La sección de la crónica que aquí reeditamos procede de la parte del códice artificioso E_2 derivado del primitivo códice de la *EE. Excluimos la narración de E_2 posterior a la "laguna cidiana" que fue interpolada en el s. XIV, pues refleja el conocimiento de un *Mio Cid refundido* cuyo estudio no se relaciona con los propósitos de la presente publicación.

Aquí damos una edición íntegra de los trozos de F basados en el *Poema*; continúa después de la "laguna cidiana" con una narración idéntica en todo a la interpolada en el s. XIV en el ms. E_2. En nuestra edición prescindimos de ella por las razones ya expuestas.

La relación entre la épica del Cid, y la prosificación alfonsí preservada en los manuscritos de *PCG* y *XXR* se destaca por medio de los "errores" de contenido y de forma, de omisión o de comisión vistos en las variantes. A continuación en el presente análisis (ejs. 1-31) se presentan una selección de las variantes que hacen patente que las dos crónicas y las dos sub-familias de *XXR* contienen materia de origen épico, probablemente de la prosificación alfonsí, que falta en la otra familia o la sub-familia. Para las micro-variantes, consúltese el Cap. VI, "Variantes." Para explicar la semejanza entre los dos sub-tipos de *PCG* y su relación con las sub-familias de *XXR* se incluyen el texto de la versión de Per Abbat y las variantes cronísticas antes de la "laguna cidiana" (*PMC* v. 1097); a continuación, se limita a *PMC* y las variantes de *XXR.*

A veces *PCG* por preservar el orden de palabras, una fórmula o algún dato de la épica se acerca más a la primitiva prosificación alfonsí. Por ejemplo en lo que corresponde al primer folio perdido de la copia de Per Abbat, probablmente preserva el orden de palabras de la asonante en *á-o* (*plazo*) al final del período:

1) Cap. II[a3]
> dixoles commo el rrey le mandaua salir de toda su tierra e quel non daua de plazo mas de nueue dias *JSXNK*
> dixoles: --Amigos, el rrey me manda salir de su tierra *LÑFGBC*
> dixoles como non le daua el rey mas de nuebe dias de plazo en que se salliese de la tierra *PCG F* (le diera *E*)

En otro caso (ej. 8), *PCG* remonta directamente a la frase asonante del *PMC* v. 710 "por al," en *XXR* manifiesta como "mas estar" que puede remontar a otra asonante o fórmula épica en "estar" (cf. *PMC* v. 637). *PCG* en la variante "fincara" por "rastara" por su cuenta indudablemente podría originarse en una fórmula épica, hecho corroborado por los 44 usos de la raiz "finc-" en el *PMC.*

Al interior de un verso *PCG* preserva datos épicos: "dos señas...cabdales" (ej. 11) del *PMC; XXR* cambia a "dos reyes cabdales" o "reyes moros."

Por otra parte a veces *PCG* omite materia épica por su cuenta:

2) Cap. III[(P412)(c4)]
> gran plazer de la vision que viera *JSXNK*
> gran pesar de la vision que viera *LÑFGBC*
> mucho era pagado (*PMC,* v. 412)

De los dos sub-tipos de *PCG, E* contiene los detalles épicos (*posar, sierra, Miedes*) mientras *F* introduce un "error" (*Niedes*):

3) Cap. III[P415]
> fue posar a la sierra de Miedes *JSXNK; PCG E*
> fue posar a la sierra de Niedes *PCG F*
> fue pasar en la tierra de Nieves *LÑFGBC*
> A la sierra de Miedes ellos yuan posar (*PMC,* v. 415)

Por otra parte, *PCG F* conoció un ejemplar de la prosificación que había sido integrada con *HR,* pero antes de que fuera completamente cotejada con *HAr* (ej. 14). *PCG E* no se deriva directamente de *F* que carece del texto de nuestro Cap. X que incluye la prosificación de los

vv. 900-927.

De estas y otras variantes, se concluye que los dos tipos de *PCG* se relacionan al *PMC*:

PMC

prosificación alfonsí
Destierro

Estoria de España

F

E_2

2. La *Crónica de Veinte Reyes*

(a.) *Trece manuscritos*

De los trece manuscritos conocidos de *XXR*, los once que contienen la leyenda cidiana que cotejé son: *JSXNKLÑFGBC*;[5] quedan eliminados dos fragmentos, *M* y *N'*. *M* deriva de la misma fuente que *J*,[6] pero termina en el

reinado de Alfonso V, de modo que no contiene la leyenda cidiana. *N'* es copia de *N* y además termina con la materia correspondiente al primer cantar del *Poema*.

He prescindido de otros dos manuscritos identificados por Artigas y por Gayangos como pertenecientes *XXR*; pues son manuscritos de *CRC*.[7]

---

[5] El orden en que presento las siglas no es arbitrario. Están agrupadas por familia y por su cronología relativa para mejor subrayar la filiación de los manuscritos.

[6] Según Collins, "both manuscripts proceeded from a common ancestor, from which now the MMS, now MS-J, has varied..." ("Unknown" 36).

[7] El manuscrito *M/7* (ant. *R II-11-10*) de la Biblioteca Menéndez y Pelayo y el *Eg 288* de la British Library, mal clasificados como pertenecientes a *XXR*, éste por Gayangos (*Cat. Brit.M.* 193) y aquél por Artigas (*Cat. BMP*, 414 [no. 321]), respectivamente, han sido ya reclasificados como de la *CRC*, con las siglas *M* y *U*, por Catalán (*DAX* 332 y 340). Comprobamos esta reclasificación con las transcripciones del capítulo del destierro, indicando lo que corresponde a nuestra edición y siguiendo nuestras normas de transcripción.

Crónica de Castilla, Bibl. Menéndez y Pelayo M/7 (ant. R II-11-10) [=*M*], (f.

12r:)

Cuenta la estoria que enbio el Çid por todos sus amigos e sus conpañas e sus vasallos, e dixoles que commo lo mandaua el rrey salir de la tierra, e dixolos:

"Amigos, que esto sabed vos quales vosotros yr comygo, y los comygo fueredes de Dios ayades buen gualardon e los...(*ilegible*)... me yr vuestro pagado."

Estonçe fablo don Mynaya Alvarfañes, su primo cormano:

"Convusco yremos, Çid, por yermos e por poblados, e nunca vos falleçeremos en quanto que seamos todos nos biuos e nosotros... (*ilegible*)... las mulas e los caualleros e los averes e los paños. E siempre vos serviremos como leales amygos e vasallos."

Entonçes otorgaron todos quanto dixo Alvar Fañes; mucho le gradesçio Myo Çid de quanto ally fue rrazonado.

Crónica de Castilla, Brit. Lib. Eg. 288 [*U*], (f. 62v^a-b):

Cuenta la estoria que el Çid embio luego por sus amigos e por sus parientes e por sus vasallos et dixoles en commo el rrey le mandaua salir de la tierra dende a diez dias, e que saber dellos que les querian yr con el.

"E los que comigo quisierdes yr, de Dios ayaes buen gualardon; e los que fincaredes, quiero yr vuestro pagado."

Et estonces fablo don Aluar Fañes su cormano:

"Çid, conbussco yremos por do quier que fueredes[a8]. Et non bos desanpararemos en quanto seamos biuos e sanos, et desperderemos conbusco quanto avemos e paños e bestias e dineros commo leales amigos e vasallos.

E los otros ortogaronlo asy. Et el Cid agradesçiolo mucho.

Compárense estos textos con el de la *Cronica Particular* publicada por Fray Juan de Velorado (Burgos, 1512; f. xxviii), que en esta parte es del manuscrito *B* de la *CRC*. Con diferencias menores, es idéntico a la *Chronica del famoso Cavallero Cid Ruydiez Campeador*, edición de D.V.A. Huber (Marburg 1844, 95-96), que es de una reimpresión de la tercera edición (la de 1593):

Cuenta la hystoria, que embio el Cid por todos sus amigos e sus parientes e sus vasallos e mostroles en como le mandaua el Rey don Alfonso salir de la tierra fasta nueue dias, e dixoles:

—"Amigos, quiero saber de vos quales queredes yr comigo, e los que comigo fueredes de Dios ayades buen galardon; e los que aca fincaredes, quierome yr vuestro pagado."

E estonces salio don Aluar Fañez, su primo cormano:

—"Conbusco yremos, Cid, por yermos e por poblados ca nunca vos fallesceremos; en quanto seamos viuos e seamos conbusco despenderemos las mulas, e los cauallos, e los haveres, e los paños; siempre vos seruiremos como (b.) *Clasificaciones previas*

Menéndez Pidal en un estudio de los manuscritos de *XXR* compara *F* (para él, la sigla anterior *Ll*; sustituyo *F* en las citas) con *KÑJN* y nota: "Conviene tener presente, para poder apreciar las variantes de apunto, que todos estos manuscritos se dividen en dos grupos bien marcados: de un lado *KFÑ* y de otro *JN*" ("*PMC/Crón. Gen.*"). Sostiene que "*KLFÑ* forman familia aparte pues coinciden hasta en las particularidades más menudas....*LFÑ* tienen variantes comunes que no se ven en *K*....Por fin me parece que *LÑ* se agrupan juntos contra *F*....*JXNN'* forman otra familia..... *J* yerra pocas veces él solo.... En cambio *X* lo hace muy a menudo. No cotejé despacio los otros dos manuscritos; pero *N* también presenta variantes que no se hallan en *J* ni en *X*, y todas las encontré en *N'* por lo que casi tengo la evidencia que éste se copió de *N*..." (*Lara* 572-73).

Al estudiar la sección cidiana, Menéndez Pidal subdividió todos los manuscritos conocidos hasta el momento en dos grupos, *XJN* y *LBFKÑ*, basándose esta clasificación en las variantes *Beltran/Brebon*. Explicó la forma *Beltrán* (*PMC*, v. 3004, contra la asonancia en ó) que aparece en *XJN* como "una corrección hecha en su original común, en vista del códice de Per Abbat o de otro semejante, para sustituir el estraño nombre del conde" (*CdmC* 504). Resumiendo las averiguaciones anteriores, en las adiciones de 1968 en el primer Apéndice de *La leyenda de los Infantes de Lara* (572-73) se incluye un esquema de los manuscritos de *XXR* que puede expresarse:

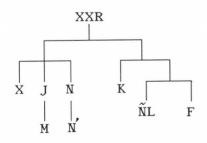

Babbitt en su breve descripción de los manuscritos cita a RMP (*Lara*), notando una semejanza marcada entre *KLFÑ* y entre *JXN*. Observa que *B* se parece más al primer grupo; pero admite que está "less than certain of its proper classification" (*Sources* 166).

Según Collins, *M* es un manuscrito mixto: "part of the *M* MS is of the (*PCG*) family *TGZ*, always somewhat similar to *Z*, but a better copy than *Z* and always closer to *T* than *GZ*. The second part of the *M* MS consists of

leales amigos e vasallos." Estonce otorgaron todos quanto dixo Alvar Fañez; e mucho les gradescio mio Cid quanto alli fue razonado.

folios 498r, col.b-547v, col.b, and contains a version of the material of MS-*J* of the *CVR*." ("Unknown" 25) Defiende la tesis que *M* pertenece al grupo *JXN* y tiene la misma fuente inmediata que *J*: "The only remaining possibility is that both manuscripts proceed from a common ancestor from which now the *MSS*, now MS-*J*, has varied--that is, when an earlier reading appears in one or the other, that one has not varied from the ancestor" ("Unknown" 36). Siendo fragmentario y puesto que termina en el reinado de Alfonso V, *M* no puede ser clasificado utilizando las variantes encontradas en nuestra edición de la leyenda cidiana.

(c). *Dos familias, Clasificación incierta de K*

Las siguientes series de variantes muestran irrefutablemente la división *JSXN/LÑFGBC* con *K* en una posición intermedia, vacilando entre los dos grupos. El manuscrito *K* deja de seguir el texto de *XXR* en el Cap. IV^{P140} e incluye un pequeño trozo de la *CRC* (véase la transcripción en la nota a ^{P440}); vuelve a *XXR* con el comienzo de *J* en el Cap. V.

Para destacar la semejanza entre los dos sub-tipos de *PCG*, se incluyen las variantes antes de la "laguna cidiana" (el. v. 1097).

4) Cap. XXVI$^{P2320(c4)}$
nos catauamos a la ganançia que avriemos con las fiias del Çid, mas non la perdida que nos ende vernie *JSXN*
nos catauamos a la ganançia que avriemos con la perdida que nos ende vernie *KLÑFGBC*
Catamos la ganançia e la perdida no. (*PMC*, v. 2320)

5) Cap. XXX^{P3363}
contesçio *JSXN*
acaesçio *KLÑFGBC*
lo del leon (*PMC*, v. 3363)

6) Cap. XXXI^{P3380}
de contender *JSXN*
de entender *KLÑGBC*

7) Cap. XXXII^{P3421}
que las tomen a bendiçiones *JSXN*
que las tomen por sus mugeres a ley e a bendiçión *KLÑFGBC*
Que uos las de a ondra e a bendiçion (*PMC*, v. 3421)

S en la primera parte es mixto y *K* que interpola un fragmento de *CRC*, (véase Nota a ^{P440}) se destacan por su preservación de detalles épicos:

[P562]rrebata, [P272]mio señor.

(1.) *La sub-familia* α

La sub-familia α consiste en los manuscritos *JSXNN'M*; *M* y *J* se derivan del mismo ejemplar (Collins, "Unknown" 36), pero *M* no contiene la leyenda cidiana.

N' es copia de *N*. Las variantes de *N'* que cotejé con el texto del primer cantar comprueban que *N* y *N'* yerran de acuerdo: Tiruel *NN'*, Teruel *JXG*, Terbel *ÑFGC*, Thernel *L*, Ternal *K*; mercadores *NN'*, mercaderos *JXC*, mercaderes *KLÑFGB*.

El grupo más arcaico y conservador de manuscritos (*JSXN*) conserva con frecuencia el texto de *PMC* o *PCG* por ejemplo "veer" ([P1293], [P1645]). Se puede probar por los errores únicos que ninguno de este grupo es copia de otro. Posiblemente conocían el mismo prototipo inmediato (ejs. 5, 6, 7). *S* (f. 239r) omite por completo el Cap. XXV ("De como los infantes de Carrion se ascondieron con miedo del leon") de modo que *JXN* no copian *S*:

8) Cap. VI[P710]
  puedo aqui ya mas estar *JSK*
  puedo aqui mas estar *NLÑFGBC*
  puedo ya aqui mas estar *X*
  puede ser nin fincara por al *PCG EF*
  non rastara por al (*PMC*, v. 710)

J no copia *SXN*:

9) Cap. V[P603]
  entre ellos e el castillo. *J, PCG EF*
  entre ellos. (*error por omisión*) *SX*
  entrellos y el castiello (*PMC*, v. 603)

10) Cap. XXVIII[P2837]
  e a Martin Antolines e a Pero Bermudes *JS*
  e a Martin Antolines (*error por omisión*) *X*
  Caualgo Minaya con pero Vermuez/ E martin Antolinez (*PMC* vv. 2836-37)

SXN no copian *J*:

11) Cap. VI[P698]
  dos reyes moros *J* (*salto de ojo:* "dos..dos")
  dos reyes cabdales de dos reyes moros *SXN*
  dos señas cabdales de los dos rreyes de moros *PCG F* (daqu-

ellos dos   *E*)
dos señas ha cabdales (*PMC*, v. 698)

12) Cap. XXXII$^{P3394-3396}$
el vno Oiarra *J* ("*salto de ojo*": "vno...vno")
el vno del infante de Nauarra y otro del infante de Aragon. E
avien nonbre estos mandaderos el vno...." π
Al vno dizen Oiarra e al otro yenego Simenez/ El vno es
yfante de Nauarra/ El otro yfante de Aragon (*PMC*, vv.
3393-3396)

JSN no copian *X*:

13) Cap. X^{HR1}
rresçibiole en la villa mucho honrr. π
rresçibiole mucho honrr. *X*
rrescibiol muy onrr   *PCG E* (*F omite el texto épico de este
capítulo*)

(14) Cap. XI^{HR3}
Çul. rrey de Çaragoça amo mucho al Cid *JSN*
Çul. rrey de Çaragoça *X* (*laguna*)
Et el rrey de Çaragoça amo mucho a Ruy Diaz *PCG F*
Et Çuleyma rrey de Saragoça amo mucho a Roy Diaz *PCG E*

XN yerran juntos con el resto de la **EE*; sólo *JS* van con *PMC*:

15) Cap. XI^{P1012}
tierra *JS*
tienda *XN* y β; *PCG EF*
tierra (*PMC* v. 1012)

No encontramos ningún caso en que JS yerran por sí conjuntamente.
En cuanto a *S*, para Pattison y Powell: "It is the closest to the
hitherto unique MS *X* (Salamanca, Biblioteca Universitaria, MS 1824),
which also amends the text on occasion to give readings more like the
PCG (pp. 387a34-35, 387b25- 26) and adds one substantial section to
read like the *PCG* (pp. 388a9 – 389a30)" ("Two New," 9n6). La relación
entre *JXNN'* (y *M* y *S*) puede expresarse así:

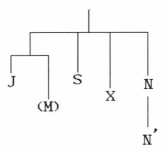

La selección de *J* como la base de la presente edición de *XXR* se debe a su relativa falta de errores y lagunas, y su preservación de arcaísmos como "glera" y "veer." Nuestro análisis de *S* comprueba que éste supera a *J* y a todos los manuscritos de esta crónica en representar los pormenores minuciosos de la fuente épica. (En nuestro Estudio, Cap. V, véase "Valor de variantes.") Por otra parte, la falta del importantísimo capítulo sobre el miedo de los infantes de Carrión frente al león (nuestro capítulo **XXV**) desminuye su utilidadidad como base para la presente edición, de nuevo apoyando el mérito de *J*.

(2.) *La sub-familia* β

Esta familia de manuscritos refleja tendencias opuestas: por una parte contienen las lecturas más corrompidas o innovadoras como, por ejemplo *LÑFGBC* identifican a la esposa del Çid como Jimena Gomez en [P1352] y amplifican en una dirección religiosa (ej. 7). Por otra parte, reflejan más claramente la fuente épica (ej. 4). A veces un par de manuscritos (ora *FG*, ora *BC*) preserva algún arcaismo del *PMC*.

El grupo *LÑFGBC* se divide en *LÑ* / *FGBC*; *LÑ* posiblemente más cerca del prototipo de *XXR*:

15) Cap. VII[P810]
   Minaya Aluar *JSXNKLÑ*
   Nunca ya Aluar *FGBC*
   Aminaya *PCG F*; Aluar Hannez Minnaya *PCG E*
   Oyd, Minaya (*PMC*, v. 810)

16) Cap. VII[P822]
   en Santa Maria de Burgos *JSXNKLÑ*; *PCG EF*
   en esta tierra vuestra *FGBC*
   en Santa Maria de Burgos (*PMC*, v. 822)

17) Cap. XXV[P2291]
e tan feo se paro *JSXNKLÑ*
e tan frio se paro *FGBC*
todo sucio lo saco (*PMC*, v. 2291)

Otras veces *LÑ* comparten un error:

18) Cap. II[a13][P11-12]
corneia *JSXNFGBC* (*F* corregido *cornena* > *corneja*); *PCG EF*
   coruena *LÑ*
cornena *K*
corneia (*PMC*, v. 11)

LÑ por su cuenta contienen resúmenes, lagunas y otros errores de copista
que excluyen una relación direccional entre *L* y *Ñ*:

19) Cap. XI[a2]-[a5]
En *Ñ* se omite la introducción cronológica de los capítulos,
   por lo que *Ñ* no puede ser copia de *L*.

20) Cap. XXIII[P1923-1924]
de grado lo que le enbiastes e gradesçiouoslo mucho *JSXNKÑ*
de grado e gradeçeuoslo mucho *L*
de gradoçiouoslo mucho *F*
de grado e agradesciouoslo mucho *G*
de grado e loos lo mucho *BC*
Es pagado, e dauos su amor. (*PMC*, v. 1924)

21) Cap. XXVIII[P2840-2852]
que diesen ellos las graçias a los del lugar de parte del Çid y
   asi lo fizieron. *L*

Este resumen único que omite [P2840-2852] indica que ni *Ñ*, ni cualquier otro manuscrito, es copia de *L*.

22) Cap. XXXII[P3425-P3428]
e fizieron. . .[P3428]Carrion. (*laguna Ñ*)

El grupo *FGBC* claramente se subdivide en *FG/BC*, pero las variantes que esclarecerían más la relación interna, posiblemente direccional, son pocas. A veces *FG* sólo reflejan fielmente un dato de *PMC*: v. 1201, "las gentes" (cf. [P1201]) y v. 2647 "Molina" (cf. [P2647-2649]). Por otra parte FG contienen un error común:

23) Cap. XXVII[P2697]
    Cospes *J*
    Corpes *XNKÑBC*
    Corpos *S*
    Torpes *FG*
    Tormes *L*
    Corpes (*PMC*, v. 2697)

F fue corregido en tres etapas: por el amanuense mismo, por una mano probablemente contemporánea al copista, y por otra mano tardía. A veces las enmiendas hechas en *F* se ven en *G*:

24) Cap. XX[P1497-(P1505)]
    Fañes (sal) Miñaya salio *F* (*tachado*)
    Fanes salmybaia salio *G*
    torno a Albarfanez (*PMC* v. 1497)

25) Cap. XVII[P1238]
    creçiendo *JSXNKLÑFBC* (*F corregido por la adición de* en *sobre el renglón*)
    creçido en *G*
    cresçiendo (*PMC*, v. 1238)

Algunas diferencias entre *F* y *G* se explicarían como correcciones inteligentes (cf. ej. 20) por parte de *G*; otras veces son idiosincráticas, como "Albar Gomez" por Alvar Fanes ([P438]). Aunque *G* es probablemente copia de *F*, por estas diferencias prefiero clasificarlos como copias del mismo prototipo común.

    B y *C* comparten tantas peculiaridades que es imposible probar que *C* no sea copia de *B*, que es anterior. Juntos suelen ampliar el epíteto heroico del protagonista: Campeador [de Bivar] ([P875], [P1369]), Cid [Campeador de Bivar] ([(P899)], [P1322-1323], [HR4/(P1162-1163)]). En sólo un caso por sí solo *BC* preservan una fórmula y la asonancia de *PMC*: v. 1282 "de buena voluntad" ([(c2)(P1282)]).

26) Cap. IV[P434-435]
    toda la noche e quando fueron açerca *JSXNKLÑFG*
    (y *PCG*)
    toda la noche *PCG F*
    toda essa noche *PCG E*
    toda esa noche (*tachado* e quando fueron) açerca *B*
    toda esa noche açerca *C*
    de noch (*PMC*, v. 435)

29) Cap. XXVIII[c2]

entendio que por aquel gran mal le *JSXNKLÑFG*
entendio que por aquel () le *B*
entendio que por aquel [deshonrra] le *C*

30) Cap. XII[P1036]

fuese ya que mas alegrando *JKFG* (alegrado *G*)
fue ya mas alegre *S*
fuese ya mas que alegrando *XÑ*
fuese ya mas alegrando *L*
fuese alegrando *N*; *PCG EF* (fuesse *E*)
fue(se) ya (que) m(e)as alegrando *B* (*tachado*)
fue mas alegre *C*
iua alegrando (*PMC*, v. 1036)

31) Cap. XVIII[P1352/1354]

lleuar para Valencia a su muger dona Ximena e sus fiias amas
J
lleuar para Valencia () su muger dona Ximena y sus fiias amas
SXN
lleuar a Valencia () a su muger dona Ximena e sus fijas amas
K
lleuar para Valencia su muger dona Ximena e sus fijas amas
G
lleuar su muger y sus hijas para Valencia *BC*
llevar su muger doña Ximena para Valencia y a sus fijas amas
L
lleuar () a su muger dona Ximena, e a sus fijas amas para
Valencia *Ñ*

Faltando evidencia al contrario, debemos concluir que *C* es copia de *B*.
Por eso, la relación que existe entre *LÑFGBC* se expresa:

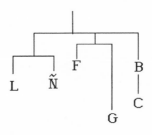

Sobre la base del análisis de las variantes en esta edición y las conclusiones de Collins, los doce manuscritos conocidos de *XXR* en la prosificación del *Mio Cid* parecen relacionarse del modo siguiente:

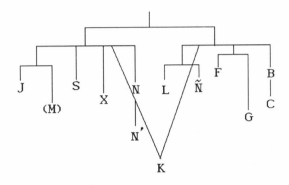

La totalidad de variantes visibles en *XXR* y *PCG* contribuye a la reconstrucción del *Mio Cid* prosificado en el taller alfonsí, y a un mejor entendimiento del dinamismo de las raíces tradicionales y orales en interacción en el momento de emprender tal prosificación.

III
Nuestra edición

A. CRITERIOS DE LA EDICIÓN

1. *Materia cronística incluida*

Comenzando con las cartas de destierro del Cid[1] reproducimos los fragmentos de origen épico de la *Estoria de Espanna* tal como se conserva en *PCG EF* y *XXR J* hasta la "laguna cidiana,"[2] y de aquí al fin de la fuente épica en *XXR*, el. v. 3728. Se incluyen la cronología alfonsí y las cortas interpolaciones no-épicas incorporadas en el arreglo alfonsí, identificando cuando sea posible sus fuentes en las Notas. Para los folios de cada manuscrito que se transcriben o que se incluyen en las Variantes. Véase Cap. II, Manuscritos.

2. *Variantes*

Cotejamos las variantes[3] de todos los manuscritos de *XXR* en el Capítulo IV. Se indican en negrilla las de mayor importancia. Para el aparato crítico, véase "Variantes y correcciones al texto" (*infra*).

3. *Notas*

Incluimos en una serie de Notas la identificación de las fuentes no-épicas utilizadas por los historiadores alfonsíes, algunas referencias bibliográficas y comentarios, como un desvío o modificación notable en cualquier manuscrito incluido en la edición. Las Notas a *PCG E* y *F* son paleográficas.

---

[1] En cuanto al comienzo del texto, véase Notas I[(a2)- (a5)].

[2] Sobre la llamada "laguna cidiana," véase Cap. I.

[3] Por "variantes" sigo la definición de J. Gómez Pérez: "Las diferencias entre estados textuales se llaman variaciones: variantes son las lecturas que por su diversidad forman variaciones" (*"Est. Esp.* 490). Transcribí las variantes directamente de los manuscritos de microfilms, de *Xerox Copyflow* o de reproducciones fotográficas, verificando las lecturas difíciles con numerosas consultas de los manuscritos originales en España. Quisiera agradecer a los profesores Samuel G. Armistead y Diego Catalán su bondadosa ayuda con algunos problemas paleográficos.

4. *División del texto. Indicación de fuentes.*
Seguimos la división de capítulos de la *Estoria* (nuestros Capítulos I-XIII) y del manuscrito *J* en adelante. Se añade entre corchetes y en negrilla nuestra enumeración consecutiva de capítulos. Usamos un sistema de referencia anejo a esta división: I[a1], por ejemplo.

Se divide el texto en pequeñas cláusulas, para destacar su fuente épica, para subrayar la matriz comun de la *Estoria basada en la épica cidiana tal como se refleja en *PCG* y *XXR*, y para facilitar referencias posteriores. El aparato crítico constituye un sistema de identificación de fuentes y una evaluación de la relativa distancia y diferencia entre ellas y el testimonio crónistico. Aunque nos interesa principalmente el *PMC* que sirvió de la base poética a la prosificación (o las prosificaciones alfonsíes) también prestamos atención al manejo de fuentes no-épicas por parte de los historiadores alfonsíes.

Las siguientes convenciones tipográficas aclaran la relación observada entre el poema, las fuentes no-épicas y el texto cronístico.

(a.) fuente épica
Para indicar la materia épica, usamos la designación P, más el número del correspondiente verso del Mio Cid, según la edición paleográfica de Menéndez Pidal. Ejemplificamos a continuación tales acotaciones:

P11	Equivalencia exacta o prosificación que reproduce de cerca la frase original; fiel a la expresión de *PMC*
(P51)	No prosifica directamente, sino que es una deducción, resumen, aproximación o interpretación de *PMC*
P65-66	Reproduce de cerca lo dicho en dos o más versos consecutivos
P422/P420	Información sacada de dos versos no consecutivos, fiel a la expresión de *PMC*
(P122-135)	Información deducida de versos consecutivos; abrevia *PMC*
(P209-210)(P253)	Información deducida de versos a veces no consecutivos; subraya continuidad del resumen alfonsí
(P655)/(P658)	Información deducida de versos no consecutivos; se subraya la discontinuidad o enlace artificioso
(P2851/P2853)	Información deducida de versos no-consecutivos, se subraya enlace suave
(P253)/P255-256	Aproximación, seguida por prosificación verbalmente fiel de dos versos consecutivos

(b.) fuente no-épica identificada
Indicamos las fuentes no-épicas identificadas con las designaciones siguientes:

BA	Ben Alcama
DRH	De rebus Hispaniae
HAr	*Historia Arabum*
HR	*Historia Roderici*
LR	*Liber regum*

más un número consecutivo.[4] En las Notas se apunta la referencia correspondiente en una o más ediciones aceibles al lector. Cuando la versión cronística no es fiel al discurso o expresión de la fuente, usamos paréntesis: [HR1]. Separamos estas interpolaciones no-épicas de la compilación alfonsí por medio de medios corchetes: [BA1]. Si la épica se combina con una de estas fuentes se indica: [P967]/[HR5].

(c.) fuente no identificada
Cuando no podemos identificar la fuente de una interpolación narrativa, numeramos las cláusulas consecutivamente por capítulo de nuestro texto, anteponiendo una letra para indicar la índole de la adición. En los Capítulos I-XIII, cuando la cláusula no-identificada es igual en *PCG* y *XXR*, podemos suponer que deriva de la compilación alfonsí de la *EE en que ambas se basan; anteponemos una [a] más un numerito consecutivo. Se incluyen en esta calificación el cuadro cronológico, la glosa explicativa y la posible prosificación de versos o materia épica que varía del poema de Per Abbat. Los casos más frecuentes de glosa son explicaciones (comienzan "porque," "ca," "como"), clarificaciones de mensajes (cartas, pregones, etc.), pronombres, enlaces narrativos ("dejamos de fablar desto..."), subordinaciones, o la interpolación del *verbum dicendi*, de percepción o reacción ("cuando lo oyo").

Si la deducción alfonsí de la *EE domina sobre el recuerdo de un verso, la indicación [a] más un numerito consecutivo + [P] más el número del verso se antepone al texto: [a13]/[P11-12]. Si sospechamos una interpretación alfonsí a base de un verso desconocido, parecido a, o

---

[4] Se incluye en la Bibliografía la referencia completa a las ediciones de las siguientes ediciones de estas fuentes no-épicas que citamos: *DRH*, ed. J. Valverde Fernández; *HAr*, ed. A. Schottus; *HR*, ed. R. Menéndez Pidal en *EDC* II:921-971; BA, *Historia de Valencia*, traducida y paráfrasis de E. Lévi Provençal en *EDC* II: 894-906.

sustituto de uno conocido, incluimos el verso más próximo entre paréntesis, seguido de una barra y la serie [a]: P734)/(a20).

Las innovaciones de la *PCG*, comunes a ambas versiones, pero ajenas a *XXR*, se señalan con [b]. La calificación [b] sugiere que *PCG* o es más fiel al texto alfonsí (apoyando nuestra opinión muchas veces en las lecturas de *CRC*, mientras *XXR* abrevia o innova, o que *XXR* se sacó del borrador común de la *EE* antes de completarse la redacción alfonsí de *PCG*.

Las innovaciones de *XXR* llevan [c] antepuesto al numerito consecutivo de la cláusula. A partir de la "laguna cidiana" en *XXR*, todas las adiciones mayores que podrían remontar a un poema épico distinto del poema de Per Abbat, o al arreglo preliminar de la prosificación destinada para la *EE*.

Las lecturas únicas de *PCG E* se indican con [e] y las de *PCG F* con [f].

Cada serie de [a] se numera consecutivamente, independiente del numerito de la serie de [b], [c], [e], o [f]. No señalamos las inversiones de palabras y frases. Cuando hay dos fuentes, la primera notada predomina.

A continuación se presenta el resumen de nuestro uso de calificaciones para materias de fuente desconocida:

[a1]	Deducción alfonsí
[b1]	Adición común del formador de la *PCG EF*; falta en *XXR*
[c1]	Adición del formador de *XXR*, única
[e1]	Adición del formador de *PCG* E_2c, única
[f1]	Adición del formador de *PCG F*, única
[a7](P507)	La deducción o prosificación predomina sobre el recuerdo del verso; información que el formador de la *EE* deduce, interpretando el contenido del verso y glosándolo ampliamente
P498-499(c2)	Posible dato único de *XXR* que falta en *PCG*; varía del *PMC* conocido
(P734)/(a6)	Verso parecido a o variante del conocido, común a la prosificación alfonsí
[c3]/(HR)	*XXR* materia única, combinada con *HR* (o *HAr*, BA, etc.)
[c3](P2527)	*XXR* deduce a base de *PMC* o prosificación

B. NORMAS DE TRANSCRIPCIÓN

La transcripción reproduce, en general, los grafemas del manuscrito. Respetamos la distinción del copista entre u - v (*seeruos*, *vna*) y el uso ocasional del *b-* por *u-* (*bos*). (Cf. *CdmC* 172₃₃.) En *J* hay cuatro grafemas que corresponden a *i* o *j*; son variantes posicionales que no representan uniformemente ni consonante ni vocal. Los transcribimos todos como *i*: *Iuballa, infantes, salio, fiias, ninguna*. En los otros manuscritos, donde la grafía distingue la *j* de la *i*, la forma que aparece en las Variantes reproduce la forma del manuscrito. Se mantienen las consonantes dobles (*esfforçados, cossa, companna*). El grafema *R* se transcribe *rr*, si no comienza un nombre (*rrey, Rodrigo*).

Desdoblamos las abreviaturas normales según las formas preferidas por los copistas: *oms* = *omnes, Alfon* = *Alfonso, cauallos* = *caualleros, xtianos* = *cristianos, Xpo* = *Ihesu Cristo, menster* = *menester*, etc. La nota tironiana se resuelve como *e*. Se indican las abreviaturas menos comunes en las Variantes (*ots* = *otros*, final del renglón); las que son erróneas o que ofrecen problemas se discuten en las Notas al texto.

Las tachaduras de *J* son escasas, probablemente hechas por el copista original, siempre con tinta roja, a veces antes de comenzar la siguiente palabra.[5] Las tachaduras, correcciones y la marginalia de todos los manuscritos de *XXR* se anotan en las Variantes; las de *PCG F* y *E₂c* aparecen en Notas paleográficas al final de cada transcripción.

Se indica el fin de una columna o de un folio en el texto con una raya entre paréntesis (/) después de la palabra donde ocurre la división. Notamos la nueva foliación en el texto (/f. 72vᵃ). La división de palabras y la puntuación siguen el uso moderno. Siempre que sea útil, aprovechamos un cambio de asonancia en el texto del poema de Per Abbat para comenzar otro párrafo en el texto cronístico.

Cuando omitimos un trozo de texto, se indica con elipsis.

C. Variantes y correciones al texto

El sistema de referencia para las Variantes de los manuscritos de *XXR* se basa en la división de texto en cláusulas según su fuente. La relación entre los manuscritos determina el orden de las siglas en las Variantes. (Véase la discusión de la filiación de manuscritos, Cap. II.) El orden de presentación es: *JSXNKLÑFGBC*. Cuando *J* es único y todos los otros muestran la misma lectura, utilizamos la sigla π (πολλα) como abreviatura por las once siglas. Para la sub-familia *JSXN*, usamos α; para la sub-familia *KLÑFGBC*, β.

Sólo se corrige el texto de *J* cuando ofrece una lectura única, "errónea" que va contra la gramática, queda en oposición a *PMC*, a su

---

[5] Las tachaduras y correcciones al manuscrito *J* por a mano del mismo copista se encuentran en: XIII^HR6 (f. 77rᵇ), XVIII^(P1357) (f. 95vᵃ), XXII^P1804 (f. 96vᵃ), XXIII^P1964 (f. 97rᵃ), XXIII^P2145 (f. 97rᵃ), XXXII^3714 (f. 102rᵃ).

sub-familia (SXN), apoyada o no por los manuscritos *LÑFGBC* (sub-familia β) y a *PCG* en lo correspondiente al *Primer Cantar*. Señalamos la forma corregida en el texto entre asteriscos, e incluimos en las Variantes en negrilla la lectura de *J* y la de todos los otros manuscritos.[6] Los símbolos tipográficos que indican un cambio al texto son:

* *	Se corrige una forma
( )	Se suprime texto "erróneo" de *J*
[ ]	Se añade texto que falta, a base de la lectura de otros manuscritos

Si la lectura de *J* no se percibe como "error," independiente o no de su familia, o no en contradicción con β, no corregimos el texto sino que señalamos las variantes en negrilla. Por ejemplo, no corregimos III$^{(c2)}$: "conpañas de omnes, muchas de omnes a pie" frente a π, "conpañas muchas de omnes." Si *JSXN* (sub-familia α) van contra la gramática, contra *PMC* y contra *PCG* en el *Primer Cantar*, o sea, si ofrecen una lección "errónea," y se oponen a β, indicamos en negrilla las variantes de β. La variante individual de cualquier manuscrito que pudiera ser importante también se indica en negrilla. En resumen, indicamos en negrilla todas las variantes de *J* eliminadas del texto, todos los casos en que *SXN* contradicen a *J*, todos los casos en que β es unitario o básicamente unitario y los casos en que cualquier manuscrito o un grupo parece de manuscritos ofrecer una importante lectura independiente o que muestra la relación entre ellos.

Se incluyen en las Variantes las diferencias "mayores" de morfología verbal, por ejemplo (los imperfectos en *-ía - -ié*)[7] y la preservación de algún arcaismo o dialectalismo fonético (*cadiella, veer*). Incluimos

---

[6] Siguiendo su orden, por capítulo, enmendamos el texto de *J* en: II^{P56-59}, (P85-87) (a16)-(17) (c6)/(P92) (P130) P96, III$^{(P401)}$; V^{P555}; VI$^{P654(c2)}$ P698 (a25); VII$^{(P759-760)}$ P773 P775 P796 P798, VIII$^{(a3)/(c2)}$ P858 P863 (P867); IX^{P889}; X$^{P902-(P903)}$ P911; XI^{HR3}; XII^{P1067}; XIII$^{(P1090)-}$P1092 P1093; XXII$^{(c2)}$; XIV $^{(P1162)}$; XVII$^{(P1274)}$; XVIII^{P1331} P1361; XIX$^{(P1386-1387)}$; XX^{P1462}; XXII^{P1809} P1861; XXIII^{P1945} P1960 P2135; XXV^{P2288} P2291; XXVI^{P2425}; XXVII^{P2657} P2667; XXVIII^{P2814} P2829 P2849-2850 P2860 P2860, XXX$^{(P2974)}$ P3156, XXXI^{P3233} (P3289-3290) P3297 (P2291), XXXII^{P3395} P3396 P3394 P3457 (P3461) P3471 (c14).

[7] McArdle 1984 estudió la variación lingüística entre los imperfectos en *-ía - -ié* en *J* con base en nuestra transcripción (Dyer 1975). Vale la pena examinar esta cuestión atento al papel del intermedio prosificado editado para la *EE en el primer cantar, frente al *Cantar de las Bodas* que continúa con las fuentes no-épicas, y con el último cantar que remonta directamente a la prosificación alfonsí.

las variantes de *f-* etimológica (*fablar-hablar*), las variantes de patronímicos o topónimos, pero no las diferencias ortográficas de los títulos de capítulos de los otros manuscritos de *XXR* y las variantes "menores" como *era-hera, galardon-gualardon, Berenguel-Verenguel, camiaron-cambiaron, reynado-regnado, fiziese-fiçiese, si-sy*. Aunque transcribimos estos con cuidado en los textos que reproducimos, en las Variantes de *XXR* no se notan de forma sistemática las formas apocopadas (*dixol-dixole, grand- grande*), ni las variantes morfológicas "menores" como de la *estonçes - entonçes, alrededor_ enrededor*.

En las Variantes abreviamos las palabras que no son esenciales, destacando así el elemento distintivo. Indicamos las añadiduras entre corchetes y las omisiones entre paréntesis. Se anotan las sub-variantes entre paréntesis: conpañas [e amigos] *LÑFGBC* (e [a] amigos *FG*). Las lagunas de dos o más palabras se indican entre paréntesis, dando el contexto: e (/ fijas *L;* cuando las lagunas son extensas, incluimos las primeras y últimas palabras de la parte que falta; por ejemplo: II [P130] (e vos... ganançias) *Ñ*. Las lagunas que resultan de una deterioración del manuscrito se indican: (...). En resumen, los símbolos tipográficos en las Variantes de *XXR* destacan su relación al texto de *J*:

[ ]	Interpolación
( )	Omision corta.
(*texto...texto*)	Omisión larga.
(...)	Laguna resultante de la deterioración del manuscrito
(( )) o ([])	Variante de variante

Se incluyen en las Variantes de *XXR*, las tachaduras y la marginalia de todos los manuscritos de esta crónica. Se apuntan tales comentarios paleográficos y la marginalia de *PCG EF* en las notas a cada manuscrito.

IV
Texto del Mio Cid prosificado
en el taller alfonsí

A. PRIMERA CRONICA GENERAL

1. El Escorial X-i-4 (E)
[Capítulo I]
(f. 164rᵇ)

^(a1)El capitulo de como Roy Diaz el Çid fue ^(b1)mesclado con el rrey don Alfonso et ^(a1)echado de la tierra.

....

^(a2)Et enuio luego sus cartas al Çid quel saliesse del rregno. ^(a3)Roy Diaz quando ouo leydas las cartas ^(b2)fue muy triste con aquellas nueuas ^(a4)e pesol muy de coraçon pero non quiso y al fazer, ^(a5)ca non auie de plazo mas de nueue dias ^(a6)en que saliesse del rregno.

[Capítulo II]

^(a1)El capitulo de como Roy Diaz el Çid llego sus parientes e sus uassallos e salio con ellos de tierra al rrey don Alffonso su sennor.

^(e1)Sobre aquellas nuevas ^(a2)el Çid enuio luego por sus parientes e sus ^(b1)amigos e mostroles lo ^(e2)quel rrey eniuara dezir, ^(a3)e dixoles como non le diera el rrey mas de nueue dias de plazo en quel salliese de la tierra, ^(a4)et que querie saber dellos quales querien yr con el o quales fincar. ^(a5)Et dixo Aluar Hannez Minnaya:

^(a6)"Sennor, todos yremos conuusco e ^(b2)e dexaremos Castiella e ^(a6)seruos emos uassallos leales."

^(a7)Et esto mismo le dixieron todos los otros ^(a8)e quel non desampararien por ninguna guisa. ^(a9)El Çid, ^(b3)quando esto oyo, ^(a9)gradesciogelo mucho e ^(a10)dixoles que si ^(b4)el tiempo uiesse, ^(a10)que gelo gualardonarie el muy bien.

^(a11)Otro dia ^{P11}salio el Çid de Viuar ^(a12)con toda su conpanna ^{(a13)(P11-12)}et dizen algunos que cato por aguero ^{P11}et saliente de Viuar que ouo corneia diestra; ^{P12}et a entrante de Burgos que la ouo siniestra. ^(P14)Et que dixo estonces ^(e3)a sus amigos (/f. 164vᵃ) e ^(a14)a sus caualleros:

[a15]"Bien sepades [b5]por cierto [a15]que tornaremos a Castiella con grand honrra [b6]e con grand ganancia [b7]si Dios quisiere."

P15Et pues que entro en Burgos, P31fuesse pora la posada do solie posar, [P44]mas non le quisieron y acoger [P62]ca el rrey lo enuiara defender quel non acogiessen en ninguna posada en toda la uilla P63nin le diessen uianda ninguna. P50Quando aquello uio el Çid, P55-56saliosse de la uilla et P56-59fue posar en la glera.

P65-66E diol esse dia Martin Antolinez de comer [P68]quanto ouo mester pora si e pora sus bestias. [P69]Et pues que el Çid ouo comido, [P78-79]apartosse con Martin Antolinez, P82-83e dixol como non tenie de que guisasse su conpanna P85et que querie [P85]mandar fazer con su conseio dos arcas P87-88cubiertas de guademesci et pregarlas et guarnirlas muy bien [P86]e enchirlas de arena. P78Et aun dixol

:

P93/[P89]"Leuarmelas edes uos a dos mercaderos [P90]que a aqui en Burgos [P101]que son muy ricos; P89all uno dizen Rachel e all otro Bipdas. [a16]Et dezirles edes que [P113]yaze en ellas muy grand auer en oro [a17]et en piedras preciosas e que [P92]gelas quiero empennar por alguna poca cosa, [P91]ca non quiero leuar comigo agora tan grand auer como esto. [P121]Et que las quitare al mas tarde fasta un anno. [P130]Et demas darles e de ganancia quanto ellos quisieren. [P121]Et si al cabo del anno non gelas quitar, que las abran e que se entreguen de (/f. 164v^b) su auer, [P119]e lo al, que lo guarden fasta que yo enuie por ello. P94-95Et bien sabe Dios que esto que lo fago yo amidos [b8]mas si Dios me diere conseio, yo gelo emendare et gelo pechar todo."

[P85]Pues que las arcas fueron fechas [P87]et fermosa mientre guisadas P96fuesse Martin Antolinez [P97]pora los mercadores [P100-121]e dixoles tod aquello assi commo el Çid le dixiera. [P122-135]Et puso con ellos P135quel diessen.dc. marcos, P184los.ccc. de plata P186e.ccc. de oro. P137Et desque fue de noche [P148-149]fueron los mercadores por las arcas [P152]a la tienda del Çid P160et pusieron alli su pleyto con ell P162como las touiessen fasta cabo de un anno [P164]que las non abriessen et [P165]nombraron quanto les diesse de ganancia. [P166-168]Desi leuaronlas pora sus posadas los mercaderos, [P182-202]et Martin Antolinez fue por ell auer e aduxolo.

P208El Çid [e4]qual ora touo ell auer en su poder P208mando luego arrancar las tiendas e [P209]/[P233]e fuesse dalli pora Sant Pedro de Cardenna [P209-210]/[P253] do tenie la mugier [P255]et las fijas. P237Et ell abbat del logar que auie nombre don Sancho [P243-247]rrecibiol muy bien, P262et su mugier donna Xemena et sus fijas P265besaronle las manos.

[P238]Otro dia mannana [P248]fablo el Çid con ell abbat toda su fazienda P255-256/[P253]et dixol quel querie alli dexar la mugier e las fijas en comienda [P257]et quel rrogaua como a amigo que penssasse bien dellas. P250/[P260]Et dio a ell e a los monges.l. marcos [a18]de plata P253-254et diol pora donna Xemena (/f. 165rᵃ) et a sus fijas et su companna ⁽ᵉ⁵⁾.l. marcos ⁽ᵃ¹⁹⁾de oro, ᴾ²⁵⁸Et rrogol que si aquello les non cumpliesse ᴾ²⁵⁹que les diesse ell quanto les fuesse mester, ca el gelo darie todo. ᴾ²⁶¹Et ell abbad dixol et prometiol que lo farie muy de grado.

[Capítulo III]

⁽ᵃ¹⁾El capitulo ⁽ᵇ¹⁾de las compannas que se llegaron al Çid pues que sopieron ⁽ᵃ¹⁾que se yua de la tierra ⁽ᵇ²⁾e como se partio de Sant Pedro ⁽ᵃ²⁾et se fue pora tierra de moros.

ᴾ²⁸⁷Qvando por Castiella oyeron ⁽ᴾ²⁸⁸⁾que el rrey don Alffonso echaua de tierra al Çid, ⁽ᴾ²⁸⁹⁾fueron luego muchos pora el; ᴾ²⁹⁰e llegaron alli ᴾ²⁹⁴a Sant Pedro a ell aquel dia ᴾ²⁹¹cient e.l. caualleros pora yrse con el, ᴾ²⁹³e ueno Martin Antolinez con ellos.

⁽ᴾ²⁹⁵⁾El Çid quando los uio, ᴾ³⁰⁴plogol mucho e ⁽ᵉ¹⁾fue mui alegre con ellos ᴾ²⁹⁷e rrescibiolos muy bien ⁽ᴾ³⁰⁴⁾e mando guisar muy grand yantar. ⁽ᵇ³⁾Et pues que ouieron comido, mando dar ceuada pora yrse luego aquella noche, ᴾ³⁰⁶ca eran passados los.vi. dias de los.ix. del plazo. ⁽ᵇ⁴⁾⁽ᴾ³¹⁴⁾Et tomo el Çid aquel auer que tenie ⁽ᴾ³¹⁴⁾e partiolo con todos ⁽ᴾ³¹⁵⁾e dio a cada uno segund que lo merecie e segund ell omne que era. ᴾ³²³Et desque fue la noche, ⁽ᴾ³⁶⁷⁻³⁷⁵⁾espidiosse de la mugier et de las fijas ⁽ᴾ³⁹¹⁾et fuesse su uia. ⁽ᵃ³⁾Et andido toda essa noche, ᴾ³⁹³e fue otro dia a yantar a Espinaz de Can. ᴾ³⁹⁵Et alli estando, llegol otra companna ⁽ᵃ⁴⁾de caualleros e de peones. ᴾ³⁹⁶Salio (/f. 165rᵇ) el Çid dalli ⁽ᵉ³⁾aquella ora ᴾ⁴⁰¹e passo Duero sobre Naua de Palos ᴾ⁴⁰²e fue posar a la Figueruela.

ᴾ⁴⁰⁴⁻⁴⁰⁵Et pues que fue de noche e se adormecio, ⁽ᴾ⁴⁰⁶⁾ueno a ell en uision como en figura de angel e dixol assi:

ᴾ⁴⁰⁷"Çid, ue ⁽ᵃ⁵⁾aosadas do uas et non temas nada, ᴾ⁴⁰⁹ca siempre te yra bien, mientre que uiuas ⁽ᵃ⁶⁾e seras rico e abondado e onrrado."

ᴾ⁴¹³Otro dia mannana caualgo ⁽ᴾ⁴⁰³⁾con toda su companna que tenie ya muy grand ᴾ⁴¹⁵e fue posar a la sierra de Miedes, ᴾ³⁹⁷⁻³⁹⁸et yaziel de siniestro ⁽ᵃ⁷⁾Atiença ᴾ³⁹⁸que era estonces de moros.

ᴾ⁴¹⁶Et ante que se pusiesse el sol, ᴾ⁴¹⁷mando el Çid fazer alarde a todos quantos yuan con el por uer que companna leuaua ᴾ⁴¹⁹e fallo que eran bien.ccc. caualleros. ⁽ᴾ⁴¹⁸⁾et muchos omnes a pie. ⁽ᴾ⁴²⁰⁾Et dixoles:

⁽ᴾ⁴²¹⁾"Amigos, uayamosnos, luego ᴾ⁴²²/ᴾ⁴²⁰e passaremos temprano esta sierra ᴾ⁴²³e salgamos de la tierra al rrey, ⁽ᴾ⁴¹⁴⁾ca oy es ya el dia del plazo. ᴾ⁴²⁴Et despues quien nos quisiere uuscar, fallarnos a."

[Capítulo IV]

⁽ᵃ¹⁾El capitulo de commo el Çid priso el castiello de Castreion.

ᴾ⁴²⁵Caualgaron dalli luego todos e passaron aquella sierra de noche ᴾ⁴²⁶et al pie de la sierra ᴾ⁴²⁷auie una montanna muy grand. ᴾ⁴²⁸E mandoles el Çid posar ally ᴾ⁴³³por tal que non fuessen descubiertos

[P428]et mando a todos que diessen ceuada [P425]de dia [P429]porque querie trasnochar. [P432]Et mouieron de alli [P434]e andidieron toda essa noche (/f. 165vᵃ) [P435]et quando fueron acerca del castiello que dizen Castreion que yaze sobre Fenares, [P436]echosse el Çid alli en celada.

[P438]Et mando a Aluar Hannez [P440]que fuese con los.cc. caualleros [P445]correr la tierra [P446]bien fasta Guadalfaiara, e que llegassen las algaras fasta Alcala [P447]e que acogiessen todo quanto fallassen, [a2]tan bien omnes commo ganados, [P448]et que lo non dexasse por miedo de los moros. Et dixol:

[P449]"Fincare yo aqui con los otros cient caualleros, [P450]çerca este castiello Castreion. [P451]Et si mester uos fuere, [P452]enuiadme mandado [P453]ca yo uos acorrere."

[P456]Et desque fue la mannana, [P477-479]fue Aluar Hannez correr toda la tierra assi como el Çid le mandara. [P458]Et los moros de Castreion, [a3]non sabiendo nada del Çid, [P459]abrieron las puertas del castiello e sallieron [P460]a sus lauores [a4]assi como lo solien fazer. [P464]Et el Çid salio entonces de la celada e corrio tod el castiello aderredor [P465]et priso moros e moras [P466]e el ganado que fallo. [P467]Et fuesse luego derecha miente pora las puertas del castiello. [a5]En todo esto fizose el rroydo por la puebla del castiello como corrien cristianos et acogieronse los moros a la puerta. [P468]Et los moros otrossi que la tenien, quando uieron las bueltas que aquellas conpannas fazien alli [P469]ouieron miedo e metieronse adentro a la puebla e finco la puerta desamparada. [P470]El Çid [e1]essa ora [P470]cogiosse luego por la puerta adentro [P471]su espada en la mano, [P472]matando quantos (/f. 165vᵇ) ante si fallaua, [P473]de guisa que gano luego el castiello et tomo de oro et de plata [P478]/[P480-481]e de lo al que y fallo quanto quiso [a6]et finco en el castiello apoderado dell.

[P477]En tod esto Aluar Hannez [P476]e las compannas que con el fueran en algara [P477]corrieron fasta Alcala, [P478]/[P480-481]e tomaron y grand prea de moros et de moras et de ganados e de otras cosas. [P479]Et cogieronse Fenares a arriba por Guadalfaiar [P480-481] leuando ante si quanto fallauan; [P484-485]et llegaron al Çid alli aquel castiello de Castreion que ell auie ya ganado. [P486]Alli sopo [e2]essa ora [P486]el Çid como uinie Aluar Hannez, [P487]et salio con companna a recebirle. [P488]Et quando los uio tan bien uenir, plogol mucho [P489]e dixo a Aluar Hannez:

[P491]"Tengo por bien que lo que yo e ganado aca, et lo que uos adozides, que se ayunte todo en uno [P492]e que leuedesuos ende el mio quinto."

[P493]Mucho gradescio Aluar Hannez al Çid [P494]esto quel daua, [P503]mas non gelo quiso tomar [P504]pero que era algo [P505]mas fazielo Aluar Hannez porque el Çid cumpliesse con ello en otras partes.

[a7]/[P507]El Çid otrossi quando se uio, tan bien andante en su

comienço, fue muy alegre e loçano por ello, et atrouosse muy mas por ende en sus fechos. [b1][P507-509]Et enuio dezir al rrey don Alffonsso que pues quel assi echaua de tierra quel farie deseruicio con aquellas compannas que traye. [P506]Et mando luego ayuntar quanto el ganara en Castreion e todo lo que (/f. 166rª) Aluar Hannez aduxiera en su caualgada. [P515]Et tomo el su quinto [P510-512]et lo al mandolo partir muy bien a los caualleros [P514]e a los peones [P511]por su suerte a cada uno derecha mientre como conuinie. [P516]Et el Çid non fallo alli a quien uender su quinto, [P518]et enuio mandado a los moros de Fita de Guadalfaiara [P519]que gelo comprasen. [P521]Et ellos uinieron et uieron la prea, e apreciaronla en.iii. mill marcos de plata. [P520]Et aun los qui la tomassen que leuassen ende grand ganancia. [P521-522]Et dieronle ellos tres mill marcos de plata por ella [P523]et el fue pagado de todo a tercer dia.

[Capítulo V]

[a1]El capitulo de commo dexo el Çid el castiello de Castreion e fue adelant e gano Alcocer.

[P524/(P510)]El Çid pues que ouo partidas todas sus ganancias a las compannas, dixoles:

[P525]"Amigos, en este castiello non me semeia que mas pudiessemos auer morada; [P526]ca maguer quel quisiessemos retener de otra guisa non auremos y agua. [P527]Demas el rrey don Alffonso a pazes con los moros, et se yo que escriptas son ya de los moros las cartas [b1]de lo que nos por aqui començamos a fazer, pora enuiargelas. [P528]Et el rrey don Alffonso nuestro sennor es poderoso e de grand coraçon, et pero que lo auemos con moros non lo querra soffrir el e uenirnos (/f. 166rb) a uuscar. [P529]Et uos, Aluar Hannez Minnaya, e las otras compannas que aqui estades, [P530]non me tengades por mal lo que uos quiero dezir sobre esta razon: [P531]en Castreion nos non podemos morar sin fincar y bien [P532]ca es acerca del rrey don Alffonso, [P529/(P530)]et tengo por bien de nos quitar deste castiello [P533]mas pero desta guisa quel non dexemos yermo. [P534]Et quiero y dexar cient moros e cient moras [P535)/(P516)]ca pareçrie mal de leuar moros nin moras en nuestro rastro, et non nos conuiene agora, mas andar lo mas afforrechos que pudiermos, como omnes que andan en guerras e en lides e an a guarir por sus manos e sus armas. [P536]Et uos todos auedes agora uuestros derechos e non ay ninguno por entegar nin que pagado non sea. [P537]E catad como cras buena mannana seades todos guisados e caualguemos luego, [P538]ca yo non querria lidiar con el rrey don Alfonso mio sennor."

[P539]Plogo a todos con esta razon que dixo el Çid. [P540]Et ell endereço tod el fecho del castiello como es dicho [P541]e fincaron los moros bendiziendol.

[P537]/[P540]Otro dia caualgo el Çid e sus compannas con ell [P542]e fueronse Fenares a arriba quanto mas pudieron [b2][P543]su senna alçada. [P544]E uinieron a las Cueuas de Angrita [P545]e passaron el rrio et entraron al canpo de Taraçon [P547]et fueron albergar entre Hariza e Cetiqua. [P548]Et por o yuan tomauan de quanto (/f. 166vª) fallauan lo que querien [P549]non sabiendo los moros ell ardimient con que ellos yuan. [P550-551]Et mouieron dend otro dia e passaron Alffauia e yndo la Foz a ayuso [P552]llegaron a Huerta e dend a Atecca, [P553]et fueron posar sobre Alcaçar [P554]en un otero redondo, grand e fuerte [P555]cercal rrio Salon porque les non pudiesse ninguno uedar agua.

[P556]Et cuedando el Çid ganar a Alcaçar, [P557-558]mando a los unos de su companna posar cercal rrio a los otros contra la sierra, [P561]e fazer una carcaua aderredor de si [P562]por guardarse que algunos non les fiziessen rrebuelta de dia nin de noche. [P564]Et fue sonado por todas las tierras [P565]como el Çid era echado de cristianos e uinie a moros [P565]et que fincaua alli de morada [P567]et que en la su uezindad que non les yazie ningun pro segund lo que el yua faziendo.

[P568]El Çid desque uio alli fecha la bastida, caualgo [P569]e fue con su caualleria contra Alcaçar por uer si la podrie tomar.

[P570]Et los de la villa con miedo que ouieron dell fablaronle como en razon de pecharle e darle parias, [a2]e el que los dexasse ueuir en paz, mas el Çid non lo quiso fazer e cogiosse a su bastida. [P572]/[P571]Quando esto oyeron los de Calatayud e los de las otras villas aderredor, pesoles mucho con el Çid, [P573]pero con todo esto duro el Çid en aquella bastida.xv. sedmanas.

[P574]E desque uio que non podie auer el castiello, [P575]fizo la maestria que agora diremos: [P576]mando dexar una (/f. 166vᵇ) tienda en la bastida e arrancar todas las otras e cargar pora yrse; [a3]et caualgaron ell e Aluar Hannez con todos sus compannas [P577]e cogieronse Salon a ayuso su senna alçada, [P578-579]faziendo muestra que se yuan. [P580]Los moros de Alcaçar, quando lo uieron, començaronse de alabar [a4]que fueran esforçados e que se touieran bien. [P581]E dezien:

"Fallidoles es el pan e la ceuada al Çid [P582]et las otras tiendas apenas las lieuan quando aquella alli dexan."

[P583]El Çid en tod esto yuasse quanto podie, faziendo semeiança que escapauan de arrancada. [P580]Et dixieron estonces los moros de Alcaçar:

[P584]"Demos salto en el e desbaratarl emos, e faremos y grand ganancia [P585]ante que los prendan los de Teruel. Ca si los de Theruel le prenden non nos daran ende nada [P586]e las parias que de nos a leuadas, dobladas nos la tornara."

[P587]Et salieron a grand priessa tras el. [P588]E desque fueron allongandose de la villa, cato el Çid empos si et quando los uio, [a5]plogol mucho ca aquello era lo que el querie, e por los allongarlos mas del castiello, P588pensso de andar como quien ua arrancado. P590Los de Alcaçar, quando le assi uieron yr a priessa, dixieron:

"Vassenos la ganancia que cuedaramos auer (a6)et andemos mas en guisa que los alcançemos."

(P591)Et començaron todos a correr qui mas e qui mas de pie e de cauallo. P592Et tanto auien sabor de prender al Çid et a sus compannas que non cataron por al P593e dexaron las puertas abiertas del castiello (/f. 167rª)ʼ e desamparadas de toda guarda. P594Torno estonces el Çid la cara P595e uio como eran bien allongados del castiello, (P596)et mando tornar su senna apriessa contra ellos. (P597-598)Et esforçando sus caualleros, mandoles P598que firiessen en los moros muy de rezio. P599Et firiendolos, boluieronse con ellos por el campo. (P599)Mas demientre que todos lidiuan debuelta, P601el Çid e Aluar Hannez aguijaron adelant P602en buenos cauallos que trayen, P603e entraron entre los moros e el castiello. (P607-609)Et desi acogieronse al castiello, (a7)e entraronle luego que non fallaron y embargo ninguno.

P611Et fue luego Pero Uermudez P611-612e puso la senna en el mas alto logar que en el castiello fallo. (P613)Estonces el Çid con grand alegria que auie dixo a todos sus compannas:

P614"Loado a nuestro Sennor Dios e a los sus santos P615ya meioraremos las posadas, los duennos e los cauallos. (P616)Et de commo yo cuedo, P617en este castiello a grand auer P618e moros e moras que fincan aun y, P619e podemos los uender (P620)e matar. P620Mas pero, si los mataremos, non ganaremos y nada; P621et tengo que ualdra mas que coiamos aca dentro aquellos que fincaron fuera. (P622)Et ellos que saben la villa mostrarnos an buenas posadas e los aueres que yazen ascondidos en las casas."

(P623)Et fue assi fecho como el Çid mando. P624Et enuio luego por la tienda que dexara fuera. (b3)Avn ua la estoria por los fechos deste Roy Diaz el Çid. (/f. 167rᵇ)

[Capítulo VI]
(a1)El capitulo de la batalla que ouo el Çid con el rey Faris e con Galbe.

(e1)Faziendo el Çid Roy Diaz por aquella tierra como auemos dicho, P625-626quando lo oyeron los de Teca e de Theruel e de Calathayud, (a2)pesoles mucho temiendose de si en aquello mismo. P627Et enuiaron luego sus mandaderos al rey de Valençia P628a dezirle que uno, que dizien Mio Çid Roy Diaz de Viuar P629quel ayrara el rey don Alffonso de Castiella e quel echara de tierra. P630Et el que uiniera e assentara en un otero cerca Alcaçar, P631et que engannara a los moros desse castiello e sacaralos a celada (b1)e desbarataralos e que matara los mas dellos (P630-631)et que entrara el castiello e prisiera e estaua apoderado dell. P632-633E que si a esto non diesse conseio, contasse que a Theca e a Theruel e a

Calathayud perdudas las auie, P634-635et otrossi las rriberas de Salon de amas partes.

P636Et rrey de Valençia auie nombre Thamin, [(b2)(BA1)pero dize la estoria en otro logar que Abubecar auie nombre,] P636et pesandol muy de coraçon con estas nueuas, P637-638mando luego a dos rreys moros que tenie y consigo P639que tomasen tres mill moros de armas. P640/(P655)Et ellos con los de las fronteras de Alcaçar que fuessen P641e prissiesen al Çid a uida, e que gele aduxiessen delant, P642et desta guisa tomarien derecho del porquel assi entrara en su tierra. (/f. 167vª)

(P643)Aquellos dos rreys salieron con aquellas compannas que Thamin rey de Valençia les mando, P644et uinieron a la primera iornada a Sogorue. [(e2)/(BA2)Esto es a la villa de Aluarrazin.] P645Otro dia uinieron P646a Zelffa del Canal; P647et dalli enuiaron por los conceios de las fronteras. (P650-651)Al tercero dia llegaron a Calatayud P652e dend enuiaron sus mandaderos por toda essa tierra (b3)que se ayuntassen luego todos los que de armas eran et que uiniesen alli pora yr con ellos sobre Alcaçar como mandaua el rrey de Valencia prender aquellos cristianos (e3)que eran pocos et andauan cofondiendo la tierra. P653E ayuntaronse alli grandes yentes de moros P654con estos dos rreys, et all uno dessos dos reyes dizien Foriz e all otro Galbe, P655e uinieron todos sobre Alcaçar a cercar y al Çid, P656e fincaron sus tiendas a cada parte. P657Et crescien los poderes cada dia P661de guisa que a pocos de dias uedaron ell agua a los del Çid. P662Et ellos querien salir a lidiar sobrella con los moros P663mas uedaualo el Çid P664e touieronlos alli cercados daquella guisa tres sedmanas. P666Et faziese ya mucho al Çid pesol, e tornosse a auer conseio con los suyos e dixoles assi:

P667"Ell agua nos an ya tollido los moros e si assy estamos, puede nos fallescer el pan. P669Ellos son grandes compannas e grandes los sus poderes e nos pocos. P668E estamos (/f. 167vᵇ) en su tierra et que nos queramos yr de noche a furto, nin lo podremos fazer nin nos lo consintrien ellos (a3)ca nos tienen cercados de todas partes (b4)e uernos yen. P669Otrossi con ellos non podriemos lidiar ca son los moros muchos ademas."

P671Dixo estonces Aluar Hannez Minnaya contra las compannas:

(a4)(P670)"Caualleros, ¿commo queredes uos? P672Sallidos somos de Castiella la noble e la loçana (b5)e uenidos a este lugar do nos es mester esfuerço. P673Si con moros non lidiaremos, sabed que los moros non nos querran dar el pan. P674Bien somos aqui quinientos omnes de armas e aun algunos mas P675pues en nombre de Nuestro Sennor Dios (b6)e que non aya y al P676salgamos a ellos e uayamos los ferir (b7)commo uarones (P676)e esto que sea luego cras."

P677Respondiol el Çid et dixo:

(P677-678)"Minnaya, fablastes commo yo querie P678e assi lo deuedes fazer e onrrastesuos en ello. ᴾ⁶⁷⁹Et echemos luego del castiello los moros e las moras ᴾ⁶⁸⁰porque non sepan nuestra poridad e lo fagan saber a los de fuera."

⁽ᵇ⁸⁾Et pues que ouieron echados los moros et fecho todo assi como el Çid dixo, cerraron las puertas del castiello. ⁽ᴾ⁶⁸¹⁾Et esse dia e essa noche non quedaron de guisar et endereçar sus armas pora armarse dellas meior.

ᴾ⁶⁸²Otro dia quando salie el sol ᴾ⁶⁸³armosse el Çid e desi todos los otros, ᴾ⁶⁸⁴et dixoles alli el Çid:

⁽ᵉ⁴⁾"Amigos, (/f. 168rᵃ) uet como fagades; yd muy esforçados et ᴾ⁶⁸⁵todos salgamos aora fuera assi que non finque aqui ninguno ᴾ⁶⁸⁶si non dos peones para guardas la puerta. ᴾ⁶⁸⁷Et si los moros nos mataren en el canpo, entraran ellos el castiello, ca suyo finca; ᴾ⁶⁸⁸et si Dios quisiere que nos uenzcamos a ellos, crescernos a ell auer e el poder. ⁽ᴾ⁶⁸⁹⁾Et uos, Pero Uermudez, leuaredes la senna, ᴾ⁶⁹⁰et commo sodes uos muy buen uaron, tenerla edes muy bien, si Dios quisiere, e muy sin arte; ᴾ⁶⁹¹mas catad que non aguigedes con ella si non quando uos yo lo dixiere e uos yo mandare."

ᴾ⁶⁹²Plogo mucho desto a don a Pero Uermudez, e beso la mano al Çid et fue luego tomar la senna. ⁽ᴾ⁷⁰²⁾El Çid castigolos alli a todos como fiziessen en la fazienda, e acordassen todauia en una, ⁽ᴾ⁷⁰³⁾e non se esparziessen sin rrecabdo. ⁽ᴾ⁶⁹³⁾Dichas estas rrazones, mando el Çid abrir las puertas, e salieron todos aora. ⁽ᴾ⁶⁹⁴⁾Las athalayas e guardas de los moros quando lo uieron, dieron grandes uozes e tornaronse a sus conpannas a fazergelo saber et dezirles como salien todos los cristianos que y eran. ᴾ⁶⁹⁵Et fue en aquella ora muy grand la priessa entre los moros ᴾ⁶⁹⁷/⁽ᴾ⁶⁹⁵⁾e començaron se de armar e parararon sus azes. ᴾ⁶⁹⁶Et tantos eran los rroydos de los atamores ⁽ᵇ⁹⁾e de los muchos otros estromentos que y trayen et los firien ⁽ᴾ⁶⁹⁶⁾que los omnes non se podien oyr. ᴾ⁶⁹⁸E auie y dos sennas cabdales daquellos dos rreys moros (/f. 168rᵇ) ᴾ⁶⁹⁹e los otros pendones daquellos pueblos ayuntados alli eran tantos que serien muchos de contar. ᴾ⁷⁰⁰Et mouieron sus azes paradas contral Çid ᴾ⁷⁰¹cuedando tomar a manos a ell e a los suyos. ⁽ᵉ⁵⁾Tanto los ueyen e les semeiaua companna poca. ⁽ᴾ⁷⁰²⁾Et el Çid estonces quando aquello uio, començo a castigar a los suyos e dixoles:

ᴾ⁷⁰²"Aqui estat agora quedos en este logar, ᴾ⁷⁰³et nin mouades nin derrange ninguno contra ellos fasta que yo lo mande."

ᴾ⁷⁰⁴Mas a Pero Uermudez non gelo pudo endurar nin soffrir el coraçon, ᴾ⁷⁰⁵et aguijo adelant con sanna ⁽ᴾ⁷⁰⁶⁾et dixo assi al Çid:

ᴾ⁷⁰⁶"Mio Çid, Nuestro Sennor Dios ayude a la uuestra lealtat, ⁽ᴾ⁷¹⁰⁾ca yo non puedo y al fazer e ᴾ⁷⁰⁷uo meter a la uuestra senna en aquella mayor az e en el mas fuerte lugar que yo alli ueo." ᴾ⁷⁰⁸Empos esto dixo a las compannas asi: "Amigos, los que debdo auedes en bien, agora uere como acorreredes a la senna."

(P709)Trauo estonces el Çid con ell que estidiesse quedo, e non mouiesse la senna, mas non pudo con el. P710Respuso Pero Uermudez: "Esto non puede ser nin fincara por al."

P711E aguijo luego e puso la senna entre los moros alli do dixiera. (P712)Los moros rrecibieronle P713e començaron de ferirle muy de rezio, dandol muy grandes colpes (b10)pora abaterle si pudiesen P712e leuar del la senna, P713ca traye el tan buenas armas que gelas non pudien falssar, (P718)e demas muy fuerte coraçon, (P713)assi (/f. 168vª) que non pudieron guisar con el lo que quisieran.

(P719)El Çid quando aquello uio mando a todos los suyos que (b11) la batalla buelta era P722que la firiessen muy de rezio e fuessen todauia adelante (P722)de guiasa que acorriesen a Pero Uermudez e a la senna. P723Et fueron.ccc. caualleros los de la parte del Çid (P724)que fueron ferir en los moros como el mandaua. P724Et derribaron luego de la primera sennos caualleros de los moros e mataronlos (b12)e passaron las azes de la otra parte e tornaron; P725et a la tornada, mataron al tantos (P725)e derribaron otros. (P726-729)Et tan de rezio los firien los cristianos que maguer que los moros estauan bien armados, ningun arma non les tenie pro que todas non gelas falssauan. (b13)Et otrossi fazie el Çid e los que con ell e eran por o yuan. (P732)E tanto fueron buenos todos P732que en poca de ora mataron mill e.ccc. de los meiores. (a5)Et de los meiores de los cristianos otrossi que acabdellauan a los cristianos (b14)nonbran ende aqui la estoria estos: P734/(a6)Roy Diaz, el Çid Campeador (e6)el primero que era cabeça e mayor e sennor de tod el fecho; P735Minnaya Aluar Hannez; P736Martin Antolinez de Burgos; P737Munno Gustioz, criado del Çid; P738Martin Munnoz que touo Mont Mayor; P739Aluar Aluarez; Aluar Saluador; P740Guillem Garcia, un buen (a7)cauallero P740de Aragon; P741Feliz Munnos, sobrino (/f. 168vᵇ) del Çid. (P742)Estos et todos los otros fueron tan buenos en la fazienda P743que acorrieron muy bien a Pero Uermudez e a la seña e al Çid otrossi (P745)que se ueye a las uezes en priessa.

P744En tod esto mataron los moros el cauallo de Aluar Hannez P746e fallescierale ya la lança que se le crebara. P747Et estando el de pie, P746metio mano a la espada (P747)e lidiaua tan de rezio con ella e tales colpes fazie (b15)en los que alcançaua que los otros que lo ueyen non se osauan acostar a ellos. P747-748Quando el Çid uio a Aluar Hannez tornado a pie, P749dexosse yr a un alguazil de los moros que aduzie muy buen cauallo, P750e diol tan grand golpe con la espada P751por la centura que todo le taio de parte en parte, et derribol a tierra; P752et fue et tomo el cauallo e diol a Aluar Hannes e corriol desta guisa. (b16) Et alabandol de sus armas e de sus buenos fechos que fazie, (P753)dixol alli:

P753"Assi caualgat, Minnaya, ca uos sodes el mio diestro braço;

^(P754)et si Dios quisiere, assi se mostrara en esta batalla. ^{P755}Firmes ueo estar los moros e non nos dexan aun el campo ^(a8)onde a mester que los cometamos de cabo. ^(a9)Et si de la primera uez los firiemos de rezio, desta otra si fiere aun mas non sea menos."

[Capítulo VII]

^(a1)El Capitulo de commo el Çid uencio al rrey Faris e al rrey Galbe. (/f. 169r^a)

^{P756}Pues que Aluar Hannez caualgo, ^(P757)el Çid del e los otros suyos cometiron a los moros muy de rezio; ^{(a2)(P758)}et porque los moros fincaran mal escarmentados de la otra uez e non se treuien ya lidiar con los cristianos, fincaron uençudos.

^(a3)Et los cristianos yendolos ya leuando ^(P759-760)uio el Çid al rrey Feriz do estaua, ^(a4)e enderenço contra el ^(P758)firiendo en los que fallaua ante si, ^(b1)e assi los desbarato a todos et los tiro delant que llego a el, ^{P760}et diol tres colpes ^{P761}et ell uno fue tal ^{P762}quel rompio la loriga et passo al cuerpo de guisa que corrie la sangre del. ^{P760}Et el rrey Fariz, ^(a5)sintiendose muy mal daquella ferida ^{P763}boluio la rrienda al cauallo pora foyr et yuasse saliendo del campo. ^(P771)Las otras ssus conpannas, ^(P773)quando aquello uieron fazer al rrey, ^(P771)començaron ellos a fazer esso mesmo.

^(P765)Martin Antolinez otrossi llego all otro rrey que dizien Galbe e diol con la espada ^(P766)por ell yelmo, ^{P767}et tantol corto del fierro que llego a la carne, ^{P768}e quisieral luego dar otro colpe si non que gele non quiso esperar Galbe. ^{P769}Et fueron desta guisa arrancados alli los rreys moros ^{P771}e començaron de foyr ellos e sus compannas ^(P770)e dexaron el canpo a los cristianos. ^{P773}Et cogiose el rrey Faris pora Theruel ^{P774}et el rrey Galue ^{P775}pora Calathayud. ^{P776}Et el Çid ^{P778}e Aluar Hannez ^(P772)e sus compannas ^{(P779)/(P785)}firiendo sienpre en ellos e matando ^(P777)fasta las (/f. 169r^b) puertas de la villa.

^{P787}Et desi tornaronse el Çid e sus compannas ^(P777)al logar do la batalla ouieran, ^{P795}e entre armas et aueres et otras cosas ^(P794)leuaron ende muy grand algo. ^{P796}E de los cauallos de los moros que andauan esparzudos quando los llegaron, fallaron y.d. e.x. ^(e1)sin los que yazien muertos en el campo ^(P796)et estos.d. et.x. fueron de los cauallos de los moros; ^{P798}e de los suyos fallaron.xv. menos. ^(P800)Et cogieronse estonces el Çid et sus compannas con esta bien andança et con esta ganancia tan grand que alli auien fecha. ^{P801}E entraronse en aquel su castiello ^(a6)que dizien Alcoçer.

^{P801-802}Desi, mando el Çid que los moros naturales dalli ^(a7)que echaran del castiello quando salieran a lidiar e estauan y de fuera ^(P801)que los metiesen dentro ^(a8)pora seruirse dellos commo antes. ^(P802)Et aun sobresto fizolos dar algo de lo que alli ganaran de los otros moros.

^{P803}E fue muy alegre el Çid e todos sus uasallos con ell ^(P804)e dioles a partir lo que alli tomaran. ^{P805}Et cayeron a el en el su quinto.c. ^(e2)et.ii. cauallos. ^{P806/P809}Et fueron todas las compannas muy pagadas ^{P804/(P808)}porque partiera todo tan bien e dado todo su derecho a cada uno en la su guisa.

    ^(P810)Empos esto, dixo el Çid a Aluar Hannez Minnaya:

    ^{P810}"Aluar Hannez, ^(P811-812)todo algo que uos omne fiziesse, merecedeslo uos muy bien a guisa de muy buen cauallero, et quiero que tomedes del mio quinto quanto uos quisierdes (/f. 169v^a). ^{P815}Et uos sabedes muy bien como me a ayrado nuestro sennor el rrey don Alffonso, ^(a9)e querer me ia quanto pudiese trabajar de ganar la su graçia. ^{P816}Onde quiero que escoiades.xxx. de los meiores cauallos ^(P814)destos que a mi cayeron de los moros ^(P816)e que los tomedes ^{P817}ensellados e enfrenados ^{P818}e con sennas espadas a los arçones ^(P816)e que los leuedes ^{P813}e elos empresentedes assy por mi ^(P815)al rrey don Alffonso ^(a10)mio sennor. ^(a11)Et quando uos mas pudieredes, ganatme la su gracia e el su amor. ^{P820}Et otrossi quiero que de oro e de plata leuedes tanto ^{P822}porque me fagades cantar mill misas en Santa Maria de Burgos. ^{P823}E aun que uos finque ende assaz que dedes ende a mi mugier e a mios fiios. ^{P830}Desi diredes a nuestro sennor el rrey e a nuestros amigos ^{P831}de como nos ua muy bien, loado a Dios. ^{P824}Otrossi diredes a mi mugier e a mis fijas que rueguen cada dia a Dios por nos ^{P825}e que si yo uiuo que les fare seer rricas duennas."

    ^{P826}Minnaya acogiosse muy de grado a quanto el Çid mandaua. ^(P827)Et tomo los cauallos e las otras cosas que el Çid dixiera et parosse guisado e presto pora entrar en su camino. ^(P828)Et dixole el Çid cuando se espidio de yda:

    ^(P829)"Aluar Hannez, ^{P835}esta tierra es angosta e non podemos en ella fincar ^{P834}et nos por armas auemos a guarir ^(P835)et como yo cuedo a yrnos auremos de aqui. ^(P832-833)Et si por uentura de uuestro torno non nos fallaredes en este logar (/f. 169v^b), ^{P833}doquier que sopieredes que somos yduos pora nos."

    ^(b2)Agora dexaremos a Aluar Hannez Minnaya complir su mandadaria e tornaremos a la rrazon del Çid e contaremos dell en esta guisa:

[Capítulo VIII]

^(a1)El capitulo de como el Çid se fue del castiello de Alcaçar e poso sobre Mont Real.

    ^{(VIIa12)/(P827)/(P836)}Mynnaya tomo entonces ^(P816)los.xxx. cauallos que dixiemos e las otras cosas que auie de leuar ^{(P829)/(P835)}e fuesse pora Castiella.

    ^(P837)E el Çid finco alli con las otras sus compannas. ^(P840)E los moros

daquellos fronteros ^(P839)guardauan ^(e1)et estauan ascuchando apercebidos ^(P839)cada dia por uer que farie. ^{P841}Et entre tanto sanara ya el rrey Feris, ^(P844)e ouieron su acuerdo ^{P842}los de Theca e los de Theruel ^{P843}e los de Calathayud. ^(P846)El Çid otrossi ^(a2)porque querie salir dalli a yr uuscar mas conseio del que tenien, ^(P847)et auie mester auer que diesse a las compannas con que se guisassen, ^{P845}empenno a los moros aquel castiello de Alcaçar por tres mill marcos de plata. ^(P847)E partiolos a sus compannas ^{P848}et fizolos ricos a todos assi a caualleros como a peones pero de guisa que a cada uno en su derecho. ^(P850)Et començaron ellos mismos a dezir ^{P850}"qui buen sennor sirue, esse uiue en bien andança."

^{P851}Empos (**/f. 170r^a**) esto queriendo el Çid quitar el castiello ^{P852}los moros que y morauan, començaronse a quexar mucho por ello ^(P854)porque les fazie el Çid mucho bien e mucha merced ^{P853}et rogauan a Dios por el quel guiasse en su seruiciuo e que la su bien andança que siempre fuesse adelante pues que yrse querie. ^{P855}Et pues que el Çid ouo quito el castiello e dexado en recabdo, ^{P857/(P855)}fuesse de Alcaçar ^{P857}su senna tenduda; ^{P856}e fincaron los moros e las moras todos llorando por ell, ^{P858}e passo ell rrio Salon. ^(P859)Et dizen algunos que saliente desse rrio que ouo muy buenas aues ^(a3)e sennales de bien andança. ^{P860}Mucho plogo a los de Theca e de Calathayud porque se yua dalli el Çid Roy Diaz; ^{P861}mas mucho peso a los de Alcaçar por el grand algo que les el fazie. ^{P863}Et pues que llego el Çid a un poyo que es sobre Mont Real, finco y sus tiendas. ^{P864}Et aquel logar es tan alto et tan fuerte ^{P865}que se non temie alli el Çid de guerra de ninguna parte. ^(P867)Et daquel lugar fazie mucho mal a Medina ^{P868}e a Theruel ^(P866)e a las otras villas de aderredor de guisa que ouieron todos a pechar, ^{P869}et metio so el su poder a Zelffa la del Canal.

^(a4)Agora dexa aqui la estoria de fablar del Çid e torna a contar de Aluar Hannez en su mandaderia o fuera.

[Capítulo IX]

^(a1)El capitulo de como fue Aluar Hannez Minnaya con el rrey don Alffonsso. (**/f. 170r^b**)

^(P871)Quando Aluar Hannez llego desta uez con su guisamento al rrey don Alffonso, ^{P872}apresentole luego aquellos.xxx. cauallos ^(a2)que el Çid le enuiaua, ^(b1)commo dixiemos muy bien guisados. ^{P873}El rrey don Alffonso quando los uio ^(a3)con sus espadas a los arçones, ^{P873}sonrrixosse. ^(a4)Et ante que Aluar Hannez le dixesse su rrazon, ^(P874)preguntol el rrey e dixol:

^{P874}"Mynnaya, estos cauallos, ¿quien me los enuia?"

^(P875)Dixol Minnaya:

^{P875}"Sennor, mio Çid Roy Diaz el Campeador, ^{(a5)(P629)/(P1325)}et pues quel nos ayrastes yl echastes de tierra ^{(a6)(P630-631)}gano el de moros el

castiello de Alcaçar. [a7][P627]Et teniendol ya el fizieronlo los moros saber al rrey de Valencia, [a8][P637-638]et el rrey de Valencia enuio y sus poderes con dos rreys moros contra el, [a9][P655]et cercaronle alli [a10]P661e tollieronle ell agua assi que lo non pudiemos ya soffrir. [a11][P685]Estonces el Çid touo por bien de salir a ellos; [a12][P687-688]e morir ante por buenos lidiando, que por malos, yaziendo ençerrados. [a13][P693-785]Et salimos e lidiamos con ellos en campo, P876e uençiolos el Çid [P760-767]e fueron P876y mal feridos amos los rreys moros; [a14][P785]et de los otros murieron y muchos y furon presos muchos. P877Et fue muy grand la ganancia que y fiziemos de cauallos [b2]e de lo que cogiemos en el campo. [a15][P805]Et de los cauallos que cayeron alli al Çid en el su quinto, P878enuia ende a uos, sennor, [P816]estos .xxx. [P818]con sus espadas [P878]commo a sennor natural et mui (**/f. 170vª**) mesurado, [P880]cuya gracia querrie ell auer mas que otra cosa. [P879]Et, sennor, mandome que uos bessase las manos e los pies por ell, et, sennor, yo fagolo assi."

[e1][P894]Et Mynnaya besole las manos; [e2]desi abaxosse por besarle los pies et non quiso el rey. [e3][P880]Desi dixo Minnaya:

"Sennor, e pideuos el Çid merced quel perdonedes e que aya el la vuestra gracia."

P881Dixol estonces el rrey:

[P881]"Minnaya, mucho es ayna P882de omne ayrado e echado de tierra e sin gracia de sennor P883de cogerle a tres sedmanas [e4]ca tal es de como tres sedmanas de quandol yo eche de tierra. [a16]Et esto non pertenesce a rrey, ca ningun rrey nin sennor non se deue assannar por tan poco si non sil cumple mucho. [P884]Pero al presente uos digo que porque los cauallos son de ganancia que el fizo de moros, tomo los por ende P885et plazeme mucho porque tal caualgada fizo el Çid e por la batalla que uencio. P886Mas a uos, Minnaya, perdonouos yo [e5]la salida que fiziestes con el P887et otorgouos la tierra que teniedes de mi que la tengades, P888e douos la mi gracia, que uayades o quisieredes, e que uengades cada que quisierdes. P889Mas del Çid non uos digo agora mas, [a17][P890]si non quel fago esta gracia a el e a uos; P891que todos los de mio rregno, P891que fueren omnes de armas; P892e a mio Çid quisieren yr ayudar, P893que los suelto que uayan et quitoles los cuerpos e los aueres et las heredades."

P894Estonces Aluar Hannez besole las manos e dixo (**/f. 170vᵇ**) assi:

P895/[a18]"Sennor, deuos Dios uida por muchos annos e buenos, e muchas gracias, sennor, por lo que uos dezides; P896ca pues que esta merced nos agora fazades, [a19]si Dios quisiere, P896mas e meior nos la faredes adelante, et con la merced de Dios nos guisaremos como nos lo fagades."

[e5]Agora diremos de las otras cosas que contecieron estonces. [a20]Ell anno en que esto fue, [HAr1]murio Habeth[|HR1]Almucamis, rrey de Seuilla,

[HAr2]et rregno empos el su fiio Abenhabez] [(HR1]en Seuilla] [HAr3]e en Cordoua] [HAr4].xx. años.] [HAr5]Este Abenhabeth fue sennor de toda ell Andaluzia e mantouo bien toda su tierra fasta el tienpo que los almorauides de Lutinia passaron aquend mar e quel tomaron la tierra yl tollieron el sennorio.]

[a21]Agora dexa aqui la estoria de fablar de Aluar Hannez [P899]e de las otras cosas e torna a contar del Çid.

[Capítulo X]

[b1]El capitulo de como fizo el Çid estando en aquel poyo de sobre Mont Real.

[a1]Andados.v. annos del rregnado del rrey don Alffonso, [a2]et fue esto en la era de mill e.c. e.v. annos, [a3]et andaua otrossi estonces el anno de la encarnaçion del sennor en mill e.lxvii., [a4]e el de Henrric emperador de Roma en [e1].xvii.

[P900]Mantouo el Çid aquel poyo et fizo y su posada [P907].xv. sedmanas (/f. 171r^a) [e2]pues que a Mynnaya enuio a Castiella segund cuenta la estoria. [P902]E dalli adelant por razon del Çid llamaron siempre a aquell logar e llaman aun oy dia el Poyo de Mio Çid. [P903]E daquel logar fizo el Çid muchas buenas caualgadas de grandes ganancias, e apremio muchas tierras, [P904]e gano rribera de rrio Martin [e3]que es buena tierra [P904]e mantouola por suya. [P905]Et estas nueuas daquellos grandes fechos del Çid llegaron a Saragoça [P906]e peso ende mucho a los moros [e4]et a los sus rreys.

[P908]Mas el Çid quando uio que Aluar Hannez tanto tardaua, [a5]fizole mucho de estar alli tanto tiempo e de non salir. [P910]E dexo el Poyo desamparado [P909]e fizo una trasnochada [P911]e passo en ella Theruel [P912]e fue posar al pinar de Touar. [P914]E corrio Saragoça e fizoles tanto de mal fasta quel ouieron de pechar e darle parias. [HR1]Despues daquello a cabo de pocos dias, puso el Çid su amor muy grand con] [HAr1]Almundafar,] [HR1]rrey de Saragoça, et el rrey rresçibiol muy onrrada mientre en la villa e fizol y mucha honrra.]

[P915]Despues desto, otrossi acabo de tres sedmanas, [P916]llego de Castiella Aluar Hannez Mynnaya [P917]con.cc. caualleros de linnage [P918]e de escuderos a pie e de otros peones tan grandes compannas [e5]que pora acometer grandes et nobles fechos eran grand complimiento. [P919]El Çid, quando sopo que uinie Mynnaya, [P920]saliol a recebir. [P922]E Minnaya començol (/f. 171r^b) luego a contar todas las nueuas de comol fuera con el rrey don Alffonso et de lo quel dixiera. [P923]El Çid, [a6]quando oyo de parte del rrey aquellas nueuas tan buenas, [P923]plogol mucho con ellas [P923]e sonrrixosse con el grand plazer que ende ouo [P924-925]et gradescio mucho a Mynnaya [a7]porque fuera tan buen mandadero [e6]et tan bien cumpliera su mandaderia. [P923]/[P926]Et sobre todo gradesciolo much a

Nuestro Sennor Dios [e7]e alço las manos [P925]e loole mucho las mercedes quel fazie tantas e tan grandes.

[e8]Agora diremos aun de los fechos deste Çid Roy Diaz.

[Capítulo XI]

[a1]El capitulo de como el Çid corrio tierras de Alcamiz e lidio con el conde Remont Berenguel, e comol priso.

[a2]Andados.vi. annos del rregnado deste rrey don Alffonsso [a3]et fue esto en la era de mill [b1]et cient et.vi. annos [a4]et andaua otrossi estonces ell de la encarnation en mill [b2]et.lxiii., [a5]et el de Henrric emperador de Roma en.xx.

[e1]Pues dicho auemos de como Almundaffar rrey de Saragoça recibiera el Çid en la villa muy onrrada mientre. En este anno [HR1]estando el Çid en Saragoça] [e2]muy alegre, [HR1]adolecio el rrey] [HAr1]Almundaffar,] [HR1]e cumplio alli sus dias et murio.] [[HR2]E dexo.ii. fiios, et al uno dixieron] [HAr2]Çuleyma] [HR2]e all otro] (/f. 171vª) [HAr3]Abenahage.] [HR3]Et partieron el rregno entressi;] [HAr2]et Çuleyma] [HR3]ouo el rregno de Saragoça et] [HAr3]Abenalhage] [HR3]el de Denya.] [HR3]Et] [HAr1]Çuleyma] [HR3]rrey de Saragoça amo mucho a Roy Diaz e diol todo su rregno en poder] [e3]e en guarda [HR3]et mando a que sus uasallos fiziessen todo lo que el mandasse.] [HR4]Et despues daquello començosse grand] [e4]desamor [HR4]et enemiztat entre] [HAr2]Çuleyma] [HAr3]e Abenalhage,] [HR4]e guerrearonsse ell uno all otro.] [HR5]Et el rrey don] [DRH1]Pedro] [HR5]de Aragon e el conde Remon Berenguiell de Barçilona ayudauan a] [HAr3]Abenalhage,] [[HR4]/[HR6]e auien muy grand querella de Roy Diaz Çid] [HR7]porque se tenie con] [HAr2]Çuleyma] [HR7]e porquel guardaua la tierra.]

[P917]En tod esto tomo el Çid de sus compannas dozientos caualleros escollechos a mano, [P909]e trasnocho con ellos. [P936]E fue correr tierras de Alcanniz, e [P938]duro en esta caualgada.iii. dias [P937]/[P944]e aduxo dend muy grand prea.

[P939]E sono esta caualgada mucho por tierra de moros, [P940]e peso ende a los de Monçon e a los de Huesca, [P941]mas plazie a los de Saragoça por que pechauan al Çid e estauan del seguros. [P943]El Çid pues que se torno [P941]a Saragoça, [a6]/[P944]partio por todos los suyos su caualgada que trexo muy grand [e5]como auemos dicho [a6]/[P944]et dio ende sus derechos [e6]complidamientre a cada unos. [P947]Despues que esto ouo alli librado el Çid dixo alli a sus compannas:

"Amigos, [a7]bien sabedes uos que todos los que por armas an de guarir (/f. 171vᵇ), como nos, [P948]que si en un lugar quieren siempre morar, que non pueden ser que non menoscaben y mucho. [P949]Et por ende guisatuos todos pora cras mannana [P950]e saldremos daqui e yremos uuscar otras posadas."

[P951]Otro dia mannana mouieron dalli assy como dixo el Çid e fueron e assentaronse en un lugar que dizen el puerto de Alocaz. P952Et dalli corrio el Çid Huesca e Mont Aluan P953e duro.x. dias en aquella caualgada. P954Et sono esto por muchas villas e muchas tierras de moros P955como el que era echado de Castiella les fazie mucho mal.

P956-957Et llego el mandado desto (P957)/(P975)a don Remon Berenguiel, conde de Barçilona, [HR3e a] [HAr3Abenalhage,] [HR3rrey de Denia] P958como el Çid corrie toda la tierra. (P959)El conde, quando lo oyo, pesol muy de coraçon (b3)e touolo todo por su desonrra (a8)porque tenie ell aquellas tierras de los moros en comienda. (P960)Et dixo alli el conde sus palabras grandes en esta guisa:

P961"Grandes tuertos me tiene el Çid de Viuar. P962-963Firiome mio sobrino dentro en my corte et nunqua despues me le emendo; P964agora correme las tierras que yo tenie en guarda P965et yo nunqual por esto desafie nin le torne amiztat. P966Mas quando me lo el uusca tantas uezes, yo non puedo estar que gelo non demande."

(P967)/([HR5)Dichas estas razones, ayuntaron grandes poderes el conde et] [HAr3 Abenalhange] P968de moros e de cristianos. P969E fueron empos el Çid P970.iii. dias e e tres noches quanto mas pudieron P971et alcançaronle (/f. 172rª) en Pinar del Touar; P972et assy uinien esforçados que a manos se le cuedaron tomar. P973El Çid aduzie estonces muy grand prea P974e descendie de una sierra e llegaua yusso a un uall. P975/([HR5)Et llegol ally el mandado como el conde don Remon e] [HAr3Abenalhage] P975/([HR5)uinien empos el] (a9)por tollerle lo que leuaua, e matar a el o prenderle. P976El Çid quando aquello oyo, enuio luego dezir P977al conde que aquello que el fazie que lo non touiesse el por mal P978ca non leuaua nada de lo suyo, e quel dexasse yr en paz. P979El conde otrossi enuiol dezir que aquello non serie; P980mas lo quel fiziera antes e aquello quel fazie estonces que gelo pecharie todo, P981e sabrie a quien fazie desonrra. P982El mandadero tornosse apriessa con este mandado al Çid et dixol (e6)assi como el conde lo dixiera.

(P983)El Çid, quando uio P984que menos de lid non se podrie librar, (P985)dixo a sus caualleros:

P985"Fazet aparte la presa que traemos P986e armaduos quanto mas ayna pudieredes, P987ca uienen alli el conde don Remond [HR5e el rrey] [HAr3Abenalhage] P988con grandes yentes de cristianos e de moros. P988-989E semeiame que nos quierran toller lo que leuamos (e7)et aun fazernos peor si pudieren, P984/P989et menos de batalla non se querran partir de nos. P990Et si daqui nos ymos, empos yran fasta que nos alcancen; et pues que de su contienda non nos podemos partir, meior sera (P990)que lo ayamos con ellos (/f. 172rᵇ) aqui. (a10)Et bien fio en la mercet de Dios que P995cient caualleros de nos deuen uencer a ellos todos. P996E ante que ellos lleguen al llano, P997firamos en ellos; e por algunos que derribemos, ellos desmayaran los otros e foyran. P998Et desta guisa uera Remont Berenguel tras quien uiene en alcanço al Pinar de Touar pora tollerme lo que yo auia ganado [b4]de los enemigos de Dios e de la nuestra ley."

[P1000]El Çid diziendo esto, [P1002]uieron uenir la cuesta ayuso los poderes de los francos. [P1004]Et el Çid, quando los uio, mando a los suyos que los fuessen ferir [a11]derraniada mientre. [P1005]Et esto fizieron ellos todos muy de grado [P1006]e empleando muy bien las lanças e las otras armas [P1007]derribando a los unos e firiendo a los otros. [P1008]Et uençio el Çid la batalla [P1009]e priso y al conde [P1010]et gano y dessa uez la espada que dixieron Colada.

[P1012]Et leuo al conde preso pora su tienda [P1013]e mandol guardar muy bien [P1016]/[P1031]e partio luego con todos los suyos la ganancia que auie fecha.

[b5]Aun ua la estoria por la cuenta de los fechos del Çid e dize adelante assi:

[Capítulo XII]

[a1]El capitulo de como solto el Çid al conde Remont Berenguel de la prision e lo enuio pora su tierra.

[e1]Esto librado alli desta guisa que dicho es, [P1017]mando luego el Çid fazer muy grand cozina e adobar maniares (/f. **172v^a**) de muchas guisas [a2]por fazer plazer al conde don Remond, [P1018]mas el conde non lo precio nada, [P1020]nin quiso comer ninguna cosa [P1019]maguer que gelo aduzien delante [P1020]ante sossannaua a los que gelo trayen. [a3]Et quandol aquexaron mucho que comiesse, [P1021]dixo que por quanto auie en Espanna que non combrie ende bocado [P1022]e que antes perderie el cuerpo e ell alma que lo fazer.

[P1024]El Çid, quando gelo dixieron, fue a el [a4]e como era omne mesurado, [P1024]dixol assi:

[P1025]"Conde, comed, e beuet. [a5]Ca esto en que uos sodes por uarones passa; [a6]e non uos dexedes morir por ello, ca aun podredes cobrar uuestra fazienda et endereçar esto. [P1026]Et si fizieredes como yo digo, fare yo como salgades de la prision; [P1027]e si non fizieredes como yo digo, en todos uuestra uida non saldredes de la prision nin tornaredes a uuestra tierra."

[P1028]Respondiol [e2]aquella ora [P1028]el conde e dixol:

"Don Rodrigo, comet uos, [a7]que sodes omne de buena uentura e lo merescedes; [P1028]e folgat en paz e en salut [P1029]ca yo non combre nin fare al si non dexarme morir."

[P1030]Tres dias contendieron con el conde [P1019]/[P1025]/[P1032]tan bien el Çid como los suyos que comiesse, [P1032]mas non pudieron con el. [P1033]Et el Çid quando esto uio [a8]con el grand duelo que ouo dell, [P1033]dixol:

"Conde, bien uos digo uerdad que si non comedes siquier algun poco, que nunqua tornaredes a uuestra (/f. **172v^b**) tierra. ^{P1034}Et si comieredes porque podades ueuir, fazeruos e tanto: ^{P1035}daruos e dos caualleros destos uuestros ^(a9)que aqui tengo presos e que uos aguarden ^{P1035}e quitaruos he los cuerpos a uos e a ellos e soltaruos e daruos e de mano ^(a10)que uos uayades."

^{P1036}Quando esto oyo el cuende, fuesse alegrando e dixo:

^{P1037}"Roy Diaz, esto que auedes dicho si lo cumplieredes ^{P1038}en quanto yo uiua, me marauillare dello."

^(P1039)Dixol ^(e3)essa ora el ^(P1039)Çid:

^{P1039}"Pues, comet agora que lo vea yo, ^(P1040)e luego uos enuiare. ^(a11)Pero tanto uos digo que de ^(P1041)quanto auedes aqui perdudo ^{P1042}que uos non dare ende nada, ^(a12)ca non es fuero nin costumbre si non si lo quiere fazer por su mesura aquel que lo gana. ^{P1044}Demas elo yo mester pora estos ^{P1045}que lo han lazrado comigo; ^{P1046}et tomando de uos e de los otros yremosnos guaresciendo, ^{P1047}ca esta uida auremosnos a fazer fasta que Dios quiera, ^{P1048}assi como omnes que an yra de su sennor e andan echados de su tierra."

^{P1049}El conde ouo plazer daquello que el Çid dizie, ^(a13)quel non darie nada de lo que tomara; ^(e4)essa ora ^{P1049}demando el conde agua pora las manos ^(e5)et lauosse ^{P1051-1052}e comio el e aquellos dos caualleros que el Çid le daua ^(e6)quel aguardassen. ^(P1060)Et pues que ouieron yantado, dixo el conde a Roy Diaz:

^{P1060-1061}"Çid, mandadnos dar las bestias, si uos plogiere e yrnos emos."

^(P1065)E el Çid dioles (/f. **173r^a**) estonces muy bien de uestir ^(e7)et espenssa fasta su tierra quanto les cumpliesse et enuiolos ^{P1067}e fue con ellos fasta la primera posada. ^(P1068)Et en espediendose unos dotros razonosse el Çid contral conde desta guisa:

^{P1068}"Ydesuos, conde, a guisa de muy franco ^{P1069}e gradescouos yo mucho quanto me dexades. ^{P1070}Pero si despues uos ueniere ^(b1)a uoluntad ^{P1070}que uos querades de mi uengar, ^(P1072)fazetmelo saber antes. ^{P1072}Et o me dexaredes ^{P1073}de lo uuestro o leuaredes algo de lo mio."

^(P1074)Respondiol el conde:

^{P1074}"Çid, uos en uuestro saluo estades agora ^{P1075}e yo pagadouos e por tod este anno ^{P1076}e non tengo en coraçon de uos uenir uuscar tan ayna."

^{P1082}Desi fuesse el conde, e tornosse el Çid ^{P1083}a sus compannas ^(b2)e ouo su alegria grand con ellos ^(P1093-1905)de sus buenos fechos que Dios les daua a fazer. ^[HR]Et empos esto tornosse el Çid pora Saragoça.[]]

^(b3)Agora diremos de otra contienda que nascio luego al Çid.

[Capítulo XIII]

[a1]Capitulo de como el Çid desbarato los [b1].c. et.l. [a1]caualleros del rey don Pedro de Aragon e gano tierras de Burriana.

[a2]Andados.vii. annos del rregnado deste rrey don Alffonso [a3]e fue esto en la era de mill et cient et.vii. annos, [b2]et andaua otrossi estonces ell anno de la encarnation [e1]del (/f. **173r^b**) sennor [b2]en mill et.lxix., [b3]et de Henrric emperador de Roma en.xxi.

[e2]En aquella sazon que dezimos, [HR1]estando el Çid en Saragoça guiso su hueste muy grand pora yr sobre Monçon] [P1090]e correr P1092tierra de Xerita e Onda e Almenar. [HR2]Et quando el rrey don] [DRH1]Pedro] [HR2]de Aragon sopo esto pesol mucho] [b4]e dixo que lo non osarie fazer Roy Diaz aquello [HR2]e llego luego muy grand hueste e fue contra el.] P1088El Çid salio de Saragoça [HR3]e andido quanto una iornada e ueno a la villa que dizien Piedra Alta e finco y sus tiendas a oio de sus enemigos.]

[HR4]Otro dia entro en el castiello de Monçon ueyendolo el rrey don] [DRH1]Pedro] [HR4]sobre pleytesia que ouo con los moros del castiello; mas pero que el rey [DRH1]Pedro] lo uio, non oso yr a ell.] [HR5]Despues desto salio de Monçon el Çid e fuesse pora Tamariç e moro y unos pocos de dias.] [HR6]En un dia salio de la villa con.x. caualleros e fallose con caualleros del rrey don][DRH1]Pedro[HR6]que eran fasta.cl.][HR7]E desbaratolos todos e priso dellos los.vii. caualleros con sus cauallos e los otros fuxieron.] [e3]Et cuenta la estoria que [Hr8]despues rogaron essos caualleros a Roy Diaz que los soltasse e el fizolo] [HR9]e sobresso dioles sus cauallos.]

[P1089]Despues desto salio dalli el Çid P1090e fue descendiendo contral mar [a4]de medio de la tierrra [P1090]pora fazer dalli sus caualgadas (/f. **173v^a**) e guerrear la tierra. P1092E gano desa yda a Onda P1093e todas tierras que dizen de Burriana.

[a5]Et tanto eran grandes las sus conquistas e fechas ayna [P1097]que llegaron las sus nueuas a Valençia e sono por la villa [a6]e por todos los pueblos de sus terminos [b5]los buenos fechos que el Canpeador fazie. P1097E fueron ende espantados e temieronse mucho ende.

[[HR11]]El Çid tornosse entonces a Tamaric o era [HAr1(b6)]Çuleyma] [[HR11]]rrey de Saragoça.]

[b7]Aun cuenta la estoria que acaescio a Roy Diaz Çid empos esto.

Notas paleográficas

Se resuelve la nota tironiana en *e*, aunque la forma entera *et* se da a menudo. El manuscrito suele omitir la cedilla ante *e*, *i*. Se preservan la *nn* (companna, sanna, etc.).

Capítulo V

[P569]El copista corrige el texto sobre el renglón: Al[ca]çar.

Capítulo VI

[b2][BA1]El retoque fue o omitido o añadido después de formarse *XXR*.

[b3]El texto ha sido borrado y corregido: "los que de armas eran, et que."

P661El copista corrige: que a po[cos] diaç.

P667El copista corrige: [an] *añadido encima de* agua.

P687Corrección: ellos [el] *añadido encima del renglón por el amanuense* castiello.

P692La tachadura está corregida en negro: Çid.

[b9]El copista corrige: muchos otros.

[P702]El texto está borrado y corregido con tinta oscura: a los suyos ed dixoles.

[P707]Se corrige el pero no se percibe el texto original: en el mas fu.

[P708]Corregido con la misma tinta roja del calderón: "acorredes a la (la *tachada*) senna.

P746El manuscrito está tachado en rojo: lança (que) que.

Capítulo VII

[P816]El copista corrige con tinta oscura: tomedes.

P834El manuscrito está tachado y corregido con tinta roja: auemos (auemos) a guarir.

Capítulo VIII

P860Se corrige con tinta negra: mucho plogo.

P861Añadido sobre el renglón: a los.

Capítulo IX

P875Nota al margen: onbre que viene ser tu que me viste ayer.

Capítulo XI

[a6][P944]Añadido por el copista encima del renglón: partio.

P948El copista añade encima del renglón: en [un] lugar.

P972Se corrige el texto: uinien.

2. *Biblioteca Universitaria Salamanca 2638 (F)*

[Capítulo I]
(f. 32vª)

⁽ᵃ¹⁾Capitulo ⁽ᶠ¹⁾.vi. ⁽ᵃ¹⁾De commo Ruy Diaz fue ⁽ᵇ¹⁾mesclado con su sseñor el rrey don Alfonso et ⁽ᵃ¹⁾echado de la tierra.

.... **(/f. 32vᵇ)**

⁽ᵃ²⁾Enbio luego sus cartas al Çid que le salliesse de todo su rregno. ⁽ᵃ³⁾Et Ruy Diaz quando ouo leydas las cartas ⁽ᵇ²⁾fue muy triste ⁽ᵃ⁴⁾e pesole muy de coraçon pero non quisso y al fazer, ⁽ᵃ⁵⁾ca non auia de plazo mas de.xi. dias.

[Capítulo II]

⁽ᵃ¹⁾*[Capitulo ⁽ᶠ¹⁾.vii. ⁽ᵃ¹⁾De commo Ruy Diaz Çid llego ssus parientes e sus basallos e sallio con ellos al rrey don Alfonsso ssu sseñor.]*

⁽ᵃ²⁾Entoçe el Çid enbio por sus parientes e por sus ⁽ᵇ¹⁾amigos (/f. **33rª)**, e mostrogelo ⁽ᵃ³⁾e dixoles commo non le daua el rrey mas de nuebe dias de plazo en que se salliese de la tierra, ⁽ᵃ⁴⁾e que queria saber dellos quales querian yr con el e quales fincar. ⁽ᵃ⁵⁾Et dixole Miñaya Aluar Hañez:

⁽ᵃ⁶⁾"Señor, todos yremos conbusco e ⁽ᵇ²⁾e dexaremos a Castilla e ⁽ᵃ⁶⁾seeruos hemos vasallos leales."

⁽ᵃ⁷⁾Et esto mismo dixieron todos los otros ⁽ᵃ⁸⁾e que le non desanpararian por ninguna guissa. ⁽ᵃ⁹⁾El Çid, ⁽ᵇ³⁾quando esto oyo, ⁽ᵃ⁹⁾gradesçiogelo mucho e ⁽ᵃ¹⁰⁾dixoles que sy ⁽ᵇ⁴⁾el tienpo biese, ⁽ᵃ¹⁰⁾que gelo guardaria muy bien.

⁽ᵃ¹¹⁾Otro dia ᴾ¹¹sallio el Çid de Biuar ⁽ᵃ¹²⁾con toda ssu conpaña ⁽ᵃ¹³⁾⁽ᴾ¹¹⁻¹²⁾e dizen algunos que cato por aguero ᴾ¹¹e que ouo corneia diestra; ᴾ¹²e entrante de Burgos que la ouo siniestra. ⁽ᴾ¹⁴⁾E dixo entonçe ⁽ᵃ¹⁴⁾a sus caualleros:

⁽ᵃ¹⁵⁾"Amigos, bien sepades ⁽ᵇ⁵⁾por verdat ⁽ᵃ¹⁵⁾que tornaremos a Castilla con grant honrra ⁽ᵇ⁶⁾e con grant ganançia ⁽ᵇ⁷⁾si quisiere Dios."

ᴾ¹⁵Et pues que entraron en Burgos, ᴾ³¹fuese para la posada do solie posar, ⁽ᴾ⁴⁴⁾mas non le quisieron y acoger ⁽ᴾ⁶²⁾ca el rrey lo auia ya defendido que non le acogiesen en ninguna posada en la villa ᴾ⁶³nin le diera bianda ninguna. ᴾ⁵⁰Quando aquello bio el Çid, ᴾ⁵⁵⁻⁵⁶salliose de la villa e ᴾ⁵⁶⁻⁵⁹fuese (/f. **33rᵇ)** posar en el aguilera.

ᴾ⁶⁵⁻⁶⁶E diole ese día Martin Antolinez de comer ⁽ᴾ⁶⁸⁾quanto ouo menester para si e para sus bestias. ⁽ᴾ⁶⁹⁾Et despues que el Çid ouo comido, ⁽ᴾ⁷⁸⁻⁷⁹⁾apartose con Martin Antolinez, ᴾ⁸²⁻⁸³e dixole commo non tenia ninguna cosa con que guisase ssu conpaña. ⁽ᴾ⁷⁸⁾Desi dixole:

⁽ᴾ⁸⁵⁾"Mandar quiero fazer con uuestro consejo dos arquas ᴾ⁸⁷⁻⁸⁸cubiertas de guademeçis e pregarlas muy bien ⁽ᴾ⁸⁶⁾e fenchirlas he de arena, ^{P93/(P89)}e leuarmelas hedes a dos mercaderos ^(P90)que ay aqui en Burgos ^(P101)que son muy rricos; ^{P89}al uno dizen Rogel e al otro dizen Lipdas. ^(a16)Et dezirles hedes que ^(P113)yazen en ellas muy grand auer en oro ^(a17)e en piedras presçiosas e que ^(P92)gelas quiero enpeñar por alguna cosa poca, ^(P91)ca non quiero agora leuar comigo tan grant auer commo este. ^(P121)Et gelas quitare a lo mas tarde fasta vn año. ^(P130)E demas darles he de ganançia quanto ellos quisieren. ^(P121)Et si a cabo del año non gelas quitare, que las abran e se entreguen de su auer, ^(P119)e lo al, que lo guarden fasta que yo enbie por ello. ^{P94-95}E bien ssabe Dios que esto que lo fago amidos ^(b8)mas sy Dios me diere consejo, yo gelo emendare e pechar (/f. 33vª) gelo he todo."

^(P85)Pues que las arcas fueron fechas ^{P96}fuese Martyn Antoliñes ^(P97)para los mercaderos ^(P100-121)e dixoles todo aquello ansi commo el Çid dixiera. ^(P122-135)Et puso con ellos ^{P135}que le diesen.dc. marcos, ^{P184}los.iii. de plata ^{P186}et los.iii. de oro. ^{P137}Et desque fue de noche ^(P148-149)fueron por las arcas ^(P152)a la tienda del Çid ^{P160}et pusieron ssu pleito con el ^{P162}commo las touiesen fasta vn año ^(P164)e non las biesen e ^(P165)quanto les diese de ganançia. ^(P166-168)Desy leuaronlas para sus posadas, ^(P182-202)et Martin Antolines fue por el auer e troxolo.

^{P208}El Çid mando luego arrancar las tiendas e ^{(P209)/(P233)}e fue de alla para Sant Pedro de Cardeña ^{(P209-210)(P253)} do tenia la muger ^(P255)e las fijas. ^{P237}Et el abad del lugar que avia nonbre don Sancho ^(P243-247)rresçibiole muy bien, ^{P262}et ssu muger doña Ximena e sus fijas ^{P265}besaronle las manos.

^(P238)Otro dia mañana ^(P248)fablo el Çid con el abat toda su fazienda ^{P255-256/(P253)}e dixole que le querie dexar la muger e las fijas en encomienda ^(P257)et que le rrogaua commo amigo que pensase bien dellas. ^{P250/(P260)}Et diole a el e a los monjes çinquenta marcos ^(a18)de plata ^{P253-254}et para doña Ximena e a sus fijas et (/f. 33vᵇ) ssu conpaña çiento ^(a19)de oro. ^{P258}E rrogole que si aquello fallesçiese ^{P259}que los diese quanto ouiesen menester, ca el gelo daria todo. ^{P261}Et el abad dixo que le faria muy de grado.

[Capítulo III]

^(a1)*[Capitulo ^(f1).viii. ^(b1)De las conpañas que se llegaron al Çid pues que supieron ^(a1)que se yua de la tierra ^(b2)de commo se partio de Sant Pedro de Cardeña e ^(a2)se fue a tierra de moros.]*

^{P287}Quando oyeron por Castilla ^(P288)que el rrey don Alfonso echaua de la tierra al Çid, ^(P289)fueronse muchos para el; ^{P290}et llegaron ally aquel dia ^{P294}a Sant Pedro ^{P291}çient e quinze caualleros para yrse con el, ^{P293}e beno Martin Antolinez con ellos.

^(P295)El Çid quando los bio, ^{P304}plugole mucho con ellos ^{P297}e rresçiuiolos muy bien ^(P304)et mando guisar grant yantar. ^(b3)Et pues que

ouieron comido, mando dar ceuada para yrse luego aquella noche, [P306]ca ya eran pasados los seys dias del plazo. [b4][P314]E tomo aquel oro que tenia [P314]e partio luego por todos [P315]et dio a cada vno ssegund lo meresçia e qual omne era. [P323]Et desque fue de noche, [P367-375]espidiose de la muger e de las fijas [P391]et fuese ssu bia. [a3]E andido toda la noche, [P393]et fue otro dia yantar (/f. 34rª) a Espujas de Can. [P395]Et ally estando, llegole otra conpaña muy grande [a4]de caualleria e de peones. [P396]Salio el Çid de ally [P401]e paso Duero sobre Nabapalos [P402]e fue posar a la Figueruela.

[P404-405]Et pues que fue de noche e se adormeçio, [P406]ueno a el en uision commo en figura de angel que dixo ansy:

[P407]"Be, [a5]aosadas e non temas, [P409]ca sienpre te yra bien, e mientre biuas [a6]sienpre sseras rrico e onrrado."

[P413]Otro dia en la mañana cabalgo [P403]con toda su conpaña que tenie muy grande [P415]e fue posar a la sierra de Niedes, [P397-398]e yaziele de siniestra [a7]Atiença [P398]que entonçe era de moros.

[P416]E ante que se pusiese el sol, [P417]mando el Çid fazer alarde a todos quantos yuan con el por ber que conpanya leuaua [P419]e fallo que eran bien.ccc. [P418]e muchos omes a pie. [P420]Et dixoles:

[P421]"Bayamos, amigos, luego [P422/P420]e pasemos tenprano esta sierra [P423]e salgamos de la tierra del rrey, [P414]ca oy es ya el dia del plazo. [P424]Et despues quien nos quisiere buscar, fallarnos ha."

[Capítulo IV]

(/f. 34rᵇ) [e1]*[Capitulo [f1].ix. [a1]de commo dexo el Çid el castillo de Castrejon [f2]e fue el adelante e gano Alcoçer.]*

[P425]Caualgaron luego todos e pasaron aquella sierra de noche [P426]e al pie de la sierra [P427]auia una montaña muy grande. [P428]E mandoles el Çid posar ally [P433]por tal que non fuesen descubiertos [P428]e mando a todos que diesen çeuada [P425]de dia [P429]porque querie trasnochar. [P432]Et mouieron de alli [P434]e andouieron toda la noche [P435]et quando fueron açerca de vn castillo que dizien Castrejon que yaze sobre Fenares, [P436]echose el Çid alli en çelada.

[P438]E mando a Aluar Hañes [P440]que fuese con los.cc. caualleros [P445]correr toda la tierra [P446]bien fasta Guadalfajara, et llegasen las algaras a Alcala [P447]et que cogiesen quanto fallasen, [a2]tan bien omes commo ganados, [P448]et que lo non dexasen por miedo de los moros.

[P449]"E yo fincare aqui con çiento," dixo el Cid, [P450]"çerca este castillo Castrejon. [P451]Et si menester vos fuere, [P452]enbiadme mandado [P453]que yo uos acorrere."

[P456]Et desque fue la mañana, [P477-479]fue Aluar Hañez correr toda aquella tierra ansi commo mandara el Çid. (/f. 34vª) [P458]Los moros de Castrejon, [a3]non sabiendo nada del Çid, [P459]abrieron las puertas del castillo e sallieron ^{P460}a sus lauores ^(a4)ansy commo lo solian fazer. ^{P464}E el Çid sallio de la çelada e corrio todo el castillo enderredor ^{P465}e priso los moros e las moras ^{P466}e el ganado que y fallo. ^{P467}Et fuese luego derecha mente para la puerta del castillo. ^(a5)En todo esto fezose el rroydo por el castillo commo corrien cristianos e acogieronse los moros a la puerta. ^(P468)Et los moros que la tenien, quando beyeron las bueltas que aquellas conpañas fazien ally ^{P469}ouieron miedo e acogieronse dentro e finco la puerta desanparada. ^{P470}Et el Çid cogiose la puerta adentro ^{P471}el espada sacada en la mano, ^{P472}matando en los que ante sy fallaua, ^{P473}de guisa que gano luego el castillo e tomo de oro e de plata ^{(P478)/(P480-481)}e de lo al que y fallo lo que quiso.

^(P477)En todo esto Aluar Hañes ^(P476)e las conpañas que con el fueran en algara ^{P477}corrieron fasta Alcala, ^{(P478)/(P480-481)}e tomaron y grant prea de moros e de ganados e de otras cossas. ^{P479}Y cogieronse Fenares (/f. **34v^b**) arriba por Guadalfajar ^(P480-481) leuando quanto fallaua delante si; ^(P484-485)et llego al Çid alli aquel castillo de Castrejon que auia ya el ganado. ^(P486)Supo el Çid como benia Aluar Hañez, ^{P487}e salio con ssu conpaña a rresçeuirle. ^(P488)Et quando los vio tan bien venir, plugole mucho ^(P489)e dixo a Aluar Hañez:

^(P491)"Tengo por bien que lo que yo he ganado aca, et lo que uos trahedes, que se ayunte todo en vno ^{P492}e que leuedesuos ende el quinto."

^{P493}Mucho agradesçio Aluar Hañez al Çid ^{P494}esto que le daua, ^(P503)mas non gelo quiso tomar ^{P504}porque era algo ^(P505)mas porque cumpliese el Çid con ello.

^{(a7)/(P507)}El Çid quando se vio, tan bien andante en su comienço, fue muy alegre e loçano por ello, e atreuiose a mas. ^{(b1)/(P507-509)}Et enbio dezir al rrey don Alfonso que pues ansy le echara de la tierra que le faria deseruiçio aquellas conpañas que traya. ^{P506}E mando luego ayuntar todo quanto ganara en Castrejon e todo lo que Aluar Hañez troxiera de su caualgada. ^{P515}E tomo el ende su quinto ^{P510-512}e lo al mando partir muy bien con ssus caualleros ^{P514}et a los (/f. **35r^a**) peones ^(P511)por sus suertes derechas commo conbenia a cada vno. ^{P516}El Çid non fallo alli a quien bender su quinto, ^{P518}et enbio mandado a los moros de Fita e de Guadalfajara ^{P519}que lo conprasen. ^{P521}E ellos benieron beer la prea, et conpraronla entre.iii. m. marcos de plata. ^{P520}Et avn los que la tomasen aurian ende grand ganançia. ^(P521-522)Et dieronle ellos tres mill marcos de plata, ^{P523}e fue pagado todo al terçero dia.

[Capítulo V]

^(a1)Capitulo ^(f1).ix. ^(a1)De commo dexo el Çid el castillo de Castreion e fue el adelante e gano Alcoçer.

^{P524/(P510)}Pues que el Çid ouo partidas todas ssus ganançias a las

conpañas, dixoles:

[P525]«Amigos, en este castillo non me semeja que mas pudiesemos auer morada; [P526]que maguer que le pudiesemos rretener de otra guisa non abriamos y agua. [P527]Demas que el rrey don Alfonso ha pazes con los moros, et se yo que escriptas son las cartas [b1]de lo que nos por aqui començamos a fazer, para enbiargelas. [P528]El rrey don Alfonso es poderoso e de grant coraçon, enpero que lo auemos con moros non lo querria ssofrir e benirnos ha a buscar (/f. 35r^b). [P529]Et vos, Minaya e Aluar Hañez, e las otras conpañas que aqui estades, [P530]non tengades por mal lo que uos quiero dezir ssobre esta rrazon: [P531]en Castrejon nos non podemos morar nin fincar bien [P532]ca es açerca el rrey don Alfonso, [P529]/[P530]e tengo por bien de nos quitar de este castillo [P533]mas pero de esta guisa de non le dexar yerrmo. [P534]E quiero dexar çient moros e çient moras [P535]/[P516]ca paresçeria mal de leuar moros nin moras en nuestro rrastro, lo que nos non conbiene agora, mas andar lo mas aforrechos que pudieremos, commo omes que andan en guerra e en lides et an a guarir por ssus manos e por sus armas. [P536]Et vos todos auedes agora a sos derechos e non ay ninguno por pagar. [P537]E catad commo cras de buena mañana seades todos guisados e caualguemos luego, [P538]ca yo non querria lidiar con don Alfonso, el rrey mio sseñor."

[P539]Plugo a todos con esta rrazon del Çid. [P540]E ordeno todo el fecho del castillo [P541]e fincaron los moros bendiziendole.

[P537]/[P540]Otro dia mañana caualgo el Çid e sus conpañas con el [P542]e (/f. 35v^a) fueronse Fenares arriba quanto mas pudieron [b2]/[P543]ssu seña alçada. [P544]E binieron a las Cuebas de Anguita [P545]e pasaron el rrio, entraron el canpo de Trayçion [P547]e fueron aluergar entre Ariza e Çetina. [P548]Et por do yuan tomauan quanto fallauan lo que querian e fazian grandes gananças [P549]non sabiendo los moros el ardimiente con que yuan. [P550-551]Et mouieron dende a otro dia e pasaron Alfama et yendo la Foz ayuso [P552]llegaron a Huerta e dende a Atiença, [P553]et fueron posar sobre Alcoçer [P554]en vn otero rredondo e grande e fuerte [P555]çerca del rrio Salon porque les non pudiese ninguno vedar agua.

[P556]Et cuydando el Çid ganar Alcoçer, [P557-558]mando a los vnos posar contra el rrio e a los otros contra la ssierra, [P561]e fezo vna carcaba derredor de sy [P562]por guardarse que non les fiziesen algunas rrebueltas de dia o de noche. [P564]Et fue soñado por todas las tierras [P565]como el Çid era echado de cristianos e venia a moros [P565]e que fincaba alli de morada [P567]e que en la ssu bezendad (/f. 35v^b) non les caye pro ninguna ssegund lo que yua ya faziendo.

[P568]El Çid desque ouo fecha alli la bastida, caualgo [P569]e fue luego con su caualleria contra Alcoçer por beer si la podria tomar.

[P570]E los moros de la billa con miedo que ouieron del fablaronle commo en rrazon de pecharle parias, ⁽ᵃ²⁾e el que los dexase beuir en paz, mas el Çid non lo quisso fazer e cogiose a su bastida. ᴾ⁵⁷²/⁽ᴾ⁵⁷¹⁾E quando esto oyeron los de Calatayud e de las otras villas enderredor, pesoles mucho, ᴾ⁵⁷³pero con todo esto duro el Çid en aquella bastida bien quinze semanas.

ᴾ⁵⁷⁴E desque bio que non podria aber el castillo, ᴾ⁵⁷⁵fezo esta maestria que agora diremos: ⁽ᴾ⁵⁷⁶⁾mando dexar vna tienda en la bastida e coger todas las otras e que cargasen para yrse; ⁽ᵃ³⁾et caualgaron el e Aluar Hañez con todos ssus caualleros ᴾ⁵⁷⁷e cogieronse Salon ayuso su sseña alçada, ⁽ᴾ⁵⁷⁸⁻⁵⁷⁹⁾faziendo muestra que se yuan. ᴾ⁵⁸⁰Et los moros de Alcoçer, quando lo bieron, començaronse de alauar ⁽ᵃ⁴⁾que fueran esfforçados e sse touieran bien. ᴾ⁵⁸¹Et deziendo:

"Fallidoles el pan e la çeuada al (/f. 36rᵃ) Çid ᴾ⁵⁸²e las otras tiendas apenas las llieua quando aquella dexa alli."

⁽ᴾ⁵⁸³⁾El Çid con todo esto yuase quanto podia, faziendo ssemejança que escapaua de arrancada. ⁽ᴾ⁵⁸⁰⁾Et dixieron entonçe los de Alcoçer:

ᴾ⁵⁸⁴"Demos salto en el e desbaratarlo hemos, et faremos y grant gançia ᴾ⁵⁸⁵antes que lo prisiesen los de Taruel. Ca si ellos le prenden non nos daran ende nada ᴾ⁵⁸⁶e las parias que nos ha leuadas dobladas, nos la tornara."

ᴾ⁵⁸⁷Et salliendo a grand priesa ᴾ⁵⁸⁸e desque fueron alongados de la villa, cato el Çid e quando los vio, ⁽ᵃ⁵⁾plugole mucho, e por los alongar mas del castillo, ᴾ⁵⁸⁸penso de andar mas commo que yua arrancado. ᴾ⁵⁹⁰Los de Alcoçer, quando le ansi bieron yr a prisa, dixeron:

"Vasenos la gançia que cuydaramos aver ⁽ᵃ⁶⁾e andemos mas en guisa que lo alcançemos."

⁽ᴾ⁵⁹¹⁾E començaron todos a correr que mas e que mas de pie e de cauallo. ᴾ⁵⁹²Et tanto abian ssabor de prender aquellas conpañas que non cataron por al ᴾ⁵⁹³e dexaron las puertas del castillo abiertas e desenparadas. ᴾ⁵⁹⁴Torno entonçe el Çid la cara (f. 36rᵇ) ᴾ⁵⁹⁵e bio commo eran bien alongados del castillo, ⁽ᴾ⁵⁹⁶⁾et mando tornar ssu seña aprisa contra ellos. ⁽ᴾ⁵⁹⁷⁻⁵⁹⁸⁾E esforçando ssus caualleros, mandolos que firiesen en ellos muy de rrezio. ᴾ⁵⁹⁹E firiendolos, boluyeronse con ellos en el canpo. ᴾ⁵⁹⁹Mas demientre que todos lidiuan debuelta, ᴾ⁶⁰¹el Çid e Aluar Hañez aguijaron adelante ᴾ⁶⁰²ca buenos cauallos que trayan, ᴾ⁶⁰³e entraron entre ellos e el castillo. ⁽ᴾ⁶⁰⁷⁻⁶⁰⁹⁾Desy acogieronse al castillo, ⁽ᵃ⁷⁾e entraronse luego que non fallaron y enbargo ninguno.

ᴾ⁶¹¹Et fue luego Pero Bermudez ᴾ⁶¹¹⁻⁶¹²e puso la seña en el mas alto lugar que en todo el castillo fallo. ⁽ᴾ⁶¹³⁾Entonçe el Çid con grand alegria que auia dixo a todos sus conpañas:

ᴾ⁶¹⁴"Loado sea Dios e a sus santos ᴾ⁶¹⁵ya meioraremos las posadas, los dueños e los cauallos. ⁽ᴾ⁶¹⁶⁾E de commo yo cuydo, ᴾ⁶¹⁷en este castillo ha grand auer ᴾ⁶¹⁸e moros e moras que fueran avn y, ᴾ⁶¹⁹e podremos los bender ⁽ᴾ⁶²⁰⁾o matar. ᴾ⁶²⁰Mas enpero, si los matamos, non ganaremos y nada; ᴾ⁶²¹e tengo que baldra mas que cogiamos aca dentro aquellos que fincaron fuera. ⁽ᴾ⁶²²⁾Et ellos que saben la vila mostrarnos (**/f. 36vª**) an buenas posadas e los aueres que yazen escondidos en las casas, ᴾ⁶²²e seruirnos hemos dellos."

⁽ᴾ⁶²³⁾Et ansi fue commo el Çid mando. ᴾ⁶²⁴Et enbio luego por la tienda que dexara fuera. ⁽ᵇ³⁾Avn ba la estoria enpues los fechos deste Ruy Diaz Çid.

[Capítulo VI]

⁽ᵃ¹⁾Capitulo ⁽ᶠ¹⁾.x. ⁽ᵃ¹⁾De la batalla que ouo el Çid con el rrey Faris e con el rrey Galue.

ᴾ⁶²⁵⁻⁶²⁶Quando esto oyeron los de Tiruel e los de Deça e de Calatayud ⁽ᵃ²⁾pesoles mucho temiendose de sser en aquello mesmo. ᴾ⁶²⁷Et enbiaron luego ssus mensajeros al rrey de Balençia ᴾ⁶²⁸a dezirle que vno, que dizen Mio Çid Ruy Diaz de Biuar ᴾ⁶²⁹que le ayrara el rrey don Afonso de Castilla e que le echara de tierra. ᴾ⁶³⁰Et el que biniera e se asentara en vn otero çerca Alcoçer, ᴾ⁶³¹et que engañara a los moros de Alcoçer e los sacara a çelada ⁽ᵇ¹⁾e desbarataralos e mataralos mas dellos ⁽ᴾ⁶³⁰⁻⁶³¹⁾et que entrara el castillo e la prisiera e estaua poderado del. ᴾ⁶³²⁻⁶³³E que sy a esto non diese conseio, que a Deça e Tiruel e Calatayud perdidos los auia, ᴾ⁶³⁴⁻⁶³⁵et otrosy las (**/f. 36vᵇ**) rriberas de Salon de amas partes.

ᴾ⁶³⁶Et aquel rrey de Balençia auia nonbre Tamin, ⁽ᵇ²⁾⁽ᴮᴬ¹⁾pero dize la estoria en otro lugar que Abucatar le dezian,] ᴾ⁶³⁶et pesandole muy de coraçon con estas nuebas, ᴾ⁶³⁷⁻⁶³⁸ mando luego a dos rreyes moros que tenia consigo ᴾ⁶³⁹que tomasen.iii. m. moros de armas. ᴾ⁶⁴⁰/⁽ᴾ⁶⁵⁵⁾Ellos con los de las fronteras de Alcoçer que fuesen ᴾ⁶⁴¹e prisiesen al Çid a uida, e gele aduxiesen ᴾ⁶⁴²que desta guisa prendera derecho del porque el asi entrara en su tierra.

⁽ᴾ⁶⁴³⁾Aquellos dos rreyes sallieron con aquellas conpañas que Tamin rrey de Balençia les mando, ᴾ⁶⁴⁴e benieron a la primera jornada a Segorue, ᴾ⁶⁴⁵et otro dia ᴾ⁶⁴⁶a Gelfa de Canal; ᴾ⁶⁴⁷et de alli enbiaron por los conçejos de las fronteras. ⁽ᴾ⁶⁵⁰⁻⁶⁵¹⁾Et a terçero dia llegaron a Calatayud ᴾ⁶⁵²e dende enbiaron ssus mandaderos por toda esa tierra ⁽ᵇ³⁾que sse ayuntasen todos los que eran de armas e beniesen alli para yr con ellos sobre Alcoçer commo mandaua el rrey de Balençia a prender aquellos cristianos. ᴾ⁶⁵³E ayuntaronse grandes gentes de moros ᴾ⁶⁵⁴con estos dos rreyes, que dizian al vno (**/f. 37rª**) Faris e al otro Galue, ᴾ⁶⁵⁵e benieron todos sobre Alcoçer a çercar y al Çid, ᴾ⁶⁵⁶e fincaron ssus tiendas de cada parte. ᴾ⁶⁵⁷Et cresçienles poderes de cada dia ᴾ⁶⁶¹de guisa que a pocos de dias vedaron el agua a los del Çid. ᴾ⁶⁶²Et ellos querian sallir a lidiar sobre ella con los moros ᴾ⁶⁶³mas bedauagelo el Çid ᴾ⁶⁶⁴e touieronlos çercados ally de aquella guisa tres ssemanas. [P666]Et faziase ya mucho al Çid et pesole, e tornose a auer consejo con los ssuyos e dixoles ansi:

[P667]"El agua nos an ya tollida los moros e sy ansy estamos, fallesçernos ha el pan. [P669]Et ellos son muy grandes conpañas et grandes los ssus poderes e non pocos. [P668]E estamos que nos queramos yr de noche, nin podramos nin nos lo consentirian ellos [a3]ca nos tienen çercados de todas partes [b4]e bernos yan. [P669]Otrosy con ellos non podriamos lidiar ca sson muchos ademas."

[P671]Aluar Hañes de Minaya dixo entonçe contra los conpañeros:

[a4][P670]"Caualleros, ¿commo querredes vos? [P672]Sabed que sallidos somos de Castilla la noble e la leoçana [b5]e venidos a este lugar do nos es menester el esfuerço. [P673]Sy con moros non lidiaremos, (/f. 37r^b) sabed que non nos querran dar el pan. [P674]Bien somos nos de omes de armas e algunos mas [P675]pues en nonbre de Nuestro Señor [b6]a que non ay al [P676]salgamos a ellos bayamos los ferir [b7]commo barones [P676]e esto que ssea luego cras."

[P677]Respondiole el Çid:

[P677-678]"Miñaya, fablastes commo yo querria [P678]e ansy lo deuedes fazer e onrrastesvos en ello. [P679]Et enbiemos luego fuera del castillo los moros e las moras [P680]porque non sepan nuestra poridad e lo fagan ssaber a los de fuera."

[b8]Et pues que ouieron echado los moros, çerraron las puertas del castillo. [P681]Et ese dia e esa noche non quedaron de guisar bien ssus armas para armarse mejor.

[P682]Otro dia quando sallia el sol [P693]armose el Çid e todos los otros, [P684]et desy dixoles el Çid:

[P685]"Todos salgamos agora fuera que non finque aqui ninguno [P686]si non desfensado [P687]Et si los moros nos mataren en el canpo, entraran en el castillo, ca suyo finca; [P688]et si Dios quisiere que nos bezcamos, cresçernos ha el auer e el poder. [P689]Et vos, Pero Bermudez, leuasedes la seña, [P690]e commo sodes muy bueno, tenerla hedes muy bien, sy (/f. 37v^a) Dios quisiere, e muy sin arte; [P691]mas catad que non aguigedes con ella sinon quando vos lo dixiere e commo yo mandare."

[P692]Mucho plugo a Pero Bermudez desto, e beso la mano al Çid et fue luego tomar la seña. [P702]El Çid castigolos alli commo feziesen en la fazienda, e acordasen todabia a una, [P703]e non se esparziesen ssin rrecado. [P693]Dichas estas rrazones, mando abrir las puertas, e sallieron todos aora. [P694]Los guardas de la hueste de los moros quando lo bieron, tornaronse a sus conpañas e dieron grandes bozes e fezierongelo ssaber. [P695]Et fue muy grande la prisa entre los moros [P697/P695]e començaron de armar e parar sus azes. [P696]E tantos eran los rruydos de los atamores [b9]e de los otros estrumentos [P696]que los omes non se podian oyr. [P698]E auia y dos señas cabdales de los dos rreyes de moros ^{P699}e de los otros pendones aquellas pueblas que ally eran ayuntados, eran tantos que non auia cuenta. ^{P700}Et mouieren ssus azes paradas contra el Çid ^{P701}cuydando tomar a manos a el e a los suyos. (/f. 37v^b) ^(P702)Et el Çid quando aquello bio, començo a castigar a los suyos e dixoles: ^{P702}"Aqui estad agora. Quedadvos todos en este lugar, ^{P703}e nin mouades nin derrame ninguno contra ellos fasta que yo mande."

^{P704}Mas a Pero Bermudes non gelo pudo adurar el coraçon, ^{P705}e aguijo adelante con la sseña ^(P706)et dixo contra el Çid: ^{P706}"Mio Çid, Nuestro Señor Dios ayude a la vuestra lealtad, ^(P710)ca yo non puedo y al fazer ^{P707}e bo meter a la vuestra sseña en aquella mayor haz e el mas fuerte lugar que yo alli beo." ^{P708}Et dixo a todos asi: "Amigos, los que deudo abedes en bien, agora vere commo acorredes a la seña."

^(P709)Trabo entonçe el Çid con el que estouiese quedo, e non mouiese la sseñal, mas non pudo con el. ^{P710}Respondio Pero Bermudez: "Esto non puede ser nin fincara por al."

^{P711}E aguijo e puso la seña entre los moros alli do dixiera. ^(P712)Los moros rresçibieronlo ^{P713}e començaronlo de ferir muy rrezio, dandole grandes golpes ^(b10)por abatirlo ^{P712}e leuar del la seña, ^{P713}mas traya buenas armas e non gelas pudieron falsar, ^(P718)e muy fuerte coraçon, ^(P713)e non pudieron con el (/f. 38r^a) aguisar lo que quisieran.

^(P719)El Çid quando aquello vio mando a todos los suyos que ^(b11)pues la batalla era buelta ^{P722}que la feriesen muy de rrezio ^(P722-723)commo el mandaua. ^{P724}Et derribaron luego de la primera seys caualleros de los moros e matáronlos ^(b12)e pasaron las hazes de la otra parte; ^{P725}et de la tornada, mataron al tantos. ^(P726-729)E tan rrezio los ferieron los cristianos que maguer los moros estauan bien armados, ninguna arma non les tenia pro que todas no gelas falsauan. ^(b13)Otrosi fazia el Çid e los que con el entraron e eran pero yuan. ^(P732)E tanto fueron buenos todos ^{P732}que en poca pieça mataron dellos mill e trezientos. ^(a5)E de los mejores de los cristianos que acabdallauan a las otras conpañas ^(b14)nonbran ende estos la estoria: ^{P734/(a6)}Ruy Dias, el Çid Canpeador; ^{P735}et Minaya Aluar Hañes que touo Çorita; ^{P736}Martin Antolines de Burgos; ^{P737}Muño Gustios, criado del Çid; ^{P738}que touo Monte Mayor; ^{P739}Aluar Aluares; Aluar Saluadores; ^{P740}Guillen Garçia, vn buen ^(a7)cauallero ^{P740}de Aragon; ^{P741}Felis Muños, sobrino del Çid. ^(P742)Estos (/f. 38r^b) todos e los otros fueron tan buenos en la fazienda ^{P743}que acorrieron muy bien a Pero Bermudez e a la seña et al Çid ^(P745)que se beye a las bezez en grand prisa.

^{P744}En todo esto mataron los moros el cauallo a Aluar Hañes ^{P746}e a el quebrantaron la lança; ^{P747}estando de pie, ^{P746}metio mano a la espada e lidiaua tan de rrezio e tales golpes daua ^(b15)que el que

alcançaba e los otros non se osauan a el acostar. ^{P748}Quando lo vio el Çid, ^{P749}dexosse yr a vn aguazil de los moros que tenie buen cauallo, ^{P750}e diole tal golpe con el espada ^{P751}por la çintura que todo le tajo de parte en parte, et derribole a tierra; ^{P752}e tomole el cauallo e acorrio con el a Aluar Hañes. ^(b16)E alabandole de sus armas e de sus fechos buenos que fazia, ^(P753)dixo ansy:

^{P753}"Caualgad, Minaya, ca uos sodes el mio diestro braço; ^(P754)ssy Dios quisiere, ansi sse mostrara en esta batalla. ^{P755}Firmes beo estar los moros e non nos dexauan avn el canpo ^(a8)ende ha menester que los cometamos de cabo. ^(a9)Et si de la primera vez los firiemos de rrezio, non sea menos desta."

[**Capítulo VII**]
^(a1)Capitulo ^(f1).xii. ^(a1)De commo bençio el Çid al (/f. 38v^a) rrey Faris e al rrey Galue.

^{P756}Pues que caualgo Aluar Hañes, ^(P757)cometieron a los moros muy de rrezio; ^{(a2)(P758)}et porque los moros fincaran mal escarmentados de la otra uez e non atreuiendo ya lidiar con los cristianos, ^{(a2)(P758)}fueronse bençiendo.

^(a3)Et los cristianos yendolos ya leuando ^(P759-760)vio el Çid al rrey Faris do estaua, ^(a4)e endereço contra el ^(P758)firiendo en los que fallaua delante sy; ^(b1)e ansi los desbarato a todos fasta que llego a el, ^{P760}et diole tres golpes ^{P761}e el vno fue tal ^{P762}que le rronpio la loriga e el cuerpo en guisa que sangre destellaua. ^{P760}Mas el rrey, ^(a5)sintiendose mal de aquella ferida ^{P763}boluio la rrienda para foyr e yuase salliendo del canpo. ^(P771)Las otras ssus conpañas, ^(P773)quando aquello bieron fazer al rrey, ^(P771)començaron a fazer ellos eso mesmo.

^(P765)Martin Antolinez otrosy llego al otro rrey que dizien Galue e diole con el espada ^(P766)por el yelmo, ^{P767}e tanto le corto que llego a la carne, ^{P768}e quisol dar luego otro golpe mas non gelo atendio Galue. ^{P769}Et fueron desta guisa arrancados (/f. 38v^b) los rreyes moros ^{P771}e começaron de foyr ellos e sus conpañas ^(P770)e dexaron el canpo a los cristianos. ^{P773}Et cogiose el rrey Faris para Tiruel ^{P774}e Galue ^{P775}para Calatayud. ^{P776}El Çid ^{P778}e Aluar Hañes ^(P772)e sus conpañas ^{(P779)/(P785)}firiendo sienpre en ellos e matando ^(P777)fasta las puertas de la villa.

^{P787}Desi tornaronse el Çid e sus conpañas ^(P777)al lugar do la batalla ouieran, ^{P795}e entre armas e otros aueres ^(P794)leuaron ende grant algo. ^{P796}E de los cauallos de los moros que andauan esparzidos quando los llegaron, fallaron y.d. i. x.; ^{P798}e de los suyos fallaron menos.xv.. ^(P800)Et cogieronse entonçe con esta buena andança e esta ganançia a tan grande que ally auian fecha. ^{P801}Entraronse en su castillo ^(a6)de Alcoçer.

^{P801-802}Desy, mando el Çid que los moros naturales de ally ^(a7)que

echaron del castillo quando sallieron a lidiar e estauan y de fuera [P801]que los metiesen dentro [a8]para seruirse dellos commo de primero. [P802]Et sobre esto fezolos dar algo de aquello que ally ganaran de los otros moros. [P803]E fue muy alegre el Çid (/f. 39rª) e todos sus vasallos con el [P804]e dioles a partir lo que ally tomaran. [P805]E cayeron en el ssu quinto çient cauallos. [P806/P809]E fueron todas las conpañas muy pagadas [P804/(P808)]por quanto fuera bien partido e dado ssu derecho a cada vno en la su guisa.

[P810]Enpues esto, dixo el Çid a Aluar Hañes:

[P810]"Aminaya, [P811-812]todo algo que omne vos feziere, mereçedeslo vos muy bien a guisa de muy buen cauallero, e quiero que tomedes de mio quinto quanto vos quisierdes. [P815]Et vos sabedes muy bien commo me ha yrado nuestro señor el rrey don Alfonso, [a9]e querer me yha yo trauajar quanto pudiese en ganar ssu graçia. [P816]Ende quiero que escojades.xxx. de los mejores caualleros [P814]destos que a mi cayeron de los moros [P816]e que los tornedes [P817]ensellados e enfrenados [P818]con sendas espadas a los arzones [P816]e que gelos leuedes [P813]e gelos enpresentedes ansy por mi [P815]al rrey don Alfonso [a10]mio señor. [a11]Et quando vos pudieredes, ganadme la ssu graçia e el su amor. [P820]Et oro e de plata quiero que leuedes tanto [P822]porque (/f. 39rᵇ) me fagades cantar mill misas en Santa Maria de Burgos. [P823]E que vos finque ende asas que dedes a mi muger e a mis fijas. [P830]Desi diredes a nuestro sseñor el rrey don Alfonso e a nuestros amigos [P831]de commo nos ba muy bien, loado a Dios. [P824]Otrosi diredes a mi muger e a mis fijas que rrueguen cada dia a Dios por nos [P825]e que si yo biuo que las fare ser rricas dueñas."

[P826]Minaya acogio muy de grado a fazer quanto el Çid mandaua. [P828]Et dixole el Çid cuando se espidio de yda:

[P829]"Aluar Hañes, [P835]esta tierra es angosta e non podremos en ella fincar [P834]e nos por armas abemos a guarir [P835] et commo yo cuydo a yrnos avremos de aqui. [P832-833]Et si por abentura non nos fallaredes aqui, [P833]doquier que supierdes que somos ydvos para nos."

[b2]Agora dexaremos a Aluar Hañez cunplir ssu mandaria et tornaremos a la rrazon del Çid e contaremos del en esta guisa:

[Capítulo VIII]
[a1]Capitulo [f1].xiii. [a1]De commo el Çid se fue de del castillo de Alcoçer e paso sobre Monte Real. (/f. 39vª)

[VIIa12)(P827)/(P836)]Mynaya Aluar Hañes tomo entonçes sus cosas que abia de leuar e fuese [P829)/(P835)]para Castilla.

[P837]E el Çid finco alli con las otras sus conpañas. [P840]E los moros de aquellas fronteras [P839]guardauanle cada dia por ber que faria. [P841]E entretanto sanaba el rrey Faris, [P844]e ouieron ssu acuerdo [P842]los de

Deça e de Tiruel ^{P843}e de Calatayud. ^(P846)Et el Çid ^(a2)porque queria yr de alli por yr buscar mas consejo, ^(P847)abia menester aber de que diese a las conpañas con que aguisasen, ^{P845}enpeño a los moros aquel castillo de Alcoçer por.iii. m. marcos de plata. ^(P847)E partiolos a sus conpañas ^{P848}e fizolos rricos e todos asi caualleros como a peones ^(P850)de guisa que començaron ellos mesmos a dezir ansy ^{P850}"que buen señor sirue, ese byue en buena andança."

^{P851}En pues esto queria el Çid quitar el castillo ^{P852}a los moros que y estauan, començabanse de quexar mucho por ello ^(P854)porque les fazia el mucho bien e mucha merçed ^{P853}et rogauan a Dios por el que le guiase a su seruiçiuo e la su buena andança que (/f. 39v^b) sienpre fuese adelante pues que yrse queria. ^{P855}Et pues que ouo quito el castillo e dexado en rrecabdo, ^{P857/(P855)}fuese de Alcoçer ^{P857}su seña alçada; ^{P856}e fincaron los moros todos llorando por el, ^{P858}e paso el rrio de Salon. ^(P859)Et dizen que saliente el rrio que ouo muy buenas aues ^(a3)e señales de buen andança. ^{P860}Et desto plugo a los de Teca e de Calatayud porque se yua de alli; ^{P861}mas pesaua mucho a los de Alcoçer por el grand algo que les fazia. ^{P863}Et pues que el Çid llego a vn poyo que es sobre Monte Real, finco y sus tiendas. ^{P864}Et este lugar era tan alto e tan fuerte ^{P865}que se non temia alli el Çid de guerra de parte ninguna. ^(P867)E de aquel lugar fazia mucho mal a Medina ^{P868}e a Tiruel ^(P866)e a las otras villas dearredor fasta que lo ouieron todos a pechar, ^{P869}et metiose en ssu poder Çelfa la del Canal.

^(a4)Agora dexa aqui la estoria de fablar del Çid e torna a contar de Aluar Hayñes en su mandaderia do fuera.

[Capítulo IX]

^(a1)Capitulo ^(f1).xiiii. ^(a1)De commo fue Aluar Hañes Minaya con el rrey don Alfonso. (/f. 40r^a)

^(P871)Quando Aluar Hañes llego desta bes al rrey don Alfonso, ^{P872}e presentole luego aquellos treynta cauallos ^(a2)que el Çid le enbiaua, ^(b1)guisados ansi commo dixiemos. ^{P873}El rrey don Alfonso quando los vio ^(a3)con sus espadas, ^{P873}sonrrixos. ^(a4)Et antes que Aluar Hañes le dixese su rrazon, ^(P874)preguntole el rrey e dixole:

^{P874}"Minaya, estos cauallos, ¿quien me los enbia?"

^(P875)Et dixole Minaya:

^{P875}"Señor, mio Çid Ruy Diaz el Canpeador, ^{(a5)(P629)/(P1325)}pues quel vos ayrastes e le echastes de tierra ^{(a6)(P630-631)}gano el castillo de Alcoçer. ^{(a7)(P627)}Et teniendole el, supolo el rrey de Valençia, ^{(a8)(P637-638)}e enbio y sus poderes con dos rreyes de moros contra el, ^{(a9)(P655)}e çercaronle ally ^{(a10)P661}e tollieronle el agua ansi que lo non podiemos ya ssofrir. ^{(a11)(P685)}Entonçe el Çid touo por bien de sallir a ellos; ^{(a12)(P687-688)}e morir antes como buenos lidiando, que por malos, *()* yaziendo ençerrados.

^{(a13)(P693-785)}Et sallimos e lidiamos con ellos en canpo, ^{P876}e bençiolos el Çid ^(P760-767)e fueron ^{P876}y mal feridos amos los rreyes moros; ^{(a14)(P785)}e murieron e fueron y presos muchos de los (/f. **40r^b**) otros. ^{P877}Et fue muy grande la ganançia que y feziemos de los despojos que dellos leuamos ^(b2)e de lo que cogiemos en el canpo. ^{(a15)(P805)}Et de los cauallos que copieron al Çid en su quinto, ^{P878}enbia ende a vos, señor, ^(P816)estos.xxx. ^(P818)con sus espadas ^(P878)commo a señor natural, ^(P880)cuya graçia el querria mas que otra cossa. ^(P879)Et, sseñor, mandome que vos besase las manos e los pies por el, et, señor, yo fagolo ansi e ^(P880)pidouos por merçed que le perdonedes, e aya la vuestra graçia."

^{P881}Et dixole el rrey:

^(P881)"Mucho es ayna ^{P882}de omne ayrado e echado de tierra e sin graçia de sseñor ^{P883}de cogerle a tres semanas. ^(a16)Et esto non pertenesçe a rrey, ca ningund sseñor non se deue a sañar por tan poco tienpo sy non sy le cunple mucho. ^(P884)Pero porque los cauallos son de ganançia qual el fezo de moros, tomarlos por ende ^{P885}et plazeme mucho porque tal caualgada fezo el Çid e por la batalla que vençio. ^{P886}Mas a vos, Miñaya, perdonovos yo ^{P887}e otorgovos la tierra que teniades de mi que la ayades, ^{P888}e dovos mi graçia, que vayades do quisieredes, e que vengades cada que (/f. **40v^a**) quisierdes. ^{P889}Mas del Çid non vos digo agora nada, ^{(a17)(P890)}sy non que le fago esta graçia a el e a vos; ^{P891}que todos los omes de mio rregno, ^{P891}que fueren de armas; ^{P892}e al mio Çid quisieren yr ayudar, ^{P893}que los suelto que bayan e quitoles los cuerpos e las heredades."

^{P894}Entonçes Aluar Hañes besole las manos e dixo ansy:

^{P895/(a18)}"Señor, devos Dios vida por muchos años e buenos, e graçias muchas por lo que vos dezides; ^{P896}ca pues esta merçed vos fago agora, ^(a19)sy Dios quisiera, ^(P896)mas e mejor uos la fare adelante, et, sy Dios quisiere, nos guisaremos como uos la fagades."

^(a20)En este año, ^{[HAr1}morio Abet[]] ^{[HR1}Almucamys, rrey de Seuilla,[]] ^{[HAr2}et rregno enpos el Haben Habet su fijo^{] [(HR1)}en Seuilla^{] [HAr3}e en Cordoua^{] [HAr4}.xx. años.^{] [HAr5}Estonçe Haben Habet fue sseñor de toda el Andaluzia et mantobo muy bien toda su tierra fasta el tienpo que pasaron aquende mar los almorabides de Luçinex que le tomaron la tierra e le tollieron el sseñorio.[]]

^(a21)Mas agora dexa la estoria de fablar desto e de Aluar Hañes (/f. **40v^b**) ^(P899)e torna a contar del Çid.

[Capítulo X]

^(b1)Capitulo de commo fezo el Çid estando en aquel Poyo de que dixiemos de sobre Monte Real.

^(a2)Andados.v. años del rregnado del rrey don Alfonso.

[Capítulo XI]

[a3]que fue en la era de [b1].mcvi. años [a4]quando andaua el año de la encarnaçion en [b2].mlxiii. años, [a5]et el del inperio de Enrrique en.xx.

[HR1]El Çid estando en Çaragoça, cunplieronse los dias del rrey[[HAr1Almudafar,] [HR1]e murio.] [[HR2]E dexo dos fijos, et dixieron al vno[[HAr2]Çulema[[HR2]e al otro[[HAr3]Benahange.] [HR3]E partieron el rregno entresy;[[HAr2]Çulema[[HR3]ouo el rregno de Çaragoça e[[HAr3]Benalhange[[HR3]el de Denia.] [HR3]Et el rrey de Çaragoça amo mucho a Ruy Diaz e diole todo su rregno en poder e que feziesen ssus vasallos todo lo que el mandase.] [HR4]Desy començose grant enemistad entre[[HAr2]Çulema[[HAr3]e Benalhange,] [HR4]e guerrearonse el vno contra el otro.] [HR5]El rrey don[[DRH1]Pedro[[HR5]de Aragon e el conde Remon de Berenguel de Barçilona ayudauan a[[HAr3]Benalhange,][(HR4)/(HR6)]e auia muy (/f. 41rª) grant querella de Ruy Diaz[[HR7]porque se tenie con[[HAr2]Çulema[[HR7]e le guardaua la tierra.]

P917En todo esto tomo el Çid dozientos caualleros escogidos a manos [f1]de ssus conpañas, [P909]e trasnocho con ellos. P936E fue correr tierras de Almucamiz, e [P938]duro en esta caualgada tres dias [P937]/[P944]e traxo ende muy grand prea.

[P939]E sono mucho esta caualgada por tierra de moros, P940e peso ende a los de Monçon e de Huesca, P941et a los de Çaragoça plazieles por que pechauan el Çid e estauan del sseguros. P943Pues que el Çid fue tornado P941a Çaragoça, [a6]/[P944]partio ssu caualgada que troxo muy grande por todos los suyos et dio ende aca vno sus derechos. [P947]Despues que esto ouo librado dixoles:

"Amigos, [a7]bien sabedes que todos los que por armas an a guarir, commo nos, P948que sy en vn lugar quieren sienpre morar, que non pueden estar que non menoscaben y mucho. P949Et por ende guisadvos todos para cras mañana P950e salliremos de aqui e yremos buscar otras posadas."

P951Otro dia mouieron de alli ansy commo dixo el Çid e fueron e sentaronse (/f. 41rᵇ) en vn lugar que dizen el puerto de Alocath. P952Et de alli corrio el Çid Huesca e Monte Aluan P953e duro diez dias en aquella caualgada. P954Et sono esto por muchas villas e muchas tierras de moros P955commo el que era echado de Castilla les fazia mucho mal.

P956-957Et llego el mandado desto [P957]/[P975]a don Remondo Berengel, conde de Barçilona, [HR3]e a[[HAr3]Benalhange,][HR3]rrey de Denia[P958commo el Çid corria toda la tierra. [P959]Et el conde, quando lo oyo, pesole mucho de coraçon [b3]e touolo todo por ssu desonrra [a8]porque tenie a aquellas tierras de los moros en encomienda. [P960]Et dixo alli el conde sus palabras grandes en esta guisa:

P961"Grandes tuertos me tiene el Çid de Biuar. P962-963Feriome ya a mio ssobrino dentro en my corte; nunca me le despues emendo;

P964agora correme las tierras que yo tenia en guarda P965et yo me le desafie nunca, me le torne enemistado. P966Mas quando el me lo busca tantas bezes, yo non puedo estar de non gelo demandar."

(P967/[HR5]Dichas estas rrazones, ayunto el conde] [HAr3Benalhange] P967grandes poderes P968de moros e de cristianos. P969E fueron en pos el Çid quanto (/f. 41vª) mas ayna pudieron. P970E tres dias e tres noches andudieron P971e alcançaronle en Touar del Pinar; P972et ansy benien esforçados que se le cuydaron tomar a manos. P973El Çid traya estonçes muy grand prea P974e desçendie de vna sierra e llegaua ayusso a vn val. P975/[HR5]Et llegole ally el mandado commo el conde don Remondo de] [HAr3Benalhange] P975/[HR5]venien en pos el] (a9)por tollerle lo que leuaua, e matar a el o prenderle. P976El Çid quando lo sopo, enbio luego dezir P977al conde que aquello que el fazia que lo non touiese por mal e P978que non leuaua nada de lo ssuyo, e que le dexase yr en paz. P979El conde enbio dezir que aquello non serie; P980mas lo que fiziera antes e aquello quel fazia estonçe que gelo pecharia todo, P981e sabria a quien fiziera desonrra. P982El mandadero tornose aprisa con este mandado al Çid et dixogelo.

(P983)El Çid, quando vio P984que menos de lid non se podria librar, (P985)dixo a sus caualleros:

P985"Fazed aparte la prea que trahemos P986e armadvos quanto mas ayna pudieredes, P987ca biene alli el conde don Remondo [HR5e el rrey] [HAr3Benalhange] P988con grandes gentes de cristianos e (/f. 41vᵇ) de moros. P988-989E semejame que nos quieren toller lo que leuamos, P984/P989et menos de batalla non se querran de nos partir. P990Et si de aqui ymos, tras nos yran fasta que nos alcançe; et pues que de su contienda non nos podemos partir, mejor sera (P990)que lo ayamos aqui con ellos. (a10)E bien fio en Dios que P995çient caualleros de nos que deuen bençer a todos ellos. P996E antes que ellos lleguen al llano, P997firamos con ellos; e por algunos que derribemos, desmayaran los otros e fuyran. P998Et desta guisa vera Remondo Berengel tras quien viene en alcançe al Pinar de Touar para tollerme lo que yo auia ganado (b4)de los enemigos de Dios e de la nuestra ley."

(P1000)El Çid diziendo esto, P1002bieron benir la cuesta ayuso el poder de los francos. P1004Et el Çid, quando los vio, mando a los suyos que los fuesen ferir (a11)derecha mente. P1005E esto fezieron ellos muy bien e de grado P1006e enplando muy bien las lanças e las otras armas P1007derribando a los vnos e firiendo a los otros. P1008Et bençio el Çid la batalla P1009e priso y al conde P1010e gano en esa vez la espada que dizen Colada.

P1012Desy leuo al conde preso para su tienda P1013e mandole guardar muy bien (P1016)/(P1031)e partio (/f. 42rª) luego la ganançia que auia fecha con todos los ssuyos.

(b5)Avn ba la estoria por la cuenta del Çid et dize adelante ansy:

[Capítulo XII]

(a1)Capitulo (f1).xvi. (a1)de commo el Çid solto al conde don Remondo Berengel.

P1017Despues desto, mando el Çid fazer muy grand cozina et adouar manjares de muchas guisas (a2)por fazer plazer al conde don Remondo, P1018mas el conde non lo presçio nada, P1020nin quiso comer ninguna cosa P1019maguer que gelo trayan delante (P1020)antes se ensañaua a los que gelo aduzian. (a3)Et quando le aquexaron mucho que comiese, P1021dixo que por quanto abia en España que non combria ende vn bocado P1022e que antes perderia el cuerpo e el alma que lo fazer.

P1024El Çid, quando lo sopo, fue a el (a4)e commo era omne mesurado, P1024dixole ansy:

P1025"Comed, conde, e beuet. (a5)Ca esto en que vos vedes por barones pasa; (a6)e non vos dexedes morir por ello, ca avn podedes cobrar vuestra fazienda et endereçar esto. P1026Sy fizierdes commo yo digo, fare que salgades de la presion; P1027e sy lo non fizieredes, en todos vuestros dias non saldredes dende (/f. 42rᵇ) nin tornaredes a vuestra tierra."

P1028Respondio el conde e dixo:

"Don Rodrigo, comed vos, (a7)que sodes ome de buena bentura e lo meresçedes; (P1028)e folgad en voz e sabet P1029que yo non conbre nin fare al si non dexarme morir."

P1030Tres dias contendieron con el (P1019)/(P1025)/(P1032)tan bien el Çid commo los ssuyos que comiese, P1032mas non pudieron con el. P1033Et el Çid quando esto bio (a8)con el grand duelo que ouo del, P1033dixole:

"Conde, bien vos digo verdat que si non comedes ssiquiera algunt poco, que nunca tornaredes a vuestra tierra. P1034Et sy comierdes porque podades biuir, fazervos he yo tanto: P1035daruos he dos caualleros de los vuestros destos (a9)que yo aqui tengo presos que vos guarden P1035e quitarvos he a bos e a ellos los cuerpos e darvos he de mano (a10)que vos bayades a vuestra tierra."

P1036Et quando esto oyo el conde, fuese alegrando e dixo:

P1037"Ruy Diaz, esto que abedes dicho sy lo vos cunplieredes P1038en quanto viua, me marauillare dello."

(P1039)Et dixole el Çid:

P1039"Pues, comed agora que lo yo vea, (P1040)e luego vos enbiare. (a11)Por tanto uos digo que de (P1041)quanto vos abedes aqui perdido P1042que vos non dare nada (/f. 42vᵃ), (a12)ca non es fuero nin costunbre nin tengo que es derecho sy non quiere fazer por su mesura aquel que lo gana. P1044Demas helo yo menester para estos P1045que lo han lazdrado comigo; P1046et tomando de vos e de los otros yremosnos guaresçiendo, P1047ca esta vida auremos a fazer fasta que Dios quiera, P1048asy commo omes han yra de señor e andan echados de su tierra."

^{P1049}El conde ouo grant plazer de aquello que el Çid dezia, $^{(a13)}$que le non daria nada de lo que le tomara; ^{P1049}e demando agua para las manos $^{P1051-1052}$e comio el e aquellos dos caualleros que el Çid le dio. $^{(P1060)}$E pues que ouyeron comido, dixo el conde a Ruyz:

$^{P1060-1061}$"Çid, mandadnos dar las bestias, sy vos plugiere e yrnos hemos."

$^{(P1065)}$E el Çid dioles entonçe muy bien de bestir ^{P1067}e fue con ellos fasta el primero aluergue. $^{(P1068)}$Et en su espedimiento rrazonose el Çid contra el conde desta guisa:

^{P1068}"Ydesvos, conde, a guisa de muy franco ^{P1069}e gradescovos mucho quanto me dexades. ^{P1070}Pero si vos beniere despues $^{(b1)}$a boluntad ^{P1070}que vos querades de mi vengar, $^{(P1072)}$fazedmelo saber antes. (/f. 42v^{b}) ^{P1071}Et sy y venieredes, ^{P1072}o me dexaredes ^{P1073}de lo vuestro o me leuaredes algo de lo mio."

$^{(P1074)}$Dixole el conde:

^{P1074}"Çid, vos en vuestro saluo estades agora ^{P1075}e yo pagadouos he por todo este año ^{P1076}e yo non tengo en coraçon de vos benir buscar tan ayna."

^{P1082}Desy fuese el conde, e tornose el Çid ^{P1083}a sus conpañas e ouo ssu alegria grande con ellos $^{(P1093-1095)}$de sus buenos fechos que Dios les daua a fazer. $^{[HR1]}$En pos esto tornose el Çid para Çaragoça.$^{]}$

$^{(b3)}$Agora diremos de otra contienda que nasçio luego al Çid.

[Capítulo XIII]

$^{(a1)}$Capitulo $^{(f1)}$.xvii. $^{(a1)}$De commo el Çid desbarato los $^{(b1)}$çiento e çinquenta $^{(a1)}$caballeros del rrey don Pedro de Aragon e gano tierras de Burriana.

$^{(a2)}$Andados siete años del rregnado del rrey don Alfonso $^{(a3)}$que fue en la era de.mcvii., $^{(b2)}$quando andaua el año de la encarnaçion en.mlxix., $^{(b3)}$et el inperio de Enrrique en.xxi..

$^{[HR1]}$El Çid estando en Çaragoça guiso ssu hueste muy grande para yr sobre Monçon$^{]}$ $^{(P1090)}$e correr ^{P1092}tierra de Xerica e Honda e Almenar. $^{[HR2]}$Quando el rrey don (/f. 43r^{a}) $^{[DRH1]}$Pedro$^{]}$ $^{[HR2]}$de Aragon lo supo pesole mucho$^{]}$ $^{(b4)}$e dixo que non osaria fazer $^{[HR2]}$e allego muy grand hueste e fue contra el.$^{]}$ ^{P1088}El Çid sallio de Çaragoça $^{[HR3]}$e fue quanto vna jornada e bino a la villa que dizen Piedra Altar e finco y sus tiendas a ojo de sus enemigos.$^{]}$

$^{[HR4]}$Otro dia entro en el castillo de Munçon beyendolo el rrey don$^{]}$ $^{[DRH1]}$Pedro$^{]}$ $^{[HR4]}$por pleytesia que ouo con los del castillo; mas avnque el rrey lo beya, non vso yr a el.$^{]}$ $^{[HR5]}$Despues de esto sallio el Çid de Monçon e fue a Tamariz e moro y vnos pocos dias.$^{]}$ $^{[HR6]}$En vn dia sallio el solo de la villa con diez caualleros e fallose cavalleros del rrey don$^{]}$

[DRH1]Pedro|[HR6]que eran bien çiento e çinquenta.|[HR7]E desbaratolos todos
e priso dellos siete caualleros con sus cauallos e los otros fuyeron.|[HR8]E
despues rrogaron estos caualleros a Ruy Diaz que los soltase e el fezolo
asy|[HR9]e dioles ssus cauallos.|

(P1089)Desy sallio el Çid de ally [P1090]e fue desçendiendo contra la mar
[a4]de medio de la tierrra [P1090]por fazer y sus caualgadas (/f. 43r^b) e
guerrear la tierra. [P1092]E gano desa yda Onda [HR10(f2)]e Acadalas| [P1093]e
todas tierras que dizen de Burriana.

[a5]Et tanto eran grandes las sus conquistas e fechos ayna [P1097]que
llegaron las sus nuebas a Balençia et sono por la villa [a6]e por todos los
pueblos de sus terminos [b5]los buenos fechos que el Canpeador fazia.
[P1097]E fueron ende espantados e temieronse mucho del.

[(HR11]El Çid tornose entonçes a Tamarique do era| [HAr1(b6)]Çulema|
[(HR11]el rrey de Çaragoça.|

[b7]Avn torna la estoria a Ruy Diaz Çid en pos esto.

NOTAS PALEOGRÁFICAS

Consta en el manuscritos trazos de un sistema de puntuación, según el
cual un punto equivale a nuestro punto final moderno. Sobre el significado de
este sistema de puntuación, véase Hodcroft, "Notas Morea."A partir de nuestro
Capítulo II, los títulos de nuestros Capítulos II-IV o se omiten o se equivocan
en el manuscrito por ser malpuestos con el capítulo siguiente. Para patentizar
el paralelismo entre XXR y PCG, hemos trasladado los títulos correctos al
capítulo cuyo contenido describe, señalando este cambio con asteriscos y el
título entre corchetes, y explicando cada caso en las notas.

Capítulo I
[a1]Se omite el comienzo de este capítulo, que se basa en otra fuente. Véase
la nota I[(1a)] a XXR.

Capítulo II
[a1]Falta un título; no se deja el espacio en blanco correspondiente. Se
traslada el título que lleva la enumeración correcta (vii) al siguiente capítulo,
f. 33v^b.
[a2]El manuscrito deja un espacio de dos líneas en blanco para la E
mayúscula, que indicaría el comienzo de un capítulo, pero debido a que el
espacio para la mayúscula suele ocupar cuatro líneas y estas caen en los dos
últimos renglones de la columna, se escribe la palabra entera "entoçe" con la
"e" minúscula.
[P56-59]Abreviatura: aglera.
[P135]Un símbolo indica que la cifra sigue; *idem* [P186], [P419], [P440], [P521], [P639].
[P255-256/(P253)]Corregido por copista: las muger > la muger.

Capítulo III
[b1]Trasladamos este título del f. 34r^{a-b} y que lleva la numeración correcta
(viii).

[P287]Se deja un espacio en blanco para la Q mayúscula.

[P304]Se enmienda el texto: plugoles > plugole.

[P398]Añadido por una mano contemporánea al copista, quizá fuera el mismo: era.

Capítulo IV

[e1]PCG F̱ no contiene un título que corresponde al de E_2c (f. 165v[b]), de donde trasladamos éste.

[P425]Se deja un espacio en blanco para la C̱ mayúscula.

[P523]Folio roto, obliterando unos cinco líneas de texto.

Capítulo V

[f1]El título del capítulo es correcto; lleva el número "ix."

[P524/(P510)]Se deja un espacio en blanco para la P̱ mayúscula.

[P622]Trátase de un hemistiquio único a este manuscrito; falta en PCG E̱.

Capítulo VI

[f1]El título del capítulo es correcto; lleva el número "x."

[P625-626]Se deja un espacio en blanco para la P̱ mayúscula.

[a11](P685)En el original se repite: que por malos que por malos.

[P692]La abreviatura " Po" (=Pedro) se añade sobre "Bermudez"; parece tachada la enmienda.

[P737]El manuscrito abrevia: q Muo Gustios.

Capítulo VII

[f1]El título del capítulo es correcto; lleva el número "xii."

[P756]Se deja un espacio en blanco para la P̱ mayúscula.

[a14]Se corrige el manuscrito: abemos > avremos.

Capítulo VIII

[f1]El título del capítulo es correcto; lleva el número "xiii."

[P836]Se deja un espacio en blanco para la M̱ mayúscula.

[P845]Se nota una abreviatura rara: macos.

Capítulo IX

[f1]El título correcto lleva el número "xiiii."

[P871]Se deja un espacio en blanco para la Q mayúscula.

Capítulo X

[f1]El título del capítulo es correcto, pero no lleva número.

[a2]Después de esta cláusula, el copista omite el resto del capítulo; lo que sigue corresponde a nuestro Capítulo XI. Se deja el espacio en blanco para la A mayúscula.

Capítulo XI

[a3]Falta la división del capítulo; de aquí en adelante el texto corresponde al siguiente capítulo.

Capítulo XII

[P1017]Falta la <u>D</u> inicial.

Capítulo XIII

[b1]El manuscrito está tachado: los /auja/ çiento.

[a2]Falta una <u>A</u> mayúscula.

B. *CRÓNICA DE VEINTE REYES*

1. El Escorial X-i-6 (J)

[Capítulo I]
(f. 72r^b)
[a1]Capitulo [c1].viii. [a1]De commo Ruy Diaz Cid fue echado de tierra
....

[a2]Enbio luego dezir al Çid por sus cartas que saliese de todo el rreyno. [a3]El Çid pues que ouo leydas las cartas [a4]commoquier que ende ouiese grand pesar, non quiso y al fazer, [a5]ca non auia de plazo mas de nueue dias [a6]en que saliese de todo el rreyno.

[Capítulo II]
[a1]Capitulo [c1]nueue. [a1]De commo (/f. 72v^a) el Çid salio con todos sus parientes e sus vasallos de tierra del rrey don Alfonso.

[a2]Enbio por sus parientes e sus [c2]vasallos, [a3]e dixoles commo el rrey le mandaua salir de toda su tierra e quel non daua de plazo mas de nueue dias, [a4]e que queria saber dellos quales querian yr con el o quales fincar. [a5]Minaya Aluar Ferrandes le dixo:

[a6]"Çid, todos yremos convsco e seeruos hemos leales vasallos."

[a7]Todos los otros dixeron que yrian con el o quier quel fuese, [a8]e que se non quitarian nin le desanpararian por ninguna guisa. [a9]El Çid gradesçiogelo entonçes mucho e [a10]dixoles que sy [c3]le Dios bien fiziese, [a10]que gelo galardonaria muy bien.

[a11]Otro dia ^P11 salio el Çid de Biuar [a12]con toda su conpaña [a13]([P11-12]e dizen que cato por aguero ^P11 e vio vna corneia diestra; ^P12 a entrante de Burgos ouo la siniestra. E dixo [a14]a sus caualleros:

[a15]"Amigos, bien sepades que tornaremosnos a Castilla rricos e onrrados e con grand onrra."

^P15 E pues que llego a Burgos, ^P56-59 fue posar en la *glera* [P51]de Burgos [P62]ca el rrey avia ya defendido que non le acogiesen en la villa.

^P65-66 E Martin Antolines diole ese dia de comer [P68]e avn todas las otras cosas que ouo menester. [P78-79]E el Çid apartose con ese Martin Antolines, ^P82-83 e dixole commo non tenia ninguna cosa de que guisase su conpaña [c4]e que le mandase dar alguna cosa. [c5]E Martin Antolines dixole commo non les podria el manleuar [P68]todo quanto el avia menester, [P85-87]mas que mandase fenchir dos arcas de arena e ˙çerrarlas [muy]˙ bien, e ^P93/[P89]que las leuaria de su parte a dos mercadores [P101]muy rricos [P90]que avia y en la çibdat, [a16]e que *[les diria que [P113]eran llenas de oro [c6]e de plata [a17]e de piedras preçiosas e que]*:

[P92]"les rrogades vos que vos *den* paños e dineros sobrellas [P121]fasta vn plazo çierto [P130]e vos (/f. 72v^b) que *les* daredes su auer e avn mas de ganançia. [P121]E si al plazo non les quitaredes las arcas, que las abran ellos e que se entreguen de su aver, [P119]e lo que fincare demas, que vos lo guarden fasta que enbiedes vos por ello. [c7]E esto les dire yo por mayor segurança."

[c8]El Çid quando aquello oyo, [P85]touo que era buen conseio [P86]e mando enchir las arcas de la arena [P96]e diolas a Martyn Antolines que las leuase *( )*. [P122-135]E Martyn Antolines puso entonçes con los mercadores [P135]quel diesen sobre aquellas arcas seisçientos marcos [P186]de oro [P184]e de plata [P152]para el Çid, [P182-202]e los mercadores dieronle el aver e el truxolo al Çid.

[P232-233]Otro dia salio el Çid de Burgos [P209]/[P233]e fuese para Sant Pedro [P209-210]/[P253] donde tenia la muger [P255]e las fiias. [P237]El abad del lugar que avia nonbre don Sancho [P243-247]rreçibiolo muy bien, [P262]e su muger doña Ximena e sus fiias [P265]besaronle las manos.

[P238]Otro dia [P248]fablo el Çid con el abad toda su fazienda [P255-256]/[P253]e dixole quel queria dexar la muger e las fiias en encomienda [P257]e quel rrogaua commo amigo que pensase bien dellas. P250/[P260]Despues dio a el e a los monges çinquenta marcos [a18]de plata P253-254e a doña Ximena e a sus fiias çiento [a19]de oro. [P258]E rrogo al abad que sy aquello les falleçiese [P259]que les diese el quanto oviesen menester, ca el gelo daria todo. [P261]E el dixo que lo faria muy de grado.

[Capítulo III]

[a1]Capitulo [c1].x. [a1]De commo el Çid se salio de la tierra [a2]e se fue para tierra de moros.

[P287]Quando supieron por Castilla [P288]quel rrey don Alfonso echaua al Çid de la tierra, [P294]vinieronse para el Çid alli a Sant Pedro [P291]çiento e quinze caualleros [P293]e Martin Antolines con ellos [c2]e avn otras conpañas de omnes, muchas de omnes a pie.

[P295]El Çid quando los vio, [P304]plogole mucho con. ellos [P297]e rreçibiolos muy bien [P314]e partio luego con ellos todo el aver que tenia. P323E desque (/f. 73rª) fue la noche, [P367-375]despidiose de su muger e de sus fiias [P391]e fuese su via. [a3]E andudo toda esa noche, [P393]e otro dia allego a Espinazo de Can. [P395]E alli estando, llegole otra conpaña muy grande [a4]de caualleros e de peones. [P396]Salio el Çid de alli [P401]e paso *( )* Duero a sobre Nava de Palos [P402]e fue yazer a la Figueruela.

[P404-405]E quando fue ya la noche e se echo el a dormir, [P406]vino a el en vision vno commo en figura de angel quel dixo asy:

[P407]"Ve, Çid, [a5]aosadas e non temas, [P409]ca sienpre te yra bien mientras biuas [a6]e seras rrico e bien andante e honrrado."

[P410[c3]El Çid quando desperto [P412]/[c4]ouo gran plazer de la vision que viera [P411[c5]e acomendose a Dios e rrogo le quel guiase bien su fazienda.

[P413]Otro dia salio da alli [P403]con su conpaña muy grande [P415]e fue posar a la sierra de Miedes, P397-398e yazial de siniestro (a7)Atiença P398que era entonçes de moros.

P416E antes que se pusiese el sol, P417mando el Çid fazer alarde a todos quantos yuan con el P419e fallo mas de trezientos caualleros (P418)e muchos omnes a pie. (P420)E dixoles:

(P421)"Amigos, vayamosnos luego P422/P420e pasemos de dia esta sierra P423e salgamos de la tierra del rrey, (P414)ca oy se cumple el dia del plazo. P424E despues quien nos quisier buscar, fallarnos ha."

[Capítulo IV]

(a1) Capitulo (c1).xi. (a1)De commo el Çid prendio el castillo de Castreion.

P425Caualgaron luego todos e pasaron aquella sierra ya de noche P426e al pie de la sierra P427avia vna montaña muy grande. P428E mandoles el Çid posar alli P433por tal que non fuesen descubiertos P428e mando a todos que diesen çeuada (P425)de dia P429ca queria el trasnochar. (P432)Despues mouieron de ally P434e andudieron toda la noche P435e quando fueron açerca de vn castillo que dizen Castreion que yaze sobre Fenares, P436echose el Çid alli en çelada.

P438E mando a Aluar Fañes P440que fuese con dozientos caualleros (/f. 73rb) P445correr toda la tierra P446bien fasta Guadalfaiara, e que llegasen las algaras a Alcala P447e que acogiese quanto fallasen, (a2)tan bien omnes commo ganados, P448e que lo non dexase por miedo de los moros.

P449"E yo fincare aqui," dixo el, "con estos çient caualleros P450çerca deste castillo de Castreion. P451E si yo menester vos fuere, P452enbiadme mandado (P453)ca yo vos acorrere."

P456Quando fue la mañana, (P477-479)fue Aluar Fañes correr toda aquella tierra asi commo le mandara el Çid. (P458)E los moros de Castreion, (a3)non sabiendo parte del Çid, P459abrieron las puertas del castillo e salieron P460a sus lauores (a4)asy commo solian. P464El Çid salio de la çelada e corrio todo el castillo aderredor P465e priso los moros e las moras P466e el ganado que fallo. P467E fuese luego derecha mente para la puerta del castillo. (a5)E el apellido e el rruydo seyendo muy grande en el castillo, acogeronse los moros que andauan fuera quando lo oyeron a la puerta; P469e con el grant miedo que ovieron, metieronse dentro e finco la puerta desamparada. P470E el Çid entro luego en pos dellos, P471su espada en la mano, P472matando en los moros que fallaua ante si, P473e tanto fizo y que gano el castillo e fallo y mucho oro e mucha plata (P478)/(P480-481)e otras muchas donas buenas. (a6)Tomolo todo.

(P477)En todo esto Aluar Fañes (P476)e los otros que con el fueran P477corrieran fasta Alcala, (P478)/(P480-481)e tomaron y grant pelea de moros e de moras e de ganados e de otras cosas muchas. P479Despues acogieronse Fenares arriba (P480-481)rrobando quanto fallauan; (P484-485)e llegaron al Çid alli a aquell castillo de Castreion que avia y el ganado.

^(P486)El Çid, quando supo que venia Aluar Fañes, ^{P486}dexo el castillo en guarda ^{P487}e saliole a rreçebir. ^(P488)E quando le vio tan bien venir, plugole mucho ^(P489)e dixole:

^{P489}"Aluar Fañes, ^(P491)tengo por bien que lo que yo he ganado aca, e lo que vos trahedes, que se ayunte todo en vno ^{P492}e que leuedesvos ende el quinto."

^{P493}Mucho agradesçio (/f. 73v^a) Aluar Fañes al Çid ^{P494}esto que le daua, ^(P503)mas non gelo quiso tomar ^(P505)porque cumpliese el Çid con ello ^(c2)a sus conpañas en aquello que les oviese a dar. ^(P493)E dixole asy:

^{(P498-499)(c3)}"Çid, fasta que vos yo non vea en canpo auer grant fazienda con moros ^(c4)e que lidie yo del mi cabo, ^(P500-501)faziendo mortandat grande en los moros. ^(P503)E que entendades vos que lo meresco, non vos quiero tomar nada."

^{(a7)(P507)}El Çid quando esto se vio, tan bien andante en su comienço, fue muy alegre ^(c5)e gradeçiolo a Dios. ^{P506}E mando luego ayuntar quanto el ganara en Castreion e todo lo al que Aluar Fañes traxiera de su caualgada. ^{P515}E tomo el ende su quinto ^{P510-512}e lo al partio a sus caualleros ^{P514}e a los peones ^(P511)por sus suertes derechas commo conuiene a cada vno. ^{P516}E el Çid non fallo alli a quien vender el su quinto, ^{P518}e enbio mandado a los moros de Hita e de Guadalfaiara ^{P519}que gelo viniesen a conprar. ^{P521}E ellos vinieron ^(c6)sobre tregua, ^{P521}e quando vieron el aver, apreçiaronle en tres mill marcos de plata. ^(P521-522)E dieronle por el estos tres mill marcos, ^{P523}e fue pagado de todo al tercero dia.

[Capítulo V]

^(a1)Capitulo ^(c1).xii. ^(a1)De commo dexo el Çid el castillo de Castreion e gano Alcoçer.

^{(P537)/(P540)}Otro dia salio el Çid ^(P531)de Castreion ^{P542}e fuese Fenares arriba ^(P531)ca non quiso fincar alli ^(P538)por non fazer pesar al rrey don Alfonso su señor. ^(P533)Pero non quiso dexar el castillo asi desanparado ^(P534)mas aforro çient moros con sus mugeres ^(P540-541)e dexolos de su mano en el castillo.

^{P544}El Çid con sus conpañas llegaron ^(c2)aquel dia que salieron de Castreion ^{P544}a las Cueuas de Anguita ^{P545}e pasaron luego el rrio, entraron el canpo de Taraçion ^{P547}e fueron albergar entre Ariza e Çetina. ^{P550-551}Otro dia pasaron Alfania ^{P552}e llegaron a Verca e dende Atiença, ^{P553}e fueron posar sobre Alcoçer ^{P554}en vn otero muy fuerte ^{P555}çerca del rrio *Salon* que les non pudiesen vedar el agua.

^{P557-558}Otro dia mando el Çid posar ^{P558}los vnos contra (/f. 73v^b) el rrio e los otros contra la sierra, ^{P561}e fizo fazer vna carcaua aderredor desy ^{P562}por guardarse de rrebato de dia e de noche.

^(P568)E pues quel Çid ouo fecha alli su bastida, caualgo ^(P569)e fue ver

sy podria prender Alcoçer.

[P570]E los moros de la villa con el miedo que ovieron del dixeronle quel pecharian quanto el quisiese [a2]e que los dexase en paz; [a2]el Çid non lo quiso fazer e acogiose a su bastida. [P572/(P571)]Quando esto supieron los de Calataut e de las otras villas aderredor, pesoles mucho con el, [P573]e duro alli el Çid quinze selmanas.

[P574]E quando vio que non podia aver el castillo, [P575]fizo enfinta que se yba [(P576)]e mando coger todas las tiendas sy non vna sola que dexo en esa bastida, e fizo cargar; [a3]e caualgaron todos [P577]e pensaron de andar a mas poder Salon ayuso, [(P578-579)]faziendo muestra commo que se yuan. [P580]Los moros, quando los vieron yr, começaronse de alabar [a4]commo fueran esfforçados e que se touieran bien. [(P581)]E dixeron que non leuaua el Çid vianda ninguna [P582]ni avn las tiendas pues que aquella dexaua alli. [(P584)]E ovieron su acuerdo de yr en pos del e del desbaratar [P585]antes quel prisiesen los de Ternel.

"Ca si lo ellos prenden," dixeron ellos, "non nos daran nada de la gançia. [(P586)]E sy lo nos desbarataremos, tornarnos ha las rriendas de que nos leuo dobladas."

[P587]E salieron a grant priesa [(P588)]e fueron en pos del. [P588]E desque se fueron alongando de la villa, cato el Çid en pos de sy; e quando los vio, [a5]plugole mucho, e por los alongar bien del castillo, [P588]fizo vn ademan que se yuan a mas poder. [P590]Los de Alcoçer, quando los asi vieron yr a grand priesa, dixeron:

"Vasenos la gançia que cuydaramos aver [a6]e andemos mas en guisa que los alcançemos."

[(P591)]E començaron todos a correr de pie e de cauallo. [P592]E tanto ovieron de grand sabor de yr en pos del Çid [P593]que dexaron las puertas del castillo (/**f. 74rᵃ**) abiertas. [P595]E el Çid quando vio que eran tan bien alongados del castillo, [(P596)]torno contra ellos. [(P599)]E lidiando todos debuelta, [P601]entro el Çid e Aluar Fañez [P603]entre ellos e el castillo [P605]e mataron ally mas de trezientos moros. [P607]El Çid e Aluar Fañez demientra que la otra caualleria lidiaua con los moros fueronse quanto mas pudieron para el castillo [a7]e entraronle luego.

[P611]E Pero Bermudes que traia la seña del Çid [(c3)]fuese luego quanto mas pudo para el castillo, [P611-612]e puso la seña en el mas alto lugar que y avia. [(P613)]E el Çid con el grand plazer que avia dixo:

[P614]"Amigos, graçias a Nuestro Señor Ihesu Christo [P615]que meioraremos las posadas."

[(c4)(P618-619)]Entonçes el Çid mando escodruñar toda la villa e fallaron y muchos moros e muchas moras que yazian ascondidas [(c5)(P621)]e mucho oro e mucha plata e otro aver muy grande.

[Capítulo VI]

[a1]Capitulo [c1].xiii. [a1]De la batalla que ouo el Çid en Alcoçer con el rrey Faris e con Galue.

P625-626Los moros de Teca e de Calataut e de Teruel, quando supieron quel Çid avia preso Alcoçer, [a2]pesoles mucho ca temian que les avernia eso mesmo que a ellos. P627E enbiaron luego sus mandaderos al rrey de Valençia [P632]que les viniese acorrer, [P628]ca supiese quel Çid Ruy Diaz de Biuar P629que lo avia echado el rrey don Alfonso su señor de la tierra; [P630-631]e que entrara por aquella su tierra e que avia preso el castillo de Alcoçer. P632-633E que sy el a esto non diese conseio, que contase que Teca e Teruel e Calataud que las avia perdidas, P634-635e avn amas las partes de rriberas de Salon.

P636Aquell rrey de Valençia avia nonbre Tamin, e pesandole muy de coraçon con estas nueuas, [P639]guiso de muy grand hueste de moros P637-638a dos rreyes de moros que eran y con el, P654(c2)que *avia[n]* nonbre Faris e Galue. [P639-640]/[P655]E dixoles que se fuesen para Alcoçer e que tomasen todas las gentes (/f. 74rᵇ) que y eran aderredor e las leuasen consigo [P641]e que punasen [P642]en aver derecho del Çid.

P653-654Fueronse aquellos dos rreyes P655para Alcoçer P647e enbiaron por todos los conçeios de las fronteras [P653]/[P657]e fizieronse muy grand hueste. [P655]/[P658]E començaron de guerrear al Çid e del conbatir cada dia P661e vedaronle el agua luego a pocos de dias P664e touieronle alli çercado de aquella guisa tres selmanas. P662E los del Çid querian salir a lidiar con ellos, P663mas vedauagelo el Çid. [P666]Pero quando vio que se yua prolongando aquella çerca, dixoles:

[P670]"Amigos, ¿que tenedes por bien que fagamos? P667Ya nos quitaron los moros el agua [c3]e sy otro conseio non tomamos, P667falleçernos ha el pan. [P673]E sy quisieremos lidiar con los moros, P669ellos son muy grandes poderes e nos pocos. P668Otrosy que nos queramos yr de noche a furto, non podremos [a3]ca nos tienen çercados de todas partes."

P671Aluar Fañes rrespondio entonçes e dixo contra los caualleros:

[a4]/[P670]"Amigos, ¿non querades fazer [c4]o que rrespondremos al Çid sobre esto que nos ha dicho? P672Nos somos salidos de Castilla [c5]asy commo sabedes. P673E sy con los moros non lidiaremos, [c6]non fallaremos quien nos quiera gouernar. P674Nos somos mas de seysçientos omnes de armas P675e pues en el nonbre de Nuestro Señor Ihesu Christo P676vayamos a los moros e lidiemos con ellos [c7]ca los vençeremos o grant ganançia faremos."

[P677]/[c8]El Çid gradesçio mucho este esffuerço que Aluar Fañes dio a la gente, e dixole:

[P677-678]"Aluar Fañes, fablastes commo yo queria P678e onrrastesuos en ello. [c9]E pues que asy es, P676/[P681]aguisemosnos oy commo cras salgamos a ellos."

^P682Otro dia por la mañana ^P693salio el Çid con todos los suyos del castillo e paro sus hazes, ^(P689)e Pero Bermudez mudaua la seña del Çid. ^(P691)E defendiole el Çid que non derrancase con ella fasta que gelo el mandase. ^(P697)Los moros estauan ya sus azes paradas. ^P696E tantos eran los rruydos que fazian con los atabores ^(P696)que se non podian oyr los omnes. ^P698E avia y dos *[señas cabdales de los dos]* rreyes moros (/f. 74vª) ^P699e de pendones de otros pueblos tantos que non avian cuenta.

^P704Pero Bermudes ^(P689)que tenia la seña, ^(c10)quando vio el grant poder de los moros, ^P704non gelo pudo sofrir el coraçon, ^(P706)e dixo contra el Çid:

^P706"Dios ayude oy a la vuestra lealtad, ^(P710)ca yo non puedo aqui ya mas estar."

^P711E aguiio el cauallo e fue meter la seña en la mayor espesura que vio de los moros. ^(P712)Los moros çercaronle alli ^P713e començaron a dar grandes golpes en ^(c11)el de las lanças ^P712por leuarle la seña del, ^P713mas commo traya buenas armas non le pudieron nunca enpeçer.

^(P719-720)El Çid entonçes mando a sus conpañas que le acorriesen, ^P721(c13)e fue el Çid por su cuerpo ^P722con todos los suyos a ferir en las azes de los moros. ^(P724-729)E tan grande fue la mortandat que en ellos fizieron ^P732que mataron mas de mill e trezientos dellos. ^(a5)Los cabdillos de los christianos *[que acabdellauan las otras conpañas]* fueron estos: ^P734/(a6)Ruy Dias, el Çid Canpeador; ^P735Miñaya Aluar Fañes que touo Çorita; ^P736Martin Antolines de Burgos; ^P737Muño Gustios, criado del Çid; ^P738Martin Muñoz que ouo Monte Mayor; ^P739Aluar Aluares; Aluar Saluadores; ^P740Guillen Garçia, vn buen ^(a7)cauallero ^P740de Aragon; ^P741Felis Muñoz, sobrino del Çid. ^(P742)Estos e todos los otros lidiaron tan bien ^(c12)que moro ninguno non se les osaua parar delante.

^(P745)E andando todos bueltos en la priesa, ^P744mataron los moros el cauallo a Aluar Fañes. ^(P748)El Çid quando lo vio, fuele acorrer ^(P749-751)e mato y desa yda vn moro alguazil, ^P752e tomole el cauallo e diolo a Aluar Fañes, ^(P753)e dixole:

^P753"Caualgad, Aluar Fañes, ca vos sodes el mi diestro braço, ^(P754)e sy Dios quisiere, asi se mostrara en esta batalla, ^P755ca firmes veo avn estar los moros e non vos quieren dexar el canpo ^(a8)onde ha menester que los cometamos de cabo. ^(a9)E si de la primera los cometieremos de rrezio, non sea menos desta vez."

[Capítulo VII]

^(a1)Capitulo ^(c1).xiiii. (/f. 74vᵇ) ^(a1)De commo el Çid vençio al rrey Faris e al rrey Galue.

^P756Despues que caualgo Aluar Fañes, ^(P757)fueron ferir en los moros; ^(a2)(P758)e porque los moros estauan ya mal escarmentados de la otra vegada, non se atreuieron a lidiar con los christianos [c2]nin de los atender avn, [a2]/[P758]e fueronse vençiendo.

[a3]E los christianos yendolos ya leuando [c3]e sacando del canpo, [P759-760]el Çid *vio* al rrey Faris, [a4]e dexose yr para el [c4]a mas poder del cauallo [P760-762]e diole vn golpe con la espada tan grande que a pocas le oviera muerto. [P760]El moro, [a5]quando se sentio mal ferido, [P763]non quiso y mas atender [P763]e boluio la rrienda al cauallo e fuxo del canpo. [P771]Las otras conpañas de los moros, [P773]quando vieron asi fuyr al rrey Faris, [P771]desanpararon el canpo e fuyeron.

[P765]Martin Antolines fallose con el otro rrey moro que dezian Galue e diole tan grand golpe con la espada [P766]por somo del yelmo que todas las armas le falso [P767]e llegole fasta la carrne. [P774-775]/[c5]Galue quando se vio tan mal ferido, penso de fuyr con todas sus conpañas [P770]e dexaron el canpo a los christianos. [P773]El rrey Faris fuxo *para* Taruel [P774]e Galue [P775]*para* Calatayud. [P776]E el Çid [P778]e Aluar Fañes [P772]con sus conpañas [P776]fueron en pos ellos en alcançe [P777]bien fasta las puertas de cada vna de las villas, [P779]/[P785]matando e faziendo grand astragamiento en ellos.

[P787]Despues tornaronse el Çid e sus conpañas [P777]al lugar donde fuera la batalla [P794-795]e cogieron el canpo e fallaron y en el canpo muy grand auer ademas. [P796]E de los *cauallos* de los moros que fincauan que andauan esparzidos quando los allegaron, fallaron y quinientos e diez; [P798]e de los suyos non fallaron mas de quinze *cauallos* menos. [P800]E pues que ovieron cogido el canpo, [P801]fueronse para su castillo [a6]de Alcoçer.

[P802]/[P804]Despues (/f. 75rª) mando el Çid partir la ganançia que ganaran e cayo a cada vno muy grand algo en su parte. [P805]E al Çid cayeron en el su quinto çiento cauallos. [P806/P809]E fueron todas las conpañas muy pagados [P804]/[P808]por que tan bien les fuera partidos e dado su derecho a cada vno en la su guisa.

[P801-802]Despues desto, mando el Çid que los moros naturales de ally de aquel castillo que los acogesen dentro [a8]para seruidunbre dellos, [a7]ca ellos mandara echar fuera del castillo quando yuan a lidiar. [P802]E avn sobre esto fizoles el algo de aquello que ganara de los otros moros.

[P810]Despues llamo el Çid a Aluar Fañes, e dixole:

[P810]"Miñaya Aluar Fañes, [P811-812]todo algo que vos omne fiziese, mereçedeslo vos muy bien, e quiero que me tomedes vos desta mi quinto lo que vos ovierdes menester. [P815]E despues, porque vos sabedes commo me echo de la tierra mi señor el rrey don Alfonso, [a9]querria, sy pudiese, trabaiarme de ganar la su graçia. [P816]E por ende quiero que escogades treynta cauallos muy buenos [P814]destos que cayeron a mi suerte [P816]e que me los leuedes [P817]ensillados e enfrenados [P818]con sendas espadas a los arçones [a10]a mi señor [P815]el rrey don Alfonso, [P813]e que gelos presentedes por mi. [a11]E en quanto vos pudierdes, ganadme la su graçia e el su amor. P820E leuad tanto de oro e de plata P822porque me fagades cantar mill misas en Santa Maria de Burgos. P823E lo que fincare demas, darlo hedes a mi muger e a mis fiias. P824E dezirle hedes que rrueguen a Dios por nos P831e que nos va muy bien, merçed a Dios.

[P829]"Otrosi vos digo, Aluar Fañes, P835que esta tierra es muy angosta e non podremos en ella fincar P834e nos por armas avremos a guarir. [P832-833]E sy por ventura non nos fallardes aqui P832(c7)quando tornaredes, P833yduos para nos dondequier que supierdes que somos." [P826]/[P819]E Aluar Fañes dixo que asy lo faria. [a12)(P827)/(P836]Despues guiso sus cosas que avia de leuar e despidiose (/**f. 75r**ᵇ) del Çid [P829]/[P835]e fuese para Castilla.

[Capítulo VIII]

[a1]Capitulo [c1].xv. [a1]De commo el Çid se fue de Alcoçer e puso sobre Monte Real.

[P837]E el Çid finco en aquel castillo con sus conpañas. [P840]E los moros de las fronteras aderredor [P839]metian mientes cada dia que faria el P841e ouieron su acuerdo con el rrey Faris, ca ya era sano, P839en commo se guardasen del Çid. [P846]El Çid [a2]aviendo sabor *[de salir]* de alli para yr buscar [c2]meior lugar e [a2]mayor conseio, P845enpeño este castillo de Alcoçer a los moros dese mesmo lugar por tres mill marcos de plata. [c3)/(P847-848]Despues, quito todas sus conpañas con aquel aver e mandoles que se guisasen bien. [c4)/(P847-848]Ellos touieronse por muy pagados e mucho amados del porque tan granadamente le fazia algo. [P850]E dixeronle la palabra del prouerbio que P850"quien buen señor sirue, ese biue en buena andança."

P851Despues, quando se ouo de yr el Çid, P852començaronse a quexar mucho los moros que y morauan [P854]porque les fazia el mucho bien e mucha merçed P853e rogauan a Dios quel guiase e la su buena andança que sienpre fuese adelante. P855Pero antes que se dende fuese, quito el castillo e dexole en rrecabdo. P857/(P855]Desy saliose de Alcoçer e fuese P858e paso el *rio* Salon. [P859]E dizen que a saliente de rrio que ouo buenos agueros [a3]e señales de buena andança. P863El Çid, pues que llego a vn *poyo* que es sobre Monte Rial, finco y sus tiendas. P864E aquel lugar es tan alto e tan fuerte P865que se non temia alli el Çid de guerra de ninguna parte. [P867]E de aquel lugar fizo el mucho mal *[a]* Medina P868e a Taruel [P866]e a las otras villas que eran aderredor fasta quel ovieron pechar, P869e metiose so su poder a Çelfa la del Canal.

[a4]Mas agora dexaremos de fablar del Çid e diremos de Aluar Fañes.

[Capítulo IX]

[a1]Capitulo [c1].xvi. [a1]De commo Aluar Fañes fue al rrey don Alfonso. [P871]Quando Aluar Fañes llego desta ves al rrey don Alfonso, P872presentole luego (/f. 75vª) aquellos treynta cauallos [a2]quel Çid le enbiaua. P873El rrey don Alfonso quando los vio [a3]con sus espadas a los arzones P873con el plazer que ende ouo, començo de sonrreirse. [a4]E antes que Aluar Fañes le dixese ninguna cosa, [P874]preguntole el rrey:

P874"Miñaya, estos cauallos, ¿quien me los enbia?"

[P875]Aluar Fañes le dixo:

P875"Señor, sepades quel Çid el Canpeador, [a5][P629]/[P1325]pues que le vos echastes de la tierra [a6][P630-631]que gano de moros el castillo de Alcoçer. [a7][P627]E teniendole el, supolo el rrey de Valençia, [a8][P637-638]e enbio y sus poderes con dos rreyes moros contra el, [a9][P655]e çercaronle ally [a10]P661e tollieronle al agua asy que lo non podiamos ya sofrir. [a11][P685]El Çid touo por bien de salir a ellos; [a12][P687-688]o morir o beuir antes por buenos, lidiando con ellos, que por malos, yaziendo ençerrados. [a13][P693-785]E salimos e lidiamos con ellos en canpo, P876vençiolos el Çid [P760-767]e fueron P876y mal feridos amos los rreyes moros; [a14][P785]e murieron e fueron y presos muchos de los otros. P877E fue muy grande la ganançia que y fezimos de los despoios que dellos leuamos. [a15][P805]E de los cauallos que cayeron ally al Çid en el su quinto, P878enbia ende a bos, señor, [P816]estos treynta [P818]con sus espadas [P878]commo a su señor natural, [P880]cuya graçia querria el mas que otra cosa. [P879]E, señor, mandome que vos besase los pies e las manos por el, e yo, señor, fagolo [P880]e pidouos por mesura que lo perdonedes, que aya el la vuestra graçia."

P881Diz el rrey:

[P881]"Myñaya, mucho es ayna P882de omne ayrado e echado de la tierra e syn la graçia de su señor P883de acogerle a tres selmanas. [a16]E esto non perteneçe a rrey, ca ningunt señor non se deue ensañar por tan poco tienpo sy non sy viere que le cunple mucho. [P884]Pero porque los cauallos son de ganançia quel fizo de moros, tomarlos he por ende P885e plazeme mucho por esta caualgada que fizo el Çid e por la batalla que vençio. P886Mas a vos, Miñaya, perdono yo P887e otorgouos la tierra que teniades que la ayades, P888e douos mi graçia, que vayades (/f. 75vᵇ) donde quisierdes, e douos mi graçia que vengades cada que quisierdes. P889Mas *[d]el* Çid non vos digo agora nada, [a17][P890]sy non que le fago esta graçia a el e a vos; P891que todos los omnes de my rreyno, [P891]que son para armas; P892e sy quisieren yr para el Çid, P893que vayan sueltos e benditos, e franqueolos los cuerpos e las aheredades e los averes."

P894E besole entonçes Aluar Fañes las manos e dixole asy:

P895/[a18]"Señor, deuos Dios vida por muchos años e buenos, e graçias muchas por lo que vos dezides; P896ca pues questa merçed nos fazedes agora, [a19]sy Dios quisiere, P896mas e meior nos la faredes adelante, e sy Dios quisiere nos guisaremos por do la ayamos."

[a20]En este [c2]quarto [a20]año que es desuso dicho, [HAr1]murio Albet] [HR1Almucamis, rey de Seuilla,] [HAr2e rreyno enpos del su fiio Abenabet] [(HR1)en Seuilla] [HAr3e en Cordoua] [HAr4veynte años.] [HAr5Este fue señor de toda el Andaluzia e mantouo muy bien su tierra fasta el tienpo que pasaron aquen mar los almorauides quel tomaron el señorio.]

[a21]Mas agora dexaremos aqui de fablar desto e de Aluar Fañes (P899)e diremos del Çid Ruy Dias.

[Capítulo X]

[c1]Capitulo.xvii. De commo el Çid corrio a Çaragoça e le dieron los moros parias.

[a1]En el quinto año del rreynado del rrey don Alfonso, [a2]que fue en la era de mill e çiento e çinco años, [a3]quando andaua el año de la encarrnaçion en mill e sesenta e siete, [a4]e el del inperio de Enrrique en [c2]diez e nueue.

P900En aquel poyo [c3]que deximos que es sobre Monte Real, P900mantouo el Çid posada P907quinze selmanas. P902E de ally adelante llamaron a aquell lugar fasta *[el dia de oy el Poyo de Mio Çid. (P903)E de aquel lugar]* fizo el muchas buenas caualgadas de grandes ganançias, e apremio e quebranto muchas tierras, P904e gano rribera de rrio Martin e touola toda por suya. P905Estas nueuas de aquellos sus grandes fechos llegaron (/f. 76rª) a Çaragoça P906e pesoles mucho con ellas a todos los moros.

P908El Çid quando vio que Aluar Fañes tanto tardaua, [a5]pesauale mucho de estar en aquell lugar tanto e de non yr a otra parte. P910E dexo el Poyo desanparado P909e fizo vna trasnochada P911e paso *Teruel* P912e fue posar al pinar de Touar. P914E corrio Çaragoça e fizoles tanto de mal, que por fuerça le ovieron a pechar e darle parias. [HR1E despues a pocos de dias, puso el Çid su amor muy grande con] [HAr1Almondafar,] [HR1rrey de Çaragoça, e el rrey rresçibiole en la villa mucho honrrada mente e fizole mucha honrra.]

P915Despues desto, a cabo de pocos dias, P916llego de Castilla Miñaya Aluar Fañes (P917)con dozientos caualleros de linaie (P918)e con escuderos a pie e de otros omnes tan grandes conpañas que eran ademas. P919El Çid, quando supo que venia, (P920)saliole a rreçebir. (P922)E Aluar Fañes començole luego a contar todas las nueuas de commo le fuera con el rrey don Alfonso e de lo quel dixera. (P923)El Çid, [a6]quando oyo de parte del rrey aquellas nueuas tan buenas, P923plugole mucho con ellas [c4]e sospiro P923e sonrriose con el grand plazer que ende ouo P924-925e gradesçio mucho a Miñaya [a7]porque fuera tan buen mandadero.

[Capítulo XI]

[a1]Capitulo [c1].xviii. [a1]De commo el Çid corrio tierras d'Alcamis e lidio conde don Remondo e lo prendio.

[a2]Andados seis años del rreynado del rrey don Alfonso [a3]que fue en la era de mill e seys años [a4]quando andaua el año de la encarnaçion en mill [c2]e sesenta e ocho, [a5]e el del imperio de Enrrique en veynte.

[HR1]El Çid estando en Çaragoça, avino asy que enfermo muy mal[[HAr1]Almondafar,[[HR1]el rrey dese lugar, e murio.[[(HR2)]E dexo dos fiios, al vno dixeron[[HAr2]Çulema[[HR2]e al otro[[HAr3]Benalhange.[[HR3]E partieron el rreyno ansy (/f. 76rᵇ) que *(|*[[HAr2]Çulema[[HR3]ovo el rreyno de Çaragoça e[[HAr3]Benalhange[[HR3]el de Denia.[[HAr2]Çuleman,[[HR3]rrey de Çaragoça, amo mucho al Çid; metiole todo el rreyno en poder e que fiziese todo lo quel mandase.[[HR4]Despues començose grand enemistad entre[[HAr2]Çuleman[[HAr3]e Benalhange,[[c3]amos hermanos, [HR4]e guerrearonse el vno al otro.[[HR5]E el rrey don[[DRH1]Pedro[[HR5]de Aragon e el conde Remonte Verenguel de Barçelona ayudauan a[[HAr3]Benalhange,[[(HR4)/(HR6)]e desamauan mucho al Çid[[HR7]porque se atenia a[[HAr2]Çulema[[HR7]e le guardaua la tierra.[

P917En todo esto tomo el Çid dozientos caualleros de sus conpañas, todos escogidos a mano, [P909]e trasnocho con ellos. P936E fue correr tierras de Alcamis, e [P938]duro alla tres dias [P937/(P944)]e truxo muy grand prea.

[P939]E sono aquella caualgada mucho por tierra de moros, P940e peso ende a los de Monçon e de Vesca. P943El Çid tornose luego P941para Çaragoça. [a6/(P944)]E partio su caualgada con todos los suyos e dio a cada vno su derecho. [P947]Despues dixoles:

"Amigos, [a7]bien sabedes que todos los omnes que por armas han de guarir, asi commo nos, P948que sy en vn lugar quiere sienpre morar, que non puede estar que non menoscabe mucho y. P949E por ende guisaduos todos para cras mañana P950e saldremos de aqui e yremos buscar otras posadas."

P951Otro dia salieron de alli e fueronse e asentaronse en vn lugar que dizen el puerto de Alocat. P952E de alli corrio el Çid Uesca e Mont Aluan P953e duro alla diez dias.

P956-957E llego el mandado desto quel Çid fazia [P957/(P975)]a don Remon Berenguel, conde de Barçilona, [HR3]e a[[HAr3]Venalhange,[[HR3]rrey de Denia.[[P959]El conde, quando lo oyo, pesole mucho de coraçon [a8]porque tenia el aquellas tierras de los moros en guarda. [P959/(c4)]E con la grand saña que ouo contra el Çid, [P960]dixo sus palabras grandes en esta guisa:

P961"Grandes tuertos me tiene el Çid de Biuar. P962-963Firiome ya mi sobrino dentro en mi corte e nunca me lo despues emendo; (/f. 76vᵃ) P964agora correme las tierras que yo tenia en mi guarda P965e yo non le desafie nunca nin le torne amistad. P966Mas quando me lo el busca tantas vezes, yo no puedo estar que gelo non demande."

(P967)/[(HR5)]El conde e[[HAr3Venalhange] P967ayuntaron entonçes grandes poderes P968de christianos e de moros. P969Fueron en pos el Çid P971e alcançaronle en Touar de Pinar; P972e asy yuan esfforçados contra el quel cuydaron tomar a manos. P973El Çid traya entonçes muy grand priesa P974e decendia de vna sierra e llegaua yuso a vn valle. P975/[(HR5)]E llegol ally mandado commo el conde don Remonte e[[HAr3Venalhange] P975/[(HR5)]venian en pos del[(a9)por le tomar lo que leuaua, e matar a el o prenderlo. P976El Çid quando lo oyo, enbio luego dezir P977al conde que non touiese el por mal de fazer aquello quel fazia; e demas, P978que non leuaua nada de lo suyo, e quel dexase yr en paz. P979El conde enbiole a dezir que aquello non seria; P980mas quel pecharia agora lo que le fiziera antes e lo de agora, P981e asy entenderia a quien fazia desonrra. P982El mandadero tornose apriesa con este mandado al Çid.

(P983)El Çid, quando vio P984que menos de lid non se podria librar, (P985)dixo a sus conpañas:

P985"Fazed aparte la presa que traemos P986e armaduos quanto pudierdes, P987ca vienen alli el conde don Remondo [HR5e el rrey] [HAr3Venalhage] P988con grandes gentes de christianos e de moros. P988-989E bien cuydo que nos quieren tomar lo que leuamos, P984/P989e menos de batalla non se querran partir de nos. P990E sy nos de aqui fueremos, tras nos yran fasta que nos alcançen; e pues que de su enxenco non nos podemos partir, meior sera (P990)que lo ayamos aqui con ellos (c5)que yr fuyendo. (a10)E bien fio en Dios que P995çient caualleros de nos que vençeran a todos ellos. P996E antes que ellos lleguen al llano, P997firamos en ellos; e por algunos que derribemos, desmayaran los otros e fuyran."

(P1000)El Çid diziendo esto, P1002vieron venir la cuesta ayuso los poderes de los françeses. P1004El Çid, quando los vio, mando a los suyos (/f. 74vᵇ) que los fuesen ferir (a11)derecha mente. P1005E ellos fizieronlo ansy e firieron muy de grado P1006e enplearon sus lanças e sus espadas muy bien P1007derribando los vnos e matando los otros. P1008E vençio el Çid aquell torneo P1009e priso al conde P1010e gano y la espada que dezia Colada.

[HR8(c6)]El rrey] [HAr3Venalhange] [HR8(c6)fuxo con aquellos que pudieron escapar,] P1012e el Çid leuo al conde preso para su tierra P1013e mandole guardar muy (P1016)/(P1031)bien e partio luego la ganançia que avia fecha con todos los suyos.

[Capítulo XII]

(a1)Capitulo (c1).xix. (a1)De commo el Çid solto al conde don Remondo de la prision e lo enbio para su tierra.

(P1017)Despues desto, mando fazer de comer muy bien (a2)por fazer al conde plazer, P1018mas el conde non lo preçio nada, P1020nin quiso comer ninguna cossa ^{P1019}maguer que gelo trayan delante. ^(a3)E quando lo aquexaron mucho que comiese, ^{P1021}dixo que por quanto avia en España que non comiera vn bocado ^{P1022}antes prenderia muerte.

^{P1024}El Çid, quando supo que non queria comer, fuele ver ^(a4)e commo era omne mesurado, ^{P1024}dixole asy:

^{P1025}"Comed, conde, e beuet. ^(a5)Que esto en que vos agora veedes, por varones pasa; ^(a6)e non vos dexedes morir por esto, que avn podredes cobrar e endereçar vuestra fazienda. ^{P1026}E sy fizierdes commo vos yo digo, saldredes ayna de la prision; ^{P1027}e sy lo non fizierdes, en todos vuestros dias non saldredes ende nin tornaredes a vuestra tierra."

^{P1028}El conde le dixo:

"Don Rodrigo, comed vos, ^(a7)que sodes omne de buena ventura e lo mereçedes; ^(P1028)e folgad en paz e en salud, ^{P1029}ca yo non comere, mas dexarme morir."

^{P1030}Tres dias contendieron con el rrogandole ^{(P1019)/(P1025)/(P1032)}asy el Çid commo los suyos que comiese, ^{P1032}e non pudieron con el. ^{P1033}El Çid quando esto vio ^(a8)con el grand duelo que ouo del, ^{P1033}dixole:

"Conde, bien vos digo, que sy non comedes algunt poco, que nunca tornaredes a la tierra onde (/f. 77r^a) venistes. ^{P1034}E si comierdes porque podades beuir, ^{P1035}daruos he y dos caualleros de los vuestros destos ^(a9)que aqui tengo presos que vos guarden ^{P1035}e quitaruos he a vos e a ellos los cuerpos e daruos he de mano ^(a10)que vos vayades."

^{P1036}Quando esto oyo el conde, fuese ya que mas alegrando e dixo al Çid:

^{P1037}"Don Rodrigo, sy vos fiziesedes esto que vos avedes dicho, ^{P1038}yo me marauillaria dello en quantos dias biuiese."

^(P1039)El Çid le dixo:

^{P1039}"Pues, comet agora que lo vea yo, ^(P1040)e luego vos soltare e vos enbiare. ^(a11)Pero digouos que de ^(P1041)quanto vos tome ^{P1042}que vos non dare ende nada, ^(a12)ca non es fuero nin costunbre sy non lo quisiere fazer por mesura aquel que lo gana. ^{P1044}Demas helo yo menester para estos ^{P1045}que lo han lazrado comigo; ^{P1046}ca tomando de vos e de los otros yremosnos guareçiendo, ^{P1047}ca esta vida avremos a fazer fasta que Dios quiera, ^{P1048}asy commo omnes que son echados de su tierra e han yra de su señor."

^{P1049}El conde ouo grand plazer de aquello quel Çid dezia, ^(a13)quel non daria nada de lo quel tomara; ^{P1049}e demando agua para las manos ^{P1051-1052}e comio con aquellos dos caualleros quel Çid le dio. ^(P1060)Despues que ovieron comido, dixo el conde al Çid:

^{P1060-1061}"Don Rodrigo, mandadnos dar las bestias, sy uos plugiere e yrnos emos."

^(P1065)El Çid dioles entonçes muy bien de bestir ^{P1067}e fue con ellos

fasta el primero *albergue*. ⁽ᴾ¹⁰⁶⁸⁾Dispidiendose el Çid del conde, dixole asy:

ᴾ¹⁰⁶⁸"Yduos, conde, a guisa de muy franco ᴾ¹⁰⁶⁹e gradescouos yo mucho quanto me dexades. ᴾ¹⁰⁷⁰Pero sy vos viniere ⁽ᶜ²⁾a coraçon de vos vengar de my, ⁽ᴾ¹⁰⁷²⁾fazedmelo antes saber. ᴾ¹⁰⁷¹E sy y vinierdes, ᴾ¹⁰⁷²o me dexaredes ᴾ¹⁰⁷³de lo vuestro o leuaredes algo de lo mio."

⁽ᴾ¹⁰⁷⁴⁾El conde le dixo:

ᴾ¹⁰⁷⁴"Çid, vos en vuestro saluo estades ᴾ¹⁰⁷⁵e yo pagadouos he por este año ᴾ¹⁰⁷⁶e non tengo en coraçon de vos venir buscar tan ayna."

ᴾ¹⁰⁸²Fuese el conde, e tornose el Çid ᴾ¹⁰⁸³para (/**f. 77rᵇ**) sus conpañas, ⁽ᴾ¹⁰⁹³⁻¹⁰⁹⁵⁾gradesçiendo mucho a Dios la merçed que le fazia en todos sus fechos. ⌉ᴴᴿ¹Desy tornose el Çid para Çaragoça.⌉

[Capítulo XIII]

⁽ᵃ¹⁾Capitulo ⁽ᶜ¹⁾.xx. ⁽ᵃ¹⁾De commo el Çid desbarato los caualleros del rrey don Pedro de Aragon e gano tierras de Burriana.

⁽ᵃ²⁾En el seteno año del rreynado del rrey don Alfonso ⁽ᵃ³⁾que fue en la era de mill e çiento e siete años.

⌉ᴴᴿ¹El Çid estando en Çaragoça guiso su hueste muy grande por yr sobre Monçon⌉ ⁽ᴾ¹⁰⁹⁰⁾*[a correr ᴾ¹⁰⁹²tierra]* de Çerica e de Onda e de Almenar. ⌉ᴴᴿ²El rrey don⌉ ⌉ᴰᴿᴴ¹Pedro⌉ ⌉ᴴᴿ²de Aragon luego que lo supo, dixo que non lo osaria fazer por ninguna guisa, pero allego muy grand hueste e fue contra el.⌉ ᴾ¹⁰⁸⁸El Çid salio de Çaragoça ⌉ᴴᴿ³e fue yazer ese dia açerca de la villa que dizen Piedra Alta.⌉

⌉ᴴᴿ⁴Otro dia entro en el castillo de Monçon veyendo el rrey don⌉ ⌉ᴰᴿᴴ¹Pedro⌉ ⌉ᴴᴿ⁴por pleitesia que ouo con los del castillo e commo quier quel rrey lo vio entrar, non oso yr a el.⌉ ⌉ᴴᴿ⁵Despues desto salio el Çid de Monçon e fuese a Tamarit e moro y pocos dias.⌉ ⌉ᴴᴿ⁶E salio el Çid solo vn dia non mas de con diez caualleros fuera de la villa e fallose con çiento e çinquinta caualleros del rrey don⌉ ⌉ᴰᴿᴴ¹Pedro.⌉ ⌉ᴴᴿ⁷⁽ᶜ²⁾E ouo su torneo con ellos e desbaratolos todos e priso siete dellos e los otros fuyeron.⌉ ⌉ᴴᴿ⁸Despues rrogaron aquellos caualleros presos al Çid que los soltasen e el fizolo asi ⁽ᶜ³⁾por su mesura⌉ ⌉ᴴᴿ⁹e dioles sus cauallos e fueronse.⌉

⁽ᴾ¹⁰⁸⁹⁻¹⁰⁹¹⁾Despues desto a pocos de dias salio el Çid de alli ᴾ¹⁰⁹⁰e fue desçendiendo contra la mar ⁽ᵃ⁴⁾de medio de la tierrra ⁽ᴾ¹⁰⁹⁰⁾por fazer y sus caualgadas e guerrear alla. ᴾ¹⁰⁹²E gano desa yda Onda ᴾ¹⁰⁹³e todas las tierras que dizen de *Burriana.*

⁽ᵃ⁵⁾E tanto eran grandes las conquistas del Çid e fechas ayna ⁽ᴾ¹⁰⁹⁷⁾que llegaron ayna las sus nueuas a Valençia e sonaron por toda la villa ⁽ᵃ⁶⁾e por todos sus arrauales aderredor. ᴾ¹⁰⁹⁷E fueron ende todos espantados e temieronse mucho del.

[(HR11)El Çid tornose entonçes a Tamarit (/f. 77vª) donde era el rrey de Çaragoça.]

....

(/f. 93rᵇ)
[Capítulo XIV]

(c1)Capitulo.lxi. De commo el Çid tomo a Monuiedro e vençio a los de Valençia.

[BA1Desy demando a Abeniahaf quel diese vna huerta que era çerca de Valençia que fuera de Abncabdalhazis para folgar e posar y.] [BA2Abniaf touo bien de gela dar, mas el Çid non quiso entrar en ella fasta que non le abrieron vna puerta de la parte que dizen el Quexigar, ca avia y vnos (/f. 93vª) lugares estrechos e vnas calles angostas e el Çid nos querie meter por ellas.] [BA3Despues quel Çid entro en la huerta, apoderose de todo el arraual que era enderredor della.]

(P1091)Desy acabo de pocas dias salio de ally (P1095)e fue çercar Monviedro [HRe tan de rrezio lo conbatio que lo prendio a pocos de dias.]

(P1097)Los de Valençia quando lo oyeron, temieronse mucho del Çid P1099e ovieron su acuerdo de lo yr a çercar P1100e trasnocharon e fueron con el a la mañana. (P1102)El Çid quando los vio, plugole mucho, P1107e enbio sus mandaderos P1108/(P1092)a Xerica e a Abdalcauf, P1109/(P1092)a Ondra, a Almenar, P1110/(P1092)e a tierra de Burriana que fuesen luego con el.

P1114Despues dixo (P1113)a sus conpañas:

(P1115)"Amigos, P1120sy nos queremos morar en esta tierra, P1121menester faze que escarmentemos (P1119)a los de Valençia (c2)en guisa que nunca osen venir despues a nos. P1122E por ende, cras de grand mañana, (P1123)sed todos guisados P1124e yrlos hemos a ver a sus tiendas."

P1127Aluar Fañes (c3)e todos los otros (P1127)le dixeron:

(P1128)"Çid, mucho nos plaze de lo que vos dezides P1128e faremos de buena voluntad quanto nos mandades."

P1135Otro dia mañana armaronse P1137e fueron ferir en los de Valençia P1138llamando "Dios ayuda e Santiago," (P1137-1142)e mataron y muchos dellos. P1151Los otros que escaparon desmanpararon el canpo e fuyeron. P1147-1148El Çid fue en pos ellos en alcançe bien fasta Valençia e mato y dos rreyes moros P1149e gano grandes averes dellos. P1152-1153Despues tornose para Monviedro con sus conpañas muy rrico e mucho onrrado.

(P1159)Despues desto salio el Çid de Monviedro P1160e fue a correr Çiguera e Xatiua P1161e tierra de Denia, (P1162)e fizo y a los moros muy grandes *daños*, e quebranto e rrobo quanto fallo. P1166Los de Valençia quando lo oyeron, ovieron ende muy grant pesar. (P1170)/(P1097)E tan grande fue el miedo que en ellos entro de aquell dia adelante, P1171que solamente non osauan salir fuera de la villa. (/f. 93vᵇ)

....

[Capítulo XV]
⁽ᶜ¹⁾Capitulo.lxii. De commo el Çid çerco a Valençia.

[ᴮᴬ¹Los moros que morauan entonçes con el Çid estauan entre seguros e themerosos.|[ᴮᴬ²El Çid quando supo que los almorauides non venian, tornose a su posada a la huerta e mando rrobar los arrauales que estauan aderredor de la villa,| (/f. 94rᵃ) [ᴮᴬ³e los moros metieronse en la çibdat.|

[ᴮᴬ⁴El Çid allegandose entonçes mas a la villa e conbatiela cada dia; e los moros salien e lidiauan con el a man teniente e dauanse grandes feridas con las espadas.| [ᴮᴬ⁵Ellos estando en esto, llego mandado a los de Valençia del rrey de los almorauides que estudiesen fuertes e non diesen la villa, ca les vernien a ayudar mucho ayna.|

[(ᴴᴿ¹)E enbio dezir al Çid que se partiese de Valençia e sy non quel vernie sobrel e non se le defenderie.| [(ᴴᴿ²)El Çid enbiole entonçes esta rrespuesta: que supiese que sy y viniese, quel fallarie delante e que bien cuydaua que non osarie y venir.

El Çid dio entonçes plazo a los de Valençia fasta el mes de agosto: que sy non viniese el rrey de los almorauides fasta aquell tienpo, que diesen a el la villa.| [ᴴᴿ³A los de Valençia plugo mucho con esta postura.|

[ᴴᴿ⁴/(P1162-1163)Ruy Diaz Çid salio entonçes de ally e fue a Peña Cadilla e corrio toda la tierra aderredor e rrobola e catiuo muchos moros e basteçio los castillos.| [ᴴᴿ⁵Despues fue a correr tierra de Albarrazin por quel mintieran el rrey de ally| [ᴴᴿ⁶con el castillo de Boria quel avian a dar.||[ᴴᴿ⁷/(P1150)E destruyo quanto fallo e basteçio el castillo de Çebolla.|

[(ᶜ²)/ᴴᴿ⁸Despues desto, quando llego el tienpo del plazo quel Çid diera a los de Valençia ⁽ᴾ¹¹⁸³⁾e non vino el rrey de los almorauides a acorrerlos ᴾ¹¹⁸²porque avia guerra con el señor de los Montes Claros, ⁽ᴾ¹¹⁸⁵⁾allegoseles mas a la çibdat. ᴾ¹¹⁸⁷E mando pregonar por todo Aragon e de Nauarra ᴾ¹¹⁸⁸e Castilla ᴾ¹¹⁸⁹que todos los que quisiesen salir de cuyta e venir a grand rriqueza ᴾ¹¹⁹⁰que se viniesen para el. ⁽ᴾ¹¹⁹⁸⁻¹¹⁹⁹⁾Las gentes, quando aquello oyeron, vinieronse para el muy grandes conpañas de caualleros e de peones.

ᴾ¹²⁰¹El Çid, quando vio que tenie gente asaz, ᴾ¹²⁰³⁻¹²⁰⁴çerco la villa toda aderredor e conbatiola (/f. 94rᵇ) cada dia. [ᴮᴬ⁶En todo esto era ya la carestia muy grande en Valençia.|

....

[Capítulo XVI]
(/f. 94vᵇ)
⁽ᶜ¹⁾Capitulo.lxv. De commo el Çid tomo a Valençia e a Abeniah por el

auer que ouiera de Alcadir.

.... (/f. 95rᵃ)

P1209Esto todo que aqui avemos dicho fue a nueue meses; P1210e entrante el dezeno, entregaronle la villa (c2)e asy commo auemos dicho.

[Capítulo XVII]

(c1)Capitulo.lxvi. De commo el Çid lidio con el rrey de Seuilla e fizo obispo en Valençia e enbio Aluar Fañes a Castilla al rrey don Alfonso.

P1222Quando el rrey de Seuilla supo P1223quel Çid avia presa a Valençia, (P1224)allego muy grant hueste e vino sobrel P1224e fueron por cuenta treynta mill omnes de armas. P1225-1226El Çid, quando los vio, salio a ellos e ouo con ellos su batalla e vençiolos e mato muchos dellos. [HR1]E los que ende escaparon, fuyeron.] P1227E fue el Çid en pos dellos en alcançe bien fasta Xatiua, P1228e pasando por Xucar, (P1227-1230)ouo y con ellos vn torneo e murieron y muchos. P1230E fuyo el rrey de Seuilla con tres golpes. (P1231)Despues quel Çid los ouo desbaratados, tornose para Valençia rrico (P1231)/(HR1)e honrrado de grand auer que gano de los moros. P1235Las nueuas del Çid eran ya sabidas alueñe e açerca.

P1238En todo esto yua ya cresçiendo mucho la barua al Çid e alongandosele el cabello, (P1239)ca el Çid auia iurado P1241que nunca rraerse la barua nin taiase della nada P1240por quel rrey don Alfonso lo avia echado de la tierra [(HR2)syn cosa quel meresçiese.] P1245-1246El Çid heredo entonçes en Valençia muy bien a todos los suyos (P1250)e defendioles que se non partiesen del a menos de su mandado, (P1253)ca el que lo osase fazer (P1254)quel tomarie quanto ouiese e el cuerpo que estarie a su merçed.

P1263E fizolos ayuntar todos en vn lugar (/f. 95rᵇ), P1264e mandolos contar e fallaron y P1265tres mill (c2)e dozientos omnes de armas.

(P1266)El Çid dixo contra Aluar Fañes:

P1267"Graçias a Dios e a Santa Maria por que P1268con pocos salimos de Castilla, P1269muchos nos creçieron despues. P1270E por ende vos rruego, Aluar Fañes, (P1271)que me vayades P1272al rrey don Alfonso mi señor P1274e que le leuedes çient *cauallos* P1273destos que gane (P817-818)ensellados e enfrenados. P1275E que le besedes las manos por mi e le rroguedes P1276-1277que me dexe traher para aca a mi muger e a mis fiias."

P1282Aluar Fañes le dixo:

(c2)(P1282)"Çid, mucho me plaze e fare de buena mente lo que nos mandades."

(P1284)El Çid diole entonçes los cauallos P1285-1286e mill marcos de plata que diese al abad don Sancho de Sant Pedro.

(P1287)Ellos en esto estando P1288vino de partes de oriente (c3)vn omne mucho honrrado P1289que avia nonbre don Geronimo, P1288que era clerigo P1290e muy letrado e sabio (P1291)e mucho esfforçado en todo fecho,

⁽ᴾ¹²⁹²⁾porque oyera dezir del Çid mucho bien ᴾ¹²⁹³e porque avie muy grand sabor de se ver con moros en canpo ᴾ¹²⁹⁴e lidiar con ellos. ᴾ¹²⁹⁶El Çid quando supo la rrazon porque viniera, plugole mucho con el ᴾ¹²⁹⁹e fizole obispo de Valençia ᴾ¹³⁰⁰porquel semeio buen cristiano.

⁽ᴾ¹²⁹⁶⁻¹²⁹⁷⁾El Çid dixo entonçes a Aluar Fañes:

⁽ᴾ¹²⁹⁸⁾"Graçias a Dios, ᴾ¹³⁰¹agora podredes leuar buenos mandados a Castilla."

ᴾ¹³⁰⁷Esto fecho, dispidiose Aluar Fañes del Çid ᴾ¹³⁰⁹e fuese para Castilla.

[Capítulo XVIII]

⁽ᶜ¹⁾Capitulo.lxvii. De commo el rrey don Alfonso perdono al Çid e a todos los que con el eran.

⁽ᴾ¹³⁰⁹⁾Despues que Aluar Fañes llego a Castilla ⁽ᴾ¹³¹¹⁾e supo commo el rrey don Alfonso ᴾ¹³¹²era en Sant Fagunde ⁽ᴾ¹³⁶⁰⁾e fazie y sus cortes, ᴾ¹³¹³/ᴾ¹³¹⁵fuese para el. ⁽ᴾ¹³¹⁷⁾E luego que entro, ᴾ¹³¹⁸finco los finoios antel ᴾ¹³²⁰e besole la mano e dixole:

ᴾ¹³²¹"Señor, ᴾ¹³²²⁻¹³²³Ruy Dias Çid vos manda besar los pies e las manos commo a señor natural ᴾ¹³²⁴e rruegauos que le ayades merçed ⁽ᶜ²⁾⁽ᴾ¹³³⁸⁻¹³³⁹⁾e quel perdonedes (/f. 95vª) sy alguna querella auedes del, e lo rresçibades en vuestra tierra sy el y vinier, ᴾ¹³³⁹ca el vuestro vasallo es e a vos cata por señor. ⁽ᴾ¹³³⁴⁾Enbianos dezir el bien que Dios le fizo despues que salio de Castilla ᴾ¹³²⁷e este es el que gano: Xerica, Onda, ᴾ¹³²⁸Almenar, Monuiedro, ᴾ¹³²⁹Çebolla, ⁽ᴮᴬ¹⁾Iuballa,⌐ Castreion, ᴾ¹³³⁰Peña Cadilla, ⁽ᶜ³⁾Denia e ᴾ¹³³¹Valençia, e el *[es]* señor de todo e avn de otros lugares muchos. ᴾ¹³³²E fizo y obispo a vno ⁽ᴾ¹³⁰³⁾que ha nonbre don Iheronimo ᴾ¹³³³e vençio çinco lides canpales ᴾ¹³³⁴e gano muy grandes rriquezas, graçias a Dios. ᴾ¹³³⁵E por que creades que esto es verdat, ᴾ¹³³⁶enbiauos estos çient cauallos ⁽ᴾ¹²⁷¹⁻¹²⁷⁴⁾que y gano en seruiçio quel cayeron en el su quinto."

⁽ᴾ¹³⁴⁰⁻¹³⁴²⁾El rrey don Alfonso, quando lo oyo, plugole mucho e dixo ᴾ¹³⁴⁴quel querie tomar los cauallos quel enbiaua en presente.

ᴾ¹³⁴⁵El conde Garçia Ordoñes quando esto vio, pesole mucho ⁽ᴾ¹³⁴⁶⁾e dixo contra el rrey:

⁽ᴾ¹³⁴⁶⁻¹³⁴⁷⁾"Señor, por grant marauilla lo ternia yo sy asy es commo Aluar Fañes dize."

ᴾ¹³⁴⁸El rrey le dixo:

"Conde, calladuos, ᴾ¹³⁴⁹ca mucho me sirue meior que vos en todas guisas."

ᴾ¹³⁵⁰Aluar Fañes dixo al rrey:

ᴾ¹³⁵¹"Señor, el Çid vos enbia a pedir merçed ᴾ¹³⁵⁴quel dexedes leuar para Valençia ᴾ¹³⁵²a su muger doña Ximena e sus fiias amas."

ᴾ¹³⁵⁵El rrey dixole quel plazia de coraçon ᴾ¹³⁵⁶e que les darie todas las cosas que ouiesen menester ^(P1357)e quien las leuase fasta el Çid bien e honrradamente; e demas:

^{P1361}"Non *quiero* que pierda el Çid ^(P1362)nin ninguno de quantos lo siruen ninguna cosa de quantas an en Castilla, ^(P1364)asy en heredades ^(c4)e en don a Dios, ^(P1364)commo en todo lo al. ^(P1363)E lo que yo les tome, quierogelo entregar, que lo ayan suelto e quito ^{P1364}e se siruan dello, ^{P1365}e atregoles los cuerpos ^{(P1366)/(c5)}que nunca se teman de prender ninguno mal de mi por esta rrazon."

^{P1367}Aluar Fañes besole entonçes la mano. ^{P1368}El rrey, estando muy alegre, dixo:

^{P1369}"Todos los que quisieren yr seruir al Çid Canpeador, ^{P1370}vayan con la graçia de Dios, ca ^{P1371/(c6)}mas ganaremos en esto que en aver y otro desamor."

[Capítulo XIX]

^(c1)Capitulo.lxviii. (/f. 95v^b)De commo Aluar Fañes leuo a doña Ximena la muger del Çid para Valençia.

^{P1372}Los infantes de Carrion ^(P1373)quando vieron que tan bien yua al Çid, ^{P1374}ouieron su conseio de casarse con las fiias, cuydando que les vernie en pro, ^{P1375}e non se atreuiendo de lo dezir a ninguno que les andase el casamiento ^(c2)porque non era casamiento para ellos e que se rraheçarien mucho por y.

^(P1385)Ouieron su acuerdo de salir con Aluar Fañes quando se fuese ^(P1386-1387)e del *rogar* que los encomendase mucho al Çid, e asy los fizieron. ^(P1390)Aluar Fañes dixole que lo faria de grado ^{P1391}e entonçes se despidieron los vnos de los otros ^{P1392}e fuese Aluar Fañes para Sant Pedro.

Doña Ximena, la muger del Çid, e sus fiias, ^{(c3)(P2075)}doña Eluira e doña Sol, ^{P1393}quando lo vieron, fueron muy alegres. ^{P1393}Aluar Fañes, quando las vio, ^{P1398} saludolas de parte del Çid. ^{(c4)(P1399-1401)}E contoles commo ganara a Valençia e era señor della e commo el rrey don Alfonso le avie perdonado e a todos los que con el andauan e que guisasen ellas todas sus cosas e yrse yen para el Çid. ^{P1405}Aluar Fañes enbio entonçes tres caualleros ^{P1406-1407}al Çid quel dixesen commo lo avia perdonado el rrey don Alfonso ^{P1408}e le enbiaua la muger e las fiias. ^{P1422}Myñaya Aluar Fañes dio entonçes al abad don Sancho quinientos marcos ^(c5)de plata ^{P1423}e los otros quinientos rretouo ^{P1424}para sy para dar a doña Ximena ^(P1426-1427)todo lo que oviese menester. ^(P1441)Entonçes se despidieron del abad don Sancho ^{P1448}e fueron su carrera ^{P1450}e allegaron ally Aluar Fañes muchos caualleros que se fueron con el para el Çid.

[Capítulo XX]

[c1]Capitulo.lxix. De commo el Çid rreçibio a su muger doña Ximena.

[P1454]Quando el Çid supo [P1452]que doña Ximena venie e sus fiias, [P1456]dixo contra sus caualleros; dixo:

[P1457]"Amigos, quien buen mandadero (/f. **96r^a**) enbia, buen mandado espera. [P1458]E por ende, quiero que vos armedes vos Pero Bermudes, Muño Gustios, [P1459]Martin Antolines [P1460]e el obispo don Iheronimo [P1461]e çient caualleros otros commo para lidiar. [P1462]E ydeuos *[a]* Albarrazin [P1463]desy a Molina [P1464]e yra convsco Abengabon, que es señor desa tierra, [P1465]con otros çient caualleros. [P1466]Despues, yduos para Medina, [P1468]ca y fallaredes [P1467]a mi muger e a mis fiias [P1469]e trahedmelas mucho honrrada mente."

[P1473-1474]Ellos fueron entonçes [P1475]e pasaron ese dia en Fronchales. [P1476]Otro dia llegaron a Molina. [P1477]Abengabon quando lo supo, [P1478]salioles a rreçebir. [P1481]Muño Gustios le dixo:

[P1482]"Abengabon, saludauos el Çid e enbiauos dezir [P1483-1484]que vayades connusco fasta Medina con çient caualleros, ca es y su muger e sus fiias; [P1485]e manda que gelas leuemos [P1486]a Valençia."

[P1487]Abengabon dixo quel plazia muy de coraçon.

[P1491]Otro dia salieron de alli [P1494]e fueron a Medina.

[c2]Aluar Fañes quando los vio venir armados, temiose [P1495]e enbio a ellos dos caualleros a saber quien eran o commo venian. [P1496]Los caualleros quando supieron la rrazon, [P1497]enbiaron dezir a Aluar Fañes. [P1505]Myñaya salio entonçes contra ellos e fue a los rreçebir. [P1507]Otro dia salieron de ally [P1545]e fueronse para Molina, [P1556]desy para Valençia.

[P1562-1563]El Çid quando supo que venien, [P1564]mando a dozientos caualleros que los fuesen [P1565]a rreçebir [P1559]bien a tres leguas. [P1570-1571]Quando fueron llegados a la villa, dexo el Çid quien guardase el alcaçar [P1573]e caualgo en vn cauallo a que dezian Bauieca [c3]que ganara el del rrey de Seuilla [P1578]e salio a rreçebir a doña Ximena. [P1579]El obispo don Iheronimo que venie con la dueña adelantose [P1580]e fuese a la villa [P1581-1583]e llamo toda la clerizia [P1578]e salieron a rreçebir a doña Ximena con grand proçesion.

[P1609-1611]Despues quel Çid e doña Ximena fueron en la villa [P1633-1634]conto el Çid todo el bien que Dios le fiziera (/f. **96r^b**) [P1610-1615]e demostrole a ella e a las fiias toda la villa [P1615]e la huerta [P1614]e la mar [c4]e todas las otras cosas que eran de solaz.

[c5]En este veynte e nueue años del rreynado del rrey don Alfonso, [c6]murio el papa Vrban, e fue puesto en su lugar Pashual el Segundo e fueron con el çiento e sesenta e quatro apostoligos.

[Capítulo XXI]

[c1]Capitulo.lxx. De commo el Çid lidio con Yuçef, rrey de Marruecos

e con el rrey Bucar e el rrey Sero, e los vençio en el Quatro.

[c2]Andados treynta años del rreynado del rrey don Alfonso [c3]/HR1que fue en la era de mill e çiento e treynta años, [c4]quando andaua el año de la encarnaçion en mill e nouenta e dos [c5]e el del inperio de Enrique en quarenta e quatro.

P1621|HR2Quando Yuçaf, el rrey de Marruecos, [P1622]supo quel Çid avia tomado a Valençia, P1622pesole mucho e alço rrey a Mahomad que era fiio de su hermana e dexole en la tierra que la guardase. [P1625]E el allego muy grand hueste de almorauides e de alaraues e de andaluzes| P1626/HR3e fueron por cuenta çient mill omnes de armas| P1627e paso la mar P1628e fue çercar a Valençia.

|DRH1E vinieron y en su ayuda el rrey Bucar| [c6]e el rrey Soro de Lerida |HR4/P1631e fincaron todos sus tiendas en el Quarto que es a quatro migeros de Valençia.||HR5E trayenles todos los moros d'España grandes conduchos e todo lo al que les fazie menester| [c7]e fueron ally por todos çiento e çinquenta mill entre caualleros e omnes a pie, todos bien guisados.

[P1632]El Çid quando lo vio plugole mucho con ellos, P1633/P1637e dio graçias a Dios [P1654]e a Santa Maria su madre:

P1634"Todas las cosas que yo mas amaua, aqui las tengo comigo. P1639E pues que tan grand rriqueza me viene de allen la mar e de todas partes fazenos menester, P1640que nos armemos todos e salgamos P1641a lidiar con ellos e vera mi muger, [P1352]doña Ximena, e mis fiias P1643commo se gana el (/f. 96vª) pan P1642en la tierra agena."

P1644Luego que esto dixo, fizolas subir en la torre mas alta [P1645]donde pudiesen ver la batalla. [P1645-1647]Doña Ximena quando vio las tiendas de los moros muchas ademas, [P1647]fue toda espantada e dixo al Çid:

P1645-1646"Señor, ¿que tiendas son aquellas?"

[P1647]El Çid le dixo:

P1648"Aquello que vos vedes es rriqueza que nos viene P1639de allende la mar e, P1649porque a poco que llegastes aqui, quieren vos lo presentar P1650para casamiento de vuestras fiias. P1652E vos estad aqui pagada P1653e non ayades miedo ninguno e yo yre lidiar con ellos, P1654/P1656ca fio en Dios que los vençere e ganare dellos quanto traen."

[P1658]Otro dia armaronse los moros [P1671-1672]e fueron conbatir la villa P1677e destruyeron las huertas. [c8]El Çid, quando vio quel farian mal, P1714salio a ellos e ouo su batalla con ellos en aquell lugar |HR6que dizen el Quarto|[P1723]e vençiolos. [c9]E murieron y siete rreyes e todos los otros fueron los vnos presos e los otros muertos.

P1725-1726El rrey Yuçaf fuyo del canpo con tres lançadas P1727e acogiose al castillo que dizen Çiguera P1728e fue el Çid en pos el en alcançe bien fasta ally. [c10]En aquel alcançe murio Pero Saluadores. P1730El Çid tornose entoçes ^{P1736}e cogieron sus conpañas el canpo, $^{P1737(c11)}$e fallaron y muy grand auer en oro e en plata $^{(P1738)}$e en otras cosas muchas $^{(P1783)}$e las mas rricas tiendas que nunca omne vio. ^{P1741}Pues que todo lo ovieron cogido, $^{P1743-1744}$tornaronse para Valençia mucho onrrados.

[Capítulo XXII]

$^{(c1)}$Capitulo.lxxi. De commo el Çid enbio al rrey don Alfonso dozientos cauallos e vna tienda.

$^{(P1770-1771)/P1799}$E el Çid seyendo muy alegre $^{(c2)}$de quanto bien le fazia *[Dios]* ^{P1804}dixo a Aluar Fañes $^{P1809-1814}$que querie enbiar al rrey don Alfonso dozientos cauallos ^{P1809}de *aquellos* quel cayeran a el en la su parte $^{(P1785)}$e la tienda que fuera del rrey Yuçaf. $^{(c3)}$Aluar Fañes loogelo e touolo por bien.

$^{(c4)(P1815)}$El Çid le dixo pues:

"Quiero (/f. 96v^{b}) que los leuedes vos e Pero Vermudes $^{(c5)}$e que me encomendedes en la graçia del rrey."

$^{(c6)}$Ellos dixeron que les plazia. ^{P1816}E caualgaron luego otro dia $^{(P1821/P1823)}$e fueronse, ^{P1827}e fallaron al rrey don Alfonso en Valladolid.

$^{(P1833)}$El rrey quando supo que venien, salioles a rreçebir ^{P1832}con toda su caualleria ^{P1835}e fueron y con el los ynfantes de Carrion ^{P1836}e el conde don Garçia que era enemigo del Çid. ^{P1841}Aluar Fañes e Pero Bermudes ^{P1844}besaron entonçes $^{(c7)}$la mano al rrey e dixeronle:

$^{(P1845)/P1847}$"Señor, el Çid se vos enbia a encomendar e enbiauos dezir ^{P1849}que poco ha que vençio vna batalla ^{P1850}que ouo con el rrey de Marruecos ^{P1851}e fueron los moros por todos çiento e çinquenta vezes mill. ^{P1852}E gano y muy grandes rriquezas ^{P1853}asy que todos sus vasallos son rricos $^{(c8)}$e salidos de lazeria. $^{(P1809)}$E de lo que a el cayo en la su parte, ^{P1854}enbiauos estos dozientos cauallos $^{(c9)(P1854)/(P1810)}$con syllas e con frenos e con sus espadas $^{(P818)/P1785}$a los arzones e esta tienda que fue de Yuçaf, ^{P1851}rrey de Marruecos."

^{P1855}El rrey don Alfonso dixo entonçes $^{(P1850)}$a Aluar Fañes e a Pero Bermudes:

^{P1856}"Gradesco yo mucho al Çid $^{(c10)(P1854)/(P1785)}$los cauallos e la tienda que me el enbia $^{(c11)}$e a bos que me lo trahedes."

$^{(P1871-1872)}$El rrey fizoles entonçes mucha de onrra ^{P1874}e dioles de sus dones muchos. ^{P1859}El conde don Garçia con grand pesar que ouo desto, ^{P1860}apartose con sus parientes e dixoles:

^{P1861}"Grand cosa es esta de tanta honrra *creçer* al Çid e ^{P1863}e de vençer asy rreyes en canpo. ^{P1862}E pues que a el tanto bien viene, nos aviltados somos, $^{(P1865)}$e venirnos ha de algund mal."

$^{(c12)}$Demientra que Aluar Fañes e Pero Bermudes eran con el rrey don Alfonso $^{[HR]}$e desfizo el Çid todas las mezquitas que avia en Valençia e fizo dellas yglesias a onrra de Dios e de Santa Maria.$^{]}$

(c13)Mas agora vos dexaremos aqui de fablar desto P1879e deziruos hemos de los infantes de Carrion. (/f. 97rª)

[Capítulo XXIII]

(c1)Capitulo.lxxii. De commo el rrey don Alfonso caso los infantes de Carrion con las fiias del Çid.

P1879Los infantes de Carrion (c2)quando vieron que tanto bien fazie Dios (P1878-1881)al Çid, ovieron su acuerdo P1882de demandarle las fiias para casamiento, P1884e dixeron al rrey don Alfonso (P1885-1888)que gelas demandase. P1889El rrey los dixo:

P1890"Yo eche al Çid de la tierra P1891e fizele mucho mal faziendome el mucho seruiçio, P1892e agora non sey sy se pagara de tal pleitesia commo esta. P1893Mas pues que vos sabor auedes del casamiento, digamoslo (P1894)a Aluar Fañes e a Pero Bermudes."

P1894-1895El rrey llamo entonçes a Aluar Fañes e a Pero Bermudes e dixoles P1901commo los infantes de Carrion P1902avian sabor de casar con fiias del Çid.

(c3)"E pues que asy es (P1911)tengo por bien que se venga ver el Çid comigo."

P1907Aluar Fañes le dixo:

P1908"Señor, nos lo diremos esto al Çid, P1909e el faga y por bien lo que touiere por bien."

P1914Entonçes se despidieron del rrey P1915e fueronse para Valençia. (P1916-1917)El Çid rreçibiolos muy bien P1921e preguntoles por nueuas del rrey. P1923Aluar Fañes le dixo:

(P1923-1924)"Çid, sepades quel rrey rresçibio de grado lo que le enbiastes e gradesçiouoslo mucho. (P1926-1928)E enbiauos a dezir que le pidieron los infantes de Carrion vuestras fiias (P1939)para casamiento, P1944e vos, que vos vayades ver con el (c4)a Toledo sobre esto P1945e quiere poner *luego* convsco su amor P1946e acordedes en vno lo que meior tovierdes."

P1947El Çid le dixo quel plazia muy de coraçon. (c5)Desy preguntoles quel conseiauan en tal fecho commo aquell.

(P1949)Ellos le dixeron que non le conseiauan ninguna cosa sy non que fiziese lo que por bien touiese. (P1937)El Çid les dixo:

"Los infantes de Carrion (P1938)son omnes muy fidalgos e muy loçanos (c6)e han muchos parientes, P1939e por ende me non plazera deste (/f. 97rᵇ) casamiento. P1940Mas pues quel rrey quiere, P1951vayamos a el P1952e demosle honrra commo a rrey e a señor, (P1953)ca eso quiero yo lo quel touiere por bien."

P1956/P1959Esto dicho, enbio sus cartas al rrey don Alfonso P1957por dos caualleros.

P1960El rrey, pues que las cartas ouo leydas, dixo *[a]* los caualleros

^(P1961)que se tornasen al Çid e quel dixesen ^{P1962}que fuese ^(c7)a Toledo ^{P1962}a cabo de tres selmanas. ^{P1964}Quando los caualleros fueron en Valençia e dixeron al Çid lo quel rrey les dixera, ^(c8)plugo mucho al Çid ^(P1965-1971)e guiso muy bien asy y a toda su conpaña. ^(c9)E quando fue tienpo de se yr, ^(P1974)allego muy grand gente e fuese para ^(c10)Toledo.

^{P2015}El rrey saliole a rreçebir entonçes e fizole mucha onrra. ^(P2021)El Çid desçendio de la bestia ^{P2021}e finco los finoios en tierra ^(P2024)por le besar los pies. ^(P2026)El rrey le dixo:

^{P2027}"Leuad suso, Çid, ^{P2028}ca non quiero que me besedes los pies, mas las manos; ^{P2029}e sy lo asy non fazedes, non avredes mi amor."

^(P2030)El Çid le dixo:

^{P2031}"Señor, pidouos por merçed ^{P2032}que me otorguedes vuestro amor en guisa que lo oyan todos quantos aqui estan."

^{P2033}El rrey le dixo quel plazia ^{P2034}e perdonolo ante todos e otorgole su amor. ^{P2039}El Çid besole entonçes la mano. ^{P2041}A muchos de los que ay estauan plugo mucho, ^{P2042}mas peso a Aluar Dias e al conde don Garçia Ordoñes.

^{P2056-2057}Aquell dia fue el Çid huesped del rrey don Alfonso. ^(P2052-2053)Los infantes de Carrion fueron entonçes al Çid ^{P2054}e dixeronle en commo andauan ellos en la su pro e en la su onrra quanto mas podien. ^{P2055}El Çid les dixo:

"Asy lo mande Dios."

^{P2068/P2071}Otro dia mañana entraron el rrey e el Çid en su fabla e dixole el rrey:

^(P2075-2076)"Don Rodrigo, los infantes de Carrion me pidieron vuestras fiias para casamiento ^{P2077}e tengo que seran bien casadas e honrrada mente ^(P2081)e yo quiero que gelas dedes sy vos plugier."

^{P2082}El Çid le dixo:

^{P2086}"Señor, vos criastes mis fiias ^{P2087}e ellas e yo somos a la vuestra merçed ^{P2089}e vos fazed como por bien touierdes, ca yo pagado so de quanto vos fizierdes."

^{P2090}El rrey agradeçiogelo. (/f. 97v^a)

^{P2091}Los infantes de Carrion ^{P2092}tomaron entonces las manos al Çid ^{P2093}e canbianron las espadas. ^{P2103}El rrey mando entonçes al Çid para las bodas de sus fiias trezientos marcos de plata en ayuda. ^(c11)Otrosy el Çid con el plazer que ende ouo, ^{P2115}dio alli mucho de su auer e de otros dones muchos. ^{P2121}El rrey tomo entonçes a los infantes ^{P2122}e metiolos en poder del Çid diziendole asy:

^{P2123}"Çid, ahe aqui vuestros fiios, ca tanto es pues que vuestros yernos son; ^{P2124}e de aqui adelante, fazed dellos commo touierdes por bien. ^(c12)E mando que vos siruan commo a padre e vos aguarden commo a señor."

^(P2125)El Çid le dixo:

P2125"Señor, muchas graçias por lo que me fazedes, P2126e Dios vos de por ello buen gualardon. P2132Mas, Señor, rruegouos que pues que mis fiias son casadas asy commo vos touistes por bien, P2133que las dedes vos con vuestra mano a quien vos touierdes por bien, que las entreguen a los infantes de Carrion, P2134ca yo non gelas dare en otra guisa."

P2135El rrey dixo:

[Ahe] aqui, Aluar Fañes, a quien mando P2136que las tome e las de a los infantes."

P2140Aluar Fañes dixo que lo farie.

(P2142)El Çid dixo entonçes al rrey don Alfonso:

P2145"Señor, traygouos aqui treynta cauallos P2144(c13)e treynta palafrenes (P2144-2145)muy buenos e bien guisados de frenos e de sillas; P2146rruegouos que lo mandedes rreçebir."

P2147El rrey le dixo:

P2151"Çid, mucho seruiçio me auedes ya fecho. P2148Mas pues que vos asy queredes, rreçebirlos he de uos."

(P2128)El Çid dixo entonçes:

P2129"Amigos, todos los que quisierdes yr a las bodas e prender algo de mi de aqui, P2130vos yd luego comigo."

P2156Dispidiose entonçes el Çid del rrey P2167e fuese para Valençia P2165-2166e fueron con el muy grandes cauallerias de los del rrey P2174para fazerle honrra en las bodas de sus fiias.

[Capítulo XXIV]

(c1)Capitulo.lxxiii. De las bodas que fizieron los infantes de Carrion con las fiias del Çid Ruy Dias.

(P2175)Despues quel Çid llego a Valençia P2178e mando (/f. 97vᵇ) dar posadas a los infantes de Carrion, (P2183-2204)e ouo contado todo su fecho a su muger doña Ximena e a sus fiias, P2210enbio por los infantes (P2221)e por Aluar Fañes e dixoles:

P2220"Pues que de casar he yo mis fiias con vosotros, non lo quiero detardar. P2221-2222E por ende digo a Aluar Fañes que las rreçiba P2223asy commo mando el rrey don Alfonso P2225e que vos las entregue asy como es ya dicho e puesto."

P2228Aluar Fañes rreçibio entonçes las donzellas de mano del Çid, P2229e dixo a los infantes de Carrion:

P2232"Infantes, douos yo estas donzellas por mugeres P2233e que las rreçibades vos a bendiçion, (c2)asy commo manda la santa yglesia. P2233E les fagades onrra e todos los conplimentos (c3)que buenos maridos fazen P2232a donzellas fiias dalgo."

P2234Los infantes rreçibieron entonçes las donzellas P2237e fueron con

ellas para la iglesia. [P2238]El obispo don Ieronimo [P2240]canto la misa e
dioles las bendiçiones [P2251]e duraron las bodas quinze dias, [(P2248)]faziendo
cada dia muchas alegrias. [P2257]E dio el Çid muy grande auer con ellas
[P2254-2255]e cauallos [(P2256)]e paños de preçio mucho ademas, [P2270-2271]e
fincaron los infantes con el Çid en Valençia dos años, [P2272-2273]mucho en
paz e alegres e pagados.

[c4](P2276)]Mas agora vos dexaremos aqui de fablar desto [c5]e deziruos
hemos del rrey don Alfonso.
.... (/f. 98rª)

[Capítulo XXV]

[c1]Capitulo.lxxv. De commo los infantes de Carrion se ascondieron con
miedo del leon.

[c2]Andados treynta e tres años del rreynado del rrey don Alfonso
[c3]que fue en la era de mill e çiento e treynta e tres años, [c4]quando
andaua el año de la encarnaçion en mill e nouenta e çinco [c5]e el del
inperio de Enrrique en quarenta e siete.

[P2278-2279]El Çid estando en Valençia en vno con sus yernos, [(P2282)]avino
asy vn dia que se solto vn leon que tenie preso en vna rred; [P2280]e el Çid
dormie entonçes. [(P2286-2291)]Los infantes quando lo vieron, ovieron grand
miedo, [P2286]e el vno dellos, a que dezian Ferrand Gonçales (/f. 98rᵇ),
[P2287]fuese meter tras vn escaño mucho espantado. [c6]E su hermano,
[P2288]Diego Gonçales, salio fuera *por* la puerta [P2289]dando bozes que
nunca verie a Carrion. [P2290]E ascondiose con el grand miedo so vna viga
de *lagar* [(P2291)]e tan feo se paro y que, quando ende salio, non era de
veer los paños que vistie. [P2284-(P2285)]Los caualleros del Çid quando esto
vieron, punaron de guardar su señor.

[P2292]El Çid, quando desperto [P2293]e se vio çercado dellos,
[(P2294)]preguntoles por que lo fizieran. [(P2295)]Ellos le dixeron:

[P2295]"Señor, soltose el leon e metionos a todos en grand rrebato."

[P2297]El Çid fue entonçes al leon [P2300]e prendiolo [P2301]e metiolo en la
rred. [c7]El Çid asentose entonçes en vn escaño [P2304]e demando por sus
yernos. [P2304-2305]E pero quellos veyen que los buscauan e los llamauan,
[(P2283)]tan grande era el miedo que avian [P2305]que non osauan rresponder.
[P2306]E asy avian la color perdida [c8]commo sy fuesen enfermos. [P2306]E
quando los fallaron supieron que por el miedo del leon se ascondieran,
[P2307]asy començaron a profazar dellos e a fazer escarnio. [P2308]Mas
defendiolo el Çid. [P2309]Los infantes teniense por muy maltrechos e muy
enbergonçados [P2310]desto que les acahesçiera.

[Capítulo XXVI]

[c1]Capitulo.lxxvi. De commo el Çid lidio con el rrey Bucar e lo vençio.

[c2]En este año sobredicho, que vos agora deximos, [(P2312)]paso de allen

mar ^(P2313-2314)el rrey Bucar con muy grand hueste ^{P2312}e fue a çercar a Valençia ^{(c3)/(HR1)}e poso en vn lugar que dizen el Quarto. ^{P2315}El Çid quando los vio, plogole mucho con ellos; ^{P2317}mas a los infantes de Carrion pesoles mucho ^(P2320)e dixeron:

^{P2320}"Nos catauamos a la ganançia ^(P2323)que avriemos con las fiias del Çid, ^{P2320}mas non la perdida ^(c4)que nos ende vernie, ca non podremos estar que non, ^(P2321)vayamos con el Çid lidiar con estos moros."

^{P2324}Esto que ellos dizien, oyolo Muño Gustios ^{P2325}e dixolo al Çid. ^{P2331}El Çid quando lo oyo, sonrriose vn poco, ^(P2332)e dixo a los infantes: ^(P2332)"Esfforçad, infantes de Carrion, (/f. 98vª) e non temades nada, ^{P2335}e estad en Valençia a vuestro sabor."

^(c5)Ellos en esto fablando, enbio el rrey Bucar dezir al Çid quel dexase a Valençia e se fuese en paz; ^(c6)sy non, quell pecharie quando ay avie fecho.

^(c7)El Çid dixo a aquell que truxiera el mensaie:

^(c8)"Yd dezir a Bucar a aquel fi de enemiga que ante destos tres dias, le dare yo lo quel demanda."

^(c9)Otro dia mando el Çid armar todos los suyos e salio a los moros. ^(c10)Los infantes de Carrion pidieronle entonçes la delantera. ^(c11)E pues quel Çid ouo paradas sus hazes, don Ferrando, el vno de los infantes, adelantose por yr ferir a vn moro que dezian Aladraf. ^(c12)El moro, quando lo vio, fue contra el otrosy. ^(c13)El infante, con el grand miedo que ouo del, boluio la rrienda e fuxo que sola mente non lo oso esperar. ^(c14)Pero Bermudes que yua çerca del, quando aquello vio, fue ferir en el moro e lidio con el e matolo. ^(c15)Despues tomo el cauallo del moro e fue en pos el infante que yua fuyendo e dixole:

^(c16)"Don Ferrando, tomad este cauallo e dezit a todos que vos matastes el moro cuyo era, e yo otorgarlo he convsco."

^(c17)El infante le dixo:

"Don Pero Bermudes, mucho vos agradesco lo que dezides."

^{P2368-2369}El obispo vino entonçes al Çid e dixole:

^{(P1292-1293)/(c18)}"Don Rodrigo, porque yo oy dezir que sienpre guerreauades con moros, ^{P2371}por eso me vyn yo de mi tierra para vos, ^{P2372}cobdiçiando lidiar con ellos. ^{P2373}E por ende, por honrrar mis manos e mis ordenes, ^{P2374}pidouos por merçed que me dedes la delantera desta batalla; ^{P2379}sy non, bien vos digo que luego me quite de vos."

^{P2380}El Çid le dixo:

"Obispo, mucho me plaze de lo que demandades ^(P2381)e otorgouoslo."

^{P2383-2384}El obispo fue luego ferir en los moros ^{P2386}e mato dos dellos de su entrada. ^{P2390}Los moros, commo eran muchos, çercaronlo todos

enderredor, [P2392-2397]mas acorriolo luego el Çid. [c19]/[P2395]Ally se boluio la batalla e fue muy fuerte e muy ferida ademas.

[P2398]Mas enpero (/**f. 98v^b**) vençio el Çid [P2400-2403]e saco los moros del canpo [P2401-2402]e leuolos fasta las tiendas, mal su grado, e tanto los cuyto [P2403]que los saco de las tiendas [P2406]e fizolos fuyr. [P2407]E fue en pos dellos en alcançe bien [c20]ocho migeros [P2404-2405]e mato tantos dellos que non avia cuenta. [P2408-2409]El matando en ellos, ovo de ver al rrey Bucar e diole bozes e dixole:

[P2409]"Atiende, Bucar, [P2410]e veerte as con el Çid de la barua luenga [P2411]e pornemos entre nos amistad."

[P2412]Bucar le dixo:

"Guardeme Dios de [P2412]me veer nunca mas contigo [P2415]e sy el cauallo non entropeçar que me derribe, bien creo [P2416]que me non alcançes fasta la mar."

[P2418]En todo esto yuase quanto mas podie del cauallo [P2419]e el Çid yua en pos del en Bauieca, su cauallo, [P2420]e alçancole a entrada de la mar [P2421]e diole vna ferida con la espada [P2421-2424]quel corto todo [P2425]e cayo en tierra muerto.

[P2425]*[Despues que Bucar fue muerto]* [P2427]e la batalla vençida, [P2431-2432]tornose el Çid con todos los suyos para las tiendas e mando [P2438]coger el canpo.

[P2465]Despues fuese para Valençia [P2467]e partio la ganançia con todos muy bien.

[P2476]Desy puso la mano en la barua [P2477]e dixo:

"Señor Ihesu Cristo, a ty do loor e graçias por quanto bien me has fecho, [P2478]ca me dexaste veer todas las cosas que yo cobdiçiaua, [P2498]e so temido de moros commo de cristianos. [P2477]/[P2493]Loado sea el tu nonbre e onrrado e seruido de todos asy."

[c21]/[P2527]Los infantes de Carrion le dixeron:

[P2528]"Don Rodrigo, [P2530]vos non avedes fecho mucho bien e mucha onrra [P2529]e somos ya por vos rricos e abondados de quanto avemos menester [P2533]e demostrastesnos ya bien a lidiar."

[P2535]Desto quellos dixeron, [P2536]fazien muy grand escarnio los del Çid; profazauan dellos, e duro aquell escarnio vnos dias [c22]fasta que lo entendieron ellos.

[Capítulo XXVII]

[c1]Capitulo.lxxvii. De commo los infantes de Carrion açotaron las fiias del Çid e las dexaron por muertas en el monte de Corpes. (/**f. 99r^a**)

[P2536-2537]Los infantes de Carrion quando entendieron que dellos profazauan e fazian escarnio, ouieron ende muy grand pesar [P2538-2539]e ouieron su conseio [P2540]de se yr para Carrion [P2542-2544]e leuar sus mugeres consigo [P2547]e fazerles toda aquella desonrra que quisiesen en el camino, [P2553]ca dezien que tales commo ellas non eran para ser sus mugeres sy non fiias de rreyes o de enperadores.

[P2540]"E demas faz menester," dixeron ellos, "que nos vayamos [P2548]antes que nos rretrayan lo que nos acahesçio del leon".

[P2557-2559]Despues desto, fueron al Çid e dixeronle [P2563]commo se querien yr para Carrion e leuar consigo sus mugeres [P2566-2567]e demosrrarles todas las rriquezas que y avian. [P2568]El Çid los dixo quell plazie de coraçon [P2575]e que les darie de su auer e dos espadas muy preçiadas: a la vna dizen Colada e a la otra Tizon; [P2581]e ellos, que honrrasen a sus fiias asy commo a dueñas fiias dalgo. [P2583]E ellos otorgaron que asy lo farien.

[P2590]Otro dia caualgaron por se yr [P2609]e el Çid salio con ellos [P2614]con toda su conpaña por los onrrar. [P2613]E yendo avn por entre las huertas, [P2615]cato el Çid por aguero e vio [P2616]que non avian de durar mucho aquellos casamientos, [P2617]mas enpero non pudo y al fazer.

[P2618]E llamo entonçes a Felis Muños [P2620]e dixole que fuese con sus fiias fasta Carrion [P2621]e verien la onrra que les fazien los infantes. [P2623]Felis Muños le dixo quel plazie de coraçon. [P2631]Entonçes se despidieron los vnos de los otros.

[P2644-2645]Los infantes fueron por Santa Maria d'Albarrazin [P2647-2649]e por Medina e rreçibiolos muy bien Abengabon, [c2]que era ende señor, [P2656]e fue con ellos fasta Salon [P2657]e *posaron* en vn lugar que dizen el Axaria. [P2654-2655]Abengabon dio ally a los infantes mucho de su auer e cauallos e otras donas muchas. [P2659]Los infantes, quando vieron las grandes rriquezas de aquell moro, [P2662]ovieron su conseio (/f. 99r^b) de lo matar. [P2666]Lo que ellos dizien, estando en aquell conseio, [P2667]oyolo vn moro que era *latinado* [P2668]e dixolo Abengabon.

[P2671]Abengabon quando lo oyo, [P2672]caualgo con dozientos caualleros que truxera consigo [P2673-2674]e dixo a los infantes:

[P2675-2676]"Amigos, ¿que vos fiz yo por que vos mi muerte conseiasedes?"

[P2682]/[P2686]Entonçes dispidio de doña Eluira e de doña Sol [P2687]e paso Salon [P2688]e fuese para Molina [P2689]denostando a los infantes e diziendo dellos que eran falsos e malos.

[P2689-2690]Los infantes salieron de ally [P2891]e dexaron a Atiença a su siniestro [P2696]e a Sant Esteuan a su diestro [P2697]e entraron en el rrobledo de Corpes, [P2698]que era muy grande e mucho espeso [P2699]e lleno de muchas bestias brauas, [P2700-2701]e albergaron y.

[P2705-2708]Otro dia mañana mandaron yr adelante toda su conpaña [P2704-2710]e ellos fincaron alli solos con sus mugeres. [P2720-2721]Despues desnudaronlas [P2735-2739]e açotaronlas muy mal [P2748/P2752/P2754-2755]e tanto las firieron fasta que las dexaron por muertas. [P2757]Entonçes caualgaron e fueronse ⁽ᶜ³⁾en pos de su conpaña ⁽ᴾ²⁷⁵⁰⁾e dexaron ally a las dueñas desanparadas.

[Capítulo XXVIII]

⁽ᶜ¹⁾Capítulo.lxxviii. De commo el Çid enbio por sus fiias a Sant Esteuan. ⁽ᴾ²⁷⁶³⁻²⁷⁶⁴⁾Auino asy que demientra que los infantes ferian a las fiias de Çid, ᴾ²⁷⁶⁷que començo a doler muy fuertemente el coraçon ⁽ᴾ²⁷⁶⁹⁾a Felis Muños ᴾ²⁷⁶⁶que yua con la conpaña adelante. ⁽ᴾ²⁷⁶⁷⁾E tanto le quexo aquell dolor ᴾ²⁷⁶⁸que se aparto de los otros ᴾ²⁷⁶⁹e metiose en el monte que era mucho espeso ᴾ²⁷⁷⁰por atender alli a las fiias del Çid que eran sus primas. ᴾ²⁷⁷²E el estando ally, oyo lo que venien diziendo los infantes, ⁽ᴾ²⁷⁶³⁾ca yuanse alabando ⁽ᴾ²⁷⁶²⁾de la desonrra que fizieran a las fiias del Çid. ᴾ²⁷⁷²Felis Muños quando aquello oyo, ⁽ᶜ²⁾ouo muy grand pesar e entendio que por aquell grand mal le dolie el coraçon. ᴾ²⁷⁷⁶E tornose por el rrastro fasta la posada donde salieran, ᴾ²⁷⁷⁷e fallo las dueñas commo por muertas. ⁽ᴾ²⁷⁷⁸⁻²⁷⁷⁹⁾El allegose entonçes a ellas e llamolas e dixo:

⁽ᶜ³⁾⁽ᴾ²⁷⁸²⁾"Par Dios, ᴾ²⁷⁸¹muy mal fecho ensayaron los infantes de Carrion ᴾ²⁷⁸²e mande Dios que se (/f. 99vª) fallen ende mal."

⁽ᴾ²⁷⁸⁷⁾/⁽ᴾ²⁷⁹²⁾Entonçes les dixo que se esfforçasen e yrse yen de ally:

ᴾ²⁷⁹³"Ca mucho ayna tornaron aca los infantes quando me fallaren menos ⁽ᴾ²⁷⁹⁵⁾e matarnos y."

⁽ᶜ⁴⁾⁽ᴾ²⁸⁰⁵⁾Ellas dixeron que esfforçadas estauan pues que a el veyen. ᴾ²⁸⁰⁶Entonçes las caualgo en su cauallo e fuese con ellas ᴾ²⁸⁰⁹⁻²⁸¹⁰e andudieron todo el dia e toda la noche. ⁽ᴾ²⁸¹⁰⁾Otro dia ᴾ²⁸¹²llegaron a vna torre que era de doña Vrraca ᴾ²⁸¹¹que estaua sobre Duero e estudieron ally ᴾ²⁸¹³demientra quel fue a Sant Esteuan. ⁽ᴾ²⁸¹³⁾E quando y llego ᴾ²⁸¹⁴*fallo* y *[a]* Diego Tellez, ⁽ᶜ⁵⁾vasallo ᴾ²⁸¹⁴que fue de Aluar Fañes, ⁽ᴾ²⁸¹⁵⁾e contole todo lo que aviniera a las fiias del Çid. ᴾ²⁸¹⁵El, quando lo oyo, pesole mucho de coraçon ᴾ²⁸¹⁶e tomo luego paños e bestias ᴾ²⁸¹⁷e fuese para ellas ⁽ᴾ²⁸¹⁶⁾e vistiolas muy bien ⁽ᴾ²⁸¹⁸⁾e sacolas de la torre e traxolas a Sant Esteuan. ⁽ᴾ²⁸²⁰⁾Los de Sant Esteuan salieronlas a rreçebir ᴾ²⁸¹⁹e fizieronles mucha onrra ᴾ²⁸²²e dieronles quanto ovieron menester.

⁽ᴾ²⁸²⁰⁻²⁸²¹⁾Estas nueuas fueron sabidas por toda la tierra. ᴾ²⁸²⁵El rrey don Alfonso, quando lo oyo, pesole mucho de coraçon ⁽ᴾ²⁸²⁷⁻²⁸²⁸⁾e non tardo mucho que lo ouo de saber otrosy el Çid. ᴾ²⁸³⁵E con el grand pesar que ende ouo, ᴾ²⁸²⁹*tomose* a la barua e dixo:

ᴾ²⁸³²"Para esta mi barua que nunca meso ninguno, ᴾ²⁸³³non me escaparan asy los infantes ⁽ᴾ²⁸³¹⁾los non desonrre yo mucho peor desto."

ᴾ²⁸³⁶/ᴾ²⁸³⁸Entonçes mando a Aluar Fañes ᴾ²⁸³⁷e a Martin Antolines ᴾ²⁸³⁶e a Pero Bermudes ᴾ²⁸⁴⁰quel fuesen por las fiias ᴾ²⁸³⁸e dioles dozientos caualleros que fuesen con ellos. ᴾ²⁸⁴³/ᴾ²⁸⁴⁵Quando llegaron a Sant Esteuan, ᴾ²⁸⁴⁹⁻²⁸⁵⁰dixo *()* Aluar Fañes a los del lugar:

^(P2851/P2853)"Amigos, mucho vos agradezçe el Çid e nos ^{P2852}la onrra que vos fezistes a sus fiias."

^{P2857-2858}Entonçes se fueron para el palaçio donde las dueñas estauan. ^{P2860}*[Las dueñas]* quando *los* vieron, fueron muy alegres ademas ^{(c6)(P2861)}e dixeron que eran sanas e guaridas pues que a ellos veyen.

^{P2870}Otro dia salieron de ally ^{P2874}con las fiias del Çid ^{P2884}e fueronse para Valençia. ^(P2885)El Çid quando supo que (/f. 99v^b) venien, ^{P2886}salio a las rreçebir ^{P2887}e

fue muy alegre con ellas ^(P2890)e dixo:

^{P2894}"Ruego a Dios que me de buen derecho dellos infantes de Carrion."

[Capítulo XXIX]

^(c1)Capitulo.lxxix. De commo el Çid se enbio querellear al rrey don Alfonso por la desonrra quel fizieran los infantes de Carrion.

^(P2898-2900)Despues desto, enbiose a querellar el Çid al rrey don Alfonso ^{P2906}de la desonrra que fizieran los infantes de Carrion, ^{P2901/P2903}e enbio a el Muño Gustios quel demostrase el fecho commo fuera ^{P2908}e quel dixese quel casara sus fiias con ellos, ca el non; ^{P2909-2910}o sy onrra o desonrra y avie que mas era suya que non del. ^{P2914}E quel rrogaua que gelos fiziese venir a vistas o a su corte ^{P2915}porque pudiese auer derecho dellos. ^{P2917}Muño Gustios fuese entonçes ^(P2923)para Castilla ^{P2922}e fallo al rrey en Sant Fagunde.

^{P2932}El rrey, quando lo vio ^{P2931}entrar por el palaçio, ^{P2933}fuelo a rreçebir. ^{P2935}Muño Gustios luego quel ouo besado ^(c2)la mano dixole:

^{P2936-2937/P2948}"Señor, el Çid vos manda besar ^(c3)los pies e las manos commo a su señor natural. ^{P2951/P2956}E pideuos por merçed que vos pese del mal ^{P2944}e de la desonrra ^(P2942)quel fizieron los infantes de Carrion ^{P2949}e que gelos fagades venir a vistas o a corte."

^{P2953}El rrey dixo:

^{P2955}"Muño Gustios, ^{P2954}mucho me pesa de lo que y es fecho. ^(c4)Mas pues que asy es, ^{P2963}yo fare mis cortes en Toledo ^(P2965)e vos tornad ^{P2968}para el Çid e dezilde ^{P2969}que sea y de ay a siete selmanas."

^{P2974}Muño Gustios despidiose entonçes del rrey e fuese ^(c5)para Valençia. ^(P2976-2977)El rrey mando luego pregonar las cortes por todo su rreyno ^{P2979}e enbio dezir a los infantes de Carrion ^(P2981)que viniesen a ellas.

^{P2985}Los infantes, ^{P2987}temiendose que vernie el Çid a las cortes, ^{P2989}enbiaron rrogar al rrey que los escusase de non venir y. ^{P2990}El rrey (/f. 100r^a) mandoles dezir que lo non farie, ^{P2991-2992}ca el Çid avia querella dellos e que querie que gela emendase. ^{P3000/(P2981)}Quando llego el plazo de las siete selmanas, ^{P3001/(P2986)}fuese el rrey para Toledo ^{P3005}e fueron y con el muchos altos omnes e fueron estos: ^{P3002}el conde don

Enrrique e el conde don Remondo, ^P3004^e el conde don Fruela e el conde don Beltran, ^P3007^e el conde don Garçia ^(c6)^Ordoñes ^(c7)^e don Aluar Dias, ^P3007^los infantes de Carrion, ^P3008^Ansur Gonçales, Gonçalo Ansures ^(P3010)^e otros muchos altos omnes.

[Capítulo XXX]

^(c1)^Capitulo.lxxx. De commo el Çid vino a cortes quel rrey don Alfonso fazie en Toledo.

^(P2974)^E el Çid quando supo *por* Muño Gustios ^(P2980/P2986)^que rrey don Alfonso le enbiaua a dezir que fuese con el en Toledo a sus cortes, ^(P3022)^guiso muy bien a si e a toda su conpaña ^(P3015)^e fuese para el rrey. ^P3024^El rrey quando supo que venie, ^(P3020-3021)^fuelo a rreçebir con grand caualleria. ^(P3025)^El Çid descaualgo entonçes de la bestia ^P3026^e fue de pie contra el por onrrar su señor. ^(P3027)^El rrey le dixo:

^P3029^"Caualgad, Çid, sy me queredes fazer plazer, ^(P3030-3032)^ca bien se que mas honrrada sera agora mi corte por vos que antes era."

^P3043^El rrey tornose entonçes para Toledo ^P3047^e el Çid albergo esa noche en Sant Seruan ^P3049^e touo y vegillia.

^P3050-3055^Otro dia pues que oyeron misa, ^(P3073)^mando el Çid armar a todos los suyos ^P3075^e vestir los pellotes ^P3077^e que leuasen sus espadas so los mantos. ^(P3102)^Desy caualgaron entonçes ^P3103^e fueronse para la corte.

^P3111^El rrey don Alfonso rresçibiolo muy bien ^P3105^con todos los altos omnes que con el estauan. ^(c2)(P3114)^El rrey tomo entonçes al Çid por la mano ^(P3115)^e quisole asentar consigo en el escaño, diziendole asy:

^P3115^"Çid, en este escaño que me vos distes, ^(P3114)^quiero que me vos asentedes comigo."

^P3117^El Çid le dixo:

"Señor, muchas graçias, ^P3119^mas aca posare con estos que (/**f. 100r^b^**) vienen comigo."

^P3127^El rrey don Alfonso leuantose entonçes e dixo:

^P3129^"Yo desde que fuy rrey nunca fiz mas de dos cortes, ^P3130^la vna en Burgos, la otra en Carrion, ^P3131^e esta es la terçera que agora fago aqui en Toledo ^P3132^por amor del Çid, ^P3133^quel fagan derecho de los infantes de Carrion ^(P3134)^de la querella que dellos ha. ^P3135^E quiero que sean alcaldes desto el conde don Enrrique e el conde don Remondo. ^P3143^E agora, demande el Çid lo que quiere, ^P3144^e rrespondanle los infantes."

^P3145^El Çid leuantose entonçes e dixo:

^P3146^"Señor, mucho vos agradesco ^P3147^porque vos esta corte fazedes por mi amor. ^P3148^E digo a los infantes de Carrion ^P3149^que pues que asi me desanpararon las fiias ^P3156^en el rrobledo de *Corpes*, ^P3158^que me den dos espadas que les di, ^P3153^Colada e Tizona, ^P3155^con que vos fiziesen seruiçio."

^{P3160}El conde don Garçia $^{(c3)(P1836)}$que era enemigo del Çid ^{P3160}dixo que se fablarien sobre aquello $^{(P3161)}$e ovieron su acuerdo ^{P3167}de dar al Çid sus espadas ^{P3164}ca tenien que les fazien grand amor $^{(P3169)}$pues que otra desonrra non les demandaua. $^{(P3170)}$Entonçes vinieron al rrey $^{(P3175\text{-}3176)}$e entregaronle las espadas $^{(c4)}$e el rrey diolas al Çid. ^{P3180}El Çid besole luego la mano al rrey ^{P3185}e puso la mano en la barua e dixo:

^{P3186}"Par aquesta mi barua que nunca meso ninguno, ^{P3187}avn se vengaran doña Eluira e doña Sol."

^{P3188}El Çid dio entonçes a su sobrino $^{(c5)}$Pero Bermudes ^{P3189}la espada Tizona ^{P3191}e a Martin Antolines ^{P3192}la espada Colada.

[Capítulo XXXI]

$^{(c1)}$Capitulo.lxxxi. De commo rreptaron los del Çid a los infantes de Carrion.

$^{(P3200)}$Despues desto dixo el Çid al rrey:

^{P3201}"Señor, pues que ya so entregado de las espadas, ^{P3202}querria que me saliesen los infantes de otra querella que he avn dellos: ^{P3203}quando se ovieron de venir de Valençia, ^{P3204}diles en oro e en plata tres mill marcos ^{P3206}e agora querria que me los diesen."

$^{(P3207)}$Los infantes quando (/f. **100v^a**) esto oyeron, pesoles mucho, $^{(P3208)}$pero ovieron su conseio ^{P3223}e acordaron de entregar al Çid en heredades en tierra de Carrion, $^{(c2)}$ca non podrian en otra guisa pagar aquel auer.

^{P3228}El rrey don Alfonso dixo entonçes a los infantes:

^{P3230}"Derecho demanda el Çid, ^{P3231}ca destos tres mill marcos, los dozientos tengo yo $^{(P3232)}$que me distes vos, $^{P3233\text{-}3334}$e yo *darlos* he al Çid e vos entregalde de todo lo al."

^{P3236}Ferrand Gonçales dixo:

"Auer monedado non tenemos nos $^{(P3234)}$donde lo entreguemos."

^{P3237}El conde don Remondo dixo:

^{P3238}"El oro e la plata despendisteslo uos; $^{(c3)}$e pues que asi es, ^{P3240}pagalde en apreçiadura e el rreçibalo."

$^{(P3242)}$Entonçes le dieron en preçio muchos cauallos ^{P3243}e muchas mulas.

$^{(P3245)}$Despues quel Çid fue entregado de todo, $^{(P3258)}$dixo a los infantes de Carrion:

^{P3256}"Me desonrraron mal ^{P3257}e quierolos rreptar por ello."

$^{(P3258)}$Entonçes les dixo: ^{P3258}"Infantes, ¿que vos meresçi yo $^{(P3260)}$por que vos asi me desonrrastes mis fiias ^{P3265}e las açostastes ^{P3266}e desanparastes en el rrobledo de Corpes? ^{P3268}Ca mucho valedes menos por lo que y fezistes."

^{P3270}El conde don Garçia dixo:

^{P3271}"Señor rrey don Alfonso, ^(P3278)en lo que fizieron los infantes a las fiias del Çid, non erraron y nada, ^{P3276}ca non las deuien querer solamente para seer sus barraganas. ^{P3272}El Çid es abezado de venir a cortes pregonadas ^{P3273}e por eso trahe la barua luenga; ^{P3279}e por quanto el diz, non damos nos por ello nada."

^{P3280}El Çid quando esto oyo, ^(c4)leuantose en pie ^{P3280}e puso la mano en su barua e dixo:

^{P3283}"Conde, ^{P3281}graçias a Dios ^{P3282}porque la mi barua es luenga, ca fue sienpre criada ^(c5)en viçio e a sabor asy. ^{P3283}E pues, ¿que auedes vos en me rretraer della? ^{P3285}Ca nunca me della tomo omne en el mundo, ^{P3286}ni me la meso ^{P3287}commo yo la mese a vos, conde, en el castillo de Cabra; ^{P3289}e vos saque della mas que vna pulgada grande. ^(P3289-3290)E bien cuydo que *la* non tenedes avn bien conplida, ^(c6)ca yo la traigo aqui en mi bolsa."

^{P3291-3292}Ferrand Gonçales les dixo entonçes:

^{P3293}"Çid, ^{P3294}vos sodes bien pagado de quanto vos aviemos a dar; ^(P3295)non queremos agora auer (/f. **100v^b**) conusco otra entinçion. ^{P3296}Vos sabedes que nos somos de los condes de Carrion ^{P3297}e non nos conuiene de estar *[casados]* con vuestras fiias sy non sy fuesen fiias de rreyes o de enperadores ^{P3299}e por vos las dexar fezimos en ello derecho."

^{P3301}El Çid cato entonçes contra Pero Bermudes e dixole:

^{P3302}"Fabla, Pero Mudo, ¡commo te callas! ^{P3303}¿Non sabes que tus primas cormanas son mis fiias? ^{P3304}E commo quier que ellos a mi digan esto, a ti dan las oreiadas."

^{P3306}Pero Bermudes le dixo:

^{P3309}"Çid, nunca tal costunbre vi quel vos avedes. ^{P3310}Nunca me llamades en las cortes sy non Pero Mudo."

^(P3313)Entonces se torno contra Ferrand Gonçales e dixole:

^{P3313}"Mentiste en quanto dexiste, ^{P3314}ca sienpre valiste tu mas por el Çid ^{P3315}e todas las tus mañas yo te las dire agora. ^{P3318}Sabes que venie vn moro por lidiar contigo ^(c7)e grand miedo que oviste, ^{P3318}fuyste antel ^{P3319}e oviera te muerto sy non por mi; ^(P3320)que lidie con el ^(P3321)e matelo ^{P3322}e tomelo el cauallo del e ditelo. ^{P3324}E alabastete tu antel Çid ^{P3325}que tu mataras al moro cuyo era el cauallo. ^{P3327}Tu eres fermoso, mas mal barragan; ^{P3328}pues ¿commo osas fablar, lengua syn manos? ^{P3330}¿E otrosy non te acuerdas de lo que te contesçio en Valençia quando se solto el leon, ^{P3333}que te metiste tras el escaño ^{P3332}con grand miedo que oviste del? ^{P3334}Por quanto alli feziste, vales oy menos; ^{P3345}e por ende, por lo que feziste a las fiias del Çid, ^{P3343}rrieptote por malo e traydor ^{P3344}e lidiartelo he aqui delante el rrey

don Alfonso nuestro señor."

P3353Despues desto dixo Diego Gonçales:

P3354"Nos somos de natura de condes, (P3355-3356)e non nos pertenesçie de estar casados con fiias del Çid; P3360e porque las asy desanparamos, tenemos que fezimos y grand derecho e que nos onrramos en ello. P3359E sy alguno quisiere dezir por ende alguna cosa, yo gelo (/f. 101rª) lidiare en canpo."

P3361Martin Antolines le dixo entonçes:

P3362"Calla, aleuoso, boca syn verdat. P3363¿Non te acuerdas de lo que te contesçio (P3331)quando viste el leon suelto? P3364Que te saliste del corral P3365e fuste te meter (c8)de miedo tras la viga del lagar, (P2291)donde te *paraste* tales los paños P3366que nunca los despues vestiste. (P3367-3368)E por lo que fezieste a las fiias del Çid P3346/(P3369)vales oy menos. P3370E lidiartelo he e fazerte he dezir por tu boca P3371que eres traidor."

P3372-3373Martin Antolines diziendo esto, leuantose Ansur Gonçales, P3376e dixo pocas palabras e sin rrecabdo en esta guisa:

P3377"Varones, ¿quien vio nunca tan grand mal commo este? P3378¿Que avemos nos de ver con Ruy Dias Çid? P3379Baratarie el meior de yr picar los molinos a Rio d'Ouierna P3380e tomar sus maquilas commo solie fazer, que non de contender connusco, (P3381)ca non conuiene a los de nuestro linage de estar casados con sus fiias."

P3382Muño Gustios se leuanto entonçes e dixo:

P3383"Calla, aleuoso traydor, P3384ca antes almuerzas que vayas a oraçion fazer, P3386e nunca dizes verdat a señor nin amigo que ayas, P3387ca eres falso a Dios e a todos los omnes. P3389E esto te fare yo dezir por tu boca que asy es commo yo digo."

P3390El rrey don Alfonso dixo entonçes que tenie por bien P3391que lidiasen aquellos que avien rreptado.

[Capítulo XXXII]

(c1)Capitulo.lxxxii. De commo enbiaron pedir por mugeres a las fiias del Çid los infantes, el de Nauarra e el de Aragon, e rrepto Aluar Fañes a los infantes.

(P3392)Ellos en esto fablando, P3393entraron por el palaçio dos caualleros (c2)que eran mandaderos, P3395el vno *[del infante de Nauarra P3396y otro del ynfante de Aragon. P3394E avien nombre estos mandaderos el vno]* *Oiarra* e el otro Yñigo Ximenes. P3397E luego que entraron, besaron las manos al rrey don Alfonso P3398e pidieronle las fiias del Çid (P3399)para casamiento de sus señores. (/f. 101rᵇ)

P3401-3402El Çid quando lo oyo, leuantose e dixo:

P3403"Señor rrey don Alfonso, P3407mis fiias son en vuestro poder P3406e vos las casastes la primera vez. (P3405-3408)E por ende, sy las vos quisierdes dar a estos infantes que las enbian pedir, a mi mucho me plaze."

[P3409-3414]El rrey dixo que tenie aquel casamiento por bueno e quel plazie e asy fiziese a el [P3415]e el Çid otorgolo. [P3416]El rrey dixo entonçes [P3393]a los caualleros que vinieran con el mensaie:

[P3329]/[P3417]"Caualleros, [P3418]yo vos otorgo este casamiento que me venistes demandar [P3420]para vuestros señores a pleito [P3421]que las tomen a bendiçiones, asi commo es derecho."

[P3422]-P3423Los caualleros besaron entonçes las manos al rrey [P3424]e al Çid [P3425]e fizieron pleito e omenaie [P3426]que todo conplimiento que menester faz para las bodas que todo lo cunpliesen los infantes sus señores. [P3428]Deste casamiento peso mucho a los infantes de Carrion.

[P3429]Aluar Fañes se leuanto entonçes e dixo:

[P3430]"Señor rrey don Alfonso, [P3437]yo he muy grand querella de los infantes de Carrion [c3]por la desonrra que fizieron a las fiias del Çid, [P3438]lo vno porque gelas di yo por vuestro mandado, [P3441]lo al porque las desanpararon [c4]en el rrobledo de Corpes e las firieron malamente. [P3442]E por eso que les fizieron, rrieptolos yo e digo que son traidores e malos [P3455]e, sy ay alguno que rresponda a esto e diga que non es asy, [c5]/[P3456]yo gelo fare desdezir e que otorgue que tales son commo yo digo."

[P3457]*Gomez Pelaez* le dixo:

[P3458]"Aluar Fañes, asaz avedes dicho [P3461]e sy Dios *quisiere*, vos os fallaredes mal por ello. [P3459]Ca muchos ha en esta corte que vos lo lidiaran [P3462]e entonçes veredes lo que dexistes."

[P3463]El rrey don Alfonso mando que se callasen de aquella rrazon [P3464]e que non fablasen y mas, [P3465]ca luego otro dia [P3466]querie que lidiasen tres por tres los omnes que se rreptaran.

[P3467]Los infantes de Carrion dixeron entonçes [P3468]al rrey don Alfonso:

[P3468]"Señor, dadnos plazo [P3470]fasta que vayamos a Carrion, [P3468]ca non podriemos lidiar cras [P3469]por los cauallos e las armas que dimos al Çid."

[P3471]*[El rrey dixo entonçes:]*

"Don Rodrigo, (/f. **101v**ᵃ) [P3472]sea esta lid donde vos touierdes por bien."

[P3473]El Çid le dixo:

"Señor, non fare yo al [P3472]sy non lo que vos mandaredes, [c6]e esto en vos lo dexo yo oy mas, [P3474]ca mas quiero yo yrme para Valençia que para Carrion."

[P3475]El rrey le dixo:

[P3476]"Pues, dexatme vos vuestros caualleros [P3477]que vayan comigo a la lid e yo los guardare [P3479]de guisa que non prendan ningun pesar. ^(P3480)E quiero que sea la lid de oy ^{P3481}a tres selmanas en las vegas de Carrion; ^{P3483}e el que non viniere a aquel plazo, ^{P3484}que pierda la rrazon e escape por traydor."

^{P3486}El Çid le dixo:

"Señor, ^{P3487}rruegouos que estos caualleros que vos yo aqui dexo ^{P3490}que me los enbiedes honrradamente para Valençia. ^(c7)E pues que vos tenedes por bien que esta lid sea en Carrion, ^{P3507}quiero me yo yr para Valençia."

^(c8)Entonçes mando dar el Çid a los mandaderos de los infantes de Nauarra e de Aragon bestias e todo lo al que menester ovieron, e enbiolos. ^(c9)El rrey don Alfonso caualgo entonçes con todos los altos omnes de su corte para salir con el Çid, que se yua fuera de la villa. ^(c10)E quando llegaron a Çocadouer, el Çid yendo en su cauallo que dizen Bauieca, dixole el rrey:

^(c11)"Don Rodrigo, fe que deuedes que arremetades agora ese cauallo que tanto bien oy dezir."

^(c12)El Çid tomose a sonrreyr e dixo:

"Señor, aqui en vuestra corte a muchos altos omnes e guisados para fazer esto, ^(c13)e a esos mandat que trebeien con sus cauallos."

^(c14)El rrey le dixo:

"*[Çid,]* pagome yo de lo que vos dezides, ^(c15)mas quiero todavia que corrades ese cauallo por mi amor."

^{P3511}El Çid rremetio entonçes el cauallo, ^(c16)e tan de rrezio lo corrio que todos se marauillaron del correr que fizo. ^(P3511-3512)Entonçes vino el Çid al rrey ^(P3513-3515)e dixole que tomase aquell cauallo; ^{P3516}e el rrey dixo que lo non farie, ^{P3518}ca mas valie para el ca non para otro omne.

^{P3522}Alli se despidieron los vnos de los otros ^{P3523}e el Çid fue castigando ^{P3524}a Martin Antolines e a Pero Bermudes ^{P3525}e a Muño Gustios que fuesen muy firmes en la lid e ^(P3525)que non desmayasen por (/f. 101v^b) ninguna cosa. ^(P3527)Ellos le dixeron que pues que en ellos fincaua la cosa, ^{P3529}que antes oyrien nueuas que eran muertos que non vençidos. ^{P3531}Entonçes se despidio en Çid dellos ^{P3532}e fuese para Valençia ^(P3536)e ellos tornaronse para el rrey don Alfonso.

[Capítulo XXXIII]

^(c1)Capitulo.lxxxii. De commo lidiaron los del Çid con los infantes de Carrion e los vençieron.

^{P3533-3534}Despues que fueron conplidas las tres selmanas del plazo, ^{P3536/P3532}fueron a Carrion el rrey don Alfonso e los caualleros del Çid ^{P3535}para conplir lo que les mandara su señor. ^{P3539}Los infantes otrosy vinieron y con muchos de sus parientes.

^(P3545)Otro dia mañana ^{P3550}armaronse los vnos e los otros ^(P3562)e salieron al canpo. ^{P3573}Los del Çid dixeron ^{P3572}al rrey ^{P3576}que los

guardase de tuerto e de fuerça que gela non fiziesen ninguno; [P3581]el rrey asegurolos. [P3582-3592]/[P3604-3608]Entonçes demostraron asy a los vnos commo a los otros el rrey e los fieles las señales del çerco. [P3621]Alli se dexaron luego yr los vnos a los otros, tres por tres, [P3625/P3647]e tan grandes golpes se dieron [P3622]que bien cuydaron quantos y estauan que muertos eran.

[P3623]Pero Bermudes [P3624]e Ferrand Gonçales [P3625]lidiaron vno por otro e dieronse grandes golpes, [P3629]mas al cabo vençiolo Pero Bermudes, [P3640-3641]e dio con el en tierra por muerto.

[P3642-3643]Desi, saco la espada Tizona [c2]por descabeçarlo. [P3643]Ferrand Gonçales quando aquello vio, [P3644]dio bozez e dixo que nol matase ca se daua por su vençido. [P3645]Los fieles dixeron entonçes que lo non matase [P3644]pues que por vençido se daua.

[P3646]Martyn Antolines e Diego Gonçales lidiaron otrosy en vno [P3647]e tan grandes golpes se dieron que luego quebrantaron las lanças en sy. [P3648/P3650]Desy metieron mano a las espadas, e diole Martin (/f. 102rª) Antolines vn golpe [P3653-3654]que taio la meitad del almofar e la cofia [P3655]e a vna pieça de los cabellos. [P3658]Diego Gonçales ouo entonçes miedo que lo matarie [P3659]e boluio la rrienda al cauallo e parosele de cara. [P3660]Martin Antolines alço entonçes otra vegada la espada [P3661]e diole otro golpe muy grande, [P3667]asy que Diego Gonçales ouo de fuyr e salio fuera del çerco.

[P3671]Muño Gustios [P3672]lidio con Ansur Gonçales [P3673-3680]e dieronse muy grandes feridas, [P3678-3684]e mas al cabo vençiole Muño Gustios [P3685-3686]e derribole del cauallo con vna grand lançada quel dio.

[P3692-3693]Quando esto vieron el rrey e los fieles, [P3691]dieron a los infantes por vençidos [P3693]e mandaron librar el canpo. [P3698]El rrey don Alfonso luego enbio los del Çid [P3701]para Valençia.

[P3703-3704]El Çid, quando supo que vençieran a los infantes de Carrion, [c3]alço las manos al çielo e dixo:

[P3714]"Señor Dios, a ti graçias e merçedes, porque mis fiias son oy y vengadas."

[P3719]Despues desto caso el Çid sus fiias [P3717]con los infantes de Nauarra e de Aragon de [c4]que vos deximos ya. [P3720]E fueron estos casamientos mucho meiores que los primeros [P3723]ca fueron ellas señoras, la vna de Nauarra e la otra de Aragon.

....

VARIANTES Y NOTAS PALEOGRÁFICAS

[Capítulo I]
[a2][Y] enbio *SXKFG;* enbio[le] *Ñ;* [a] dezir *ÑFG;* con sus cartas *FGBC;* [le] sal. *S;* [a3][E] el Çid *L;* despues q. *S;* que [las] ouo *Ñ;* leyda *BC;*
[a4]q. () ouiese [ende] grand *X,* q. () ouiese () grand *LÑFGBC;* grande pesar *S;*
[a5]avie *S;*

(a6)saliese (de...reyno) SXNK; en q. oviese de salir LÑFGBC;

[Capítulo II]
(a1)*margen F*: salio el Çid de la tierra de Castilla;
(a2)Enbio [el Çid] B (*añadido sobre* por), [El Çid] enbio C, parientes [el Çid] L; e [por] sus v. S;
(a3)dixoles: "[Amigos,] el ÑLFGBC; me man. ÑGBC (me *añadido sobre el renglon B*), rrey () manda LF; de () su tierra SLÑFGBC; q. no [le] SÑFGB; da L;
(a4)e () queria G; querie S, quiere C; e quales LÑFGBC; querien S; [querian] quedar L;
(a5)Bienaya Al. S, Nuño [y] Al. L, Muñana [e] Al. N; Miñaya N, () Al. XBC; Fernandes SL, Fañez XÑFGBC, Fanes NK; F. [Mynaya] BC (Minaña C); F. (): "Çid Ñ; dixeron L; F. (): "Çid Ñ;
(a6)con vos K; ser XKLÑFG; servoemos K;
(a7)dixieron SX; dix. [otrossi] SXNLÑFG; yrien SNÑG; do X, donde SN;
(a8)non se KL, nol F; quitarien SLFGBC; q. [del] S; nin () des. ÑFGBC; desenpararian N, desampararien SLGB, desamparien C; por ninguna cosa N;
(a9)mucho entonçes X;
(c3)les Dios N; sy () Dios b. [le] LÑFGBC; feziese S, feziesse X;
(a10)galardonarie SLG; bien [otro dia] L;
P11*margen F*: salio el Çid de tierra de Castilla;
(a13)(P11-12)e dizien L, dice C;
P11ouo SX, tomo N, touo K, torno LÑFGBC; t. () corn. π; cornena K, coruena LÑ; *F corregido* cornena > corneja;
P12[e] a entrante SXNLFGBC, e entrante Ñ; entr. () Bu. X, entr. en Bu. C;
(a14)vasallos S;
(a15)"A., [vos] bien X; tornemos S, tornaredes FGBC; tornaremos() a LÑFGBC; Castiella S; t. a la tierra C; rricos e () bien andantes X, ricos e () con gran honrra S;
P15() Despues q. N; despues SN;
P56-59f. [a] pos. LÑFG; vega J, glera SXNK, yglesia LÑFGBC; *tachado* Ñ: yg (fe)lesia; glera () ca S;
(P62)(ca... villa) LÑFGBC; ca [ya] el rrey XK; avie S; non lo K, le non X; cogiesen S; acog. en la çibdad N; *margen Ñ*: salio el Çid de tierra de Castilla;
P65-66Antoliñes NKF;
(P68)las () cosas ÑC; q. [mas] ovo C; ovieron F, tovieron G; mester SX;
(P78-79)() El Çid L; apar. [luego] L; con () Martin LÑFGBC; Antoliñez XNLF, Antoliz K;
P82-83d. que LÑFGB, tenia () cosa LFGBC; (non... que) Ñ; tenie G; ten. [para mantenella] ninguna LÑFGBC, (mantenerla B);
(c4)q. manleuase () SXN, q. le manlediese ÑFB, q. el manlediese GC; () diese K, dar L;
(c5)*tachado* C: E (que) M.; Antoliñes XB, Antoliz K; le dixo que LÑFGBC; dixo () c. S; q. no () BC, quel no L; podrie SKF, podra C, podia X, podie NÑG, pudie L; pod. maledar LÑFG, mas le dar BC;
(P68)[de] todo BC; avie SX, aviese L, oviese LÑFGBC; menster B;
(P85-87)henchir LÑB, enchir XC, finchir F, hinchir G, ynchir K; çercarlas bien J,

çerrarlas [muy] b. π; *margen F*: arcas llenas de arena;
[P93]/[P89]llevarie *SB*; **mercaderes** *KLÑFGBC*;
[P90]**avie** *KLFGBC*;
[a16]-[a17]q. les presçiosas *J*, q. [les diria que eran llenas de oro e de plata e de piedras preçiosas] π;
[a16]**dirie** *S*, **diria** *XNKLFB*, **dirian** *GC*;
[P113]*tachado B*: e que (*ilegible*);
[P92](les... vos) *BC*; les rrogauades *FG*; **de** *JG*, **den** *SXNKLÑF*, **diesen** *BC*;
[P121]**fasta un plazo señalado** π;
[P130](e vos... ganançia) *Ñ*; **q. le** *J*, **q. les d.** π; dariedes *FGBC*; d. su ayo *KL*; **avn demas ganancias** π;
[P121]**non lo** *XK*, **non las** *SÑ*, **non** () *FGBC*; quitardes *KÑFG*, quitasedes *BC*; abriesen e () se entregasen *BC*;
[P119]**fincar** *SNKF*, **fincase** *BC*, **fincardes** *Ñ*; lo guardasen *BC*; ynbieys *Ñ*, enbiase *FB*, ymbiasedes *C*;
[c7]() esto les *LFG*; las dire *Ñ*; por mejor seg. *LÑ*; mejor seguridad *L*;
[c8]aquello () *K*, aq. vio *BC*;
[P86]e man ynchir *K* (*error*); **fenchir** *SNL*, **ynchir** *KNC*, **henchir** *B*, **hinchir** *G*; de () arena *B*;
[P96]Antoliñez *NLFB*; **leuase sobre aquellas** *J*, **q. las leuase** (). π;
[P122-135]Antoliñez *LF*; **mercaderes** *KLÑFGB*, **mercaderos** *N*;
[P184]e () plata *Ñ*;
[P182-202]**mercaderes** *KLÑFGBC*; e () traxole *ÑC*; **troxo** *XN*, **traxo** *KLÑFGBC*; **traxolos** *Ñ*;
[P232-233](salio.. e) *LÑFGBC*;
[P209-210]/[P253]**do** *XNK*; tenie *S*; estaua *L*;
[P237]logar *NKÑ*; auie *SFG*;
[P243-247]**rrescibir** *C (error)*; **rrescibiole** *XKLFG*, **rrescibio**() **muy** *Ñ*;
[P262]**fijos** *K*; hijas *C*;
[P265]la mano *K*;
[P248]toda () faz. *KF*;
[P255-256]/[P253]querie *SG*; dexar[le] la m. *N*; **en acomienda** *X*, () **encomienda** *K*, **su encomienda** *G*;
[P257]encom. () quel rrog. *C*; que [le] pens. *X*; p. dellas [muy] b. *SC*;
[P250]/[P260]**Desi** π;
[P253-254]hijas *G*; **çient [marcos] de** *N*;
[P258]rrogo al Çid *C*; q. le fall. *Ñ*;
[P259]que () lo daria *KL*; darie *SG*;
[P261]() **El abad** *XN*; dixo[le] *NK*; lo aria [todo] *C*; **farie** *SNÑG*; [Y entonçes el Çid se partio para tierra de moros] *K* (= *título del capítulo siguiente*);

[Capítulo III]
[P287]**sopieron** *SXKÑFG*; Alonso *L*;
[P288]*tachado C*: Al(ymbiaba); **de** () **tierra** *XK*, **de su tierra** *LÑFGBC*;
[P294]**venieron** *SX*;
[P291]cient e cinquenta *G*, CV (= 105) *B*;
[P293]**Antoliñes** *XNFB*;

[c2]**compañas ()** muchas de omnes π; om. de pie *X*;

P297rreç. mucho () e partio *L*;

(P314)**tenie** *KG*, **tenien** *S*;

P323despues que fue *G*;

(P367-375)despedio *K*, espidio *LÑ*; e () sus fi. *Ñ*; sus fijos *G*;

(P391)fuesa la via *K*;

[a3]() Andudo *ÑF*; **anduvo** *KLFGBC*, **andando** *Ñ*; anduvo esa noche toda *L*;

P393llego a *NLBC*; dia (llegole...P395) llegole otra *S*;

P395alli () otra *K*; allegole *X*;

[a5]e () peones *LFG*, cau. (e... peones). *BC*;

P401**e paso a D.** *J*, **paso () Duero** π; D. [e] sobre *XK*, D. () sobre *NL*, D. [e paso] a sobre *GBC*; **sobre [una] nava** *N*; **Nave** *L*, **Nabas** *C*;

P402fue [a] yazer *L*;

P404-405e que fue () noche *L*; fue () la noche *BC*; **echo () a dormir** *NLÑGBC*;

(P406)**veno** *SNK*; a el [un home] () en *BC*; *margen F*, *en mano tardía*: angel; *margen Ñ*: vision; como () figura *S*;

P407Ved *K*, Vençed, aosadas *L*;

P409**mientra** *XNKÑFGC*;

[a6]rrico () e honrrado *S*;

P410(c3)[Y] el Çid *K*; esperto *K*;

(P412)(c4)ouo [ende] gran *X*; **gran pesar** *LÑFGBC*; la [su] vision *L*;

P411(c5)() encom. *K*; **encomendose** *KLÑFGBC*; guisase *SÑGC*; *abrev J*: guiase;

P413**[Y] otro dia** *LÑFGBC*; **salio de alli** *SXN*;

P415**pasar** *SLÑFGBC*; **[a] pasar** *L*; **tierra** *LÑFGBC*; pasar () t. *BC*; *tachado B*: de (moros) Njeves;

P397-398**yazie** *SX*; haçia el siniestro *C*; **y. al siniestro** *LÑFGB*, **al siniestro [lado]** *G*;

P398era () de *G*;

P416antel sol *C*; **posiese** *SKF*; posiese [entonçes] *X*;

P417mando [entonçe] *X*; Çid hazer *BC*;

P419fallamos *S*; mas () trezientos *Ñ*;

(P418)omnes [de] a *C*; e omes de pie muchos *S*;

(P420)**dixoles [el mejor]: "() Vay.** *S*;

(P421)vayamonos *FGB*, vayamos *C*, vamonos *L*;

P422/P420desta tierra *ÑFGBC*, (tierra... la) *L*; **esta [falsa] sierra** *S*;

P423rrey [don Alfonso] *FGBC*;

(P414)cumple () el plazo *SL*; *tachado C*: p(a)laço;

P424() Quien nos *K*, E pues quien *F*; *tachado, C*: despues (quien os quisiere) quien; **quisiere** *XKLÑFGBC*; **quisier (),** *N*; fallarnos [nos] ha *Ñ*; ha [en el canpo] *K*;

[Capítulo IV]

P425caualgaron () tod. *K*; pasaron [luego todos] aq. *N*; tierra *BC*; **sierra () de noche** *LÑFGBC*;

P427**avie** *SFGBC*; avia [y] una *X*;

P428mandolos el *NLÑFG*;

(P425)con dia *S*;

P433por () que non *L*;

P425çeuada con dia *N*;

P429**querie *S*; que queria () tras. *LÑFGBC*;**

(P432)**Desi** π;

P434**andouieron *S*, andaron *XKLÑ*, fueron *FGBC*; toda esa n. *ÑFGBC*;**

P435*tachado B*: noche (e quando fueron); (e... fueron) *C*; açerca del cast. *BC*; dezian *X*; **Castejon *NL*;** que [dizen que] yaz. *S*; **yazie *LÑFGBC*;** sobre Henares *L*;

P436**el Çid echose *G*;**

P438**mando () Al. *Ñ*; Albarañez *L*, Fernandes *SX*, Fanez *NK*, A. Gomez *G*;**

P440**caualleros...** (*K deja de copiar el texto de XXR para seguir CRC. (Cfr. Famoso, 99). Se omiten las variantes de K hasta el Cap. V; incluyo una transcripción y discusión de K en las Notas)*;

P446**Guadalajara *L*, Guadalfagara *B*, Guadalfaxara *GC*;** llegase *BC*; la algara *G*; bien fasta Al. *X*;

P447**acogiessen *X*, cogiese *S*, cogiesen *FG*, cogesen *LÑB*, coxisen *C*;** acog. [todo] q. *X*; fallasse *N*;

(a2)**fallasen asi omnes *LÑFGBC*;** fall. ansi () commo *L*; ganado *X*;

P448**non lo *G*;** que () non d. *C*; dexasen *LÑ*;

P449**aqui () con *LÑFGBC*;** çiento *S*;

P450**cerca este cast. *XL*;** Castejon *NL*;

P451**men. () fuere *SNG*;** fuese [en alguna cosa] *N*;

P452**enbiame *LC*;** enb. vianda [do] yo *L*; mandado que yo *C*;

(P453)**acorrerie *B*;**

P456**fuere *S*;**

(P477-479)**Alyvañez *L*, Fernandes *S*, Fanes *C*;** F. [a] correr *SLFGB*; **tierra () commo *LÑFGBC*;** lo mand. *S*;

(P458)**Castejon *LN*;**

P459**castillo para yr a sus *L*;**

(a4)**solien *SN*;**

P464**[Y] el Çid *SFGB*,** [Ya] el Çid *C*;

P465**o prendio *S*;** e al ganado *Ñ*;

P467**para () el castillo *X*;** castiello *S*;

(a5)**e al apellido *Ñ*; rroydo *NÑ*;** mucho () en el c. *L*; castiello *S*; **acogieron *SXNLÑFC*;**

P469**quedo la puerta desam. *X*;** desenparada *N*; nota N margen: Castrejon; adentro *S*;

P470**en pos ellos *FG*;**

P471**(su... mano) *LÑFGBC*;**

P472**matando () los *ÑF*,** mat. [todos] los *L*; falla *LÑFB*;

P473**fizo q. tomaron el castillo e tomaron () mucho *Ñ*;** castiello *S*; fal. () mucho *LÑB*;

(P478)/(P480-481)**muchas buenas donas *C*;**

(a6)**[E] tomo *SXNLÑFG*;**

P477**[Y] en todo *LFGC*; Ferrandes *S*, Fanez *N*, Yañez *L*;**

(P476)**e [todos] los otros *LÑFGBC*;** fueron *LFGBC*, yuan *S*;

P477**corrieron fasta *LÑFGBC*;**

(P478)/(P480-481)**tomaron () grant *LÑ*; presa *SXÑFGBC*, plea *N*, pieça *L*;** cosas () *G*;

muchas cosas *S*;

P479Desi π; acogeronse *B*; **acog. [otrossi]** π;

(P480-481)**rrobando [otrossi] q.** *SXNÑFGBC*;

(P484-485)**Çid () a aq.** *LÑFGBC*; **cast. () que** *LÑFGBC*; **Castejon** *N*; *margen* N: Castrejon; **avie** *SXN*, **avien** *L*; **av. () ganado** *LÑFGBC*;

(P486)[lo] sopo *S*; sopo *NFG*; venie *SG*, vinje *N*; **Fernandes** *S*, **Albarañez** *L*, **Fanes** *N*;

(P486)castiello *S*; **castillo [de Castrejon]** *LÑFGBC*; **Castejon** *L*;

P487**saliolo rrec.** *L*; **saliole () rrec.** *XNÑF*; *F al comienzo del f. 168v interrumpe el capítulo e interpola un capítulo*, "De la elecion de los lugares e çibdades que fueron mandados sugun vso antiguo" *que termina con las palabras* "y rreyno en pos el Justiniano el Segundo diez años." *Deja un espacio* (ff. 169va, *renglones* 9-30 y 169rb). *Otro copista comienza de nuevo* 170ra.;

(P488)**lo vio** *XNFGBC*; vio [venir] () bien *L*; **bien aventurado** *LÑFGBC*; **plogol** *XNÑGBC*;

(P489)(dexo *F*); dixo (): "Al. *FGBC*; **Fernandes** *S*, **Alvarañez** *L*, **Fanez** *N*;

P492ende () quinto *C*; q. levedes () ende *X*;

P493**gradesçio** *XN*; **Alvarañez** *L*, **Fernandes** *S*, **Fanes** *N*;

P494dixo *S*;

(P503)quiso [el] tomar *X*;

(c2)conpañeros *G*; ovie a *F*, auia de *LBC*;

(P498-499)(c3)()Fasta *BC*; (Çid... vos), Y non *G*; yo () vea *BC*, yo [os] vea *C*; tener gr. *G*; (c4)lidiemos *FGBC*; lid. [e] yo *FGB*;

(P500-501)**faz. [gran] mortandat () en** π;

P503quiero [yo] tomar *X*;

(a7)(P507)**quando () se vio** π; **vido** *LÑFGB*;

(c5)agradeçiolo *SL*;

P506**Castejon** *NL*; **Albarañez** *L*, **Fernandes** *S*, **Fanez** *N*; **truxera** *LÑFGB*, **trajo** *C*;

P515el en su q. *B*, el () su *C*;

P510-512**e [todo] lo al partio** *LÑFGBC*; al partio[lo] *XL*; partio para sus *SG*;

P514**sus peones** *LÑFGBC*;

(P511)por fuertes *Ñ*; **convenie** *S*, **convenia** *XL*; con. () cada uno *C*; cada unos *S*;

P516vender () su q. *XÑG*; el su quanto *B*;

P518**Fita** *SXN*, **Yta** *C*;

P519**Guadalaiara** *XNL*, **Guadarfajara** *FÑ*, **Guadalfaxara** *G*, **Guadalxafar** *C*; veniessen () con *X*; vyniese *B*; gelo quisiese () conprar *N*;

P521**venieron** *SX*; q. [venieron et] vieron *S*; **apreçiaronlo** *SXLBC*;

(P521-522)por el otros tres *G*; (por... fue) *L*; marcos () et *S*;

P523dieron [se]lo dentro en () terç. *L*; a terç. *S*;

[Capítulo V]

(P537)/(P540)sallie *X*;

(P531)**Castejon** *NL*; *tachado* B: Castrejon (salio) e;

P542**Henares** *ÑFGB*, **Enares** *C*;

(P531)como non *B*, que no *C*; quiso quedar *X*;

(P538)por non hazer *F*; Alf. (). *L*

(P533)[asi] **dexar** *K*, **dexar [asi] ()** *L*, **dexar el c. ()** *C*; castiello *S*; desenparado *N*;

[P540-541]a su mano. *C;*

P544conpañeros *K,* conpañas (lleg...[c2] que) sal. *LÑFGBC;*

[c2]sal. aquel dia de *LÑFGB;* sal. de alli (de... Ang.) e pas. *C;* dia del castillo () a las c. *L;* Castejon *N;*

P544Angrita *SXB,* Enguita *Ñ*

P545[e] entraron *XNLÑ;* [e] pasaron al rrio *BC;* entr. al canpo *SXNLÑBC;* Tarançio *XNK,* Tarancon *SG,* Tarançon *L,* Taranço *ÑFBC;* e [entraron en el y] *BC; tachado C:* entraron (el);

P547Hariza *SNK,* Eriza *ÑFGBC;* Çatina *S,* Çitina *BC,* Cetina *G;*

P550-551pasaron [a] Alf. *L;*

P552e tornaronsse [essa noche] a H. e dende [tomo camino de] At. *N;* Huerta *SXNKLÑFG,* Guerta *BC;* dende [a] At. *ÑF;*

P553fueron [a] p. *GC; FGB;*

P554*tachado B:* otero (çerca del rrio);

P555Salaror *J,* Salon *SXNKLÑF,* salieron *BC, F corregido por tachar* salieron > Salon, salian *G;* [por] que *π;* vegar *Ñ,* quitar *L; C corregido* ver a > vedar;

P557-558Çid pasar *C;*

P561una caua *G; Ñ corregido sobre el renglón* cava > carcava;

P562rreguardarse *LÑFGBC, tachado Ñ:* rre(de)guardarse; guardar () de *S;* rrebate *XN,* rrebata *SK;*

[P568]() Pues *XK,* () Despues *SNLÑFGBC;* ouo el Çid *LÑFG;* fecho *XNÑFGBC,* hecho *L;* f. () su *LÑFGBC;*

[P569]fue [luego] ver *X;* veer *SK;* [a] ver *G;* podrie *SK,* podia *FG;* prender [a] Al. *NFGBC;* tomar *S; margen F, mano tardía:* el castillo de Alcoçer;

P570dixieron *SN;* pecharien *SÑGB,* pecharie *F;*

[a2]dexasen *C;* [E] el Çid *NK;* e acog. () su *F;* basteçida *S;*

P572/(P571)sopieron *K;* Calatayud *SXNLÑFGBC,* Calataud *K;* e [los] de *FGBC;* villas [de] *N;*

P573Çid [en aquella bastida] *S;*

P574vido *X;* pudie *L;* castiello *S;*

P575infinta *XKLÑFGBC, corrección K:* ynfynta

[P576]mando a todas coger sus *X;* una () que dexo *LÑFGBC;* dexo [y] (en... bastida) *BC;* su bastida *XL;*

[a3](e... todos) *NFGBC,* (caualgaron...de) *L*

P577e pens. () andar *ÑFGBC;* (e... de) *L;*

P577Xalon *N;*

[P578-579]que () yuan *C;*

P580la vieron *Ñ;* vieron (), *L;* començaronse a al. *ÑFGB,* com. () al. *LC;*

[a4]y fueron *FBC,* [se] vieron *G;* detovieron *LÑFGBC;*

P582nin () las tiendas *G;* pues () aq. *LÑFGBC;*

[P584]ov. () acuerdo *L;* pos el Çid *X;* en pos el e *N,* pos () e del des. *G;* de lo *X,* de les *L;*

P585Que si los *FGC;* prendien *N,* prendiesen *SG;* prisiese *LFBC;* Tervel *SX,* Tirvel *NKLÑFGB,* Terbel *C;* pr. () non nos *KLÑFGBC;* darien *G;*

[P586]los non *KLÑFGBC;* desbaratamos *π;* desb., onrrar nos ha los rrehenes que de nos leuaua dobladas *S;* torn. an *LFGBC;* rrentas *X,* prendas *NKLÑFGBC;* nos llevan de *G;*

[P588]**pos el *XNK*;** despues *Ñ*, pues que *LFG*; se vieron *G*; alongandos *SG*; Ç.
(en... sy) *LÑFGBC*, **en pos sy *NK*;** desque *KLÑC*, de que *FG*, desi *B*;
[a5]**plogo *XNKG*;** castiello *S*;
P588**yua π;**
P590asi los *S*; lo asi *LK*; **vieron () a *LÑFGBC*; dixieron *SX*;** Van *X*; **cuydauamos**
***XBC*;**
[a6]andemos[nos] *S*; de guisa *X*; alcançamos *C*;
P592ov., () sabor de *S*; **de () sabor *KLÑFGBC*; ovieron () grand *XN*; pos el Çid**
***SXNKFG*;**
P593castiello *S*;
P595**eran () bien *SXN*, eran () alongados *KLÑFGBC*;**
[P599]() Lidiando *ÑFG*;
P601entre el Çid *FGC*; **Albarañez *L*, Fernandes *S*, Fanes *K*;** F. [Mynaya] *B*;
P603**F. () al cast. *LÑFGB*, ellos al cast. *K*,** F. debuelta al cast. *C*; (e... cast.) *SX*;
P605**mat. () mas de *LÑFGBC*; moros [y] *K*;**
P607**Albarañez *L*, Fernandes *S*, Fanes *XK*;** F. [Minaya] *C*; **mientra mas de**
***LÑFGBC*;** fueron () quanto *K*; (e entr.... castillo) *X*; castiello *S*;
P611**traye *SXNÑGC*;**
[c3]luego () pudo *L*;
P611-612alto logar *NÑC*; **auie π;**
P613plazer () dixo *L*; auie *SG*;
P614**g. al Nuestro *XNK*; Christo [ya] π; N. S. Dios *S*;**
P615mejoramos *KL*;
[c4][P618-619]**ent. () man. *S*; escodriñar *XLFGB*, escudriñar *NC*, escodrinar *KÑ*; fallo**
() muchos *LÑFGBC*; y () moras ascond. *S*; moras () yaz. *L*; **yazien *LÑFGBC*;**
escondidos *NLÑFGBC*;
[c5]-[P621]av. muy granado *X*; *margen F*: el castillo de Alcoçer;

[Capítulo VI]
P625-626***J posiblemente*: Teta, Teta *S*, Deça *XN*, Deda *KLÑFGBC*;** Calatayut *X*,
Calatayud *NLFGBC*; **Tiruel *N*, Terbel *ÑFBC*, Thernel *L*, Ternal *K*;** Ter. y de
Cal. *S*; **avie *SLFGBC*; priso *LÑFGBC*;** tomado *S*; priso [a] Al. *ÑFGBC*;
[a2]que tem. *GC*; **temien *SXL*, tenien *ÑFGBC*, tenian *K*; avernie *X*, vernie**
***LÑFGBC*; de les venir *S*;** q. eso mesmo les venie *L*; avernia [algund daño] *N*;
mesmo () a *N*;
P627() Enb. *K*;
[P632]**veniese *SXÑ*;** [a] acorrer *N*; [a] socorrer *FGBC*;
[P628]**sopiese *SXK*; Diez *GC*;** D. [Campeador] de B. *BC*;
P629le av. *C*; **avie *XLGC*;** Alonso *L*; **A. () de *S*; de () t. *X*, de su t. *NKLÑFGBC*;**
[P630-631]() que *L*; (e.q...Alcocer). *S*; **avie *XLÑFGBC*; priso *C*;** al cast. *X*;
P632-633**en esto *LÑFGBC*, () esto *G*; Deça *N*, Deda *KLÑFGBC*; Tervel *FG*, Teruel**
***C*, Theruel *L*, Terbel *B*, Tiruel *Ñ*; Calatayut *X*, Calatyud *LÑFGBC*; avie**
***SXLFGBC*; perdido *XLÑFGBC*;**
P634-635avn mas las *L*; rribera *LFG*; Xalon *XL*;
P636**avie *SFGB*;** Temin *K*; T. () pesandole *LGC*; mucho de *LFGBC*;
[P639]guiso[se] *X*; de () gran *L*;
P637-638mor. (a... moros) q. *L*; reyes () moros *S*; eran () con *L*; *tachado C*: moros

(*ilegible*);

P654(c2)que F. y G. av. *ÑFGBC*, (que... nonbre) *L*; **avia** *J*, **avian** *XNK*, **avien** *SÑFGBC*, **tenian** *L*; **Gualbe** *Ñ*, **Greve** *B*;

(P639-640)/(P655)q. ay eran *FG*; avie enderredor *C*; levase *KÑ*;

(P641)puñasen *K*, pugnasen *C*;

(P642)p. de derecho al Ç. *L*;

P653-654[E] fueronse al. *SC*;

P647ymbiaron *BG*; **de () fronteras** *LÑFGBC*;

(P653)/(P657)fesieron *X*;

(P655)/(P658)de guerrear () e () conbatir[se] *L*; el conbater *XÑ*; de lo *X*;

P661ved. luego lagua *Ñ*; pocos () dias *LFGBC*;

P664obieronle *C*;

P662Çide *X*; querien *SG*; quer. () lidiar *X*; sal. () lid. *S*; **con ellos [cada dia]** *LÑFGBC*;

P663ved. el (). *S*;

(P666)Mas quando *Ñ*; **vido** *X*; aquel çerco *BC*; çerca () *K*;

(P670)tenemos *Ñ*;

P667[ca] ya *S*; tolleron π;

(P673)sy quisieredes *Ñ*;

P669son [grand hueste y] gran poder *L*, son muy grand poder *ÑFG*, son muchos e nos *BC*; nos[otros] pocos *LÑFGBC*;

P688hurto *F*, hurtar *G*; non podemos *NFGB*; podemos que nos *LFG*;

(a3)çerc. (de... partes) *FGBC*;

P671Albarañez *L*, Fernandes *S*, Fanes *NK*; F. [Mynaya] *BC*;

(a4)(P670)commo queredes *SXNKLÑFGC*, como queremos fazer *Ñ*;

(c4)rrespondemos *XK*, rresponderemos *SNLFGBC*, rrespuesta daremos *Ñ*; dixo *S*;

P672Castiella *S*;

P673non lidiamos *XL*;

(c6)(non fal.) *S*; nos () gouernar *L*;

P674*margen F, por el foliador*: de honbres de armas;

P675pues [que] en el *Ñ*; **del Nuestro** *X*, de () Ihesu *LÑFGBC*; N.S. Dios *S*;

P676e lidiaremos *KÑ*;

(c7)a grant *N*, e grant *LÑFGBC*; ganançia (). *N*;

(P677)(c8)el esffuerço *X*; Albarañez *L*, Fernandes *S*, Fanes *NK*; F. [Minaya] *C*; dixo():
LFGBC; d. [el Çid] *C*;

(P677-678)Aluarañez, *L*, Fernandes *S*, Fanes *NK*; querria *KLB*;

P678onrrastesnos *X*, entrastesuos *G*;

P676/(P681)aguisemonos [en ello] () commo *LÑFGBC*; commo tras salg. *FG*; salg. a ello *ÑFGBC*;

P693castiello *S*; pararon *Ñ*;

(P691)defendiolo *FG*, defendio() el Ç. *N*; derranchasse *NKÑC* (-ase *KÑC*), derrachase *FGB*; *F corregido*: deran- (?) > deRa (= derra-);

(P697)ya [otrossi] sus *XNK*, est. () [otrossi] sus *LÑFGBC*; façes *C*;

P696[se] fazian *F*; fazien *G*; atambores *XN*, atamores *SK*, las armas *LÑFGBC*;

(P696)podien *SG*;

P698avie *SG*; ay *FG*; **dos rreyes** *J*, **dos [señas cabdales de los dos]** *SXNK*, **dos**

[señas cabdales de los] *LÑFGBC;*

P699e () pendones *G;* **de [los] otros p.** π; pueblos () que *X,* tanto que *F; F subrayado en texto*: y de... cuento; **avia *L*, avie *FGBC*, avien *S*; cuento *LÑFGB*;**

P704**[E] Pero *X*;**

(P689)tenie *SG; tachado C*: tenia (*ilegible*);

(c10)quando () el grande *X;* el () poder *LÑFG;*

P704sufrir *LFG;*

(P706)dixo [el] *SG,* dixo[le] *G;*

P706ayude [Dios ayude ya] la v. *L,* D. ayude [Dios] oy *FGB,* D. ayude [y dios oya] oy *C;* oy contra la *X;*

(P710)**puedo [ya] aqui *X*; aqui () mas *XNLÑFGBC*;**

P711cavallero *K;*

(P712)[E] los moros *X;* çercaronlo *X;* çerc. (alli... P713començaron) a *N;*

P713començaron[le] a *LFBC;* dalle *Ñ;*

(c11)**con las lanças *LÑFGBC*;**

P712**leuar () la seña** π;

P713**buenas armas tr. *LÑFGBC*; traye *SXNG*;** nunca le *K; X corregido por la adición de* [le] *sobre el renglón;* **podian *LÑFBC*, podien *G*; pud.** () **enpeçer** π; espeçer *K;*

(P719-720)entonçes el Çid *N;* **mando entonçes *SXLÑFGBC*;**

(P721)(c13)con su cuerpo *X;*

(P722)**los suyos () ferir** π;

(P724-729)fezieron *X,* hizieron *G;*

P732q. mas mat. *S;*

(a5)() Cabdillos, de los *F;* **cristianos fueron *J*, christianos [que acabdellauan las otras conpañas] fueron** π; acabdillaban *LÑC,* cabdillavan *FG;*

P734/(a26)**Dias () Çid *LÑFGBC*; Çide *X*; Çid [el] Canpeador [de Bibar] *BC*;**

P735**Mienaya *X*, Minaya *KFG*;** *tachado*: Min. (rru); () **A. F. [Mynaya] *BC*, (Miñaya** *C*); **Albarañez *L*, Fernandes *S*, Fanes *K*; *G tachado*: Fañes (Çor) que;** tuyo Çor. *L;*

P736Antoliñez *N;*

P737**Nuño *XLÑFGBC*, Nuno *K*; Gustos *ÑFGB*, Guistos *C*;**

P738*abrev. rara J*: **Martin ñs; Moñoz *KÑ*; touo *SXNG*, tovo *KFBC*, tuvo *LÑ*;**

P739**Alvaro Sal. *BC*;** Saluadoris *Ñ;*

P740*abrev. J*: **gia = Garcia,** *abrev. F*: **Gra vn buen,** *error G*: **Graun, buen;**

P741Filix *F;* Munoz *K;* sobrino del (). Todos estos lid. *G;*

(P742)**Estos () todos () lid. *LÑFBC*;**

(c12)se le *F;* osaua [ninguno] parar *K;* osaua ya *S;*

(P745)**todos () en la *LÑFGBC*;**

P744**mataron () el cau. *LÑFGBC*;** cauallo () Al. *SÑ;* **Fernandes *S*, Fanez *K*; F. [Mynaya] *BC*;**

(P748)fue () acorrer *K;* a socorrer *BC;*

(P749-751)() mato *S;*

P752tomolo *C,* tomo() el *Ñ; tachado L*: tomole (de su [*ilegible*]) el; **diole *XLFB*, dio() a Al. *C*;** Fañes *K,* Fernandes *S;*

(P753)dixo (): *FGBC;*

P753*S margen superior (f. 209 v) decorado sobre* **Fernandes** *en primer linea;* que

vos L; **soys LÑFGC; el mio diestro SKLÑFGBC;**
[P754]quisier NL;
P755**firmes veo () estar** π; estar [avn] los NK; dexar [avn] el canpo X; non nos SNG; nos () dexan S; canpo por ende S;
[a8]acometamos X;
[a9]de primero S, de la primera [vez] B, de primer [vez] C; **conbatimos X, cometimos SNKÑFGBC, cometemos LG;** menos esta vez C;

[Capítulo VII]
P756**d. [desto]** S; **Fanes KL, Fernandes** S; F. **[Myñaya]** BC;
[P758]aquellos moros S; estauan () mal S; **ya () escarm. LÑFGBC;** crist. (nin... christianos) LG;
[c2]atender [en el canpo];
[a2](P758)**[e] avn () fueronse ÑFBC;**
[a3]yendolos () leu. Ñ; leuantado L, leuantando ÑFG;
[c3]sacando [ya] del X;
[P759-760]**() el Çid J, [vio] el Çid SXNKLGBC, [dio] el Çid ÑF;**
[a4]**yr contra el LÑFGBC;**
[c4]**al mas LÑFGBC;** () mas S; correr de su L;
[P760-762]oviera lo X; huviera G;
[a5]**sintio LÑFGBC;** quiso ya mas K, quiso () mas LFGB;
P763las riendas S; fuyo del KL;
[P773]quando fueron a su señor y vieronlo foyr S;
[P771]desenpararon N; des. **[otrossi]** π; canpo (). X; **fuxieron S, fuxeron NFGC;**
[P765]Antoliñez KFB; **fallose [otrossy] SXNKLÑFGB, moro [otrosi] C;** dizen S, dizian N; Galfe Ñ;
[P766]sus armas FG; **le paso LÑFGBC;**
P767le llego L; **llegole a la LÑFGBC;**
[P774-775](c5)tachada K; de (yr) fuyr; foyr NG; fuyr contra sus ÑFGBC, fuyr [a] () sus c. L; fuyr () sus LFGBC; con (todas sus... con.) sus con. Ñ;
[P770]dexaron[le] C;
P773() Faris K; Taris X; fuyo KL; **por Ter. J, para Ter.** π; **Teruel SXKG, Terbel BC, Tervel L, Peruer F;**
P775**por Cal. J, para Cal.** π; **Calatayut X, Calataud KF;**
P778**Fernandes S, Fanes NK;**
P776pos dellos SL;
[P777]alcançe () fasta G;
[P779]/[P785]haziendo G; **estragamiento SLÑFGBC (-mento SBG);**
P787**[E] d. FGC; Desi** π; **torno LÑFGBC;** con todas sus c. X; Çid (e... conpañas) K;
[P777]logar LÑFGBC; **do XBC, o NKLÑFG;**
[P794-795]**auer en el campo muy grande LÑFGBC;** auer [ademas] en C; muy grande () Ñ; grande NS;
P796**caualleros (abrev.) JKB, cauallos (no abrev.) XNFGC, caualleros (no abrev.) SLÑ, F corregido por adición de abrev. tardía: cavallos > cavalleros, Ñ tachado: caualleros >cauallos;** finc. () espar. X; moros () q. and. S; estragados S; les X; **llegaron XNK, juntaron SLÑFGBC;** quando les llegaron [y] X; fallaron ()

quin. *SL;* quenientos e diz *S;* quinientas *X;* diez [caballos] *BC;*

P798fal. [menos] mas π, [menos] () de *K; K se lee con dificultad posiblemente tachado:* me (q)nos; **caualleros** (*abrev.*) *JLÑFG,* **caualleros** (*no abrev.*) **SK,** caballos *XNBC* (*no abrev.*) (*B posiblemente corregido* < caualleros); cauall. ().
π;

(P800)El despues *S;*

P801para () castillo *K;* castiello *S;*

(P802)/(P804)Desi π; **ganaron** *S,* **llevauan** *LÑFGBC;* (e... a) cada *K;* cayeron[le] *C;* grande *S;* P805cayeron[le] *SC;* **en su** *SXN;*

P806/P809**pagadas** *SXKLÑFGBC;* pagadas por cuenta bien fueran *G;*

P804/(P808)bien () fue. *LÑFGBC;* fueran *XLÑFGBC;* partido *S;* e dando *FGBC; K tachado:* da(n)do; der. (a... vno) en *G;* la () guisa *Ñ,* en () su g. *X;* guisa [suso dicha] *C;*

P801-802nat. () de aquel *LÑFGBC;* castiello *S;* acogiessen *SXNKLÑFGC;*

(a8)para servirse π;

(a7)fueron a lid. *C,* yuan () lid. *Ñ;* castiello *S;*

(P802)algo de lo que a los otros moros ganara *LÑFGBC;* de los otros *LFGBC;*

(P810)Desi *SXNKLFGBC,* Otrosi *Ñ;* Albarañez *N,* Ferrandes *S,* Fanes *K;* F. [Miñaya] *BC;*

P810Mienaya *X,* Minaya *K,* nunca ya Al. *FGBC;* Albarañez *L,* Fernandes *S,* Fanes *K;*

(P811-812)feziese *SXK;* meresçiendolo *FG;* meresç. () muy *C;* **que** () **tomedes** π; **deste** *XNKLFGBC,* **desto** *Ñ;* **mio q.** *SXKÑFGB;* ovieres *K,* ovieredes *SBC;* mester *X;*

(P815)Desi π; desi () sab. *Ñ;* de () tierra *XKÑFC,* de su t. *NL;* mio señor *LK;*

(a9)queria *LF;* **trabaiar**() **si pudiese** *LÑFGBC;* podiese *K;*

P816cogades *C;* **cauallos** () **destos** [**mejores**] *LÑFGBC;* buenos () que *X;*

(P814)a mi [en] s. *SXNK,* en mi suerte *LÑFGBC;*

P817ensellados *XN;*

P818*tachado S:* sendas ///;

(a10)mio señor *SK;*

P815Alonso *L;*

P813() que L;

(a11)que quando *LÑFGBC;* **pudieredes** *SNLC;* **ganarme la su** *XNKLÑFGBC;* gan. [la suerte de] la su *L;* amor [lo hazed] *BC;* amor [en tanto vos trabajad] *N;*

P820E. **lleuar** *K;* **llev.** [**otrossy**] π; e () plata *L;*

P822en esa tierra vuestra *FGBC;*

P823fincar *KF;* hijas *G;*

P824**dezirles** *SNKÑG;* (por... Dios) *Ñ,* (e que... Dios) *FB,* (e que...otrosi) *LGC;* ("*salto de mismo a mismo*");

P831merçet *X;*

(P829)[E] otrosi *F;* los digo *Ñ;* **Fernandes** *S,* **Fanez** *N;* **digo** () **que** *LÑFGBC;* digo () esta *K;*

P835podiamos *FGBC;*

P834nos avremos a guarir por armas *L;* **avemos** *SXNÑ;*

(P832-833)aventura *SXNK;* **fallaredes** *SNLÑBC;*

P832(c7)tornardes *KÑFG;*

^{P833}ydeuos para *SKL;* **do *X*, o *NKLÑFGBC;* supieredes *SXL;***
^{P826/(P819)}**Aluarañez *L*, Fernandes *S*, Fanes *K;*** farie *S;*
^{(a12)(P827)/(P836)}**Desi** π; guiso[se] *L, C corrigió* se > sus; **auie *NLÑFGBC;*** despediose *K*, espidiose *L;*
^{(P829)/(P835)}para Burgos *Ñ; tachado K:* Cast. (el);

[Capítulo VIII]
^(P837)() El Çid *SXKLÑFGBC;* finco [alli] *S;* castiello (). *S;* con [todas] sus *LÑFGBC;*
^(P839)metien *SXNKÑ;* farie *S*, seria *Ñ;* faria el [Çid] *SX;*
^{P841}e con () Faris *LÑFG;* que ya *FC;* q. era ya *BC;*
^{P839}guardase *F;* guardasen () *L;*
^(a2)sabor de alli *J*, sabor [de salir] de π; logar () mayor *N;* mejor cons. *S;*
^{P845}castiello *S;* **cast.** () a los *LÑFGBC; tachado K:* mo(pa)ros; moros de su misma *C;* **dese mismo *XNK;*** logar *NK;* marcos [de oro e] de plata *S;*
^{(c3)(P847-848)}Desi π; todas [las cosas que tenia enpeñadas con aquel auer e pago el sueldo a todas] *N;* (con... auer) *N;* conpañas de aquel auer (e... bien) *Ñ;* mandolo *S;*
^{(c4)(P847-848)}[E] ellos *SXÑBC;* touieron () por muy [bien] pagados [e mandoles que se guisasen muy bien] *Ñ;* tan ganadamente *FG;* les fazia *NKLFG;* fazie *S;*
^(P850)dixieron() la *SXKLÑFG;* las palabras *B;* que [dize] *G*, [dizen] *FL; corrección F:* que > quien;
^{P850}sirve () biue *LÑFGBC;* bien andança *SXNK,* **buen and.** *F;*
^{P851}[El Çid] pues que ovo esto fecho queriendose yr *L;* **Desi** π; de yr () com. *ÑFGBC;*
^{P852}començaron () los moros a quexar[se] que () morauan *L;* quexar[se] *G;* com. [mucho] *X;* que () morauan *L;*
^(P854)fazie *SK;*
^{P853}*tachadura tardía J en otra tinta por adición de* s: guiase > guisase, **guisase** *LÑ, C tachado:* guisase > guiase; guis. () la su *LÑFG;* **buen and.** *SXL,* bien and. *NK;* [e] que *LÑFG;*
^{P855}se () fuese *SX*, e (quito... fuese e) paso *K;* dexolo *NL;* lo [a] rrec. *L;*
^{P857/(P855)}[Y] desi *F;* **Despues sal.** *LÑFGBC;* del Al. *F;* **Al.** e () **paso** *LÑFGBC;*
^{P858}rrey *J,* **rrio** π; rrio Xalon *NL; margen B:* Rio Salon, Monte Real lugar;
^(P859)que () sal. *LÑFGBC;* saliendo de *FGBC;* **del rrio *SXNÑ;* bien and. *SNKLÑ,* buen and.** *FG;*
^{P863}despues *SN;* arroyo *J*, **poyo** π; es () Monte *LÑFGBC;* Mon *X;* Real *XNKÑFG;* finco () sus *L;*
^{P864}esta alto *FBC*, era tan *G;*
^{P865}si non t. *C;* non se *K;* **temie *SXNK;*** temia () el *FGB;* t. (alli... de) nin. *L;* le guerreando *F;*
^(P867)logar *N;* mal Medina *J*, mal [a] M. π; Media *C;*
^{P868}Teruel *SXNK,* Theruel *L*, Terruel *Ñ*, Terbel *BC*, Tribel *F*, Tubre *G;*
^(P866)a [otros lugares y] () otras *LÑFGBC;* vieron pechar *L;* dieron pechamiento *BC;* ovieron [a] pech. *SNKLÑFG;* ovieron [todos a] *S;*
^{P869}e meter so su poder *XLÑFGBC;* en so pod. *K;* Çelsa *FGBC;* Ç. () del *L;*
^(a4)dex. [aqui] *S;* queremos dexar *BC;* ablaremos *Ñ*, oiremos *B; tachado K:*

Al(far), *corregido sobre renglón* Albar; **Albarañez** *L*, **Fernandes** *S*, **Fanes** *NK*; F. **[Miñaya]** *BC*;

[Capítulo IX]

(P871)**Albarañez** *L*, **Fernandes** *S*, **Fanez** *XN*, **Uañez** *G*; llego (|) al *XL*; *tachado* Ñ: rrey (desta vez); Alf. [desta ves] *X*; Alonso *L*;

P872presento(|) luego Ñ; aquellos (|) cauallos *LC*, cauallos [que eran treynta] *C*; *margen B*: 30 caballos con sus espadas a los arzones;

P873rrey (|) quando *L*;

(a3)con [el] sus esp. *N*; espadas en los *C*; que (|) ouo *X*;

P873**com. a sonrreir(|) e** *LÑFGBC*, **começo[se] a s.** *S*;

(a4)ante *X*; **Albarañez** *L*, **Fernandes** *S*, **Fanes** *K*, **Uanez** *G*; dixiese *X*; **alguna cosa** *LÑFGBC*;

(P874)**começo a preguntar** *LÑFGBC*; preg. [e dixo] *C*;

P874**Mienaya** *X*, **Minaya** *KFGBC*;

(P875)**Albarañez** *L*, **Fernandes** *S*, **Fanes** *K*, **Uañez** *G*; le dixo que (|) **[mio] señor** π; P875q. mio Çid Ruy Dias el Canp. *S*; **Çid (|) Canp.** *KLFGBC*; **Can. [de Bibar]** *BC*;

(a5)(P629)/(P1325) **C., [que] pues q.** *XNLÑFGBC*; despues q. *SNKG*; lo vos *X*, (|) vos *KLGC*; vos [lo] *L*, vos [le] *ÑG*; **de (|) tierra** *XKLÑFBC*;

(a7)(P627)tiniendole *FG*; **teniendolo** *SXLÑ*, **t. (|) el** *FG*; t. lo (|) el rrey *K*; *tachado S*: t. el (///) sopo; **sopolo** π; este rrey *FG*;

(a8)(P637-638) enbio (|) sus *L*; moros reyes *S*;

(a10)P661**el agua** *SXNKÑBC*, **las aguas** *L*, **el llagua** Ñ; que (|) non pod *C*; **podiemos** *SN*, **podriamos** *K*, **podimos** *LFGB*; *tachado C*: podia(ya)mos; ya sufrir *KLC*;

(a11)(P685)[E] el Çid *XKFB*;

(a12)(P687-688)**e morir** *XLÑFBC*; o bevir o morir *K*, (vivir *FG*); [que] lidiando *B*;

P876**vençimoslos [e] el Çid** *X*;

(P760-767)fueron (|) mal fer. *L*;

P876**fer. (|) los** *LÑFGBC*;

(a14)(P875)morieron *N*; fueron (|) presos *LC*, presos [y] *C*; muchos [dellos] de *X*;

P877fiçimos *C*; que [y] dellos *F*;

(a15)(P805)**cayeron [de] ally** *SKLÑFG*; del su q. *X*, el (|) quinto *L*;

P878enbiava *K*; enb. (|) a bos *XK*, a bos [ende] *BC*, enb. ende (|), señ. *N*; enb. (|) a bos, señor [ende] *X*;

(P816)**treynta [caballos] con** *NFGBC*;

(P880)querie *S*;

(P879)**(|) Señor** *LÑFGBC*; las manos e los pies *L*; asi, señor Ñ;

P880**por merced q.** *S*; **por [merçed e por] mesura (que... perd.)** *LÑFGBC*; le perd. *S*;

(P880)aya (|) la gr. *K*

P881[Y] dixo *C*; **Dixo el** *NLÑFGBC*; *nota marginal B*: rresçibelos el rrey y merçedes haze; (P881)**Minay** *K*, **Mienaya** *X*, **"(|) Mucho** *LÑFGBC*;

P882ayrado (|)ech. *L*; **de (|) tierra** π; **tierra (|) syn** *LÑFGBC*;

P883**coger** *XK*, **acorrer** *FGBC*; *subrayado* N: de...semanas;

(a16)ninguno *K*; deue [a] ensañar *X*; enseñar *L*; non si le v. *S*; non se viere *FG*; **vier** *NKÑ*;

(P884)*abrev. rara tachada J*: **cauallos < caualleros, caualleros** *K*; hizo *G*; he (|) e plazme *L;* **tomarlos [quiero] e por ende** *S; nota margen B:* Rescibelos el rrey y merçedes haze.

P885**fizo () e por** *LÑFGBC;*

P886**Mienaya** *X,* **Minaya** *KFC,* **Munaya** *Ñ;* perdono [vos] yo *S;*

P887**tierra () que ten.** *LÑFGBC;* teniedes *S;*

P888graçia (que... graçia) *G;* do *XLÑFBC,* o *NK;* quisieredes *XNL;* o douos mi *N;* (douos... graçia)*L;* (e douos...vayades) *S;* cada [que] quis. *XL;* **quisieredes** *SXNLBC;* (douos...graçia) *S*

P889**mas el Çid** *J,* **mas del Çid** *π;* **nada mas de que** *LÑFGBC;* nada agora *S*

(a17)(P890)a vos e a el *L;*

P891del mio rregno *S;*

P892quieren *X,* quisiere *L;* [quisieredes o se] quisieren *S;* quis. () para... Çid [yr] *LÑF;* yr para Mio Çid *π;* Çit *N;*

P893franqueoles *S;* e los averes e las heredades *SXNLKLÑFG;* aheredades *LÑ;* e **las faziendas e heredades** *BC* (açiendas *C*);

P894**la mano** *LÑFG;* **las manos** Al. *ÑBC;* **Fernandes** *S,* **Fanes** *K,* **Uañez** *G;*

P895/(a18)D. [la] vida y muchos *FGBC;* graçias [buenas y] *S;*

P896**q. [por] esta m.** *LÑFGBC* ([e] por *ÑB*); merçed [que] *ÑBC;* fazedes [y] agora *FC;* (a19)quisier *N;* quis. (mas... quisiere) *LC;*

P896faremos *Ñ;* guis. porque la ayamos *S;*

(a20)año (que... dicho) *K,* año () desuso d. *LÑFGBC;* suso *S;*

HAr1**murio () Almuç.** *NLÑFGBC;* Habed *S;*

HR1**Almucaniz** *X,* **Almucumiz** *Ñ,* **Almacaniz** *F,* **Aluacaniz** *G,* **Alcaniz** *BC,* el maçamiz *L;* HAr2pos el *FGC;* **Abenhabet** *XKFG,* **Abenhabed** *NLÑ,* **Habenabet** *SC;* (HR1)[y] en *F;*

HAr5la And. *KC;* Andalozia *N; F corregido por raspadura:* man()tovo(); pasaron [a] aquen *N;* **de allende de la mar** *S;* [les] tol. *S;* tollieron *SXNKB,* tolleron *LÑFG,* tolieron *C;*

(a21)desto (e... Fañes) *FGBC;* **Fernandes** *S;*

(P899)hablaremos *LÑFGBC* (f- *ÑC*); Çid (). *SNLÑFGBC;* [Campeador de Biuar] *BC;*

[Capítulo X]

(a1)año () del rrey *KFG;* Alonso *L;* Alf. () en *G;*

(a2)y çiento () años *S;* çinco (años (a3)... año) [y] la de la enc. *L* ("*salto de mismo a mismo*");

(a3)**setenta** *LÑFGBC;* siete (e (c2)... nueve). *L;*

(a4)[don] Enrrique *S;*

(c2)nueue [años] *NC;*

(c3)**dixiemos** *SN,* **diximos** *LÑFGBC;* **Mont Real** *XN;*

P900mantouo el rrey *Ñ; subrayado N:* el Çid; posadas *B,* pasadas *GC;*

P902**fasta fizo el** *J* ("*salto de ojo*"), **fasta [el dia de oy el Poyo de Mio Çid. E de aquel lugar] fizo** *π;* fasta el Poio *G,* fasta de oy *Ñ,* el () de oy *FBC;* Payo *Ñ;* Çid [Ruy Diez] *C;* logar *NK;*

(P903)[buenas] e muchas cavalg. *K;* aprem. [e gano] e q. *S;*

P904*tachado K:* E(tro); **Marin** *X,* **Martjn** *LG,* **Martini** *Ñ,* **Martini** *F,* **Myño** *BC* (**Miño** *C*); touola () por *LÑ;*

P906 pesaron *K;* pesole *S,* peso() mucho *Ñ,* pesol [el] *F;* **p. mucho () a todos**

LÑFGBC;
[P908][Y] el Çid *LC;* uido *FG;* **Albaranez** *L,* **Fernandes** *S,* **Fanes** *NK,* **Uañez** *G,*
[a5]**peso** *LÑFGBC;* estar [tanto] en *XC;* logar *N;* lugar (\|) e *XC;* e (\|) non yr *L;* **otro lugar** *LÑFGBC;*
[P910]**desmanparado** *SX,* **desenparado** *N;*
[P911]**Ternel** *J,* **Teruel** *SXNKC,* **Terbel** *B,* **Terruel** *Ñ,* **Tiruel** *FG;*
[P912]e (\|) posar al *K;* fue [a] pos. *LG;*
[P914]corrio [a] Çar. *G;* fiz. [a] tanto *S;* que (por... le) ovieron de pechar [por fuerça] *C;* dar (\|) parias *LFG;*
[HR1]**Desi a pocos** π; **pocos (\|) dias** *LÑFGBC;* tan grande *FG;*
[HAr1]Almodafor *C;*
[HR1][que era] rrey *N;* e (\|) rresç. *BC;* **rrec. (en... villa)** *X;* villa (mucho... mente) *Ñ;*
[P916]**allego** *S;* **llego M. A. F. de Castilla** *LÑFGBC* (a Cast. *L*); Mienaya *X,* Minaya *KGC;* Castiella *S;* Albarañez *L,* Fernandes *SK,* Fanez *N,* Uañez *G;*
[P918]escudos *N,* escudero *K; subrayado. N:* con... de; [de] pie *X,* [de] a pie *FGBC;* ademas [y] el Ç. *K;*
[P919]sopo *NKÑG;* [lo] supo (\|) sal. *X;* venie *S;*
[P920]saliolo *XG;* saliole (\|) rreç. *NKF;*
[P922]**Albarañez** *L,* **Fernandes** *S,* **Fanes** *NK,* **Uañez** *G;* començole (\|) a *XL;* contar [luego] *X;* **contar (\|) las n.** *LÑFGBC;* fue *G;* como le conteçiera *X;* Alonso *L;* e (\|) lo que *L;* **dixiera** *SN;*
[a6]q. oyo aquellas nueuas de parte del rrey tan buenas *X,* del rrey tan buenas nueuas como aquellas *LÑFGBC;* como oyo *G;* oyo [lo] de *B;*
[P923]plogole mucho *G;* **con ellas (\|) e sonrr.** π; que (\|) oyo *LFGBC;*
[P924-925]**Mynaya** *SXFG,* **Minay** *K;*
[a7]mensagero *Ñ;*

[Capítulo XI]
[a2](Andados... [a5]en veynte) *L;*
[a3]e el (andaua [a4]... año) de la enc. *ÑFGBC;*
[c2]**mill e setenta** *ÑGC,* xllviii *B;*
[a5][don] Enrr. *S;* veynte [años] *C;*
[HR1]Estando el Çid *L;*
[HAr1]**Almondofar** *X,* **Almundafar** *L,* **Almodafar** *S,* **Almudafar** *ÑFGBC;*
[HR1](el...mur.) *Ñ;*
[HAr2]**Ayleman** *C;*
[HR2]dixieron *S;*
[HAr3]**Benalfange** *XC;*
[HR3]**part. el rr. entressy (\|).** Çul. π;
[HAr3]**e Benalfange** *XC;*
[HAr2-HR3](\|) Rrey de Car. [que hera como dixiamos Çulema] *L;*
[HR3](amo... Çid) *X;* amo (\|) al Çid mucho *L;*
[HR3][y] metiole *F;* en [su] poder *FGBC;* poder (\|) que *LÑF;* **feziesen** *X,* **fiziessen** *NK,* (h- *G*);
[HR4]**Desi** π;
[HAr3]**Benalfange** *C;*
[c3]*abrev. rara Ñ:* ados = ambos a dos (?);

^{HR5}Remont *SN*, Remon *XLÑFGBC*, Remondo *K; tachado X:* conde (don Pedro) R. Beringuel; Barçilona *L;* ayudaron *LÑFGBC;*

^{HAr3}Benalhangel *K*, Benalfange *XC;*

^{HR7}tenia *K*, tenie *S;* con Çul. *SXNKLÑFG;*

^{P936}tierra *LÑFGBC;* Alcaniz *SLÑFGC*, Alcañiz *B;*

^{(P937)/(P944)}troxo *XN*, traxo *SKBC;* tr. () grand *SXLÑFGBC;* presa *LFGBC*, priesa *Ñ;*

^(P939)caualleria *FGBC;*

^{P940}Munçon *Ñ;* Huesca *XNKLÑFG*, Guesca *BC;*

^{P943}tornose fuego *Ñ;*

^{(a6)(P944)}(e partio... suyos) *Ñ;* suyos (e dio) *S;* dio aca vno *K;*

^(P947)Desi π;

^(a7)[se] han *B;* guiar *BC;* guerrear *G;*

^{P948}quieren *NLÑFGBC*, quier *X;* morar [y durar] *C;* pueden *KBC;* puede () que *K;* menoscaben *NKL;* mucho (). π;

^{P949}guisatuos *X*, guisadeuos *NKLÑFGBC* (guisadde uos *F*); guisadeuos () para *L;* para tras *FG; tachado B:* para (ilegible) yr; para [yr] *BC;* cras [de] mañana *K;* cras (). *LÑFGBC;*

^{P950}yremos [a] buscar *G;* otra posada *LÑFGBC;*

^{P951}movieronse () lugar *S* ("*salto de mismo a mismo*"); fueron() e *XLÑFG;* fueron () [a vn puerto] *Ñ;* fueron () asentarse *L;* asentaronse [alli] *Ñ;* logar *N;* en un puerto que d. (el... de) Al. *LÑFGBC*, en un lugar q. d. (el...de) Al. *S;*

^{P952}(e de... ^{P953}dias) *Ñ;* Çid [a] *LFGBC;* Huesca *XNKLFG*, Guesca *BC; laguna Ñ;* Huesca, () Mont *FGB;* corrio el (Çid Uesca ^{P956-957}) Çid *S* ("*salto de mismo a mismo*");

^{P953}duro alli *FG;*

^{P956-957}mandado () quel *Ñ;* Ç. hazia *G;*

^{(P957)/(P975)}Remont *N;* Beringel *X;* Ber. () de *LÑFGBC;* Barçelona *SNLÑFGBC;*

^{HAr3}Benalfange *X*, Benafange *C;* rrey () D. *Ñ;*

^(P959)() Quando lo *Ñ;* pesole () de *L;* mucho () porque *BC;*

^(a8)tenie *S;* aquella tierra *C;*

^{(P959)(c4)}Con la () saña *BC;*

^(P960)dixo [contra el Çid] (su... guisa) *C;*

^{P962-963}firiome () mio *S;* mio sobrino *SXK;* n. () despues [me lo] em. *LÑFGBC;* emento *X*, encomendo *L;*

^{P964}en () guarda *ÑG;*

^{P965}nin le *SXN*, nunca le *K;* desafie (), le *L;* yo () [en el] des. *FGBC; F corregido:* de su fiencança > desafienança (?); *tachado B:* desafian(en)ça, de su fiança *C*, de su fienança *G;* torne [en el su] amistad *C;*

^{P966}[el] me el busca *ÑBC*, [el] me () busca *LFG;* () no *LÑFGBC;* gelo () demande *Ñ;* estar [que non gelo puedo estar] *K;*

^{(P967)/HR5}conde () V. ayunto *X;*

^{HAr3}Benalfange *B;*

^{P967}ayuntaron () gr. pod. [entonçes] *C;*

^{P968}de moros y de christianos π, (y [] chr. *K*);

^{P969}[y] fueron *KLÑFGBC;* pos del *SLÑGBC;*

^{P971}del Pinar *SXNÑFGBC*, Pinar del Tovar *L;*

^{P972}esfforç. () quel *Ñ;*

P973traye *SNLÑFGB;* presa *XNLFGC;*

P974descendie *S;* desç. a vna *BC;* allegaua *Ñ;* **lleg. ayuso** *NLÑFGB;* llegaua (|) a un valle [ayuso] *C;*

P975/(HR5)**con el c.** *S;* **Remont** *XF,* **Remon** *NLÑG,* **Remondo** *KC;*

HAr3**Benalfange** *X;* **venien** *NKLFG;* **en pos el** *XN;*

(a9)**toller** π; el (o... lo) [por ende] *BC;* llevava (e matar... P978leuaua) nada de lo suyo *K;* prenderle *B;*

P976luego [a] dezir *FGB;* dezir (|) que *Ñ;*

P977**fazer (|) [lo] que** *LÑFGBC;* fazie *SG;* faz. (|) demas *LFC;*

P978que [el] non *CG;*

P979**enbio(|) dezir** *XÑ,* **enbiole (|) dezir** *NKF;* serie *SKB;*

P980aprovecharia *K,* pecharie *SBC;* feziera *X,* hiziera *G;*

P981entenderie *S;* hazia *FG,* fazie *SK;*

P982aprisa *GC;* mensaje *C;*

(P983)[Y] el Çid *BC;*

P984de [hazer] lid non le *G;* **podia** *NLÑFGBC,* **podie** *G,* **podrie** *SK;*

P985"Façe *C;*

P986arma *KC;* **pudieredes** *SXNLC,* **podierdes** *KÑ;* **Remont** *S;*

HAr3**Venalhange** *XF,* **Abenalhange** *G,* **Benalfange** *LBC;*

P988de moros e de christianos *BC;*

P988-989**toller** π;

P984/P989querra *NLFC;* **partir (|)** *LÑFGBC;*

P990fueren *F;* fasta (|) non alc. *K;* (nos...) nos podemos *S* ("*salto de mismo a mismo*"); despues de *Ñ;* **enxeco** *XÑ,* **exenco** *KL,* **entençion** *N;* **exercito** *FGBC,* partir[nos] *F;*

(a10)**Que bien fio** *LÑFGBC;* nos (|) venç. *B;* nos (|) a todos *L;*

P996**que (|) lleguemos** *LÑFGBC;*

P997firamos [nos] *S;* algunos [dellos] que *X;* derroguemos *Ñ;* **fuyran los otros** *LÑFGB,* **fueran los otros** *C;*

(P1000)oyendo *Ñ;*

P1002**venir (|) ayuso** *LÑFGBC;* venir [la hueste] la cuesta ayuso (los...) de los F. *S;*

P1004mando [que] (a... los) fuesen *X;* que (|) fuesen *FG;*

(a11)**derranchada-** *XNÑBC,* **derrancada-** *K,* **derrachada-** *FG;* -ment *X,* -miente *B;*

P1005**firieron (ansy... firieron) muy** π; muy [bien e] de gr. *X;*

P1006pelearon *S;*

P1007bien [e] derribando *N;* e mantando *KF;*

P1008**(|) Vençio** *N;* **Çid (|) e priso** *LÑFGBC;*

P1009**priso [y] al** *XN;* prendio *S; margen F por copista original:* vençio el Çid y gano el espada que dizen Colada;

P1010*margen superior en* F, *mano tardía:* En otro Coronica dize que Colada la espada traia el conde don Remondo; *margen N:* espada que dizen Colada, *subrayado en texto:* la... Colada; **dizen** *SKLÑFGBC,* **dizian** *X,* **dezian** *N;*

HAr3**Benalfange** *LFGBC;*

HR8(c6)fuyo *KL,* fujo *C;* que [le] pud. *C;*

P1012**tienda** *XNKLÑFGBC;* a su tienda *B;*

P1013**(e mandole... bien)** *LÑFGBC;*

P1016/P1031**avie** *SXNFGC;* **fecho** *LÑFGBC;*

[Capítulo XII]

(P1017)fazer (de... (a2)fazer) *FGBC* ("*salto de mismo a mismo*"); comer () bien *LÑ*;
(a2)**fazer plazer al conde** π; **conde [don Remondo]** *S*;

P1018preçio mucho *FGBC*;

P1020quiso tomar *BC*;

P1019(maguer) q. *S*; **traya** *K*, **traien** *SNÑG*;

(a3)quexaron *X*, aquexaban *Ñ*; q. () aque. *S*;

P1021**avie** *SXNLFGBC*; **comerie** *SXNKFGB*, **comeria** *LÑC*; c. () bocado *FGBC*;

P1022prenderie *SB*, perderie *C*;

P1024**sopo** *NKÑ*, **oyo** *FG*, **vio** *BC*; **querie** *SXKGC*; fuelo ver *G*; fue a el *SX*, fue [a]
ver *NFGBC*; **veer** *N*;

(a4)ver () como era *LBC*;

(a5)**Ca esto** *XNLÑ*; **vedes** *XLFGBC*; vos vos *S* ;

(a6)vos no os dex. *Ñ*; dexeis *ÑG*; ca *XGBC*; **podreis** *NBC*, **podres** *L*, **podedes** *X*,
podeis *G*; P1026(E sy... digo) **salir de vuestra prision** *LÑFGBC*, [Y] salir *BC*;
fezieredes *SX*, **fizieredes** *KN*; vos () digo *S*; saliredes *S*;

P1027**e sy** () **non** *S*; **fezieredes** *X*, **fizieris** *BC*; **en toda vuestra vida** *LÑFGBC*;
saliredes *S*, **saldreis** *LÑFGC*, **saldressen** *B*; sal de. de hy () torn. *B*; dende *SN*;
tornareis *ÑFGBC*;

P1028conde [don Remondo] *FGBC*; "() **Comedvos,** *LFGBC*;

(a7)**sois** *KLÑFGBC*; soys () de *L*; *abrev. rara FG*: d.ha = derecha?; meresçeis *FGC*;

P1029comere [mas], mas *L*; **dexarme [he] morir** *SXNLÑFGB*;

P1030contend. () rrog. *ÑFGBC*; contendieron [le] *L*;

(P1019)/(P1025)/(P1032)Çid [mando] *FG*; (asy... suyos) *C*; comiesen *KÑFG*;

P1032**mas non** π; non podieron *K*;

P1033-(a8)(El Çid... con el) *K*; **esto oyo** (), **[ovo] gran duelo** () **del [y]** *LÑFGBC*; dixole
[al conde] *FGBC*; () "Bien vos digo *FGBC*; bien sabedes *S*; com. algunt bocado
K; **tornedes** *XNK*;

P1034**comedes** *N*, **comieredes** *SXBC*; podays *LÑFG*; **pod. biuir** *NFGBC*;

P1035**daruos he yo dos** *NKLÑFGBC*, d. he () dos *X*; vuestros de los que () tengo
L;

P1035quetar *F*; *tachado B*: los (*ilegible, posiblemente* c rer q) y darbos; a ellos los
yerros *C*; de manos *G*, de mano [de mano] *F*;

(a10)vayais *C*;

P1036fue ya mas alegre *S*; *B tachado y corregido por el copista original*: fue ya
mas < fue(se) ya (que) m(e)as; ya mas que *XÑ*, fue () mas al. *L*, fuese (ya... mas)
N; alegrado *G*, alegre *C*;

P1037**fezieredes** *S*, **hizieses** *FG*, **hiceredes** *C*; **esto que** () **[agora] avedes** *SXNK*; **que**
() **avedes** *LÑFGBC*;

P1038**visquiese** π;

P1039() Comet *C*; *margen Ñ*: el Çid solto al conde don Remondo;

(P1040)e () enb. *LÑFG*, (e... enbiare) *BC*;

(a11)*tachado B*: pero (*ilegible*) digouos;

P1042e nos dare *LB*; non vos *KÑFGC*; vos dexare *G*;

(a12)si non [si] lo q. *S*; quisier *K*; **mesura [e] aquel** *LÑFGBC*;

P1044yo [de] menester *K*;

P1045**lo lazeran** *LÑFGBC*; lazerado *S*;

P1046tomando[nos] de vos *X;* yremos () guar. *C;*

P1047averemos *X;* **av. de faz.** *LÑFGBC;* av. [nos] *S;*

P1048de () **tierra** *π;*

P1049-(a13)Çid le dixo [e dixo] que no daba *BC;*

(a13)darie *S;*

(P1060)**Pues que ouo** *XKLÑFGBC;* dezie *S;* que [lo] av. *Ñ; tachado B:* que (lo); ouo comido *FGBC; error del copista K:* comido [despues que ovieron comido];

P1060-1061**ploguier** *NK,* **plugier** *Ñ;*

(P1065)entonçes () de bestir *LÑFGBC; transposición Ñ:* El Çid fue... alberge [e] dioles... bestir;

P1067**primero lugar** *J,* **primero albergue** *π;* e fue[se] con *BC;*

(P1068)**[E en] disp.** *NKLFG,* **[E] disp.** *XÑBC;* espidiendose *S;*

P1068**Ydevos** *SNK;*

P1069agradesco *KB;*

P1070vinier *ÑF,* venier *SK;*

(P1072)faze *ÑFB;*

P1071**sy () vin.** *LÑFGBC;* venieredes *SX,* vinieredes *C;*

P1072y me dex. *LÑFGBC;* dexardes *FGBC;* **dex. [algo] de** *LÑFGBC;* (o...dex) *S;*

P1073llevardes *FGBC;*

(P1074)El () dixo *B;*

P1074Çid, () en *C;* salua estades[bos] *C;* e ya pag. *B;*

P1075**por [todo] este** *SXNKLÑFGB,* **año [todo]** *C;*

P1076**tengo [agora] en** *SXNKLÑFG;* venir [a] buscar *BC;*

P1082voluiose *BC;*

P1083tiendas *Ñ;*

P1093-1905grad. () a Dios *Ñ;* **Dios [el bien e] la m.** *SX;* fiçiera *ÑBC,* fazie *SG;*

[Capítulo XIII]

(a1)*Nota en margen superior F en mano tardía:* El Çid pidio al rrey que quando desterrase a algun hidalgo que le diese treynta dias de plazo y que no castigase nin a nadie syn oy (*ilegible*) su pecha.

(a2)año () del rrey *K;*

(a3)(que... años) *L;*

HR1Estando el Çid *L;* guiso [muy gran] () hueste () *C,* su [m. g.] *S;*

(P1090)**Monçon de Ç.** *J,* **Monçon [a correr tierra] de Ç.** *π;*

P1092Xeria *G,* Xiba *C;*

HR2**[E] el rrey** *XNFGC;* **sopo** *NKÑG;* osarie *S;* fazer (por... guisa) [y el fizolo asi por mesura] *K;* ninguna cosa *LÑFG;* llego *Ñ;* **all. () grand** *LÑFGBC;*

P1088**[Y] el Ç.** *FG;*

HR3dia fuera de *BC;* **Pedra** *K,* **Piedralta** *S;*

HR4[e] veyendo *Ñ;* **viendo** *XLFGC;* **viendo[lo] el rrey** *π;* **ovo de los del cast.** *LÑFGBC;* castiello *S;* quiere *K;* le vio *C;* yr [despues] a *Ñ;*

HR5(salio... E) *L;* **Tamarix** *X,* **Tamared** *NFÑ,* **Tamaret** *K,* **Tamarez** *GB,* **Tamariz** *C;* e moro ay pocos *FG;*

HR6salio el Ç. solo *L* ("*salto de ojo*"); sal. () un dia [solo] *X;* **non [con] mas de ()** **quatro** *LFGBC;* **quatro caualleros** *KLÑFGBC; tachado J:* e (saliose) fallose; **fallaron** *LÑFGBC;* con [mas de] *X; tachado B:* çiento e (treinta) çincuenta;

margen F: ojo (*ilegible*); cav. (del... Pedro) Ñ;
^{HR7(c2)}touo *K*; torneo en ellos *C*; todos [todos] e *L*; prendieron *S*; **fuxieron *XN*, fuxeron *ÑFGBC* ;**
^{HR8}**Desi** π; aquellos [siete] *X*; caualleros (|) al *C*; **soltase *XNÑFGBC*;**
^(c3)por (|) mesura *L*;
^(P1089-1091)(a... dias) *BC*, pocos (|) dias *LÑ*; Cid (|) e *S*
^{P1090}fueronse *BC*; desçendiendo[se] *C*;
^(a4)mar dentro de *B*;
^(P1090)e ganar *BC*; ganar[sela] *B*; guerrear alli *G*;
^{P1092}(E... yda) Ñ;
^{P1093}**todas [cosas y] (|) tierras *LÑFGB*;** las [otras] tierras *C*; *tachado K*: dizen (que) de; **Burruena *J*, Burriana** π;
^(a5)E tantas eran *XÑ*; Çid (|) fechas *FC*; *tachado KB*: fechas (ayna); fechas (|) que *C*;
^(P1097)**llegaron (|) las *SXNLBC*; las (|) nueuas *LÑFGBC*;** e fueron por toda *C*;
^(a6)**terminos *SXN*, cercanos *K*, comarcas *LÑFGBC*;**
^{P1097}fueron[se] *LÑFG*; f. (|) todos [mucho] esp. *LÑFG*; fueron del mucho *BC*; temiendose *C*, temieronse (|). *LFGBC*; temieronse del Çid y el boluiose a T. *L*;
^(HR11)tornose luego *FGBC*; **Tamarid *N*, Tamariz *ÑC*;** o *NKLÑFGBC*, do *X*; *tachado C*: de (Aragon) Çar.;

[Capítulo XIV]
^{BAl}Despues *K*; mando *GBC*; (|) mando (|) Aben. *LC*; **Abenxaf *LFBC*, Abeniaf *G*;** diesen *BC*; huerta (|) de V. *S*; **Abneabdalhaziz *XN*, Abnrafdalhazis *L*, Abarafdalhazis *Ñ*, Aboeçaalhazis *FG*, Boeçeaalhazis *B*, Abueçahalçieis *C*;** para ogar *C*; e [para] posar *X*; posar [en ella] *K*; pasar *BC*;
^{BA2}**Abeniahaf *XNK*, Abenjahat *SÑ*, Abeniaf *G*, Abenxaf *LFBC*;** touo [que era] *X*, touo [por] bien *SNÑBC*; q. [le] non (|) ab. *NLÑBC*; non le enbiaron una *X*; del Quex. *LF*; **Quiguijar *K*, Quixigar *ÑFGB*, Quexigal *C*;** auie *SXNLÑFGBC*; ay unos *K*; logares *NK*; quirie *LFG*;
^{BA3}**ouo entrado *KLFGBC*;** era [ende] enderr. *G*;
^(P1091)Despues *K*; a. (|) pocos *L*;
^(P1095)**fue [a] çercar *S*; Murviedro *NKÑFB*, Morbiedro *C*, Moruiedro *G*;**
^{HR1}**la con. y la tomo *K*; priso *XNLÑFGBC*;** pocos (|) dias π;
^(P1097)temiendose Ñ;
^{P1099}**yr (|) çercar *SXN*;**
^(P1102)**lo vio *LÑFGBC*;** plogo (|) mucho *B*; **plogole *XNÑFGC*;** [ende] mucho π;
^{P1107}**mensejeros *K*;**
^{P1108/(P1092)}e (|) Ab. *LFGB*; **Abdalacauf *XÑG*, Abdalaçauf *F*, Abdalacaud *K*, Adelaçalif Abdelaçaf *B*, Audaealaçaf *C*, Calatayud *N*;**
^{P1109/(P1092)}[e] a Onda *ÑC*; [y ende] (a O.) a Alm. *L*; **Hondra *X*, Androa *K*, Onda *NÑGC*;** e (|) Alm. *KÑC*;
^{P1110/(P1092)}**Gueriana *K*;** luego [todos] con *SXNKÑFGBC*;
^{P1114}**Desi** π;
^(P1113)**conpañas [e amigos] *LÑFGBC*** ([e a] amigos *FG*);
^{(P1115)a}(|) ^{P1120}**Sy nos *LÑFGBC*;** vos queredes que moremos *S*;
^{P1121}**men. faz *SNÑFGBC*,** men. es *K*; descarmentemos *K*; (|) los de V.

(c2)en manera que K; osen [despues] venir a nos SNLÑFGBC, osen [mas a] venir a nosotros K; osen [despues] tornar aca C;

P1122de mañana de gran mañ. SK; ende, mas de gran FGBC; tachado L: ende () cras;

(P1123)todos [armados y] FBC, todos aparejados K, todos () yrlos G;

P1124veer K; hemos a () sus S;

P1127Fernandes S, Fanez NK;

(c3)otros () dix. SÑ;

(P1128)que () dezides G; q. vos () e far F;

P1128faremos [todo quanto dezides] FB, faremos [todo lo que] (de... nos) man. C, faremos (de... voluntad) quanto () man. G; mandaredes SLFBC, mandardes G;

P1135[E] otro LFG; (otro... mañana) G, dia [de] mañ. LFBC;

P1137fueron[se] S;

P1138Dios [en su] ayuda BC;

(P1137-1142)mataron () muchos KLBC;

P1151desampararon SKLÑFGBC, desempararon N; fuxeron NFB, fuxieron SX;

P1147-1148pos dellos XKFGB; en [el] alcançe FÑ; mato ay K, mat. () dos L;

P1152-1153Desi SXNLÑFGBC; tornose π; Murviedro SNKÑFGB, Morbiedro C; con su conpaña π; rrica K; e muy on. FG, e () onrrado BC; onrrada K;

(P1159)Murviedro NKÑFGBC, Morbiedro C; M. [con su compaña muy rrico] Ñ;

P1160fue () correr XNLFGBC; Cullera N, Çuguera K, Xuguera LÑFGB, Jugerra C;

(P1162)llanos J, daños π (dampnos XL); e quebrantos e G;

(P1170)/(P1097)e tan grande () miedo () les entro L; dia [en] adelante () BC;

P1171ad., () non... villa [solamente] C; osaron BC; salir () de X; çibdad N;

[Capítulo XV]

BA1[E] los F; entonçes [en los arrauales] π (arauales K, arrabales SLFC);

BA2quando [lo] supo BC; sopo SNFB; vinien NFG, venien SBC; tornaronse al su K; derredor S; çibdad SN;

BA3(e...çibdat) S; ("salto de mismo a mismo");

BA4Çid [Ruy Diaz] BC; allegose S; çibdad N; conbatia KL, conbatien XFB, tachado G: conbatie(n), conbatiendo C; salian SXKL; moros [metieronse en la çibdad de donde salian cada dia a] lidiar L; peleavan K, a lidiar L; tiniente BC; grandes [lançadas e grandes] feridas XNKÑFGBC; f. con las lanças e con espadas S;

BA5en ello ÑFGBC; llego[les] mandado C; menseje K; estuviesen SKLÑFGBC, estouiesen S; non [les] G; çibdad N; que [el] les XNKF; q. [no] les FÑ; vernia X, vernian K, vernie NC, viniese FÑ; vera C; vern. () ayudar π; muy ayna S;

(HR1)e. [a] dezir () que L; de la villa Ñ; vernia X; contra el K; defendrie N, defenderia KÑ, defenderien FB;

(HR2)El Çid () entonçes [dio] L; enbio() ent. SB; enbiole () esta X; sopiese SFGB; sy () viniese LÑF; veniesen S, veniese K; fallaria K; delantre F; fal. () pero que bien c. q. [el no osaríe uenir] L; pensava K; osaria XKBC; [Y] el Çid K; veniese SXK; diesen la villa a el NC; çibdad N;

HR3Y con esta p. plugo m. a los de V. L; plogo XNFGBC; ploglol C;

HR4/(P1162-1163)Ruy Diaz () salio L; Çid [el Campeador de Bivar] BC (Vibar C); Pena K; Cadiella XKLÑ; castiellos S;

[HR5]Desi *NLÑFGBC*, pues *K*; fue () correr *SNK*; tierras *SXNKÑFGBC*; Albarrezin *N*, Barraçin *G*; mintiera *NFGBC*, mentiera *SX*;
[HR6]castiello *S*; **tachado** *K*: Bor(ia)ra, Boriar *B*, Borial *C*, Burriana *L*; *tachado C*: quel (yal); avien *S*; auia *NK*, avien *LÑFGBC*; av. de dar *LÑFGBC*;
[HR7/(P1150)]destruxo *SXNÑFGBC*;
[(c2)/HR8]*tachado* X: desto (basteçio); llego al tienpo *ÑFGB*; dio *X*;
[(P1183)]alm. () acorrerlos *SX*; socorrerlos *KLÑFGBC*; socorrer() *K*;
[P1182]auie *SXNLÑFGBC*; con el rrey de *L*;
[P1187]mando [a] preg. *XLÑFGB*; toda Ar. *S*; e () Nau. *SXÑG*; Nau. () que *G*; Castiella *S*;
[P1189]grant *S*;
[P1190]veniesen *SXK*;
[(P1198-1199)]q. esto *X*, q. lo *KLÑFGBC*; venieron *SXK*; (muy... conpañas) *K*; e () peones *LÑFGBC*; conpañas (de...[P1203-1204]) cada dia *S*;
[P1201]tinie *L*, tenia *XKÑ*, vinie *G*, venyen *BC*; gentes *BC*;
[P1203-1204]çibdad *N*; **conbatia** *X*, **conbatie** *L*; conbatiola (cada... esto) [y] era ya *K*;
[BA6]era y *FGBC*; esto () ya... grande [era] *L*; en V. muy grande *C*;

[Capítulo XVI]
[P1209]fue en nueue π;
[P1210](e... dezeno) *KG*; entrante al *F*; çibdad *N*;
[(c2)]() asy *NLÑFGBC*;

[Capítulo XVII]
[P1222]sopo *XNKC*; quel rrey *Ñ*, *tachado F*, *corregido sobre el renglón*: quel (rrey) Çid;
[P1223]auie *SNFGB*; tomada *S*, preso *L*, priso *GBC*, prieso *F*; presa () Valençia *XNKÑ*;
[(P1224)]*margen F, por el segundo copista*: xxxv honbres de armas; *F texto tachado y corregido*: treyntanta; veno *NK*; veno[se] *S*;
[P1225-1226][Y] el Ç. *G*; q. la vio *Ñ*; su fazienda *BC*; mato muchos () *L*;
[HR1]fuxeron *SNÑFGBC*;
[P1227]en pos ellos *XNK*; pos [e] ellos en el alcançe *Ñ*, e alcanço *FG*, e los alcanço *BC*; alcançe () fasta *X*; Xetiva *K*;
[P1228]por Xativa (ouo... vn) [su] torneo *L*;
[(P1227-1230)]muchos [dellos] *LG*;
[P1230]fuxo el rrey *SXNÑFGBC*;
[(P1231)][E] despues *LFGBC*; desbaratado *LÑFGC*;
[P1235][Y] las nuevas *L*; E eran ya sabidas las nuevas del Çid *Ñ*, (ya [P1238]... yua) *K*; ("*salto de mismo a mismo*"); **ya sonadas** *X*; alexos *S*, alueñes *F*, lueñes *B*; alueñe (e açerca) *G*;
[P1238]() Todo esto *Ñ*; en esto todo *S*; *F corregido por la adición de* en *sobre el renglón*: creçido > creçiendo, creçido en *G*; cr. () la b. *S*; fama del Çid *G*; *N subrayado*: barba... Alfonso;
[(P1239)]auie *SNLFGBC*; *margen F*: ojo;
[P1241]rrayese *SXKLÑFGC*, **rrayase** *B*, *abrev. rara N*: rrayerse
[P1240]Alonso *LF*; A. le av. *L*; auie *SNLFGB*;

[HR2]syn caso X;

P1245-1246[Y] el Ç. LC; entonçes [muy bien] en Val. (|) BC; V. (|) a... suyos [muy bien] L, a (|) los S, vien (|) todos G;

(P1250)defendiolos LC; que non se p. L, que (|) non p. C; priesen X; p. [muy bien] L;

(P1253)que el N;

(P1254)tomaria X; estaria XKÑ; a [la] su merçed L;

P1263fizolos [todos] ayuntar (|) en XÑ;

P1264fallo X; fallaron (|) tres GC, fallaron [entre todos] tres Ñ;

P1265margen F por el copista: mvii onbres darmas del Çid;

(P1266)[Y] el Ç. L; [E] (|) dixo Ñ; **Albarañez L, Fernandes S, Fanes NK;**

P1267e (|) Santa C; Maria pero que NK; abrev. rara F: Maria (ilegible); pero que N;

P1268poco N; **Castiella S;** [e] mucho Ñ;

P1269crescentaron S;

P1270Albarañez L, Fernandes S, Fanes NKF;

(P1271)que me vayades [que me vayades] S; que (|) vayades LÑ;

P1272Alonso L; **mio señor SK;**

P1274çinquenta LÑFGBC; caualleros (abrev.) JLFG, cauallos (no abrev.) SXNÑBC, F corregido por copista: caualleros > cauallos, caualleros (no abrev.) K;

(P817-818)ensillados GBC;

P1275tachado S: le(s);

P1276-1277traer (|) a mi S; mi [aca] S;

P1282[E] Aluar ÑFB; **Albarañez L, Fernandes S, Fanes NK;** dixo al Çid (|) mucho Ñ;

(c2)(P1282)**de buena voluntad BC; uos XKG, vos SNLFGB, (|) m. Ñ; mandaredes S, mandais ÑFGBC;**

(P1284)[y] el Ç. FC; tachado C: cauallos (ilegible);

(P1287)[E] ellos ÑC; en [ellos] estando C;

P1288veno SNK;

(c3)honrrado [clerigo] q. av. n. d. Geronimo (que... e) Ñ;

P1289auie SNLFGC; honrrado que dezian don Iohonimo X; margen G, prob. por el copista: Fray Hieronimo de Petragoras;

P1288glosa en texto G sobre clerigo: monje; Ger. (que... e) muy letr. Ñ;

P1290letrado, (|) sabio LÑFGBC;

(P1291)muy esf. X;

P1293avia XK; (e porque... canpo) e lidiar con ellos [en campo] Ñ; **veer SNK;**

P1296sopo SXNKFG; veniera SXK, avie venido L; plogo SKFGBC;

P1299margen N: obispado de Valençia;

P1300[e] (|) semeio Ñ;

(P1296-1297)estonçes (|) Aluar Ñ; **Albaranez L, Ferrandes S, Fanez NKFC;**

P1301[e] agora L; podremos S, podedes FBC, podeys L; vuestros mand. FGBC;

P1307despidiose KFG, espidiose S, despediose L, **Albaranez L, Ferrandes S, Fanez NKF;** ("salto de ojo," L repite una frase de Cap. XVII: Albarañez, [Graçias a Dios y agora podeys levar buenos mandados a Castilla. Eso fecho despidiose Albarañez] del L; **Fernandes S, Fanes NF;**

P1309Castiella [con sus mandados] S;

[Capítulo XVIII]

(P1309)Albarañez *L*, Ferrandes *S*, Fanez *NKF*; a Cast. () s. *LG*; Castiella *S*;

(P1311)sopo *SNKÑFGB*; Alonso *L*;

P1312Fagund *NLÑF*, Fagunt *SXC*, Fagun *GB*;

(P1360)fazia *XC*; faz. () sus *KLFGBC*;

P1313/P1315para ella *Ñ*;

(P1317)E () que *L*;

P1318ynojos *NKÑFGB*, hinojos *LC*;

P1320las manos *BC*; b. la mano (): *ÑFG*; e dixo (): *L*;

P1322-1323[el] Camp. *C*; Çid () manda *N*; Çid [Campeador de Bivar] *BC*; mando *S*; bes. (los... e) *L*;

P1324rruegouos *K*; le (ayades... quel) perd. *Ñ*, (que le... e que) [le] perd. *LFGBC*;

(c2)(P1338-1339)perdoneis *LBC*; p. () alguna querella [que] *LÑFGBC*; que del avedes *BC*; si () vin. *SL*; viniere *LÑFGBC*, veniere *XK*;

(P1334)[E] enbiauos π; le fizo Dios *LÑFGBC*; Castiella *S*;

P1327este es () gano *S*; Onde *K*;

P1328Muruiedro *SNÑFGB*, Morbiedro *C*, Murvedro *K*;

BA1(), Castreion, [Juballa] *G*;

P1330Pena *K*; Cadiella *XKÑFGBC*, Cadiello *S*;

P1331el () señor *J*, es señor π; logares *NK*;

P1332hizo *FGC*; ay *ÑFG*; fizo () obispo [ay] *K*; y ay *LÑFGC*; [un] obispo *X*;

(P1303)auie *XC*; Geronimo *NÑBC*, Ieronimo *K*, Hieronimo *C*, Jeronimo *F*, Iohonimo *X*;

P1335que () es verdat *LÑFGBC*;

P1336estos çincuenta *BC*;

(P1271-1274)cauallos (que... gano) en *XN*; q. cayo *S*; en () su quinto π; *F corregido*: quanto > quynto;

(P1340-1342)[E] el rrey *Ñ*; Alonso *L*; *C corregido sobre el renglón*: Alonso > Alfonso; plogo *SXNKFGBC*; dixo[le] *XKLÑFGBC*;

P1344quirie *FGB*, queria *XN*; [e] quel *F*;

P1345[Y] el conde *K*; Al conde *FG*; Ordonez *FK*; oyo *KLÑFGBC*;

(P1346-1347)tenia *KFBC*; sy () es *Ñ*; Albarañez *L*, Fernandes *S*, Fanez *NK*; [lo] diz *K*; diz *K*, dixo *X*;

P1348(El... dixo) *X*; [E] () dixole: *LÑFGBC*, [Y] el rrey le d. *K*; Calladuos, conde *X*; calladeuos *N*, calledesuos *LÑFGBC*;

P1349mucho [mejor] me sirue [el Çid] que *NLÑFGBC*, me sirue [el Çid] mejor *X*;

P1350Ferrandes *S*, Fanez *NKF*; dixo (): "Rrey *LÑFGBC*;

P1351Señor () Çid *Ñ*; os e. *LFGBC*; enbia () pedir *XNK*; enbiaua *K*; [por] merçed *FLÑ*; m. () le *LÑFC*;

P1354que me d. *G*; a Val. *K*;

P1352Valençia () su *XNK*; llevar () su m. *SLÑFGBC*; llevar a su muger doña X. e [a] sus fijas amas para V. *Ñ*, llevar () su muger doña X. para V. y [a] sus fijas amas *L*, llevar () su muger para V. doña X. e sus fijas amas *F*, lleuar para V. () su mujer doña X. e sus fijas amas *G*, llevar () su muger y sus hijas para V. *BC*;

P1355le dixo *XC*; plazie *SNLFGBC*;

P1356daria *K*; ouiese *K*, avien *S*;

(P1357)bien () on. *S*; hasta [donde estava] *K*; e despues *K*; *J corregido*: el (syn) Çid;

P1361quiera *J*, quiero π; (|) Quiero que [non] *L*;

(P1362)(|) ninguno *SKLÑFGBC*; le *NLÑFGBC*; quantas a *SFÑ*; Castiella *S*;

(P1364)asy [que] en *F*; asy [agora sea] en *L*;

P1364Dios (commo... al). *G*;

P1363los que *GC*; les yo tome *XNL*;

P1364e [que] se rreservan e *L*; *margen F por el copista*: el rrey que se siruia dello;

P1365ortogoles *G*;

(P1366)/(c5)torne *LÑFGB*, tornen *C*; mal ninguno de mi π;

P1367Albarañez *L*, Fernandes *S*, Fanez *NK*; las manos *L*;

P1368[Y] el rrey *KG*; [y] estando *K*; mucho alegre *X*;

P1369a todos quantos quisieren servir *S*; quisieredes yr *L*; yr [a] seruir *KLÑFGBC*; Canpeador [de Bibar] *BC* (Vibar *C*);

P1371/(c6)mas ganar ay *L*;

[Capítulo XIX]

P1374casar(|) con *NL*, casarle *SK*, *posiblemente corregido F*: se > le; fijas [del Çid] *LBC*; vernia *X*; vern. [ende] pro π; provecho *K*;

P1375nin. (|) les *K*; anduviese *NK*, ayudase *L*; al c. *L*;

(c2)(por... casamiento) *KLÑFGBC*; rehazarian *X*, rrehazerien *LF*, arreaçarian *Ñ*, recerien *G*, arrezarien *B*, arreciarian *C*;

(P1385)Aluarañez *L*, Fernandes *S*, Fanez *NK*; se fue *K*;

(P1386-1387)lugar *J*, rogar π; de (|) rrog. *S*; los rrog. *FG*, rrogarle *C*; les encomend. *LÑFGBC*; acomendase *X*; lo fiz. *SB*; fezieron *X*, fizo *S*;

(P1390)Albarañez *L*, Fernandes *S*, Fanez *NK*; dixoles *SNK*, les dixo *C*, dixo (|) q. *L*, F. (|) q. *ÑFGB*; farie *SNKLÑFBC*, auie *G*;

P1391grado (|) entonçes *FGB*; espidieron *SC*;

P1392fueronse *LÑFGBC*; Albarañez *L*, Fernandes *S*, Fanez *K*; [do estaua] *S*;

P1392*margen B*: Ximena Gomez muger del Çid Ruy Diaz; Xim. (|) muger *KÑ*, Xim. (la... Çid) e *L*;

(c3)(P2075)fiias (doña... Sol). *L*;

P1393Fanez *NK*, Fernandes *S*;

P1398de partes del Çid *F*; *tachado L*: saludo(le) las;

(c4)(P1399-P1401)contolas *FGBC*; contolas [de] commo *C*; ganara (|) Val. *NKL*; quemo *Ñ*; Alonso *K*; lo av. *XG*; avia *KLÑ*; perdonando [el] e *NB*; todo *S*; todos quantos (|) que *LÑ*, todos quantos (|) con *FGBC*; guisase *L*, adreçesen *K*; yrse yan *XNKLÑ*;

P1405Albarañez *L*, Ferrnades *S*, Fanez *NK*; enbio (entonçes... quel) [que] dixesen *LÑFGBC*;

P1406-1407dixiesen *S*; dixesen [al Çid] *LBC*; commo [el rrey] *L*; como le *BC*; commo (el... Alfonso) el *L*; auie *XNLGBC*, avian *Ñ*, avien *F*;

P1408e (|) fijas *L*;

P1422(|) Aluar *X*; Minaya *NKLFG*; Aluarañez *L*, Fernandes *S*, Fanes *NK*; dio (|)al *Ñ*;

(c5)*margen F*: D marcos de plata;

P1423touo *X*;

P1424en sy *X*; dona *K*; X. (|) lo *L*;

(P1426-1427)mester *X*;

[P1441]despedieron *K*; abad () e *L*;

P1448e fueron[se] su *SFBC*; camino *LÑFGBC*;

P1450llegaron *SLÑFGBC*; ally [a] Al. *XNFGBC*; ally (); Albarañez *L*, Fernandes *S*, Fanez *NK*; fueran *FGB*; el (para... Çid). *L*;

[Capítulo XX]
P1454sopo *SXNG*;

[P1452]dona *K*; venia *XNKL*, venian *C*, uinie *G*; X. e sus f. v. *C*;

[P1456]caualleros (): "Am., π;

P1457*subrayado en texto N*: quien... espera; quien [ymbia] *C*; buen mensajero... buen mensaje *K*; mandadero *ÑG*;

P1458arm. () P. *L*; Bermudo *L*; *tach*. B: Bermudes (Mu); *margen B, mano tardía*: Dicho del Çid, Pero Bermudez, Nuno Gustos, Anton Antolinez, el Obispo Geronimo; **Nuño** *SXKLÑFGBC* (*K* = nnnjo); **Gustos** *LC*, **Gusties** *ÑFG*;

P1459[e] Anton *SLÑFGBC*; Antoliñez *NGB*;

P1460obispo () G. *LÑFGBC*; Iohonimo *SX*, Geronimo *NÑFGBC*, Jeronimo *F*, Hieronimo *N*;

P1462yduos *LG*; ydeuos Alb. *J*, [a] Alb. *SXNKL*, [para] Alb. *BC*; Albarrezin *N*;

P1463dende a *N*, [Y] desy a *LC*, despues a *K*; **Molana** *ÑFG*, *corrección por tachar LB*: Molana > Molina;

P1464yran *LÑFGBC*; con vos [otros] *K*; Abengañio *X*;

P1465(ç. cada.) *S*;

P1466Desi *SXNLÑFGBC*, () Yduos *K*; ydevos *SNLÑF*;

P1468que y fal. *LÑFGBC*; que ay *ÑFG*, q. () fall. *L*;

P1467e () mis *LG*;

P1469e traemelas *FGB*; muy hon. *L*;

[P1473-1474][y] ellos f. *LFB*; **fueron[se] entonç.** π;

P1475posaron *XNKGBC*; Frochales *X*;

P1476[E] otro *F*;

P1477Abengalbon *L*; **sopo** *SXNFG*;

P1478saliolos a *SXLFGBC*, salio() a *N*;

P1481Nuño *SXBC*; () G. *LÑFG*; Gustines *S*, Gusties *Ñ*, Gustos *LÑFG*;

P1482enb. [a] dezir *K*;

P1483-1484con nosotros *K*, conbusco *L*, *corrección BC*: conbusco > connusco; caualleros (ca... fijas) *K*; la es () su *L*;

P1485f. () manda *L*; mando *G*; que () las *L*;

P1487dixo[le] *S*; plazie muy *SNLFGBC*;

[P1491]salio *S*;

[c2]Fanez *K*, Fernandes *S*;

P1495cau. () sab. *S*; era [y] o *L*; **venien** *XNFBC*, **vinien** *LG*;

[P1496]quando [lo] sup. *FG*; **sopieron** *SXNK*;

P1497enbieron *Ñ*; enb.[le] *Ñ*, enb.[lo] *S*; **dezir[le]** *Ñ*, **dezir[lo]** *N*; dezir (): "Al. *LF*; Fernandes *S*, Fanes *NK*;

[P1505]Minaya *XNK*, Miuaya *F*; [E Albar Fanez] M. *BC*; *tachado F*: Fañes (sal) Mīanaya; *tachado*. *F probablemente explica el error de Ç*: Fañez salmybaia salio;

[P1505]fue () los rr. π; los [a] rreç. *K*;

(P1507)[E] otro d. *BF;*

P1545tornaronse *X;*

P1556despues para *K;*

(P1562-1563)quando [lo] supo; sopo () mando *X;* **sopo *SNFGB;*** vinien *NLG;*

P1564**la f. *S;* fuesen () rreç. *SLÑFGBC;***

P1559**bien () tres *LÑFGBC;* lugares *XKFGBC;***

P1570-1571**[E] quando π;** çibdad *N;*

P1573dizien *NFG,* deçien *ÑBC,* dizen *KL;* margen *N:* el caballo Babieca, y *subrayado en texto* en vn... Bauieca; margen *F, por copista original:* ojo, Babieca; margen *B:* Caballo del Çid, Babieca que le gano al rrey de Seuilla; (c3)ganara al rrey *L,* gan. () del *G;*

(P1578)salio[l] a rr. *ÑF;*

P1579[Y] el obispo *K;* **Geronimo *NB,* Jeronimo *FG,* Xeronimo *Ñ,* Hieronimo *C;*** vinie *LF* (P1580)fue () a *S;* çibdad *N;*

(P1581-1583)toda la clereçia *GBC;*

P1578**e sal. () rreç. *XNLÑFGBC;*** ven. (con...Ximena) con gran *K;* margen *N:* Doña Ximena, y *subrayado en texto;*

(P1609-1611)**q. doña X. e el Çid *LÑFGBC;*** fueron[se] en *Ñ;* çibdad *N;*

(P1633-1634)**conto[le] el π;** feziera *SX,* hiziera *LFG;*

(P1610-1615)demostrola *G;* **a sus fijas *LÑFGBC;*** fijas toda la huerta e la villa *Ñ;* çibdad *N;* de plazer *K;*

(c5)**e noueno *SN,* este [deno] veynte *K,* XXXIX *B,* este treynta *FC,* este veynte y vn *Ñ;*** veynte y noueno año () del rrey *N;* **año *XNÑFG;*** Alonso *L;*

(c6)**Urbano *X;*** margen *F por copista original:* Papa; logar *N;* **Pascual *SNKLGBC,* Pasqual *XÑF;*** setenta *Ñ;*

[Capítulo XXI]

(c2)rregnado *S,* renado *N;*

(c3)/HR1que fue (en... (c4)andaua) el año *L;*

(c4)encarnaçion () mill *L;* e dos [años] *C;*

(c5)(e el... quatro). *L;* Enric *S;*

P1621/HR2() Yuç. *L;* **Yuçafe *ÑF,* Yuçof *S,* Yuçef *N;* Y., () rrey *XFGBC;*** Mar. [como] supo *L;*

(P1622)**sopo *SXNFG;* auie *SNLÑFGB;* tomada *S,* presa *XN,* preso *LFGC,* priso *ÑB;* () Val. *XN;***

P1622Mahomat *KBC;* dexolo *N;*

(P1625)() El allego *F;* e () llego [el] *LBC;* alarves *K;* e () andal. *G;* nota margen *F:* D caballo;

P1628fue çerca de *Ñ,* çercar () *V. NLBC;*

DRH1**() Y en su *LÑFGBC;* venieron *SXK;*** ay *K;*

(c6)[llevo] el rrey *L;* **Sero *SXG;***

HR4/P1631**fueron *LÑFGBC;* todas sus tiendas *KLÑFGBC;*** Quarte *N;* ocho *N;* mijaras *Ñ,* migeras *L,* migoros *G;*

HR5trayen *L;* trayenle *L;* grandes bastimentos *K;* que () faz. *LFBC;* fazia *X;*

(c7)**mill () cau. *S;* entre todos *LÑFGBC;*** entre () çiento *F;* **omnes de pie *LÑFGBC;***

(P1632)los vio *XNKÑGC;* plogo *XNKFBC;*

P1633/P1637**dixo: "Graçias π;***

^{P1634}cosas [del mundo] X;

^{P1639}**allen mar** *SXNLFGBC*, **allende mar** K; **todas [las] partes** *LÑFGBC*; **faznos**
XN; **mester** X;

^{P1640}a pelear con K; a (|) ellos G;

^{P1641}**vera (|) doña** *LÑFGBC*;

^(P1352)(**d. X.**) S; **Xim. [Gomez]** *LÑFGBC*; hijas F; *margen* N: como se gana el pan
en tierra agena, y *subrayado en el texto*: como... agena;

^{P1644}hizo FG; fizola GC; **sobir** *SXN*; s. **[suso] en** *XNLÑFGBC*; subir [en çima] K;

^(P1645)podiesen S; **veer** *XN*;

^(P1645-1647)dona KL; muchas (|) fue K; **fue mucho espan.** *LÑFGBC*; dixo [asi] FGBC;
E dixo el Çid *LÑFGBC*;

^{P1648}**veedes** SN; que vos viene X;

^{P1639}**allen mar** *SXNLFGBC*, **allende (|) mar** *Ñ*;

^{P1649}allegastes *Ñ*; aqui, [aqui] K; quiere F, quiero K; **nos** *FK*, **os** *LFGBC*;

^{P1650}a vuestras L;

^{P1652}pagadas BC;

^{P1653}**lidiare** *XNK*, **yre e lidiare** S; **yre [a] lidiar** *LÑFGBC*;

^{P1654/P1656}lo venç. F;

^(P1658)[E] otro dia LG;

^(P1671-1672)f. [se a] S; conbater X; çibdad N;

^{P1677}**destruxeron** *XN*;

^(c8)**fazian** *KÑ*, **fazien** *SLFGC*, **farien** *BN*;

^{P1714}sus batallas S;

^{HR6}Quarte N;

^(c9)morieron y N; *subrayado en texto* N: morieron... reyes; *margen* F (f. 154r^a):
morieron y siete rreyes; mur. ay K. mur. (|) siete *LÑ*,

^{P1725-1726}**Yuçef** SN, **Yuçafe** *Ñ*; **fuxo** *SXN*;

^{P1727}castiello S; **Çuguera** SX, **Cuhera** N, **Suguera** K, **Çaguera** *LÑFBC*, **Caguera**
G;

^{P1728}pos del *LFBC*; en [el] alcanço B, en pos del. [e] alcanço C, en el alcançe G,
margen F: ojo; *tachado y corrección* F: alcan(l)ce > alcançe;

^{P1736}cogeron G;

^{P1737(c11)}f. ay K, (|) muy L; y (|) grand auer *Ñ*, mucho (|) auer, [mucho] oro e [mucha]
plata X; auer de oro, e (|) plata e de otras G; en oro e (|) plata e (|) otras L; *margen*
F (f. 230r^a): vençio el Çid en batalla siete rreyes moros;

^(P1783)**omne nunca** *SNKG*;

^(P1741)**Despues** *SNK*;

^{P1743-1744}**a [rricos e] (|) onrrados** π; S *continua con* ^{(P1770-1771)/P1799} *hasta* ^(P1809) *pero lo
repite en el capítulo siguiente.*

[Capítulo XXII]

^{(P1770-1771)/P1799}(|) El Çid NL;

^(c2)**fazie** SNG; **fazia, dixo** J, **faz. [Dios] dixo** π;

^{P1804}*tachado* J: dixo (q) a Al.; dixo (|) Aluar *LÑ*; **Albarañez** L, **Fernandes** S, **Fanez**
NK; A. F. [Minaya] C;

^{P1809-1814}queria XKL, quirie FG, Alonso L;

^{P1809}**aquello** J, **aquellos** π; que [lo] cay. X; cayeran (|) en suerte (|) e la K;

(P1785)Yuçef *SN*, Yuçafe *Ñ*;

(c3)Albarañez *L*, Fernandes *S*, Fanez *NK*; gradeçiogelo *X*; touo[se] lo *XNLFG*;

(c4)(P1815)[E] el Ç. *F*; Çid () dixo (): "Quiero *LÑFGBC*; dixole *BC*; gelos *X*;

(c5)que () encom. *L*; **graçia de Dios** *K*;

(c6)[E] ellos dix. *LFGC*; **plazie** *SNLFGBC*;

P1827Alonso *L*;

(P1833)[E] ellos *F*; **sopo** *XNFGBC*; **vinien** *LFG*, **venian** *Ñ*; **saliolos** *SXNLÑFGBC*; () rreç. *N*;

P1835fueron () con *L*;

P1836Garçia [Ordoñez] *C*;

P1841Albarañez *L*, Ferrandes *S*, Fanez *NK*; Pero *K*;

P1844besaron [le] *S*; besaron la mano entonçes *C*;

(c7)**las manos** *K*; **dixieron** *S*; **dixeron**(): *L*;

(P1845)/P1847enbia () encom. *XNG*; enbiauos [a] d. *NFGBC*, (encom.... enbiauos) *L*;

P1850() con *X*; Barruecos *Ñ*; *texto N subrayado*: çiento... mal;

P1851moros () ç. *S*; çinquenta () mill *XL*;

P1852gano () muy *LG*; muchas *S*;

P1853sus cavalleros son rricos e [sus basallos] *Ñ*;

(P1809)en () su *L*; *margen F*: Cii cavallos; *margen B*: moros con caballos sillados y espadas a los arzones y una tienda enbio el Çid al rrey don Afonso;

(c9)(P1854)/(P1810)*S corregido encima por segunda mano*: Con [sillas e con] frenos; e sus frenos e () sus esp. *Ñ*;

(P818)/P1875en los *L*; **fue del** () rrey de *LÑFGBC*; Yuçef *NK*;

P1855Alonso *L*; dixo () A. F. [entonçes] *C*; entonçes () Al. *L*;

(P1850) Fernandes *S*, Fanez *NK*; [don] Pero *L*;

P1856Agradesco yo *K*; grad. () al *L*;

(c10)(P1854)/(P1785)quel me e. *KLG*; enbiava *K*, quel me *LG*;

(P1871-1872)[Y] *L*, [Entonçes] *Ñ*, [E entonçes] *FGB*; rrey [entonçes] fizoles () mucha *C*; fizolos *FGBC*; **fiz. mucha** () **onrra** *LÑFGBC*;

P1874donas muchas *X*;

P1859G. [Ordoñez] *C*; **con [mucho]** () **pesar** *LÑFGBC*; que desto ouo *C*;

P1860part. () "Grand *LÑFG*; dixole *K*, dixo(): *BC*;

P1861creer *JS*, creçer *XNKLÑFGB*, caesçir *C*;

P1863vençer () rr. *BC*;

P1862que aue el tanto bien (), nos *LÑFGBC*, aver tanto bien vien *K*; habilitados *G*, ayuntados *S*;

(P1865)vernos ha *K*; venir () de *L*; **del algun** *XNLÑ*; gran mal *FGBC*;

(c12)[y] demient. *L*; demientre *XN*, mientras *K*, demientras *LC*; Albaranez *L*, Fernandes *S*, Fanez *NK*; Alonso *KL*;

HR1(), desfizo *XNLÑFBC*; *subrayado N*: desfizo...Maria; desf. () todas *L*; **auie** *SNLÑFGBC*; hizo *FGB*; fizo yglesias dellas *C*; **yglesias** () **honrradas** *LÑFGBC*;

(c13)dexamos *ÑFG*;

P1879*tachado C*: de (Carrion con las fijas del Çid) (*título del próximo capítulo*);

[Capítulo XXIII]

P1879*margen B*: Ynfantes de Carrion casados con las fijas del Çid;

(c2)fazia *KLFGBC* (hazia *K*), [le] fizo *Ñ*;

[P1882]demandar() las *LG*; sus fijas [al Çid] *ÑFGBC*;
[P1884]dixieron *S*; dixeron[lo] *SXNK*;
[P1885-1888]rrey () que *L*;
[P1889]les dixo *XNKLGC*, le dixo *FB*;
[P1890]"Yo hize mucho mal al Çid *LÑFGBC*; Çid [ovieron su acuerdo de demandarle las hijas] *FGBC* (*repetición por "salto de ojo"*: [P1978-1881]); Ç. de () tierra *XK*;
[P1891](fiz.... mas) e haz. *LÑFGBC*; [P1891]fizole *K*; f. el mucho mal π; haziendo *LFGBC*;
[P1892]non se *L*; pagara [el] *S*;
[P1893]mas por que *K*; *corregido C*: p(or)ues; auedes sabor *XNL*; que () auedes *LC*;
[(P1894)]Albarañez *L*, Fernandes *S*, Fanes *NK*;
[P1894-1895][E] el rrey *LBC*; estonçes llamolos el rrey (a Al... Bermudes) *L*; Fernandes *S*, Fanes *NK*;
[P1902]avien *SLFGBC*; saber *L*; con [sus] fijas *ÑFGBC*, con [las] fijas *L*;
[(c3)]pues () asi es *X*, pues asi () *F*, pues () es [asi] *GBC*;
[(P1911)](tengo... que) *LÑC*, (tengo... bien) *FGB*; venga[se] el Çid [a] ver conmigo *LÑ*; [a] ver *SKLÑGBC*; veer *N*;
[P1907](Al.... dixo) *N*; Albarañez *L*, Fernandes *S*, Fanes *K*;
[P1908]nos. () diremos *SXNLÑFGBC*;
[P1909]fara *K*; ay *KC*; fa. y despues lo que *SXNK*; fa. y () lo que *SFBC*, fa. (y...) lo que *LÑG*;
[P1915]se fueron *X*;
[(P1916-1917)][Y] el Çid *L*;
[P1921]preguntolos *F*;
[P1923]Albarañez *L*, Fernandes *S*, Fanes *NK*; rrespondio *C*;
[(P1923-1924)]() Sep. *ÑBC*; grado (lo... grades)çiouoslo *F*, (lo... gradesçio) [e lo os lo] *BC*, (lo... enbiastes) e grad. *LG*; agrad. *KÑF*; gradesçeuos *L*;
[(P1926-1928)]enbiauos () dezir *XN*, enbia() dezir *LÑ*, enbia () a dezir *FG*; pedieron *K*; hijas *F*;
[P1944]e () que *L*; q. () vay. *S*; vades *G*; veer *SN*; vayades [a] ver[os] *BC*; e quier *XF*;
[P1945]lugo *J*, luego π; poner () conusco *X*; poner luego su amor *LÑFGBC*; con bos *K*, connusco *XN*;
[P1946]acordaredes π; *tachado C*: acorda(da)redes; de so uno *XNLFGBC*; de con suno *S*; de lo uno *Ñ*; q. [por] meior *SXKFBC*; meior [supierdes e] *G*; tuvieredes *NLBC*;
[P1947][E] el Ç. *LÑFGBC*; Ç. dixole *Ñ*; plazie *SNLFGBC*, plaze *K*; mucho de *Ñ*; muy () coraçon *K*;
[(c5)]despues *K*; preguntole *N*; como este. *BC*;
[(P1949)][E] ellos () dix. *LÑFGBC*; dixeron *S*; consejarian *SXK*, consejaria *Ñ*, consejarien *NC*, aconsejarien *FGB*, aconsejarian *L*; cosa ninguna *Ñ*; feziese *SX*; que[l] fiziese *L*;
[(P1937)][E] el Ç. *FC*; Çid () dixo *FGBC*; "() Inf. *SX*;
[(P1938)]omnes () fidalgos *KLÑFGBC*;
[(c6)]e aun mucho *FGBC*;
[P1939]non me *S*; me () plazera *LÑFGBC*; plaze *K*; *tachado C*: plazera (mucho);
[P1940]mas pues () el *X*;

P1951() demosle *F*; e () señor *GBC*; *subrayado N*: demos...señor;

(P1953)que a eso *F*; tuviere *L*;

P1956/P1959Alonso *L*;

P1960(El... caualleros) *L*; [E] el rrey *FBC*; despues que *SN*; las () ouo *Ñ*; leydo *Ñ*; **dixo cau. J, dixo [a] SNFGBC;**

(P1961)**dixiese S, dixiessen XN, dixen C;**

P1962[se] fuese *L*;

(c7)en T. *S*;

P1964llegaron *G*; **tachado J: fueron (el) en;** dixieron *S*; dixiera *S*; *corrección F borrando parcialmente* rey, *sobreponiendo* Çid; q. les el rrey () dix. *X*;

(c8)**plogo[l] LÑFGBC;** mucho () e *L*;

(P1965-1971)guiso[se] *FGBC*; adereço *NK*; adereço[se] *K*; bien () toda *KÑ*;

(c8)q. bien () a *NK*;

(c9)Asi quando *Ñ*; de () yr *G*;

(P1974)aguiso muy *X*, llego muy *L*;

P2015[Y] el rrey *L*; saliolo *XL*, salio() a rreç. *N*; s. () rreç. *FGBC*; rreç. () e *L*;

(P2021)**[E] el Ç. LÑFGBC;** del caballo *K*, de su bestia *L*;

P2021**ynojos SNÑKF, hinojos LGC;** por tierra *LÑ*;

(P2026)[E] el rrey *GBC*; el Çid le *F*;

P2027Çid, leuad suso *X*; leuantad *N*, llevanta *K*; [vos] *N*, [os] *K*; () Ç. *K*,

P2028que non *LFGB*;

P2029sy () asy non [lo] *KL*; fezieredes *S*, hizierdes *Ñ*, hazeis *K*; avreis *K*;

(P2030)[E] el Ç. *ÑFGBC*; dixo: "() **Pido LÑFGBC;** [pues] pida *S*;

P2032de manera que *F*; *texto N subrayado*: en... estan; ayan *NLFG*, oygan *C*; oyan () quantos *X*;

P2033[E] el rrey *GB*; rrey () dixo *KFGB*; dixo[l] *LÑBC*; **plazie SNFGBC;**

P2034**perdonole LÑFGBC;** e le ortogo *FGB*; ort. [el] su *FG*;

P2041**alli XNKLÑFB; plogo SN;** p. [le] m. *SL*;

P2042mas peso[le] *LC*; Ordones *KÑF*; Alonso *L*;

(P2052-2053)*S elabora margen sobre primera linea* f. 238v: Ynfantes de Carrion;

P2054**dixieron SN; dix. () como SNKLB;** como () en *L*; en la () pro *BC*, en su pro *K*; **pudian X, pudien LGBC, podian Ñ;**

P2055[Y] el Ç. *L*; *S semi-tachado*: (Çid); asi *C*, plegue a Dios *Ñ*;

P2068/P2071[E] otro *GC*; **dia [en la] mañana SK, dia [de] mañana LÑFBC; entro XKLÑFGBC;** entro en el su fabla el rrey e el Çid *N*; e dixo () el *L*;

(P2075-2076)pedieron *XK*; Carrion () vuestras *L*;

P2077faran bien *L*; e (honrrada...(P2081) quiero) q. *N*;

(P2081)Si vos touieredes por bien *X*; **ploguier N, pluguiere SKLÑBC, ploguiere FG;**

P2082[E] el Ç. *FBC*;

P2087a la merçed vuestra *Ñ*; merçed (e... fazed) [e] como *BC*; *corrección F, escribiendo sobre* mych > merçed;

P2089faze *FG*; faz. () lo que *S*; **touieredes XNL, tubieredes [façe vos] BC;** contento soy *K*; de lo que *C*; **vos [y] fiz. SXN; fizieredes XNBC;**

P2090grad. *XL*; gelo [mucho] *Ñ*;

P2092**besaron π;** entonçes besaron *Ñ*; la mano *K*;

P2093Çid (e canbiaron...(P2013 Çid) ("*salto de ojo*") *L*; (e...espadas) caminaron les *G*; **canb. [con] las esp. XÑ, canb. [con el] las espadas NKFGB, cab. [entonçes con**

el] *C;*

^{P2103}**para ()** **bodas** *SXNK;* bodas (de... fiias) *Ñ; elaboración decorativa de margen superior N* (ff. 155ᵛ-156ᵛ), *prob. para señalar las bodas;*

^(c11)que ay ouo *K,* que () ouo *LG;*

^{P2115}donas muchas *X,* muchas dones *L;*

^{P2121}[E] el rrey *FBC;*

^{P2122}**deziendole** *SXK;*

^{P2123}e aqui *KLBC;* aqui [a] vuestros *FGB; tachado X:* aqui (veras) vuestra;

^{P2124}faze *L;* como [lo] *LF;* **tuvieredes** *SL,* **touvieredes** *S;*

^(c12)siruan [ansi] *X;* como () señor *C; subrayado N:* mando...señor

^(P2125)[E] el Ç. *BC;*

^{P2126}**de por ende buen** π; **galardon** *SXLFGBC*

^{P2132}pues () mis *K;* hijas *F;* tuvistes *L;*

^{P2133}**por vuestra** *LÑFGBC;* touieredes *NBC;* **entregue** *XNLÑFGB;*

^{P2134}otra manera *K;* touvieredes *S;*

^{P2135}[E] el rrey *LF;* el () dixo *Ñ;* dixo [asi] *L;* rrey [le] dixo [a el] *C;* "**Aqui** *J,* "**[Ahe] aqui** *SXNÑFGB,* **[E] aqui** *KLC;* **[a] Aluar** *XÑFB;* **Fernandes** *S;* **F., [a] que mando** *XNK;*

^{P2140}[E] Aluar *C;* **Albaranez** *L,* **Fernandes** *S,* **Fanez** *K;* faria *K;*

^(P2142)Alonso *L;*

^{P2145}**trayo** *SX; tachado J:* Señor, (rruegouos) traygouos; *margen F:* ojo;

^{P2144(c13)}**palafrenes (muy... e) de sil.** *LÑFGBC,* **palafrenes (muy... guis.) de frenos e de** *K;*

^(P2144-2145)e [muy] bien *X;* **silla** *LÑFGBC;* siellas *S;*

^{P2146}**los mandades** *XNLBC;* rresçibades *S;*

^{P2147}[Y] el rrey *BC;*

^{P2151}auedes () fecho *SKL;* fecho [ya] *L;*

^{P2148}**pues () vos** *LÑFGBC;*

^(P2128)[E] el *FGB;*

^{P2129}**quisieredes** *SNBC;* tomar *K;* algo () de aqui *X;* de mi () que vos den, id conmigo *L;*

^{P2130}**yde** *SXÑFG;*

^{P2156}[Luego] despid. *L,* [E] espid. *ÑFC;* **despediose** *K,* **despidiose** *NLG,* **espidiose** *SÑFBC;* rrey [del rrey don Alonso] *L;*

^{P2167}fueronse *X; S "salto de mismo a mismo":* (rrey^(P2167)...^(P2174)): rrey para fazerle onrra e fuese para Valencia;

^{P2165-2166}**de las del** *SXNÑFGBC;* cau. () del rrey *L;*

^{P2174}fazerles *XB;* **en () bodas** *XNKÑFGB;*

[Capítulo XXIV]

^(P2175)Val. () mando *KL;*

^(P2183-2204)dona *K;*

^(P2221)**Albarañez** *L,* **Fernandes** *S,* **Fanez** *K;* **F. [Minaya]** *C;*

^{P2220}he de casar yo mis *L;* casar a yo *K;* casar he () mis *N;* **fijas conuusco** π;

^{P2221-2222}**Alvarañez** *L,* **Fernandes** *S,* **Fanes** *N;*

^{P2223}asi () el rrey d. Al. [mando] *C;* rrey () e *L;*

^{P2225}la entregue *KFG;* es ya *S;* desuso dicho *BC;* dicho () puesto *ÑF,* dicho () *L;*

P2228Alvarañez *L*, Fernandes *S*, Fanes *XK*; dueñas *XKÑFGBC*;

P2229infantes (): *G*;

P2232u() Douos *LFG*; donouos *FGBC*; donovos () estas *B*; dueñas *SXKLÑFGBC*; rreç. vosotros *K*;

(c2)la santa [madre] yglesia *SLÑ*, la [madre] santa yglesia *FGBC*;

P2233que les *S*; qunplimientos *F*, cumplimientos *G*; *tachado K*: los (quinientos) conplimentos;

P2232dueñas π;

P2234dueñas π;

P2238*margen G*: Hieronimo de Petragorgas, Monge Bt., *y subrayado en texto:* don... las; Geronimo *NLÑ*, Hieronimo *C*, Jeronimo *FG*, Iheronimo *S*;

P2240diolas *G*; dio() bendi. *L*; dio () las *S*;

P2251*N subrayado en el texto:* e duraron... alegrias;

(P2248)grandes alegrias *XC*;

P2257dio el Ç. *L*; grant *S*;

(P2256)preçio [e] muchas [cossas] mas *K*, preçio muchos ademas *SNLFGBC*; [e] mucho *LFGBC*;

P2270-2271*corrección sobre renglón S*: con el [Çid];

(c4)(P2276)contar *LFGBC*; dex. () de contar [aqui] *L*;

(c5)Alonso *L*;

[Capítulo XXV]

(c1)*Falta S, el capítulo:* "De commo los infantes de Carrio se ascondieron con miedo del leon."

(c3)(que...(c5) siete) *L*;

(c4)(quando andava) *Ñ*; la era de la enc. *K*; noventa e çinco [años] *C*;

P2278-2279Estando el Çid *Ñ*; de so vno *XNLÑFGBC*, junados *K*;

(P2282)vino *KÑ*; que () solto *Ñ*; tenien *XLFB*, tinien *G*, tenian *C*, tenia *K*;

P2280durmie *NBC*, dormia *XLÑ*;

(P2286-2291)los vieron *K*;

P2286el vno (), a *Ñ*; vno () que *FGBC*, a quien *N*; dixieron *X*, dezien *F*, dizien *NGB*, dizen *KÑC* (diçen *C*); Ferrant *X*, Ferrnand *N*, Fernan *KLÑFBC*, Hernan *G*;

P2287f. [a] meter *KLÑ*; meter en vn *L*, en baxo de vn *Ñ*, detras de vn *C*; estrado *LÑFGBC*; estr. (). *Ñ*;

P2288Diego G. su hermano salio () por la p. [fuera] *X*; fuera a la *J*, fuera por la p. π;

P2289grande *X*; veria *KL*; ver. () Carrion *NK*; *tachado B*: Carrion (*ilegible*);

P2290lugar *J*, logar *X*, lagar *NKLÑFGBC*;

(P2291)tan frio *FGBC*; paro () quando *K*; paro () que *C*; quando dende *N*, de alli *K*, de y *Ñ*; eran *NLÑBC*; ver *XLFG*; bestie *C*, bestia *K*;

P2284-(P2285)puñaron de *X*, pugnaron *LBC*, trabajaron *K*; guardar [a] su *Ñ*;

P2293e () vio *K*; los caualleros *XNK*, sus caualleros *LÑFGBC*;

(P2294)[que] por que *LFGBC*; fezieran *X*, fazien *LÑFGB*, façian *C*;

P2295metiolos a todos *K*; a todos nos met. *LÑFGBC*; rrebate *XÑFGBC*;

P2300priso *XNKLÑFGC*; p.[le] *KLC*;

P2301m. le *LFC*;

[c7][Y] el Ç. *KÑ;* [Estonçes] sentose el Çid *LÑFGBC;* sobre vn *LFGC;*
P2304-2305E por que ellos *X,* E aunque ellos *N,* (\) Pero *LF,* quando ellos *Ñ,* E avn que ellos *B,* ellos [aunque] *C;* veyan *K,* vinien *G;*
(P2283)[fue] tan grande [la verguença y] el miedo *L;* **auien** *XNFGBC,* **tenian** *L;*
P2306(\) Asy *L;* avien *LÑFB,* uenien *G;* la color perdido *LÑ;*
[c8]**fueran** *LÑFGBC;*
P2306sopieron *NK;* **por** (\) **miedo** *XKÑC,* **con el miedo** *G;* se ascondian *C;*
P2307(asy... a) quirien fazer dellos esc. *G;* posfaçar *X,* porfazer *F; tachado K:* començaron (e) a;
P2309tenianse *X,* teniendose *BC;* tenien (\) por *K;* por (\) maltr. *XÑ;* maltratados *K;* e (\) enberg. *K,* e (\) avergonçados *L; C corregido:* abergonçados > enbergonçados;

[Capítulo XXVI]
[c2]vos deximos agora *Ñ,* vos (\) dix. *L;* **dixiemos** *N,* **diximos** *KLFGC;*
(P2312)**dallende mar** *KÑC,* **dende mar** *B;* [la] mar *K,* [el] mar *C;*
P2312**fue** (\) **çercar** *XNKLÑBC;* çercar (\) **Val.** *XNLÑFBC;*
[c3]/(HR1) dizien *F;* Quarte *KL; tachado K:* el (el) Quarte;
P2315[Y] el Çid *LGC;* plugole *L; tachado L:* plugole (s); (mas... dixeron) *L;*
(P2320)e [ellos] dix. *ÑFGBC;* dixeron *S;*
(P2323)**avriamos** *XL,* **aueriemos** *N,* **avrimos** *K,* **averiamos** *SÑ;* **con** (las... P2320 non) **la perdida** *KLÑFGBC;*
P2320non [a] la perd. *N;* las perdidas *X;*
[c4]**que** (\) **ende vern.** *KLÑFGBC;* vernia *K;* podemos *KLÑFG;* ca non *L;*
(P2321)Ayamos con el Çid de pelear *K;*
P2324[E] esto *SLFC;* que (\) diz. *L;* **dezien** *SK,* **dezian** *Ñ,* **dicen** *C;* **Nuño** *SXLÑFGBC,* **Nuno** *K;* **Gustos** *LÑFGBC;*
(P2332)inf. [de Carrion] (esforçad... Carrion) *Ñ;* tengades *K;*
P2335(\) estad *L;* vuestro plazer *K;*
[c5][E] ellos *G;* hablando *L;* al rrey *L;* **Bucar** [a] **dezir** *KLÑFGBC;* dex. (\) Val. *XL;*
[c6]**pecharia** *XKÑ;* **quando ya** *L,* **quanto y** *SNÑG;* avia *K,* avi *Ñ;* av. (\). *S;*
[c7][E] el Çid *F;* dixo al mandadero: (\) *L;* aquese *S;* **traya** *X,* **truxo** *S,* **troxiera** *N,* **traxiera** *K,* **traxera** *ÑGC,* **trajera** *F;* mandado *X;*
[c8]**Yde** *NKÑ (abrev. N),* (\) **Dezed** *BC,* (\) **Dezid** *S;* [al rrey] Bucar *LÑC;* Bucar (\) aquel fid. *XB,* Bucar (\) fid. *L,* Bucar (a... fidenemiga) *G;* **fijo de** *K;* **enemigo** *LÑFBC;* antes *C;* **de** (\) **tres** *KLÑFGBC;* dire *S;*
[c9]**dia** [mañana] **el Çid mando** *X;* mando (\) armar *L;* armar [a] todos *XG;*
[c11]despues *S;* parejada *K,* parado *L; tachado K:* parejada (con el); (don... infantes) *Ñ;* levantose *Ñ,* infantes (\) por yr *G;* ynferir *N;* **ferir en vn** *KÑ,* **f.** (\) **vn** *LFGBC;* moro el qual *K;* a quien *S;* **dizian** *N,* **dizien** *L,* **dezien** *KFBC,* **dizen** *G;* **Aladrafa** *K,* **Alaeraf** *G;* Al. [don Fernando el vno de los infantes] *Ñ;*
[c12]vio [otrosi] fue contra el (\). *L;*
[c13][E] el infante *NÑ;* Con el grand miedo que el infante ouo del moro *L;* El moro con el grand miedo *Ñ; F corregido, posiblemente por segunda mano:* moro > infante; las rriendas *KL; tachado G:* boluio (las); que [avn] solamente *L;* **le oso** *KFGBC;*
[c14](quando... vio) fue *K;* ferir al moro *L;* peleo *K;*
[c15]**Desi** *SXNLÑFGBC;* fue tras *C;* pos del *SKLFG;*

(c16)**Fernando KLG, Hernando FBC;** toma *LFG;* dezi *G;* era, (] yo *G;* conuusco *X,* con vos *K;*

(c17)[E] el infante *LF;* muchos vos *C;* vos gradesco *NG;* deçis *C,* dezie *K;*

P2368-2369**veno SN;** vino luego al *C;*

(P1292-1293)/(c18)"Por que vos d. R. yo *S;* porque [siempre] (] oy dezir que (] guer. *LC,* porque [sienpre] oy dezir que sienpre *B;* sienpre [que] guer. *N;* guerr. (] por *G;*

P2371(por... me] *L;* **vine SNKLÑBC;**

P2372[de] lid. *BC;* pelear *K;*

P2373e (] honrrar *BC;* **manos (e... ordenes) X;** e (] ordenes *L;*

P2374me deis *C;*

P2379viendovos digo *G;*

P2380mucho (] plaze *L;* **plaz N; plaze [a mi] LÑFGBC;**

P2383-2384[E] el obispo *KF; margen N:* el obispo mato (*ilegible*), *y subrayado en texto:* el obispo... entrada; fuese *SC;* fue y ferir *ÑF,* f. (] ferir *LBC;* **luego [a] ferir K;**

P2386**mato [y] dos SX; dos [moros] (] de su** π; dos (] de su *S;*

P2390çercaronle *LGBC;*

(P2392-2397)**acorriole SNK, acorrio (] luego LFGBC;**

(c19)(P2395)**(Ally...**(P2398) **Çid) LÑFGBC** ("*salto de mismo a mismo*");

(P2398)[Y despues] mas *K;*

(P2400-2403)de canpo *L;*

P2401-2402lleuaron *X;* lleuoles *K,* lleuo(] fasta *G;* tiendas [a] mal *K;* **mal [de] su grado NKLÑFGBC;** aquexo *K,* acuito *C; añadido sobre renglón S:* tiendas [mal su grado] *S; laguna S:* (e tanto...tiendas);

P2403**sus tiendas LÑFGBC;**

(P2406)fizoles *K,* fizol *F;*

P2407f. (en... dellos) en *C;* **pos ellos XNÑFG;** en [el] alcançe *LC;*

(c20)mijeros *F;* mugeros *S;*

(P2404-2405)dellos tantos *X;* tanto *S;* **avian X, auien NL, avie SÑFBC,** huvo *G;*

(P2408-2409)[E] el *KFGC;* [matando de ellos que non avie cuenta] matando *S;* **veer SN, aver L;** *F corregido:* vo(l]zes;

P2409**Atended ÑFG;** atende [a] Bucar *B;* [rrey] Bucar *C;*

P2410(] ver *LF,* a ver *BC;* **ver XKLÑGC;**

(P2412)**de [te tu] v. XNLFGC,** de v.[te] *K,* de [te] v. *S,* de [tu] v. *Ñ, (B ilegible); tachado C con corrección sobre el renglón:* te tu romoe verte; **ver ya mas con N, ver (] mas con LÑFGBC; mas conmigo KLÑFC;**

P2415non [me] entrop. *L;* **entropieçe Ñ,** tropieça *LFGBC; tachado K:* entrop. (*ilegible*); entrop. [conmigo] *S;*

P2416que tu non *L;* **non me alcanç. LÑFGBC;** alcançaras *FGBC;*

P2418[E] en todo *F:* yuase [a] quanto *L;* **podia X, podie S, pudie LFGC; pod. [a poder] del cauallo SXNKÑFGBC;**

P2419cauallo (] el Çid *LFC;* **pos el XNKFG;** en el cauallo Bab. *L;*

P2420*N subrayado:* diole... muerto; alcançolo *SNF;* (] entrante de *X;* a [la] entrada *L;* **entrante SXNKÑFG;** entr. (] *X;*

P2421el espada *LFG;*

(P2421-2424)lo corto *XLF;*

P2425(**muerto... muerto) J** ("*salto de ojo*"), [Despues que Bucar fue muerto] π (que

fue el rrey B. muerto *C*);

[P2427]**muerto (e...** [P2438]**canpo)** *LFGBC*;

[P2431-2432]tiendas e despues fuese para V. e mando coger el canpo *Ñ*;

[P2465][E] des. *LFGBC*; **Desi** *XNLFGBC*; *N subrayado*: desi...a;

[(P2467)]**partio [toda] la** *XÑ*; muy bien con todos *L*;

[P2476]Despues *K*; a la barua *L*; en () barba (): *K*;

[(P2477)]doi *C*, ty () *L*; loores *L*; **loor (e... fecho),** *LÑFGBC*;

[P2478]**auer** *X*, **ver** *LÑFGC*; todo lo que *L*; todas las () que *KLFG*;

[P2498]soy *ÑG*; moros e christianos *C*;

[(P2477/P2493)]nonbre () onrrado *S*; **de todos ().** *SX*;

[(c21)/(P2527)]dixieron *S*;

[P2530]aveye *L*, abeys *C*; **vos nos** *S*;

[(P2529)]somos () por *KL*, por [ya] *L*;

[(P2533)]mostrastes *G*; nos () bien *NLÑ*; mostr. (ya... a) lidiar [ya muy bien] *G*; bien pelear *K*; bien () lid. *S*;

[(P2535)]**(Destos... dixeron)** *KLÑFGBC*; dixieron *SN*; dix. [y] *L*;

[P2536]**fazian** *XLÑFB*; () [los del Çid] faz. *SGC* (E los *C*); **escarnio [dellos]** *LÑFGBC*; dellos () [y] pos. *FGBC*; dellos () e duro *L*; **posfaçauan** *SX*, *F corregido*: procave(?) avan > profavcavan; algunos dias *LG*;

[(c22)]aquello entend. *F*;

[Capítulo XXVII]

[(P2536-2537)][E] los *F*; q. vieron q. *L*; porfazaua *S*, posfaçauan *X*, aprofaçavan *K*; **fazien** *SNLÑFGB*; ouieron () muy *K*;

[P2540]de () yr *C*;

[P2547][de] faz. *S*; fazer() t. *Ñ*, fazerle *B*;

[(P2553)]**dezian** *XKÑ*, **dizien** *NF*; para [casar] () mug. *Ñ*; para () sus *L*; o () enp. *LFC* (e enp. *C*);

[(P2540)]E [lo] demas *G*; faze *KC* (haçe *C*); mester *X*; **dixieron** *SN*; nos (vayamos...que nos) *S* ("*salto de mismo a mismo*); **menester () que** *LÑFGBC*;

[P2548]ante que *NK*; traian *C*; *tachado K*: que (co)nos; que menos acaeçio *B*; acaesçio con el *C*;

[(P2557-2559)]dixieron *S*;

[P2563]que se *Ñ*; **querian** *XKÑ*, **quirien** *LFG*; e llebaron *F*; sus m. consigo *S*;

[(P2566-2567)]alli *K*; **avien** *SXNLFGB*, **tenian** *K*;

[(P2568)]**les dixo** *SNKLFG*, () **dixo** *C*; plazia *K*; plazie [muy] de *X*;

[P2575]**daria** *XKÑC*; de su ayo *K*; e de sus espadas *BC*; [que] a la vna *L*, [e] a la *G*, preçiadas () la vna *C*; **dezian** *XK*, **dizien** *LFB*, **deçien** *C*; **dizen Tizona e a la otra Colada** *LÑFGBC*; *J abrev.*: Tizo = Tizon; Tizon *SXN*, Tizona *KLÑFGBC*; *nota margen N*: las espadas del Çid Tizona y Colada;

[P2581]e [a] ellos *L*; honrasen () sus *LFBC*; fiias () como *Ñ*;

[P2583]farian *XKÑ*;

[P2690][Y] otro *LC*; para se yr *C*; yr () el Çid *F*; caualgaron [e aviendo] *ÑFG*, [e yendo] *C*; [P2614]**toda su caualleria** *π*; por les *NLFC*, por ellos *G*;

[P2613]yendo [el Çid] *Ñ*; **yendo () por** *LÑFGBC*; yendo[les] *B*; por () las huertas *X*;

[P2615]cato () por *Ñ*; ag. () que *FGBC*;

[P2616]**avien** *SNGBC*, **avie** *LF*; **mucho de durar** *SNKLÑFGBC*; aquellas bodas *Ñ*;

P2617mas () non *LÑFG*; *tachado* K: pudo (venir) y;

P2618llamo [y] ent. C; *subrayado* G: a Felis... dixole; **Felix N, Filix L, Feliz SKÑ, Faliz C; Moñoz Ñ, Munoz KF**;

P2620dixo() que K; dixole [que le plazie] G; **fuesen XKÑ**;

(P2621)**verie SXNFGB, veria KL, borie** C; fazian XK, hazien G;

P2623**Feliz L, Feliz ÑB; Moñoz KÑ, Munoz F**; dixoles S, dixol G; **plazia XKÑ**; pl. [mucho] de cor. X;

(P2631)entonçes () des. C;

P2644-2645fueron[se] S; para S; Aluarrezin N;

P2647-2649*tachado* K: Medi(da)na; **Molina FG**; Abongabon S;

P2656fue L; hasta F; Xalon NL;

P2657**posaron SNKLGBC, F** *corregido* **posaron > pasaron;** dezien N, dezian K; **Alxaria N, Axarie Ñ, Olaxaria G, Arxaquenia C**;

P2654-2655Abongabon S; [E] Abeng. *FGC*; **otros dones muchos KL, cosas muchas XGBC**;

P2659vieron la grandes K;

P2662ov. su acuerdo C; *margen* F: ojo; *tachado* B; matar (en est);

P2666[Y] lo L; (lo... dizien) BC; () Ellos diz. G; **dezien S, dezian KLÑ, dizen G;** [y] estando C;

P2667**lidinado J, latinado SNLÑFG, ladino XKBC**;

P2668**dixolo [a] Aben. XNF**;

P2672**truxiera S, traxiera XN, traxera LFG**;

(P2675-2676)fize SLBC; vos c. mi muerte *LÑ;* **consejades KLÑFG, consejarades BC;**

(P2682)/(P2686)**entonçes [se] desp. SXNK;** despidio NK; e () doña S; dona E. *KF;* dona S. K; Xalon NL;

P2688Moligna N;

(P2689)deziendo dellos SK; malos e falsos X;

(P2689-2690)**[otrosi] sal. L, sal. [otrosi] XNKÑFGBC, sal. [otro dia] S;**

P2691F *corregido:* dixeron > dexaron; dex. () At. *SLFB;*

P2696a su diestra K;

P2697**rrobredo SNKLF;** Corpos FG;

P2698era mucho grande N; **muy espeso XNLÑFGBC;**

P2699e llenos de L;

(P2700-2701)alberg. ay K; N *subrayado:* e ellos... (P2735-2739)mal, *y nota en margen:* como açotaron a las hijas del Çid;

P2705-2708**dia [de] mañana K; dia adelante m. yr ad. ÑFGBC;** dia () mand. L; delante BC; la conpaña S; **yr () toda su c. [adelante] SX;**

P2704/2710os quedaron Ñ; finc. y solos ÑFB, finc. () solos L; finc. () con G

(P2720-2721)**Desi SXNLÑFGBC, e ansi K;**

(P2735-2739)açotaronlas () e FGBC;

(P2748/P2752/P2764-2755)ferieron SK;

P2757e fueron () en pos SK;

(c3)**pos () sus compañas LÑFGBC;**

(P2750)dex. y ÑFG, ay B; e dex. () las LC, e () las KFG; dueñas [y] desanp. C;

[Capítulo XXVIII]

(P2763-2764)Acaeçio asy K; **demientre N, mientras () LG, mientra KF, mientra () C;**

firien *SXNLG,* **ferien** *KFB;* hijas *F;*
[P2767]començaron *S;* doler[le] *L;* **doler el coraçon muy f. X;**
[(P2769)]**Felix** *L,* **Feliz** *Ñ;* **Moñoz** *Ñ,* **Munoz** *KLF;*
[P2766](con... conpaña) *LFGBC;* conp. delante *BC;*
[(P2767)]le aquexo *NLÑ;*
[P2769]se metio *LG;* muy espeso *B;*
[P2770]para atender *G;* atender () a *Ñ; X rasgado:* atender... Çid;
[P2772]() El estando *L;* oyo () que *Ñ;* **vinien** *NLG,* **venian** *KÑ;* deziendo *SKG;*
[(P2763)]que se yuan *LÑ;* e yuanse *BC;*
[(P2762)]**fezieran** *SX,* **hizieran** *G;*
[P2772]**Feliz** *ÑB,* **Feliz** *L;* **Muñoz** *Ñ,* **Munchoz** *K,* **Munoz** *F,* **Gustios** *S;* aquello vio *C;*
[(c2)]ca entendio *G;* entendio () aquel *Ñ;* aquel () le *B;* aquel [deshonrra] le *C;* **dolia** *XK;*
[P2776]hasta *F;* do sal. *LGC;* onde *SN;* **salieron** *LÑFGBC;*
[P2777]e fallaron *K;* duenas *K;*
[(P2778-2779)][Y] el allegose *B;* dixo[las] *FB,* dixo [les] *L;*
[(c3)(P2782)]"Por Dios *SNKLFGBC,* () *Ñ;*
[P2781]hecho *LB;* infantes () e *L;*
[P2782]lo fal. *Ñ;* hallen *ÑFG;*
[(P2787)/(P2792)]Entonces le dixo *F,* Ent. () dixo *G;* esf. () yrse *G;* **yrse yan** *SXK,* **e se yrian** *Ñ;*
[P2793]**tornarien** *KLFGB,* **tornarian** *SC,* **tornaran** *Ñ;* hallaren *FG,* fallarien *L;* menos (e... y) *Ñ;*
[(P2795)]**yan** *SXL,* **yen** *NFBC,* **han** *KG;*
[(c4)(P2805)][E] ellas *BG;* dixeron *S;* est. [a] pues *Ñ;* viene a el *K; margen F:* las ynfantas;
[P2806][Y] entonçes *K;* las subio en *K;* ent. () cabalgaron *BC;* fuese () ellas *F;*
[P2809-2810]**anduvieron** *KLFGBC;*
[(P2810)][Y] otro *GC;*
[P2812]dona *K;* Hurraca *LBG;*
[P2811]**e estuvieron** *KLÑFGBC,* **estouieron** *SÑ,* **estovieron** *ÑG;* **estovieron[se]** *ÑG;* estuv. [de] sobre *ÑFG;*
[P2813]**demiente** *N,* **mientra** *KB,* **mientras** *C; tachado C:* mientras (asta); demientra () el *L; tachado F:* fue(ron); Sanctiesteban *ÑFB;*
[(P2813)]ay llego *L;* q. () llego *SL;*
[P2814]**salio** *JXK,* **fallo** *SNLÑFGBC;* y [a] π; ay *SK;*
[(c5)][vn] vasallo *Ñ; tachado F:* (f) vasallo;
[P2814]**Albarañez** *L,* **Fernandes, Fanez** *NK;*
[(P2815)]y con el todo *L;* **aveniera** *SXK,* **ovieran** *LÑFGC,* **overion** *B;* **con las fijas** *K,* **() las fiias** *LÑFGBC;*
[P2815]le oyo *Ñ;* mucho el coraçon *K,* mucho () e tomo *L;*
[P2816]bestias [muy bien] *BC;*
[(P2816)]vestio *S;*
[P2817]fuese [a Sanctisteban] (para... bien) con ellas e sacolas *C;*
[(P2816)]vestiolas *KF;*
[(P2818)]bien [e fuese a Santisteban con ellos] *B;* **troxo** *X,* **trajo** *K,* **trayo** *L,* **saco** *G;*

Sanctiesteban *ÑC*;

(P2820)(Los... Esteuan) E salieron KLÑFGBC; les () rreç. *N*;   rrecibir *FG*;

P2819fezieron *S*; **fizieronlas XNLÑFGBC,** **fizieronle** *K*;

P2822dieronlas *ÑFC*; **avian KL, avien FGBC;**

(P2820-2821)heran *L*;

P2825[E] el rrey *ÑG*; Alonso *L*; sopo *Ñ*;

(P2827-2828)tardo [otrosy] mucho *X*; **saber el Çid otrosy SX;** otrossy de saber *N*;

P2835() Con el *L*; que () ouo *XBC*;

P2829tornose a JN, atornose de K, tomose de SX, tomose a LF, tomose () GB, tomo de () C, hecho mano a Ñ; barba (): **SLÑFGBC;**

P2832Par *K*, (Para... nunca) *L*, (Para... barua) *SG*; estas mis baruas *Ñ*; no meso *K*; menso *Ñ*; nunca [me] meso *B*;

P2833ninguno () me escapen *L*;

(P2831)no les *L*; mucho [mas] peor *Ñ*; mucho por esto *FB*, por ello *G*, por esta rraçon *C*, por ende *L*;

P2836/P2838y mando entonçes *L*; m. () Aluar *Ñ*; **Fernandes S, Fanez K;** F. [Minaya] *C*;

P2837Anton LÑFGBC; e () Ant. *ÑGC*; *el copista de F corrigió una omisión añadiendo* Antoliñez *sobre el renglón*; **Antolinez, (e... Bermudes)** *X*;

P2838que f. *S*, quellos *K*; fuesen para las *BC*; *L contiene un resumen único de* P2840-2852*; recoge la versión de XXR en* P2857: Pero Bermudez que diesen ellos las graçias a los del lugar de parte del Çid y asi lo fizieron; hijas *F*;

P2849-2850dixo a Al. J, dixo () **Aluar** π; **Fernandes S, Fanez NK;** F. (a... lugar) *Ñ*; logar *NK*;

(P2851/P2853)muchos *F*; os agrad. *NFGC*; grad. *N*; [a] vos *B*; **nos [con el] la SXNK;** que () fez. *BC*; hizistes *G*;

P2857-2858Y luego se f. *L*; Ent. () fueron *B*; palanco *Ñ*; **do X, o NKÑFGBC;** duenas *Ñ*;

P2860() **Quando las J, [Las dueñas] quando** π; **las vieron J, los vieron** π, *F corregido* **las > los;**

(c6)(P2861)dixieron *S*; a aquellos *L*; bien *K*, biyen *Ñ*;

P2885quando [lo] supo *XLBC*; **sopo SNÑFG; sopo () salio XLFGBC;** venian *KÑ*, vinien *N*;

P2886sal. () las SXNKLFGBC, sal. [les] *Ñ*; [a] rreç. *SXLFG*; rreçibir *FG*;

(P2890)(e dixo) *S*;

P2894*tachado K*: buen(a);

[Capítulo XXIX]

(P2898-2900)[E] despues *F*; enbiose [el Çid] *BC*; **enbiose () quer. SXNKFGBC;** al Çid al rrey *SK*; Alonso *L*;

P2906por la desonrra *LB*; q. [le] fiz. *SXNFGB*, [el] fiz. *C*; fezieran *X*, fizieron *KBC*; **condes de X;**

P2901/P2903enb. alla *L*; a () Nuño *B*; **a el [a] Nuño SNF;** Nuño *SXLFGBC*, Nuno *K*; **Gustos LÑBC, Gusties FG;** denostase *FBC*; **[en] como fuera SNKÑ;**

P2908**dixiesse SN, dixera B;** quel sacara sus *L*; hijas *G*; ca (el... o) sy onrra *K*;

P2909-2910e sy onrra *NLFC*; desonrra [en ello] *K*; **desonrra () av. XKLÑFGBC;** avia *KÑ*;

[P2914]q. gelo *L*; feziese *S*, hiziese *LÑFG*; vistas () a su *SÑB*, vistas y a su *L*; *tachado C*: bistas (p)a(sar) su;

[P2915]porquel *C*;

[P2917]Nuño *SXKLÑFGBC*, Nuno *K*; Gustos *LBC*, Gusties *FG*; fue ent. *N*;

[(P2923)]Castiella *S*;

[P2922]fallo el rrey *LÑB*; **Fagund *XLÑFBC*, Fagunt *SK*, Fagun *NG*;**

[P2932][Y] el *L*; quando () vio *G*;

[2933]saliol a rreç. *ÑG*; fuele *BC*, **fuel () rreç. *SXNF*;** rreçibir *FG*;

[P2935][Como] Nuño *K*; **Nuño *SXKLÑFGBC*; Gustos *LBC*, Gusties *G*;** besada *N*; [(c2)]las manos *KL*; dixo (): *ÑFGBC*; *N* (f.159r[a]) *remendado con fita gomada*; [P2936-2937/P2948u]() el Çid *FGBC*; Çit *N*;

[(c3)]y las () *S*;

[P2951/P2936]os pese *L*;

[P2944](e... desonrra) quel *K*; *X* (f. 139v[a]) *manchado*;

[(P2942)]**fezieron *SX*, fiçieran *Ñ*, hizieron *C*;** nota *en margen superior F*: Los condes;

[P2949]e a cortes *LÑFGBC*, e () cortes *Ñ*;

[P2953](Ç. el... dixo) *G*; dixo[le] *LFBC*;

[P2955]Nuño *SXLÑFGBC*, Nuno *K*; Gustos *LBC*, Gusties *FG*;

[P2954]pesa desto lo ques fecho *L*; lo que ay sea *K*;

[P2963]cortes desto () e vos *L*;

[(P2965)]**tornade *SC*, tornedes *LÑFGB*;** v. torn.[uos] *SXNKC*;

[P2969]seya *Ñ*; [de] ay *SK*; s. ay *KFGBC*, s. () *LÑ*; **de oy *SNXKLÑFGB*, de doy *C*;** en siete *KGBC*, () siete *Ñ*;

[P2974]Nuño *SXLÑFGBC*, Nuno *K*; Gustos *LÑBC*, Gusties *FG*; despedio *K*;

[(P2976-2977)][Y] el rrey *L*; sus cortes *X*;

[P2979]condes de C. *X*;

[(P2981)]Carrion (que... ellas) *Ñ*; veniesen *SK*;

[P2985]infantes [de Carrion] tem. *Ñ*;

[P2987]vernia *K*, venia *C*; v. [a ellas] el *BC*; Çid (a... cortes) *BC*;

[P2989][a] rrogar *K*; escusare (de... y) *Ñ*; venir ay *K*, venir (). *FBC*;

[P2990][E] el rrey *KFC*; **embio. *LÑFGBC*;** ynbio() des. *Ñ*, enbilos dez. *FB*; [a] dez. *LGC*; faria *K*;

[P2991-2992]mandoles () q. *S*; **que el *LÑFGBC*; auie *SNLFGBC*;** querellado *ÑF*; quiere querellar *K*; querella dellas *C*; quirie *LFG*, queria *C*; gelo *XG*, que las *L*; **emendassen *SNKÑFGBC*, mendasen *L*;**

[P3001/(P2986)]Tol. () fueron ay *K*;

[P3005]fueron () con *L*; *margen F*: los condes; f. estonçes *S*;

[P3002]Henrique *G*; Enrr., () el conde *L*; **Remon *FGBC*;**

[P3004]Fuela *S*, Fenela *C*; Brebon *KL*, Birvon *ÑFGBC* (Virbon *C*);

[P3007]Br., () el *L*;

[(c6)]Hordoñez *L*, Ordones *K*;

[(c7)](e... Dias) *K*; Albaro *C*; Diez *ÑC*;

[P3007]*Ñ invierte el orden nombrándolos infantes de Carrión antes de Aluar Dias*; [Y] los inf. de C. *Ñ*;

[P3008][e] Ansur *LÑFGBC*; [e don] Ansur *Ñ*; Ansuer *XNL*, Ansier *FG*; A. Gomez *S*; [e] Gon. *LÑFG*; Gonçalvo *KÑF* (Gonçalbo *Ñ*); Ançures *NLGC*, Ansurez *B*, Ansuarez *SF*, Ansuerez *Ñ*; [e don Pero Ansures] *SXNKÑFGBC*; Peransurez *G*,

Ançurez *N*, Ansurez *XNGBC*, Ansuarez *SF*;
(P3010)e () muchos *SNC*;

[Capítulo XXX]
(P2974)() El *SNGB*; sopo *SXG*; supo que Muño *J*, supo [por] () N. *SXNLÑFGB*; *S tachado*: que > por; Nuño *SXLÑFGBC*, Nuno *K*; Gustos *LBC*, Gusties *FG*;
(P2980/P2986)rrey () le *LÑFGBC*; enb. () dezir *NKLGC*;
(P2980/P2986)[se] fuese *FB*; a Tol. *ÑFGBC*; en sus cortes *X*; adereçose muy *K*; guiso[se] muy *C*;
(P3022)asi *S*; conpana *K*; sus conpañas *X*;
(P3015)**para el** () *SXNKGBC*;
P3024() Quando *LÑF*; **sopo *SXN***; venia *KL*, vinie *FG*;
(P3020-3021)fuese para el y rreçibiolo *L*; **fuelo** () **rreç.** *XNBC*; rreçibir *FGBC*;
(P3025)*N subrayado en texto*: El Çid... señor;
P3026fue a pie *K*;
P3029hazer *FG*;
(P3030-3032)**honrra** *LÑFGBC*; sera [en] mi corte *FGBC*, [a] mi *LÑ*; **corte** () **que** *LÑFGBC*;
P3043[Y] el rrey *LC*;
P3047() El Çid *C*; Servante *K*;
P3049tomo ay vig *K*; **vigilia** *XNLÑFGBC*;
P3050-3055[Y] otro dia *L*; [En] otro dia *Ñ*; despues q. *SNG*; despues de oir *G*;
(P3073)armar todos *S*; los suyos () [e a] los pelotes *Ñ*;
P3075**vestir [de suso sobre las armas]** *SXKLFBC*, **[de suso las armas]** *N*; vestiduras *N*; [todos] los pollotes *G*; pelotes *Ñ*, peloites *K*, pollotes *G*;
P3111rreçibiole *FBC*, rreçibiolos *K*;
P3105muy () todos *C*; todos [los suyos y] los altos *S*;
(c2)(P3114)[Y] el *C*; entonçes () por *L*;
(P3115)escaño (diziendo... escaño) *L* ("*salto de mismo a mismo*"); *C corregido*: escaño digerale, *y en margen*: diestorble (?); diziendo *S*; diziendolo *FG*;
P3115vos me *K*; diestes *X*;
(P3114)destes (quiero... vos) q. *Ñ*; **que** () **vos asen.** *SXKLFGBC*; me os *C*; asinteys *LBC*, asentes *F*;
P3117[Y] el *K*;
P3119**pasare** *KLÑFGC*, *B abreviado, prob.* **pasare**;
P3127Alonso *L*;
P3129() Desde que *KLFG*, Quanta que *Ñ*; que [yo] fuy *L*; ssoy rrey *K*; fize *Ñ*;
P3131*subrayado en texto N*: e esto.... Çid; fago agora *B*; que () aqui *C*; hago *FGB*;
P3133quel hagan *LFGBC*; **derecho** () **los** *SNLGB*; Car. () la *LFBC*;
P3135*G subrayado en texto*: sean... quiere; **Enrric *S*, Henrrique *C*; Remonte *XK*, Remont *SN*, Remon *LFGB***;
P3143quisiere *X*, quirie *F*; os agrad. *LGBC*, () agrad. *NF*;
P3144rrepondan () los *LÑG*;
P3145Al Çid *Ñ*;
P3146muchos *K*; os agrad. *LGBC*; agrad. [las] (por... esta) cortes que hazeis por amor de mi *LÑFGBC* (por mi amor fazes *L*);
P3147**feziestes *X*, fezistes *SNK***;

[P3148]() Digo [por amor de mi fazer y digo] *L*;

[P3149]pues () asi *LFG*; me asi *K*; **desenpararon** ***N*, desanparan** *S*; mis fijas *BC*;

[P3156]**rrobredo** *SNKLFG*; **Cospes** *J*, **Corpes** *XNKÑBC*, **Corpos** *S*, **Torpes** *FG*, **Tormes** *L*;

[P3153]Tizona e Colada *G*; Collada *K*;

[P3155]feziesen *S*; fize *Ñ*, fiziese *FG* (h- *G*);

[P3160]Garçia [Hordonez] *C*;

[P3160]que () fab. *LFGBC*; fablarian *K*;

[P3167]las espadas *L*;

[P3164]**tenian** *KÑ*, **tinien** *NFGB*; ca tenien [ca tynien] *F*; **fazian** *XKÑ*, **fazie** *N*, **hazie** ***ÑFGC*;** [P3169]pues () otras cosa *L*; demandauan *FBC*;

[P3170][Y] () vin. *L*; **venieron** *SX*;

[P3175-3176]rrey () entr. *F*;

[c4]espada (). El rrey *L*;

[P3180][Y] el Çid; **beso() luego la** *SXN*, **beso() la** *LÑFGBC*; mano () e puso *L*; dona *K*;

[P3185]**en () [su] barba** *XNKBC*, **en la [su]** *LÑFG*;

[P3186]**Por aquesta** *NKLÑFGBC*, **Para aquesta** *S*; aquesta () que *L*, aquesta () barua *G*; beso *Ñ*; *subrayado N*: par...Sol;

[P3188]ent. a () P. B. [su sobrino] *BC*, *C corregido, possiblemente mas tarde, por añadir sobre el renglón:* su sobrino

[c5]() *Ñ*;

[P3189]el espada *C*; espada [que dizen] *Ñ*;

[P3191]**Anton** *Ñ*, *L* **tachada, probablemente para corregir** Ant > Martyn; Antoliñez *L*;

[Capítulo XXXI]

[P3200]desto [dicho] dixo *X*; a el rrey *N*;

[P3201]**soy** *LÑFGBC*;

[P3202]queria *SK*; que los infantes me saliesen *L*; querella () y avn diles *L*; ha avn *K*, eran aun *Ñ*, quel () uno dellos *G*;

[P3203]huvieron *F*; **yr** *LÑFGBC*;

[P3204]dilos *FG*; Val. () en *L*; en oro () en plata () tres *L*;

[P3206]() agora *S*; queria *K*;

[P3207]() Quanto esto *LÑ*; *G* (f. 108r[b]) *roto, afectando segunda mitad de siete renglones*; mucho [a los infantes] *Ñ*;

[P3208]conseio () de entr. *Ñ*;

[P3223]heredar *L*, heredad *ÑFGBC* (eredad *FBC*); *tachado F*: e(l)redad; heredad () a *Ñ*;

[c2]**podrien** *SNKÑFGBC*, **pudrien** *L*; guisa () aqel *X*;

[P3230]manda *Ñ*;

[P3231]ca estos tres *L*; marcos [de oro y de plata] *LÑ*;

[P3233-3234]**darlo** *JÑFB*, **darlos** *SXNLG*; ya al *Ñ*; entregalde () todo [e] *C*;

[P3236]**Ferrnan** *KLÑFGBC*; **amonedado** *S*, **moneda** *KÑF*; ternemos *FG*;

[P3234]**le entreg.** *SXNKFGBC*, **la entreg.** *LÑ*; le entregar *G*;

[P3237][Y] el *C*; Rodrigo *Ñ*; dexo *K*;

[P3238]la palta *K*; desfeziestes *X*, despendiste *SK*;

[c3]pues () asi *LFG*;

[P3242]dixeron *Ñ*;

P3243e () mulas *L*;

[P3245]en todo *G*;

[P3258]**dixo (): "Los SNLFGBC;**

P3257rretar *K*, rreputar *LÑ*, *F corregido por tachadura*: rep(u)tar; **rr. por ende SXNLÑFGBC, rr. ().** *K*;

P3258**le dixo SXNK; () dixo LÑFGBC;**

[P3260]porque vos () me *X*, porque () me *LÑFGB*, porque uos () des. *C*; me desonraste *K*; hijas *FG*;

P3266**e [las] desan. LÑFBC;** desenparastes *N*; **rrobredo SNKLF; Torpes LG, Corpos S;**

P3268que () fez. *LG*; fiziestes *N*;

P3270*N subrayado*: El conde dixo; *G*. [Ordoñez] *C*; Garçia (): *K*;

P3271Alonso *L*;

[P3278]Al. () que fiz. *C*; que [lo] fiz. *BC*; **fezieron SX;**

P3276**deuian X, querian ÑC, quirien FGB, quieren L; quer.** () solamente *LÑFGBC*; quieren () [non] *L*; **ser XKLÑFGBC;** ser () bar. *Ñ*; para () sus b. [ser] *C*;

P3272[E] el *N*; Çid os ha bezado *K*; Çid () abezado *L*; abaçado *C*; **a venir LÑFGC;** apregonadas *Ñ*; *N subrayado*: trae... luenga, *y nota en margen: por que traya el Çid la barba luenga*;

P3279por esso () diz. *G*; **dize SXLÑ;** non darnos *G*; nos () nada *ÑFGBC*, damos (nos... ello) *L*;

P3280Çid (quando... oyo) *L*;

[c4]pie [quando esto oyo] *L*;

P3280en [la] su *LÑ*, (a la *L*); *N subrayado*: conde; *margen F, por primera mano*: barba;

P3282creçida *G*; *margen F por primera mano*: barba

[c5]a viçio *S*; **sabor de si** π;

P3283auedes [en] vos *Ñ*;

P3283*N subrayado*: hasta P3285; reptar *S*;

P3285*N subrayado y nota marginal*: nadie llego a la barba del Çid; **nunca [della] me priso XNKLFG, nunca [della nadie] me della BC, ca [della] nunca me Ñ;** *tachado F*: della (onbre), della [hombre del mundo] *G*; **priso** π; priso () en el *BC*; priso (omne... mundo) *G*; *nota margen N, segunda mano*: ni se la tomo;

P3287como [me la] yo *S*; castiello *S*; yo () a vos *X*;

P3289della () vna pel. *X*; mas de vna *L*; polgada *N*;

(P3289-3290)e () cuydo *G*; **lo non J, la non SXNLÑFGBC, que** () non *K*; q. la *S*; [c6]ca yo [no], la *K*; *laguna G* (f. 108 v.); **trayo NK, tengo SFBC;**

P3291-3292**Fernan KLÑFBC, Fernant N, Fernand S;** dixo () ent. *S*, dixo (): *L*;

P3294v. [sabedes bien en como] sodes *S*; soys *L*; [ya] bien *LÑF*, pagado [ya] *BC*; pagada *S*; **aviamos XKL;**

(P3295)queremos () auer *NÑ*; agora () con. *X*; **conbusco XNLBC, convosco Ñ, con vos K;** contençion *L*, entruçion *FB* (-çio *F*), *C corregido* entruçion > entençion, otra cosa *G*;

P3296**que () somos de KLÑFBC;**

P3297convenia *X*; con. () estar *C*; **estar con J, estar [casados] con SXNKLÑFGB,**

estar [aparados] con *C;* hijas *L;* sy non (|) fuesen *L; C corregido, si añadido sobre el renglón;* si non con f. *S;* o (|) enp. *BF,* e de enp. *G;*

P3299vos la dex. *F;* fazemos *S,* feziemos *N;* fezimos (|) derecho *L;*

P3301**dixo(|): SXLF;**

P3202habla *ÑFGBC;* Pedro *Ñ;* **Bermudo SXLBC, B ilegible, pero probablemente como una abreviación: Bermudo;** *margen N, mano tardía:* Pero Bermudez dixo el Çid Pedro Mudo, y *subrayado en texto:* Pero... non;

P3303sabes [non sabes] *L;* germanas *B,* hermanas *C,* primas con mas *G;*

P3304ellos (|) me digan *LÑFGC;*

P3306B. (|) dixo: *LFGBC;*

P3309costunbre (|) como *L;* **vi como XLÑFGBC, vi qual SN; vi [a] qual S;**

P3310llamastes *FGBC; tachado F;* Pero (b); Bermudo *S;*

(P3313)**Ferrante X, Ferrant S, Ferrnand N, Fernan KLÑFGBC;**

P3313**Mentistes KLÑFGBC; dixiste X, dixistes KLFGBC, F posiblemente tachado: dixiste(s);**

P3314dex., (|) sienpre *L;* con el Ç. *S;*

P3315todas (|) tus *X;* maneras *S;*

[P3316**Mienbrate quando lidiamos çerca de Valencia S;]**

[P3317**e pediste tu al Çid las feridas primeras S;]**

[P3318**e quando viste un moro] que vinie por lidiar contigo S;** [Agora] sabes *Ñ;* sabes [o] que *L;* vinie *LFGB;* para lidiar *X;* lidiar con el *L;*

(c7)e [con el] oviestes *KÑF;*

P3318**fuxiste SXNG, fuystes KÑF;** contra el *ÑFBC,* ca el *G,* (|) el *L;*

(P3321)e [le] mate(|) e *L,* matele *B;*

P3322**e tome(|) el c. SXNKL; cauallo (|) e LÑFGBC;** *tachado C:* cauallo (*ilegible, del?*); ditelo [a ti] *C;*

P3324acabaste(|) tu *G;* alabaste(|) tu *SFBC;*

P3325**mataste LÑFGB, abias matado C;** el moro *C;* **cuyo era (|). π;**

P3327hermoso *GC;* f. e mal *Ñ;*

P3328fablar [boca y] lengua *C; margen N:* lengua sin manos;

P3330(|) Otrosy *G;* **aconteçio XLÑFGBC, acaesçio K;**

P3333**yuso X, so LÑFGBC;**

P3332**con [el] gran m. LÑFGBC;** el (|) miedo *L;* q. del oviste *L;*

P3334fezistes *K,* fiziste *G;* oy [dia] menos *X;*

P3345(|) por ende *C;* **fezistes XK, hiziste G;** hijas *F;*

P3343rretote por *FG;* **malo e [por] t. LÑFGBC;**

P3344lidiartelo (|) aqui *K;* **delante del S, antel XK;**

P3353[don] Diego (|) *FG;* **Fernandez L;**

P3354de naturas *K;*

(P3355-3356)pertenesçe *XL,* pertenesçia *KÑC;* pert. (|) estar *C;* hijas *F;*

P3360porque [ansi] las *K; C corregido en mano tardía añadiendo* ansy *sobre el renglón;* desmanparamos *SLC; B ilegible; tachado L:* tenemos (te); **feziemos SX, fiziemos N, fizimos L;** fez. ay *K,* fez. (|) gr. *L;* onrramos dello *G;*

P3359alguno por ende quisiere *X;* quisier *N,* quisieredes *C;* quisiere [quisiere] *F;*

P3362*margen N:* boca sin verdad, y *subrayado texto;*

P3363**acaeçio KLÑFGBC;** acaesçio [con] (|) el leon (|) *L; laguna F:* qua (...) leon, quando (|) leon *G;*

[P3331]leon (). *LÑFGBC;*

P3364() sal. *S;* saliste[te] *S;* saliste [de miedo del fuera] del *LÑFGBC* del miedo *L;*
P3365fuestete *SX,* fuistete *G;* metistete *L;* [a] meter *ÑFGBC;*
[c8]meter con miedo *SXNK;* meter () *LÑFGBC;* miedo [del] tras *X;* detras *S,* so
LÑFGBC; de () lagar *LÑF; N subrayado:* la...lagar;

[P2291]e () par. *XKLÑFGBC,* ho () par. *N;* pareste *JN,* paraste *SLÑGC,* parastes
KÑFB; par.[te] *XK; tachado X:* parastete (tras), *añadido en margen:* tal; tal *XC,*
B ilegible; tus paños *L;* bestidos *KÑ;*

P3366que nunca [jamas] () vest. *X,* nunca los mas vest. *ÑFGBC,* que [los] no ()
vest. [mas] *L;* vestistes *KÑF; N subrayado:* pues vestite:
[P3367-3368]fizestes *G;* feziste *S;*

P3370lidiar() lo he *FG;* fazerte[lo] he *SK;* fazerle [e] he *C;*

P3371ca eres *N;*

P3372-3373Anton *LÑFBC;* Antoliñez *K;* Diziendo esto *A. L;* deziendo *S; tachado.*
L: esto [diziendo esto] (Anton M) Anton; acabando de dezir esto *N;* [e] deziendo
pocas *K;*
subrayado N: Ansur Gonçalez *y nota en margen:* lo que dixo Ansur Gonçalez;
Ansuer L, Suer BC, Asur G;
P3376estas palabras () sin *X;*

P3377nunca vio *FGBC;* vido *C;*

P3378Ca avemos *FBC;* avemos () de *L;* **veer SN;** nos [a] ver *BC;* como Ruy *S;* Dias
(). *Ñ;*

P3379*N subrayado:* Ruy... librarie, *y nota marginal:* que le motejo el Çid de
molinero;
librarie N, baratie Ñ, baratien F, baratrie G; harie *B,* aria *C;* bar. () meior *L;*
meior () picar *Ñ;* yr pujar *L;* al Rio *GC;* **Ubierna C, Goujerna G;**
P3380a tomar *LFGB;* e [a] tomar *C; N subrayado:* tomar... fazer; **solia XKL, solien**
FBC, solian *C;* hazer *LFGBC;* **entender KLÑFGBC;** con nosotros *K,* conbusco
L;

[P3381]viene a *L;* del nuestro *SG;* linage () estar *C;* hijas *G;*

P3382Nuño G. *SXKLÑFGBC;* Gustos *LF; N subrayado:* Muño Gustios *y dixo...*
verdad;

P3384que antes *NKLÑFGB;* almueras *K,* almuerças *C,* armuezas *FB,* armuezcas
Ñ, ay mueras *L; margen F:* antes armuezca oraçion; vas a *C;* vas () or. *NC,* fazer
oraçion *B; margen N:* por segunda mano: que antes almuerzas que vayas a
comunion;

P3386e non de *S;* (e... señor) *KLÑFGBC;* señor [nin a señora] *S,* nin [a] amigo *XN;*
nin amigos *G;* amigo () ayas *L;*

P3387tu eres *S;*

P3389fare () dezir *Ñ; margen F:* ojo; Alonso *L;*

P3390tinie *LFG,* avian *KÑ;*

[Capítulo XXXII]

[P3392]esto estando *X;*

P3393enbaxadores *K;*

P3395vno Miarra vno *J* (*"salto de ojo"*), vno [del infante de Nauarra e el otro del
ynfante de Aragon. P3394E avien nombre estos mandaderos el vno] *π;* avie *S,*

avien *SNLÑFGBC*, avian *K*;

P3394Miarra *J*, Oiarra *SXNKL*, Oxarra *Ñ*, Ojarran *FB*, Oxaran *C*, Ejarran *G*; Yeñego *X*, Yenego *SÑF*, Ynigo *KG*, Eñego *B*; *F corregido por segunda mano*: Yenego (y); **Yenenes *X*, Ymenes *K*, Yemenes *Ñ*, Jemenes *F*, Yjemenes *G*;**

P3397al rrey [al rrey] *S*; Alonso *L*;

P3398pedieron *K*; pidieron(|) las *XL*; pidieron(las) (|) al Çid [y el no las quiso dar y luego pidieron al rrey las fijas del Çid] *L*;

P3401-3402quando (|) oyo *K*;

P3407vos fijas *K*;

(P3405-3408)**vos las *LÑBC*, vos la *F*, vos les *G*; quisieredes *SXNLBC*;** dar (|) estos *G*; enbian [a] p. *L*; (a... plaze) *Ñ*; **plaz *XN*;**

(P3409-3414)[Y] el rrey *C*; tinie *FG*, tenia *LC*; (que... e) *Ñ* (*"salto de ojo"*); por [muy] bueno *K*; plazia *XK*; que asi *G*;

P3415(|) El Çid *SG*; ortogo [ge]lo *S*;

P3416[E] (|) [le] dixo *K*;

(P3393)**venieran *SX*, venien *K*, vinien *G*;**

(P3418)cas. que (|) ven. *ÑFGBC*; venis *LFGBC*;

P3421tomeys *K*; **tom. ·[por sus mugeres a ley e] a *KLÑFGBC*;** mugores *C*; **bendiçion *KLÑFGBC*;**

(P3422)-P3423besaron[le] entonçes *X*; la mano *G*; *F rasgado*: al... Çid; Çid (e fizieron...P3428Carrion) *Ñ*;

P3425fezieron *S*;

(P3426)mester *X*; faze *XL*; **para (|) bodas *SX*;** bodas [e] que *KF*; cunplan *S*; cunpliesen (|) sus señores [los infantes] *BC*;

P3428Desto (|) peso *X*; infantes (|). *G*;

P3429Se leuanto Al. *Ñ*; **Ferrandes *S*, Fanes *NK*;** dixo [contra los infantes de C.] *Ñ*;

P3430Alonso *L*;

(c3)**fezieron *SX*, fizieran *Ñ*;** hijas *G*;

P3438gelas dio por *KF*;

(P3441)**lo otro *LÑFGBC*;** desmanpararon *SK*;

(c4)**el rrobredo *SNKLFG*; Corpos *S*, Torpes *LF*; ferieron *SX*;** eso (que... fizieron) *G*;

P3442que ellos f. *X*, que las f. *ÑF*; fezieron *X*; rrepto *LF*; rieto *K*; digo[les] *X*; rieptolos ya (e... son) [por] traidores *G*;

P3455e [digo] *FGBC*, [digo que] *BC*, [digo asi que] *G*; ay [y] *C*; esto e [si ay alguno que] diga *Ñ*;

(c5)(P3456)fare dezir *Ñ*; (|) como *FGBC*; **como [las que] *LFGBC*, [los que] *Ñ*;**

P3457**Tomes *J*, Gomez π; Peleas *J*, Peleaes *S*, Pelaez *XNLFGBC*, Pelays *KÑ*;** *nota margen G*: Gomez Pelaez; dixo [estonçes]: *Ñ*;

(P3458)**Ferrandes *S*, Fanez *NK*;** aveis hablado *Ñ*;

(P3461)**quisierdes *J*, quisiere *XKLÑFGBC*, quesiere *S*, quisier *Ñ*; vos vos fall. *SXNK*, vos (|) fall. *FGBC*; mal dello *N*, mal por ende *SKLÑFGBC*;**

(P3459)**muchos ay en *XLFGBC*;** os lo *FBC*; lid. (|) entonçes *FGBC*;

P3462dixiestes *X*, dixistes *LG*;

P3463Alonso *L*; A. dixo entonçes que se *X*; que (|) call. *L*; callase *K*;

P3464fabl. (|) mas *L*; mas [de aquella rrazon] *S*;

(P3465)que luego *FC*; dia [que] quer. *F*; otro queria dia *Ñ*;

P3466queria SXKÑ, querian BC, quirie LG; F *parece ser corregido*: lydiasen; los somos S; que () rrep. L; rreptaron LFGBC;

P3467dixieron S;

(P3468)Alonso L;

P3468dadenos S; plazo a que C; **podamos K, podemos LÑFGBC;** pod. () por FGBC; **P3469armas** (). S; [nos] dimos L;

P3471(El... ent.) J, [El rrey dixo entonçes] π; entonçes [al Çid] SNK; **P3472do X, o NKB, si LFGC;** touieredes NL; bien [e mandaredes] P3473(El...(P3472)) S ("*salto de miso a mismo*"); [Y] el Çid KG; **Çid** () dixo LFGBC; non [me] fare F; faria K;

(P3472)fare () al sy non () que X; mandardes F;

(c6)con vos L; dexo [de] oy SNLÑFGBC;

P3474() mas K; que [a] mas G; mas [me] quiero yo yr () para X; Val. y el para K; **P3476dexa F;** dexatme () vuestros C;

P3477a la ley K; yo [vos] los KLFGBC; lid ("e yo...(P3480)) de oy S ("*salto de mismo a mismo*);

(P3479)prenda K, priendan L;

(P3480)de aqui LÑFGBC;

P3481la vega L;

P3483veniere SX;

P3487yo vos KLFBC, yo aqui vos SG;

P3490que () los enb. L;

(c7)q. vos [esta lid] tenedes por bien que () sea X; G *contiene una repetición:* Val. [e pues que uos tenedes por bien que esta lid sea en Carrion quiero me yo ir para Valençia] G;

(c8)[Y] ent. BC; dar al Çid KF, G *corregido* al > el; Çid () los F; enbaxadores K; Nauarra e () Carrion Ñ, N. e () Ar. G; lo () que LFGBC; ovieron menester X; enbiole K;

(c9)Alonso L; caualgo luego con C; omnes [condes los dos otros] () para K; de la çibdad N;

(c10)Quando [e quando] F; Quando fueron quanto dos leguas de la çibdad, yendo el Çid en N; **Çogodoue SXÑF, Zocodobe G, Çogodover C, Socodober K;** Çoca. (el Çid... Bauieca), dix. L; dezien S, dizien N, deçien C; dixo() el rrey FGC; **(c11)Don Alfonso, G;** [por la] fe LG; Rod., rruegovos que arr. N; **rremetades SXNÑFBC; cauallo [de] que SX;** cauallo [que dizen Babieca de quien] L; **(c12)[Y] el Çid GB;** Çid [sonriose e] tomose G; començosse N; **corte ay m. KLÑFGBC; muchos** () omnes () **guisados ÑFGBC, muchos** (altos... e) guisados L; para fazer [escarnio a estos], (esto... esos) mandat [fazer esto] (que trebeien... cauallos) L;

(c13)esto () esos FBC; esos mandaderos () que tr. G; trebegen X, trabajen ÑFGBC, coeran (?) K, trobejen S;

(c14)rrey () dixo L; "[Çid], **pagome SXNKLÑFGB,** *tachado C ilegible, pero no parece* Çid; pagome () de L; dezis LBC;

P3511arremetio SKL;

(c16)() tan S; tan () rrezio L; **le cor. KÑFGBC;** cometio X, rremetio ÑFGBC, **arremetio L;** [y] del correr que corrio K;

(P3511-3512)Ent. (vino... Çid) L; **veno SN;**

(P3513-3515)e le dixo *BC;*

P3516() el *S;* (e... rrey) dixo *LÑFGB;* rrey [le] dixo *C,* dixol *G;* faria *X;*

P3518mas menester era *S;* que mas *KLÑFGBC;* valia *X;* que non *SLFGBC;* otro [ningun] omne *S;*

P3522despedieron *K;* otros () el *L;*

P3523Anton *LÑFBC, B contiene una abreviación rara pero probablemente es Anton;*

P3524Antoliñes *XL;*

P3525Nuño *SXLÑFGBC,* Nuno *K;* Gustos *B;*

(P3525)ninguna guisa *L;*

(P3527)[E] ellos *XLC;* ellos () dix. *LFG;* dixieron *S;* era la cosa *S;*

P3529yrian *X,* oyrie *SNB,* oyrian *ÑGC,* oyeran *K;* que () vençidos *ÑG;*

P3531[Y] enton. *L;* espidio *X,* despedio *K;*

(P3536)Alonso *L;*

[Capítulo XXXIII]

P3533-3534fueron cumplidas *L;*

P3536/P3532Alonso *L; tachada X:* Alf. e (los condes del Carrion) los ca. *X;*

P3535cumplir *C;* conplir[les] *S;* los mandaua *X;*

P3539venieron *SXK;* venieron otrosy *XL;* ven. ay con *K;*

(P3545)dia [en la] man. *K,* dia [de] man. *SLÑFGBC;*

P3573dixieron *S;*

P3576les guardase *LÑFGB;* feziese *S,* farie *K,* fiziese *NFG;*

(P3581)[y] el rrey *L;* aseguroles *LFB;*

(P3582-3592)/(P3604-3608)a otras (el... e) los fieles *L;* senales *K;*

P3621Alli () dex. *F;* dexaron yr luego *K,* dexaron () [de] yr *L,* dexaron () yr *C;*

P3622cuydaran *Ñ;* quantos ay est. *KLFGBC;*

P3624 Ferrant *X,* Fernan *KLÑF,* Ferrnand *SN;*

(P3625)[e] lidiaron *Ñ;* uno con otro *KÑFGBC,* con otros *L;* d. [tan] grandes *L;*

(P3629)y al cabo *C;* vençio () *X,* lo vençio P. *BC;* vençieron *K;*

P3642-3643espada () por *G;*

P3643[a] Fer. *K;* Fernan *KLÑFGBC,* Ferrant *S,* Fernand *N;*

(P3644)lo non *LFGB,* le non *K;* pues q. por v. *S,* que se *F;* por () uençido *G;*

P3645(Los...(P3644)...daua) (*"salto de mismo a mismo"*) *S;* le non *K;*

(P3644)se daua por vençido *G;*

P3646Anton *LÑFBC;* lid. asi *Ñ;* lid. de so vno *π;* lid [otrosi] de [con] suno *S;*

P3647e [dieronse] tan gr. golpes () que *L;* quebraron *LBC;* lanças (). *Ñ;*

P3648/P3650e [luego] () M. *K;* Anton *LÑFBC;* Antoliñes *KL;*

P3653-3654q. [le] taio *SXNBC;* meatad *N,* mitad *KLÑFGBC;* de la almofar *Ñ;*

P3655e [avn] () vna *NLÑFGBC,* e () vna *K;*

(P3658)mataria *KFC,* matarien *G;*

P3659las riendas *LÑFGBC;* seles *S;* bolviosele de cara *LÑFGBC;*

P3660boluio *G, F corregido* bolvio > alço; alço () otra *KC;* el espada *BC;*

P3661golpe () asy *B,* golpe () grande asy *C;*

P3671Nuño *SXLÑFGB,* Nuno *KC;* Gustos *FC,* N. () *G;*

P3672con [su enemigo] *S;* Ansuer *L;*

(P3673-3680)heridas *B;*

(P3678-3684)() mas al *XK*, () al cabo *NLÑFGBC*; vençiolo *XN*, vençio() N. *SKÑFGBC*; Nuño *SXKLÑFGC*, Nuno *B*; Gustos *FBC*; G. [a su enemigo] *S*;

P3685-3686derribolo *SLÑFGBC*;

(P3692-3693)vio *L*;

(P3691)*tachado K*: di(x)eron;

(P3698)Alonso *LÑ*;

P3698enbio luego *XNKLGBC*, *B corregido*: ynbio *añadido sobre el renglón entre* Alfonso *y* luego; luego () los del *F*;

(P3703-3704)sopo *SNKFGB*; vençiera *S*;

P3714graçias () merçedes *N*; oy [asi] *S*, son [asy] oy veng. *KLÑFG*, son [asy] () veng. *BC*;

J corregido: e (sui) merçedes;

(c4)dixieron *S*, dixiemos *X*, diximos *LÑFGBC*;

P3720(que... primeros) *LÑFGBC*; *margen superior F* (f. 242 v.): andados treynta y seis años del rreinado del rrei don Alonso.

C. NOTAS

Se incluyen aquí las notas bibliográficas y los comentarios sobre los textos cronísticos y sus sub-variantes. Se señalan en particular los paralelos y diferencias que destacan su relación a una fuente inmediata (la prosificación redactada) o lejana (la épica), el estilo de la prosificación (o prosificaciones) y sus distintas manifestaciones cronísticas derivados de la épica cidiana.

A partir de la "laguna cidiana" o para los cantares de bodas y de Corpes, citamos los paralelos en la *PCG*.

Capítulo I

[a1]Omito el comienzo de este capítulo que describe la ira del Cid y la causa del enojo, basado sobre la *Historia Roderici* (*EDC* 937[17-24]), amplificado y retocado con la historia del Toledano y el cantar de Sancho II. Se confluyen en el relato alfonsí del destierro por lo menos dos tradiciones épicas, "una que lo describe como vasallo ejemplar, mesurado y defensor de la monarquía...y otra en la cual está caracterizado como vasallo rebelde e irrespetuoso en cuanto a la monarquía." (Vaquero, "El cantar de la jura de Santa Gadea y la tradición del cid como vasallo rebelde," *Olifant* 15.1 [1990]): 73.) Los Capítulos I-XIII de esta edición siguen la prosificación y el arreglo alfonsí de la **Estoria de Espanna*.

[a2]-[a6]Falta en *CRC*. Basado posiblemente en la prosificación muy abreviada de un poema épico del Cid cuyo contenido debe corresponder a él del primer folio (perdido) del poema copiado por Per Abbat. Constan huellas de asonancias posibles: I[a5]"plazo," II[c2]"vasallos," II[a3]"plazo," II[a6]"vasallos." Para una discusión del comienzo del Poema, véase RMP, *CdmC* 1020 sig.; Michael, *Poema* 75; Armistead, "Initial," 178-86; Powell, "Opening," 342-50. Rechazamos la sugerencia de un comienzo en prosa por parte de C. Smith, "Editing," 10-11; "First" 875.

[a3]Se nota la repercusión de una posible asonancia en *á-o* ("plazo") con que comienza el poema de Per Abbat. Rechazamos los argumentos de A. Pardo, "Los versos 1-9 del Poema de mio Cid," *Thesaurus* 27 (1972): 261-92, y de M. Garci-Gómez, *Mio Cid Estudios de endocrítica*, Barcelona: Planeta, 1975, 44.

Capítulo II

[c2]Huella de posible asonante ("vasallos"); cf. *Famoso* 95[24].

[a3]Huella de posible asonante ("plazo").

[a5]*S* abrevia "Ferrans" que desdoblamos "Ferrnandes." Solamente XXIII[(P1894)] (f. 238r) se escribe sin abreviatura "Fernandes" (XXXIII[(P1894)]), f. 238r. *S* solo preserva el nombre "Bienaya" de la familia toledana (*CdmC* 441). En *LÑ*, los copistas parecen haber mal entendido su fuente, interpretando Minaya Aluar Fañes como dos personas distintas. En *L*, "Nuño [o *posiblemente* "Minayo"] e Aluar Fernandez" tiene un verbo plural ("dixeron"); *Ñ* omite el verbo, pero el sujeto es "Muñana e Aluar Fañes." Esporádicamente otros manuscritos lo llaman "Fernandez" (*K* [P916]), "Gomez" (*K* [P438]), "Yañez" (*L* IV[P477]), Albarañez (*L* VI[P671] y ad passim), "Alvañez" (*L* IV[P477-479]), "Uañez" (*G* IX[(P875)] ad passim). *BC*

suelen posponer [Minaya]; cuando falta, a veces lo añaden (VIII[a4]).

[a6]Huella de posible asonante ("vasallos").

[a8]N solo preserva el arcaismo "desenparar" de PMC frente a "desamparar."

[c3]moralización única de XXR.

[a15]Completa el sentido del v. 14; cf. Famoso 97₁₃₋₁₅. El vocativo "Amigos" es de la *Estoria. Supuestamente el verbo "tornar" con el sentido de 'volver' no ocurre en el poema (Horrent, Hist. 218-219). La forma reflexiva "tornaremosnos" que sugiere Horrent, se encuentra en los manuscritos más antiguos de XXR (JSXNK), pero falta en los otros de XXR, en ambas versiones de PCG y en CRC. Sobre este verso véase S.G. Armistead, "Cantares," 177-185.

[c5]El plan de las arcas de arena es introducido por Martin Antolínez en XXR. A diferencia del poema de Per Abbat, la versión de XXR desarrolla el plan de las arcas de arena dos veces: Martín Antolinez propone la estrategia; después el Cid reitera el plan, dando órdenes para la ejecución de ello. El plan introducido por Martín Antolinez refleja PMC vv. 85-86, donde el Cid propone el ardid, y otros detalles sacados de los vv. 99-195. Si la diferencia entre las dos versiones tiene su origen en un cambio editorial de la *EE por parte de XXR, se ostenta el intento de desculpar al héroe castellano por el engañar. En encontrarían en la polisemia una apertura para la modificación de su fuente. En los vv. 85-86, el Cid dice a Martín Antolinez: "Con uuestro consego bastir quiero dos archas;/ yncamoslas darena." En la épica "consejo" tenía, entre sus significados 'acuerdo,' 'amparo' 'ayuda' además de la aceptación moderna 'consejo' (CdmC 59₁₅). Aunque PMC v. 85 indica que la 'ayuda' (física) de Martín se necesita, XXR prefiere ver el significado moderno, 'consejo' (verbal). XXR modifica la narrativa épica para mejorar así la imagen del Cid. Cf. VIII[a2].

Por otra parte, no es imposible que XXR refleje un poema épico porque la doble repetición del plan de las arcas podría ser una "laisse doble," que remonta a una técnica oral. Tmbién, al final del discurso aparece un detalle único que podría tener un origen épico ([c7]"E esto les dire yo por mayor segurança") que iría bien con a breve serie de asonancias en á-a en los vv. 78-87. Para una bibliografía del episodio de las arcas de arena, véase Smith, CmC 115-116n89. En cuanto a los motivos folklóricos del episodio, véase A. D. Deyermond y Margaret Chaplin, "Folk Motifs in the Medieval Spanish Epic," PQ 51 (1972): 36-53.

[P255]Cf. Famoso 97₂₄.

[P238]-[P257]Es notable que el resumen de XXR de la conversación con don Sancho ofrece varias palabras fuertes en é-a ("fazienda," "encomienda," "dellas"). Compare otros casos en este capítulo donde la prosificación tiene un notable sabor poético [P65-66]-[P68] y en el Cap. III[P323]-[P391]. Esto parece un truco estilístico del editor de la *EE que aquí abrevia mucho, creandolo una especie de "prosa rimada." Véase E. Curtius, Europäische Literatur und Lateinische Mittelalter, 7ª ed. (Berna: Francke, 1969) 158.

P262Solo K y Crónica abreviada 753₄ se refieren a los "fijos" del Çid en San Pedro. Posiblemente otra referencia menciona los "hijos" del Cid en XXR J, Cap. XVII P1276-1277. Véase también [P367-375] G.

P250/(P260)XXR J siempre usa "despues" por "desi" que se encuentra en PMC y los otros de *XXR*.

[P250/(P260)-(a19)]La prosificación, abreviada común a *PCG* y *XXR* insiste en que las marcos de plata fueron para los monjes, y los de oro para la familia.

[P255-256/(P253)]Cf. "uos acomiendo" (*PMC* v. 256); "en acomienda" (*XXR X* y *Famoso* 97), "en encomienda" (*PCG F* y *XXR JSNLÑFGBC*; "en comienda" *PCG E* y *XXR K*.

[P261]La frase adicional en *XXR K* resume el título del capítulo que sigue.

Capítulo III

[(c2)]Nótese la posible asonancia en *ó-e* ("omnes, muchas de a pie"). *PMC* v. 291 solo menciona los "cavalleros," no los peones.

[(P314)-(P391)]Nótese aquí como la crónica parece re-poetizar (¿sin querer?): "e partio luego con ellos todo el aver que tenia. E desque (/) fue la noche, despidiose de su mujer e de sus fiias e fuese su via." Véase la nota al Cap. II[(P238)-(P257)].

[(a3)]Catalán explica el reajuste cronológico (que el Cid no duerme en Cardeña y que viaja por noche, "mejor como simple retoque historiográfico que como innovación juglaresca" ("Crón. Gen." 294).

[P401]El uso de *a* personal ante topónimos parece ser de importancia especial en la prosificación, porque varia marcadamente, muchas veces según la subfamilia *a* o *ß*; hay que estudiarlo frente a las variantes.

[(a5)]Cf. *Famoso* 98$_{18}$.

[(a6)]Cf. *Famoso* 98$_{20}$ y *XXR* Cap. II[(a15)] que insisten en la "onrra," que debe ser un tema predilecto del formador de la *Estoria.

[P410(c3)-P411(c5)]Según Catalán, hay aquí un verso de *P que no se conserva en *PCG* ("Crón. Gen." 302). Difiere de los vv. 410-412, y ofrece posibles asonancias en *ó-e* ("vision," "acomendose a Dios," "rogo"), que es la de los vv. 408-409 y 416-419.

[P411(c5)] Se preserva sólo en *CRC*; cf. *Famoso* 98$_{21-23}$.

[P415]La construcción "ir" + infinitivo no requiere "a"; vale la pena estudiar las variantes. La confusión "posar"-"pasar" ocurre igual en *PMC* que en la crónica. Véase Smith, *CmC*Mad. 4 y nota al v. 55.

[(a7)]Cf. *PCG* 524b26. Véase I. Michael, "Geographical Problems in the *PMC*: I. The Exile Route," *Medieval Hispanic Studies...R. Hamilton* (London: Tamesis, 1976), 117-28; y "II. The Corpes Route," *Mío Cid Studies*, ed. A.D. Deyermond (London: Tamesis, 1977), 83-89.

[(P419)]*CRC*: "cuatrocientos cavalleros," *Famoso* 98$_{27}$.

Capítulo IV

[P435]Cf. *Famoso* 99$_5$.

[P440]*K* abandona el texto de *XXR* y sigue copiando una versión de la *CRC* (cf. *Famoso* 99). El copista dejó en blanco el final del f. 91r y el 91v, para comenzar el nuevo capítulo en el f. 92r. Después, otro copista llenó la laguna con el correspondiente capítulo de *CRC*. (Cf. *Famoso* 99$_8$-100). La escritura de la interpolación es muy pequeña, pero para indicar que enpalma con el texto de *XXR* añade: "i va bien." Omito la variantes de *K* del resto de este capítulo. He aquí la transcripción de lo interpolado de *CRC*:

y corriese a Fita y a Guadalajara y Alcala y que truxiesen quanto fallasen e que no lo dexasen por miedo del rrey don Alonso ni de los moros (*tachado*: si mene). E dixoles:

"Si menester vos fiziere acorro, enbiadmelo a dezir."

Y don Aluar Fanez fizo com le mandava el Çid y el finco alli. E quando fue la mañana los moros de Castrejon no ssabiendo de aquellas gentes abrieron las puertas del castillo y ssalieron a sus labores como ssolian. Y el Çid Ruy Diaz salio de la çelada e corrieronlo todo alderredor e mataron muchos moros y prendieron muchos e todo el ganado (/**f. 91v**) que fallo. Endereçaron a las puertas del castillo y entraron de vuelta con los moros que iba fuyendo, matando en ellos en guissa que tomaron el castillo y tomaron mucho oro y mucha plata y todo lo al que ay fallaron. E don Aluar Fanez otrosi corrio toda la tierra segun que le fue mandado e fizo muy grandes mortandades en los moros y otrosi cativo mucho moros y moras.

Y quando (*tachado*: po) supo el Çid Ruy Diaz que venie, salio luego contra el y loolo mucho de como venia y dio ende muchas graçias a Dios e mando juntar todo el algo que le ganaran en el castillo y lo tenia don Albar Fanez todo en uno. E dixo:

"Hermano, tenga por bien que de todo esto que Dios nos dio que tomedes vos ende el quinto todo, ca lo meresçedes muy bien."

Y mucho gelo gradesçio don Albar Fanez, mas no lo quiso tomar e dixo contra el:

"Vos lo avedes menester para mantener a nos todos."

Y estonçes envio dezir el Çid al rrey don Alfonso que le abia el de servir.

"Señor, con mucho partio bien sus ganancias con todas sus conpañas. E porque el Çid Ruy Diaz non fallava a quien vender el su quinto, enbio mandar aquellos logares donde fueranse rrobo, que veniese seguros a lo conprar si lo quisiesen. Y los moros quando lo oyeron, plogole mucho ende e vinieron lo a conprar. E dieron al Çid por su quinto.iii. mill marcos de plata por los cautivos e por el ganado. E contaron mucho de lo al que tenian las otras gentes e fizieron pago de todo en tres dias e fueron todos muy rricos y

Cuenta la estoria que estando el Çid en aquel castillo, mando juntar todos los omes que heran con el e dixoles:

"Amigos, que este castillo me semeja que no podemos pasar porue enel no ay agua y porque los moros desta tierra son destragados e son vasallos e del rrey don Alfonso. Si aqui quisieremos entrar y estar, verna sobre nos que gran porfios y de gran coraçon. Por ende vos rruego como amigos que non tengades por mal esto que vos digo. Si por bien tenedes, dexemos el castillo en este mañana. Dexemos y a los moros destos que tenemos cativos que la tengan de nuestra mano que me es bien de llevar moros cativos a nuestro rrastro. Mas andar por los mas afordos que podamos como aquellos que han de vebir el trabajo e sus armas en manera que podamos quebrantar nuestros enemigos."

E luego ordeno e echo del castillo como dicho es, e mandoles que se guissasen como moviesen otro dia dende, y los moros fincaronle bendeçiendole mucho. Y luego otro dia de mañana cabalgo el Çid. I va bien.

[a3]Cf. *Famoso* 99_{13}.

[a4]Cf. *Famoso* 99_{15}.

P467Cf. *Famoso* 99_{18}. Véase P435 de este capítulo. El texto sigue identificando Castreion como "castillo."

[a5]*PMC* no menciona el ruido de los moros aquí. Quizás la *Estoria anticipa el ruido de los tambores, v. 696, pero falta en *CRC*.

[P486]*XXR F* al comienzo del f. 168v interrumpe el capítulo para incluir un capítulo "De la elecion de los lugares e çibdades que fueron mandados segun vso antiguo" que termina con las palabras "y rreyno en pos el Justiniano el Segundo diez años." Deja en blanco el f. 169v^a, renglones 9-30 y el 169r^b; otro copista comenzó de nuevo en el f. 170r^a. La materia que transcribe corresponde a *PCG* § 537 "De las çibdades que an los nombres cambiados," basado en el Tudense, el Toledano y Sigeberto. Véase *PCG* cvxx para las fuentes del capítulo.

[P498-499][c3]Véase Catalán *DAX* 302 y "Crón. Gen." 302.

[c4]Horrent ("Notes" 283) tambien reconoce la forma en *á-o* ("cabo") como asonante de un verso perdido.

[a7][P507]-[c5]El poema de Per Abbat no menciona ni la alegría ni la oración; la *Estoria relata la alegría, pero sólo *XXR* menciona la oración.

P515Sobre el problema 'la quinta' - 'el quinto,' véase Horrent, *Hist.* 237-238 nota al v. 515.

P521La variación de pronombres "lo" / "le" para complemento directo merece más estudio.

P544La variante "Angrita" de los manuscritos más antiguos de *XXR SXB* concuerda con *PCG E*; *PCG F* "Anguita" y *XXR N* "Enguita" se asemejan.

Capítulo V

P550-551La edición paleográfica de RMP enmienda la lectura del manuscrito de Per Abbat (v. 551 "Alfania") a "Alfama," a pesar de que los manuscritos de *XXR* apoyan "Alfania." Véase *CdmC* 926n5.

P561-P562La forma "rrebata" (*PMC* v. 561: "arebata"), según requiere la asonancia, sólo se encuentra en *SK*; en los otros es "rrebate" (*XN*), "rrebato" (*JLÑFGBC*); en *PCG E* "rrebuelta" y *F* "rrebueltas."

P561Resumen en *XXR* asemeja a *CRC*. Véase *Famoso* 101_3 sig.

P573Horrent (*Hist.* 238) duda el valor de la corrección "semana" > "sedmana" en la edición de RMP; "selmana" es la forma común en *XXR*.

P574*X*, que suele apoyar las formas mas arcáicas, dice "vido;" Horrent (*Hist.* 239) no accepta esta corrección de RMP en su edición, porque tiende a "envejecer artificiosamente el lenguage del poema." *XXR X* aquí apoya la lectura arcáica.

[c4][P618-619]*PCG E* y *F* dicen que los "aueres" están escondidos, no los moros. *XXR* interpreta mejor *PMC* v. 618 ("de bivos pocos veo").

Capítulo VI

[b2][BA1]Cf. *EDC* 895_{28}.

P662La variante "Cide" (*X*) ocurre fin de primer hemistíquio; el del verso anterior también termina con "Cid," sugeriendo un resto de la *-e* paragógica del poema primitivo en la versión cronística. Véase R. Lapesa, "Sobre *CMC*," 220.

[a2]Cf. *Famoso* 102$_{17}$.

[P670]*XXR* inicia el discurso con una pregunta paralelo al discurso del Cid, v. 670. ¿Puede ser huella de un verso en *á* (*"dicho ha" o *"far")?

[c3]hemistiquio único.

P667Cf. *Famoso* 103$_{27}$; *PMC* v. 673 ("si con los moros non lidiaremos, no nos daran del pan") y *XXR* "e sy con los moros non lidiaremos, non fallaremos quien nos quiera gouernar." Nótese la frase del Tudense "cum nullus esset sibi genere regali quem dominum possent habere" (*Chronicon mundi* en *Hispaniae Illustratae*, 4 vols. [Frankfort, 1608], IV: 100$_7$).

[c9]"Pues asi es" es una frase del compilador de *XXR*; es ajena a *PMC*, *PCG* y *CRC*. Se vuelve a dar en los Caps. XXIII[c3], XXIX[c4], XXXI[c3].

[P696]Cf. *Famoso* 103$_1$ y nuestro Cap. IV[a5].

P699*PMC*, "peones" corregido por RMP a "pendones." Smith y Michael no corrigen.

[P706]Aunque la frase en las crónicas desdobla el epíteto heróico de *PMC*, la forma "lealtad" ofrece la asonancia necesaria.

[P710]Nótese la posible asonancia en *á*, distinta de *PMC* ("non rastara por al").

P713Cf. *Famoso* 104$_{30}$.

P734/(a6) *Famoso* 106$_{22-23}$. El epíteto heróico formaría un segundo hemistiquio distinto del poema de Per Abbat (v. 734 "Mio Cid Ruy Diaz el buen lidiador"). "Mio Çid el Campeador" es el segundo hemistiquio en los vv. 288, 2853, 2325, 2506, 3729. *PCG E* amplifica el epíteto.

P737Cf. *Famoso* 106$_{26}$.

P740Cf. *Famoso* 106$_{26}$.

[c12]Falta en *PCG*, pero una comparación algo parecida en *CRC*; cf. *Famoso* 106$_{29-31}$.

P744*LÑFGBC* omiten el detalle de que los moros que matan al caballo.

P752Cf. *Famoso* 105$_{18}$.

[a8]RMP (*CdmC* 1054) considera esto como un verso épico, con asonante en *á - o*.

Capítulo VII

[a1]Aunque este capítulo sigue a *PCG*, resulta curioso que a veces *XXR* es más elaborado lingüísticamente; es casi idéntico a *CRC*, Cáp. C. (Cf. *Famoso* 105 sig.).

P756-[c2]El resumen cronístico de los vv. P756-762 contiene una cantidad de palabras claves en *á-o* que no corresponden a la materia de *PMC* ("escarmentados," "christianos," "leuando," "sacando," "canpo," "cauallo"). Dudamos que estas palabras sean de origen épico aunque la asonancia sería la misma.

[a2](P758)Cf. *Famoso* 105$_{25-28}$.

[a3]-[c3]Cf. *Famoso* 105$_{28}$ ("Venciendo y dexando el campo").

(P759-760)-(P771)Cf. *CRC* no menciona la huida del ejército (*Famoso* 105-106). Un contraste entre *PMC* y la versión de la *Estoria es que en ésta el ejército moro huye despues de la derrota y huida de Faris, pero antes de la derrota de Galue.

En *XXR* hay palabras en *á-o* ("cauallo," "canpo") que posiblemente colocarían tal verso en el tratado que describe a Faris (en *á-o*) y no a Galue en (*á-e*).

[P773]*PMC* "Teruel" es una falsa corrección por "Terrer" que es sobre Jalón, entre Ateca y Calatayud (*CdmC* 846). Smith y Michael corrigen a "Terrer;" en *XXR F* la forma *Peruer* podría remontar a la forma de la fuente épica no emendada.

[P777]*CRC* dice que fueron "siete leguas" (*Famoso* 106$_8$).

[P787-[P777]]Cf. *Famoso* 106$_8$.

[P796]La confusión "cauallos" y "caualleros," debida a una abreviatura en el proto-tipo de *XXR*: "cauallos" (*PMC*, *PCG* y *XXR XNFGC*), "caualleros" (sin abrev.) (*XXR SLÑ*), "caual*e*ros" (*XXR JKB*). Después *XXR F* añade una abreviatura: "cauallos" > "caual*e*ros" después que sirvió de ejemplar para la copia de *G*. El copista de *Ñ* tacha por borrar: cauall(er)os > cauallos. Con estas "correciones" se agrupan: "cauallos" (*PMC*, *PCG*, *XXR XNÑGC*, "caualleros" *JSKLFB*, o sea, er error ocurre en los más antiguos manuscritos.

[P798]Se trata de la misma abreviatura falsa de [P796], debida a la prosificación: "caballos" *XNBC*, *B* tachado de "caualleros" a "cauallos"; "caual*e*ros" *SK*, "caualleros" *J*.

[P802]/[P804]La prosificación alfonsí abrevia, y *XXR* reduce la narrativa aun más.

[P810-P833]*XXR* resume y combina en uno las dos partes del discurso del Cid (*PMC* vv. 810-825 y 829-835) que en el poema de Per Abbat y la version de *PCG* están separadas por la acción y reacción de Minaya.

[a9]*XXR* no preserva directamente el v. 815, sino incorpora lo que parece ser una reacción a la palabra "airado."

[a10]cf. *Famoso* 107$_{15}$.

[P826]/[P819]*XXR* abrevia la despedida.

[a12]/[P829]/[P871]Esta frase de *XXR*, derrivada del arreglo alfonsí de la prosificación, se encuentra después de la división del capítulo en *PCG*.

Capítulo VIII

[P837]Cf. *Famoso* 107$_{31}$. "Finco" omitida del ms de Per Abbat. Menéndez Pidal la añade (*CdmC* 1057); Michael lo añade también, sin mencionar el testimonio cronístico; Smith no corrige.

[c2]Las palabras "meior lugar," que sólo se dan en *XXR*, posiblemente anticipan los vv. 863-864.

[a2]La frase "mayor consejo" quizás se refiera a la misión de Minaya, de traer la ayuda.

[P845]*PMC* vv. 845-46 dice que "venden" el castillo. *CRC* (*Famoso* 107$_{32}$-108$_2$) dice que los moros lo "emprestaron."

[c3]/[P847-848]-[c4]/[P847-848]*XXR* abrevia, borrando las palabras del poema épico (vv. 847-848) que se preservan en *PCG*.

[P850]*XXR* por su cuenta señala que se trata de un proverbio.

[P850]*PMC* tiene diferentes asonantes en la venta de Alcocer: hasta los vv. 842-845 el texto está en *á-a* y la *laise similaire*, que añade la división de los despojos (vv. 846-850), va en *í-o*. Las crónicas insisten que el Cid "enpeño" el castillo (*XXR N* dice que "quito todas las cosas que tenia enpeñadas") y el segundo hemistiquio del proverbio en *XXR* (v. 850) esta en *á-a* ("andança"). Todo eso nos hace dudar si en la base poética el poema de las crónicas cambió de *á-a* a *í-o*.

[P853]*XXR* es más concisa que *PCG* que elabora lo de la oración de los moros (v. 853-854) en *á-e*. Es posible que **P* contenga un verso que terminaba en *guiase* o *guisase*, pero probablemente reacciona a "pagados."

[P863]*Famoso* 108_7.

[P867]-[a4]Corresponde a *CRC*. (Cf. *Famoso* $108_{9\text{-}14}$).

Capítulo IX

[P872]*CRC* (Cf. *Famoso*) 108_{18}) dice "çincuenta cavallos."

[P875]*BC* suelen añadir "[de Bibar]" ([P1369]), o "[Canpeador de Bibar]" [P899], HR4/[P1162-1163]

[a5][P629]/[P1325]-[a13][P693-785]Cf. *Famoso* $108_{21\text{-}28}$. En *PMC* hay una laguna por parte del copista, después del v. 874 (*CdmC* 30). Todas las crónicas contienen una recapitulación que recuerda el destierro, los detalles de la batalla de Alcocer, la derrota de los reyes moros y la división de los despojos. Es un buen ejemplo de la técnica épica o de la repetición de las hazañas heróicas; compárese otro ejemplo de esta técnica en el discurso de Minaya al presentarle al rey los despojos de la batalla del Cid con Yucef y Búcar, nuestro Cap. XXII[P1845]-P1851.

[P816]*CRC* (cf. *Famoso* 108_{37}) repite "çincuenta cavallos."

[P880]Solo *S* y la subfamilia *β* conservan el hemistiquio con "merçed": "[por merçed e por] mesura." En *XXR* Minaya reitera que el rey le restaura al Cid la "graçia," que contrasta con en el poema de Per Abbat: "quel ayades merçed, fiel Criador vos vala."

[a15][P805]-[P880]Cf. *Famoso* $108_{30\text{-}35}$. En *PMC* v. 878 al entregarle al rey los tributos, Minaya usa el término general "presentaja." Las crónicas insisten en mencionar los "cauallos" dos veces, aunque difieren en el número (*PCG/XXR*: 30; *CRC*: 50), y aluden a la "graçia" que piden. Cf. *PMC* en *á-a*.

[a16]Cf. Falta en *CRC*.

[P888]La **Estoria* desdobla la expresión concisa de *PMC*.

[P891]Compárese *PMC* v. 891 "de todo mio rreyno los que los quisieren far" y "que todos los nnmes de my rreyno, que son para armas." Ocurre inmediatamente despúes del cambio de asonancia de *á-a* (vv. 870-890) a *á-e* (vv. 891-896). Es posible que la base poética de *XXR* no cambara de asonancia hasta el v. 892.

[P895]/[a18]Cf. *CRC* (*Famoso* $109_{15\text{-}16}$). La **EE* dice que Minaya le desea al rey que Dios le de una larga vida.

[P895]/[a18]-P896 Repite dos veces la alusión a Dios; *CRC* es distinta.

[a20]-[a21]Cf. *CRC* (*Famoso* $108_{9\text{-}15}$).

[c2]*PCG* no da el año del reinado de Alfonso; *CRC* (*Famoso* 109_{19}) menciona el 'quinto año.'

[HAr1]*HAr* 282a20-21.

[HR1]*EDC* 923_{14}.

[HAr2]*HAr* 282a24-25.

[(HR1)]*EDC* 923_{14}.

[HAr3]*HAr* 282a26.

[HAr4]*HAr* 282a31-32; 'annis xxiii' pero la *EE menciona "veynte" años.

[HAr5]*HAr* 282a25-32; cf. *Famoso* 109_{22}; sólo *PCG* recuerda el origen de los almorávides; falta *XXR*.

[P899]Los manuscritos *BC* suelen añadir "de Biuar" (cf. [P875]), o "Campeador de Biuar." Véase la nota a [P875].

Capítulo X

[c3]Cf. *Famoso* 109_{27}, "que vos contamos."

[a3]*PCG F* omite el resto del capítulo, aunque el título indica que lo conocía y va al XI[P875]. Véase Casismiro Torres Rodríquez, "La era hispánica," *RABM*, 79 (1976), 733-756.

[P907]*Famoso* 109_{27}, ("tres semanas").

[P902]Actualización alfonsí es a reacción al tiempo verbal, "diran" en v. 902. Falta en *CRC*.

[P904]*Famoso* 109_{29}.

[P905]*Famoso* 109_{30}.

[a5]Cf. Cap. VIII[a2], otra referencia que aclara la motivación personal del Cid en sus conquistas. Cf. *Famoso* 109_{31}.

[P914]Cf. *Famoso* 110_2.

[HR1]Laguna en manuscrito editado en *EDC*, no en base de las crónicas. (*EDC* 925n1) Cf. *Famoso* 110_2 y 110_{3-6}.

[HAr1]Se usa la forma 'Almondafar' de *HAr* (282b39, *ad passim*) en vez dela de *HR* 'Almuctadir' (*EDC* 925_{25}).

[P919]Falta en *CRC*.

[a6]Cf. *Famoso* 110_{13}.

Capítulo XI

[a1]Con ligeras diferencias, este capítulo es casi idéntica a *CRC* (cf. *Famoso*, Cap. cv).

[a3]Cf. *Famoso* 110_{15} ("Era de mil e ciento e treze años").

[a4]falta *CRC*, cf. *Famoso* 110_{16}.

[a5]Cf. *Famoso* 110_{17} ("veynte e tres").

[a6][HAr1]Recuerda la cláusula de Cap. XI[HAr1-HR1].

[HR1]*EDC* 925_{24-25}. Cf. *Famoso* 110_{17}.

[HAr1]Cf. *Famoso* 110_{18} "Almuctadir" de *HR* (*EDC* 925_{25}) sustituido por "Almondafar" de *HAr* 282b40; cf. *Famoso* 110_{18} *ad passim*.

[HR2]*EDC* 926_{1-2}. Cf. *Famoso* 110_{18-19}.

[HAr2]"Çulema" de *HAr* (282b42) sustituido por "Almuctaman" de *HR*. (*EDC* 926_2 *ad passim*.) Cf. *Famoso* 110_{14} *et passim*

[HAr3]"Alfagit" o "Alfagib" de *HR* (*EDC* 942_{17}) sustituido por "Abenalhange" en la redacción cronística; cf. *Famoso* 110_{21}.

[c3]Rarísima coincidencia de *XXR/CRC*; cf. *Famoso* 110_{19}; quizás de [HR2].

[HR4]*EDC* 926_{7-9}; *Famoso* 110_{23-24}.

[DRH1]Aunque las crónicas siguen una traducción de *HR*, cambian el nombre de Sancho de Aragón a "Pedro" por *DRH* (142b19). Cf. *Famoso* 110_{24} *et passim*.

[HR5]EDC 926_{10-11}; cf. *Famoso* 110_{25}.

[HR6-7]EDC 926_{12-13}. *CRC* mas conciso.

[P917]Cf. *Famoso* 110_{28}. *CRC* no menciona los 200 cavalleros, solo "su gente;" *XXR* y *PCG* recuerdan los 200 cavalleros que Minaya trajo de Castilla (*PMC* v. 917).

[P936]Smith, "Editing," 17.

[a7]Cf. *Famoso* 110_{32-33}. *CRC* no es idéntica a *PCG/XXR*.

[P953]Cf. *Famoso* 111_5 ("çincuenta dias").

[HR5]Las crónicas recuerdan (de [HR3] y [HAr3] supra) que las noticias llegaron a Abenalhange, rey de Denia. Probablemente es un retoque del compilador. Véase las notas de este capítulo [HAr3] y [P987].

[P959]Cf. *Famoso* 111_{7-8}.

[a8]Cf. *Famoso* 111_{9-10}.

[P965]Sobre el tema de la amistad, véase *CdmC* 463_{16}.

[HAr3]Cf. *Famoso* 111_{20-22}. Las crónicas incluyen el nombre de Abenhalhange con el conde por segunda vez; *PMC* v. 975 no lo menciona. Véase notas a [P957] y [P987].

[P978]Cf. *Famoso* 111_{25-26}.

[P984]Cf. *Famoso* 111_{31}. "Librar" en el sentido de 'despejar, desembarazar', ocurre en *PMC* v. 3693 y en la prosificación de este verso. Véase *CdmC* 732_{32-37}.

[P987-HAr3]Por tercera vez las crónicas interpolan la identificación de Abenalhange. Véase las notas [P957-HAr3] de este capítulo.

[a10]Cf. *Famoso* 112_5.

[P995]*Famoso* 112_5 y [P998-999]de este capítulo.

[P997]*CRC* abrevia.

[HR8(c6)]Falta en *PCG*, *CRC*. Sólo *XXR* recordó la presencia de Abenalfange para explicar que huyó.

[P1012]*JS* contienen "tierra" con *PMC*, frente a la "corrección" de todos los demás manuscritos de *XXR* que tienen "tienda."

Capítulo XII

[a2]Cf. *Famoso* 113_1. *XXR* explica la motivación para la comida de un modo ingenuo. Véase T. Montgomery, "The Cid and the Count of Barcelona," *HR* 30 (1962): 1-11; I. Corfis, "The Count of Barcelona Episode and French Customary Law in the *Poema de Mio Cid*," *LaC* 12.2 (1984): 164-177.

[P1024]Cf. *Famoso* 113_4. *CRC* abrevia.

[a4]*Famoso* 113_5. *CRC* abrevia.

[a5]Cf. [P1024] y *Famoso* 113_7.

[P1033]*XXR K* tiene una lectura variante única en *á-o*: "que si no comedes algunt bocado" que quizás remonta a un verso de **P* distinto del poema copiado por Per Abbat en "algo."

[P1039]Falta *CRC*.

[a12]El hincapié en "mesura" anticipa el paralelo entre la "graçia" del Cid hacia el conde y la de Alfonso hacia el Cid.

[HR1]EDC 951_4.

[P1093-1095]Viene del comienzo del próximo cantar, que implica la existencia de una prosificación alfonsí por lo menos de esta parte del *PMC*.

Capítulo XIII

[b2]-[b3]La cronología en *PCG*, mas extensa que *XXR*; incluye el año de la encarnación y el del enperador de Roma.

[a2]Cf. *Famoso* 114_4 ("seis años").

[a3]Falta *CRC*.

HR1EDC 926_{15-19}. Esta parte es casi idéntica a *CRC* cap. ci (cf. *Famoso* 114).

DRH1'Pedro' de *DRH* 142b20 *ad passim*.

HR2EDC 926_{17-18}.

HR3No se menciona Piedra Alta en *HR*, pero hubiera debido existir en otro manuscrito (*EDC* 926n2).

HR5Berganza incluye este episodio con ligeras diferencias: el Cid sale de Tamarit para cazar y tiene doce cavalleros aragoneses.

HR4-11Laguna en manuscrito de HR (*EDC* 926n3).

[a4]glosa alfonsí de "mar salada" (v. 1090); falta *CRC* (cf. *Famoso* 114_{21}).

HR10(f2)Probablemente el dato proviene de un manuscrito mejor que el preservado. Véase nota H4-11 supra.

[a9]La variante "terminos" de *SXN* concuerda con *CRC* (*Famoso* 114_{26}).

P1097El miedo de los valencianos se repite cuando *XXR* vuelve a la fuente épica después de usar de *BA*. (Véase nuestro Cap. XIV).

[HR11]Se omiten aquí los ff. 77vª-92ᵇ de *XXR J* que no tratan de la leyenda cidiana. Al fin de este trozo omitido se encuentra lo correspondiente a la "laguna cidiana."

Capítulo XIV

BA1Cf. *PCG* 573a46-49; *Famoso* 178_{28-30}. Véase Catalán "Crón. Gen." 304n12.

Ba2Cf. *PCG* 573b8-15; *Famoso* 178_{5-8}; *XXR* resume.

BA3Cf. *PCG* 574al-3; *Famoso* 179_{24-25}.

HR1EDC 966_{8-12}; es una deducción.

[P1091]"A partir de estas palabras, *XXR* ya no vuelve a hacer caso de la Crónica de Alfonso X, porque cada vez la hallaba más diferente del texto que se había puesto seguir puntualmente" (Catalán, "*PMC*/Crón. Gen." 454).

[P1097]Nótese el miedo de los valencianos mencionado al fin del último capítulo basada en la fuente épica (Cap. XIII de esta edición), y aquí de nuevo, al fin de éste capítulo.

P1120Cf. *PMC* "durar" y *XXR* "morar" que significan 'tardar' (*CdmC* 633_{21} y 765_{26}). ¿Podría originarse la forma de *XXR* en versión distinta de *P?

P1171Se omite el resto del capítulo que sigue al texto de *BA*, correspondiente a *PCG* 574a39-b22. Para subsanar la omisión, *XXR F* (ff. 221r-223v) añade una interpolación única: un capítulo entero que lleva como título: "Como el rrey don Alfonos de Castilla pidio el pecho a los fijosdalgo e de lo que acontecio sobre ello." El texto comienza: "Cuenta la ystoria quel muy noble rrey don Alfonso que fue ome muy onrrado e de gran entendimiento...." En el margen superior (f. 221r) aparece la notación "El conde Nuño de Lara," y una identificación de la interpolación: "Este capitulo que habla como el rrey don Alfonso pidio a los hijosdalgo que diese cada vno cinco *maravedis* se traslado de otra coronica" (f. 223r); f. 224 está en otra mano. Cintra observa: "No texto da *Crónica de 1344*, além dos pormenores com que se modifica a narração das lendas também contidas nas ourtras crónicas, encontram-se, como dissemos, sempre interpolados entre trechos derivados da *Crónica de Castela*, episodios completamente desconhecidos daquelas outras crónicas. Sâo eles: a) "A lenda dos cinco maravedis, pedidos pelo Rei aos fidalgos e trazidos por estes na ponta das lancas por sugestao de Nuno de Lara, e um capitulo em que se narra como os fidalgos, para agradecer ao Conde o que lhe deviam, lhe concederam, a ele e a os seus descendentes, 'jantares' em suas terras e o fizeram 'deviseiro de mar a mar" (*1344*, I: ccliv). Véase el estudio del romance "Pecho de los cinco maravedís" por G. Cirot, "Anecdotes ou legendes sur l'epoque d'Alphonse VIII," *BH* 28 (1926): 246-259.

[P1151-1153]El arreglo de versos en *XXR* es más lógico que en la copia de Per Abbat. Michael modifica el orden de los versos: 1145, 1151, 1146, 1148; cf. *XXR*: 1147, 1148, 1149, 1152, 1153.

Capítulo XV

[BA1-BA5]Para un estudio de la historia de Ben Alcama, véase E. Lévi-Provencal, *Islam d'Occident* (Paris: G.P. Maísonneuve, 1948), 187-238, esp. 208. *XXR* abrevia lo que vemos en *PCG* 575a7-16. Véase E. Levi-Provencal, "La toma" 97-156, esp. 134, que describe el miedo de los moros. Véase también, C.E. Dubler, "Fuentes árabes y bizintinas en la Primera Crónica General," *VR* 12 (1952): 120-80; P.E. Russell, "San Pedro de Cardeña and the Heroic History of the Cid," *MAe*, 28 (1958): 57-79 (esp. 62-63).

[BA1]Cf. *PCG* 575a7-9; *Famoso* 182_{1-2}.

[BA2]Cf. *PCG* 575a12-16; *Famoso* 182_{3-6}.

[BA3]Cf. *PCG* 575a29-30; *Famoso* 182_{7-8}.

[BA4]Cf. *PCG* 575a36-43; *Famoso* 182_{15-18}.

[BA5]Cf. *PCG* 575a45-b6 (*XXR* resume); *Famoso* 182_{21-22}; cf. Levi Provencal, "La toma" 140.

[HR1]-[HR6]falta en *PCG* y *CRC*.

[HR1]*EDC* 959_{6-8}.

[HR2]*EDC* 959_{16-22}.

[HR3]*EDC* 959_{23}.

[HR4]*EDC* 959_{31}-960_5.

[HR5]*EDC* 969_{6-7}.

[HR6]*EDC* 953_{29-30} y 954_{5-6}.

[HR7]/[P1150]"En cuanto a la colocación del v. 1150, no nos ilustra esta crónica, pues para la toma de Cebolla sigue á la Historia latin del Cid, no al Poema." (RMP, "*PMC*/Crón. Gen." 456; *EDC* 960_{8-9}.

[c2]/[HR8]*EDC* 959_{17-18}.

[BA6]Cf. *PCG* 575b17-29. Deducción cronística, basándose en una historia árabe. Véase Levi-Provencal, "La toma" 140. Omito el capítulo que sigue ("Caº lxiii. De la desabenencia que ouo el Cid con Abenihaf") que debe basarse en

Ben Alcama, y voy al fin del próximo capítulo.

Capítulo XVI

[c1]Omito el comienzo de este capítulo. Véase nota XV[BA6]. *XXR J* tiene un error en la enumeración del capítulo; salta de XIII a XV.

[P1209]En lo correspondiente, Berganza sigue esta crónica (*Antig.* 492).

Capítulo XVII

[HR1]*EDC* 960$_{23-24}$.

[HR2]*EDC* 937$_{22-23}$.

[P1224]Cf. *PCG* 592b10.

[P1235]*XXR X* tiene huella de un posible hemistiquio único *P: "Las nuevas del Cid eran ya sonadas."

[c2]Cf. "600 hombres," *PMC* v. 1265.

[P1274]Trátase de una mala abreviatura *JLFG*, "cauall*eros*"; "caualleros" se escribe sin abreviar en *K*; "cauallos" *SXNÑBC* y *PMC*.

[P1276-1277]Podría ser en *J*: "fijos." Cf. Cap. II[P1262] variante de *XXR K*.

[c2][P1282]*BC* son los únicos manuscritos que conservan la asonancia de frase de Minaya "de buena voluntad."

[P1289]La fuente de las notas marginales en *XXR G* es probablemente *DRH* (140b[15]), donde se identifica a d. Jerónimo como "Hieronymus de partibus Petragoricae."

[P1287]-[P1293]La descripción de Jerónimo (vv. 1287-1293) es en *á-o*. Es interesante que *XXR* constan una cantidad de posibles asonantes en *á-o* ("estando," "letrado," "sabio," "esfforçado," "canpo") que son distintas de *PMC*.

Capítulo XVIII

[P1322-1323]*BC* amplifican "Çid [Campeador de Bivar]." Cf. [P899], [HR4/(P1162-1163)].

[P1334]En lo correspondiente a *PMC* (vv. 1334 y 1370 en ó, "Criador"), *XXR* sustituye "Dios." Quizás otra fórmula. (Véase Dyer, "Variantes.")

[BA1]El uso del nombre árabe "Iuballa" junto a "Çebolla" indica que el cronista ha consultado dos fuentes además del poema épico. Véase *CdmC* 569.

[P1345]A la vista de la asonancia en ó, nótense las variantes del prosificador "vio" *JSXN* y "oyo" *KLÑFGBC*.

[P1346-1347] y [P1351]En el discurso, la repetición del vocativo "señor," aquí ajena al texto épico, debe subrayar el respeto al rey por parte de los del Cid. En *PMC*, la vocativa en "señor" se aplica a Alfonos 17 veces; tres veces lo usa Minaya y 14 el Cid. En contraste en *XXR*, se dirige 26 veces al rey de parte de Minaya (10), el Cid (12), Garcia Ordoñes (2), una vez por Muño Gustios y por los Infantes de Carrión. Hay que estudiar esto en el contexto del análisis de discurso.

[c4]Cf. el contraste "Dios,"/"Campeador" en Dyer, "Variantes."

[P1366]/[c5]La razón por la cual soltó a los soldados es distinta a *PMC* v. 1366, donde les da la oportunidad para servir al Cid, y no para evitar que le tenga asco.

[P1370]Cf. nota a [P1334].

[P1371/(c6)] Cf. nota a Véase *CdmC* 622$_{38}$. Michael no accepta la enmienda (*Poema* 175n1371); Smith tampoco.

Capítulo XIX
[P1392]Solo *S* preserva segundo hemistiquio.

[(c3)/(P2075)]Retoque cronístico; no va con la asonancia, ni se mencionan los nombres de doña Elvira y doña Sol hasta despues.

Capítulo XX
[P1462]*PMC* v. 1462 "Santa Maria" es la forma común usada tanto entre cristianos como moros (*CdmC* 67$_{27}$-68$_3$), aunque el nombre completo era Santa María de Albarracín. Cf. XXVII$^{P2644-2645}$.

[P1475]Smith y Horrent acceptan la forma "Fronchales" de *XXR*; Michael sigue la forma "Frontael" de Per Abbat.

[(P1491)-P1494]Smith ("Editing" 17) sugiere que el copista de *PMC* corrigió el manuscrito a la vista de *XXR*, imposible porque esta crónica omite los topónimos que complicara tal "corrección" falsa.

[(c2)]El miedo de Aluar Fañes es ajeno a *PMC*. Véase *CdmC* 1082 nota al v. 1494. Michael (*Poema* 345n1494) rechaza esta perspectiva de Minaya.

[P1573]Véase Martín de Riquer, "Bavieca, caballo del Cid Campeador, y Bauçan, caballo de Guillaume d'Orange," *BRABLB* 25 (1953): 127-44.

[(c4)]Verso único de *P. Véase *CdmC* 1086, nota al v. 1615. Horrent lo rechaza (*Hist.* 211 y "Notes" 284); Michael lo llama "un verso algo trivial" (*Poema* 348n1516).

[(c6)]Para la succesión, véase "Sigeberti Gemblacensis Chronographia," ed. L. C. Bethman. *Monumenta Germaniae Historica Scriptorum* (Hannover, 1844), VI: 365. Citada en Catalán, "Crón. Gen." 211.

Capítulo XXI
[(c3)/HR1]*EDC* 962$_{18-19}$.
[P1621/HR2]*EDC* 961$_{6-14}$.
[P1626/HR3]*EDC* 961$_{20}$.
[DRH1]142b$_{23-29}$.
[HR4/P1631]*EDC* 961$_{15}$.
[HR5]*EDC* 961$_{16-19}$.
[(c6)]Véase Malo de Molina, *Rodrigo el Campeador, Estudio histórico fundado en las noticias que sobre este héroe facilitan las crónicas y memorias árabes* (Madrid, 1857), Apéndice, 139. Michael (*Poema*, n. al v. 2314) propone que "Sero" es "Sir ibn abu Bekr." Sería fenómeno parecido al caso de "Çebolla, Iuballa," (Cap. XVIII^{BA1}).

[(c7)]Es posible que el cronista sumó 50,000 con Bucar (*PMC*) y 100,000 (*HR*) para llegar a esta cifra. RMP sugiere que c. abrevia "circa" (*EDC* 961n1).

[P1644]Cf. *PMC* v. 1473, "Esto era dicho."

[HR6]*EDC* 961$_{15}$.

[(c9)]"Quizá procedan de un texto interpolado de la Crónica latina." (RMP, "*PMC*/Cr. Gen." 459.)

[P1728]La forma "alcanço" que requiere la asonancia se encuentra solo en los *XXR BC*.

[c10]Podría ser recuerdo del v. 1681 "Alvar Salvadorez," pero es mas probable que tiene otro origen.

Capítulo XXII

[P1785]RMP cree que es un verso adicional ("*PMC*/Crón. Gen." 459); corrige el "olvido" de la tienda. Véase *CdmC* 1093n1809-1815.

[c3]En *PMC* Aluar Fañez no contesta al Cid.

[c4](P1815)-(c5)*XXR* se opone a *PMC* donde 1) está incluído en el discurso directo (los prosificadores no suelen convertir indirecto en directo), y 2) menciona directamente el propósito del viaje, ganar la "graçia" del rey. Estas variantes repercuten posiblemente a una diferencia entre la base poética de *XXR* y el poema de Per Abbat con su lectura "Minaya." Hay 18 casos de "Minaya" como palabra asonante en el poema de Per Abbat y otros siete con "graçia." *PMC* se refiere a la graçia del rey (vv. 50, 882, 888, 1936, 2044; 3506), de Dios (vv. 870, 1370, 1379), de Ximena y su esposo (vv. 2604, 2608), y de las hijas del Çid (v. 2682). La "gracia" del rey es el tema predilecto de la prosificación de *XXR*.

[c6]*XXR* de nuevo contiene respuestas de Aluar Fañes al Cid. Puede ser que el cronista no puede tolerar el estilo epigramático.

[c7]Contrasta con *PMC* (v. 1844), donde besa los "pies" del rey; otra vez en el v. 2935; nuestro Cap. XXIX[c2] tiene "mano" por "pies."

[c9](P1854)/(P1810)-(P818)/P1785Los detalles referentes a la mención de los cauallos podrían derivarse de una versión más completa de **P*; fueron olvidados por Per Abbat ("*PMC*/Crón. Gen." 460); cf. nota [P1785]; *CRC* contiene parte de esto (*Famoso* 223$_{30}$-224$_2$), aunque dice que la tienda fue de "Juñez."

[HR]*EDC* 970$_{1-4}$. Cf. *PCG* 593a8-16. Para un estudio de la cristianización de la mesquita, véase *EDC* 522, 547-552, 807. Manuel Risco publicó un documento "Rodericus Didaci, Valentia Sarracenis erepta, Ecclesiam, et Episcopalem sedem restituit, et datat, Anno 1098," en *La Castilla y el más famoso castellano* (Madrid, 1792), Apéndice IV, x-xiii. Dice: "Mi historia latina sólo menciona la Iglesia de Santa María erigida por Rodrigo Diaz de singular arquitectura, aprovechándose para ello de la Mezquita que tuvieron los sarracenos" (255). Berganza habla de la conversión de las mezquitas en iglesias pero su fuente parece ser más amplia que *HR* (*Antig*. 500).

Capítulo XXIII

[c2]Recuerda la ascripción religiosa de la prosificación, Cap. XXII[c2].

[P1894-1895]Unica vez que *S* escribe "Fernandes" (f. 238$_r$).

[c3]Cf. Cap. VI[c10], XXIX[c4], XXXI[c3] ("pues asi es").

[P1923-1924)-P1945La crónica combina en una frase dos discursos de Minaya, uno indirecto (vv. 1926-1930) y otro directo (vv. 1943-1946). Aquí ofrece "las vistas" antes que el Cid muestra su descontento con el casamiento.

[c4]Cf. vv. 1848 y 1954 y [c7] y [c10] de este capítulo. "Toledo" no se menciona en el v. 1944, pero posiblemente refiere a la reunión en el Tago (*PMC* vv. 1954, 1973). Berganza (*Antig*. 507) incluye este detalle, probablemente a base de *XXR*

F que es su fuente para este tramo del relato.

[c5]Véase *CdmC* 1098-99; ni Michael ni Smith aceptan esta materia como épica.

[c6]*XXR* solo menciona los parientes de los infantes aquí y en lo correspondiente al v. 3539; en contraste, el poema de Per Abbat, que no los menciona aquí, los menciona en los vv. 1860, 2988, 2996, 3162, 3592.

P1952*XXR* preserva la asonancia en ó ("señor"), que falta en el poema copiado por Per Abbat. Cf. *CdmC* 1099, n. al v. 1952; Smith enmienda la asonancia; Michael no la cambia.

P1956/P1959Para un estudio de los aspectos legales de las cartas, véase P.E. Russell, "Some Problems of Diplomatic in the 'Cantar de Mio Cid, and their Implications," *MLR* 47 (1952): 340-49; Milija N. Pavlović y Roger M. Walker, "Money, Marriage and The Law in the *Poema de Mio Cid*," *MAe* 51 (1982): 197-212 y "Roman Forensic Procedure in the *Cortes* Scene in the *Poema de Mio Cid*," *BHS* 60 (1983): 95-107; P. N. Dunn, "*PMC*, vv. 23-48: Epic Rhetoric, Legal Formula, and the Question of Dating," *Ro* 96 (1975): 255-265.

[c7]Cf. notas [c4] y [c10] de este capítulo.

[c10]Véase notas [c4] y [c7] de este capítulo.

[c11]Cf. *XXR* otra vez no puede admitir conversación sin inventar una reacción. Cf. las notas de este capítulo.

[c12]Parece ser un verso auténtico. Se repite el vocativo "señor" tantas veces que es preciso verlo como énfasis honorífico especial. Horrent (*Hist.* 212) rechaza esto como verso porque la información se encuentra en los vv. 2196-2197 y no admite la repetición. Véase *CdmC* 1105n2124-2126.

[c13]P2144*PMC* v. 2144 (".xx. palafres"). Véase *CdmC* 1106n2144.

[P2144-2145]Cf. vv. 1337, 1810 que tienen el hemistiquio "con sillas y con frenos."

P2129Cf. Cap. II[a15], VI[a8](P670), XX^P1457 donde la prosificación añade "amigos" como vocativo.

Capítulo XXIV

[c2]Aunque *PMC* contiene alusiones a la "eclegia" (v. 2239) y a la religión en este trozo, mientras que en el discurso de Aluar Fañes en la versión de Per Abbat, falta precisamente esta frase. El factor religioso es aún más destacado en otros manuscritos: "santa madre yglesia" *SLÑ*, "madre santa yglesia" *FGBC*. Parece ser una interpolación del cronista.

[c5]Omito el capítulo "lxxiiii de las conquistas que fizo el rrey don Alfonso" (ff. 97v^b-98^a). Babbitt (*Sources* 109) sugiere que las fuentes de este capítulo son tres cronicones. La fuente principal es el *Chronicon Lusitanum*; véase *España sagrada*, ed. Fr. Henrique Flores (Madrid, 1758), *XIX*: 406 (s. v. Aera 1131).

Capítulo XXV

[c1]Falta este capítulo "De commo los infantes de Carrion se ascondieron con miedo del leon" en *S* (f. 239^r), sin dejar laguna. Creemos que la omisión constituye una expurgación intencional del copista quien destacó la frase "ynfantes de Carrion" (f. 238^v.) en un manuscrito de otro modo notablemente

desprovisto de elaboración caligráfica.

[c3]Cf. *HR* 962$_{18\text{-}19}$.

[c7]El poema de Per Abbat menciona el escaño varias veces en este episodio (vv. 2216, 2280, 2285, 2287, 2293), pero el detalle que el Cid se sentó antes de expresar las demandas a sus yernos es exclusivo a la versión de *XXR*. Nótese que la forma "asentose" ofrecería una asonante en ó.

[c8]*XXR* exagera la cobardía de los infantes.

Capítulo XXVI

[c2]Cf. Cap. XXV[c2-5].

[c3]/[HR1]*EDC* 961$_{15}$. Cf. Cap. XXI[HR6]; *PCG* 604b6-7; *Famoso* 263$_{6\text{-}7}$. Véase *CdmC* 112, n. al v. 2312; 813$_3$ (s.v. Quarto) y 882$_{30}$. Menéndez Pidal reconstruye un verso que menciona "Quarto."

P2315"Cuando lo vio" parece a menudo en *XXR* en esta parte (Cf. cláusulas [c12] y [c14] tambien "cuando lo oyo" en P2331. El poema de Per Abbat, frecuentemente usa la formula "cuando lo" más un verbo de percepción en el primer hemistiquio: "Quando lo oyo el rey Tamin," v. 636 ("Myo, Çid" vv. 1296, 1931; "...el, v. 2815; "el rey" vv. 3019, 3027); "Quando lo vio doña Ximena," v. 1594 ("Fernan Gonçalez," v. 3643"). *PMC* no la presenta aquí. Véase el artículo de Thomas Montgomery, "Marking Voices and Places in the *Poema del Cid*," *LaC* 19.1 (1990): 44-66.

P2331Cf. *Famoso* 236$_6$.

[c5]En el manuscrito de Per Abbat falta una hoja que describa la batalla con los moros donde la asonancia en ó parece cambiar a á-o. En las cláusulas [c7-14] *XXR* muestra pocos asonantes en ó; quizás en [c14-18].

[c8]RMP (*CdmC* 1114n2337) sugiere que el trozo que falta era en í-o: "fi de enemigo." (*XXR LÑFBC*, "Jesu Cristo," paganismo"). (Cf. *PCG* 605a32,35.) Se encuentran en *CRC* (*Famoso* 237$_{29}$) otras posibilidades: "Señor Jesu Christo, e a los parientes e amigos y vasallos"; "si oviese traydo quantos moros ay en el paganismo, con la merced de Dios, en el qual yo fio, todos los cuydaria vencer." La forma "Dios" en el español angiguo solía desplazer el accento para la rima. Véase *CdmC* 166$_{27}$-167$_4$. Powell (*Epic/Chron.* 101) y Smith ("Editing" 12) sugieren que el poema épico que copiaba el formador de *XXR* tenía los mismos defectos que el manuscrito de Per Abbat, y que "we have no means of knowing what the lacunae contained...."

[c20]"Ocho" contrasta con *PMC* v. 2407 ("siete").

P2410*XXR* preserva nueve epítetos referentes a la barba, en lo correspondiente a vv. 2410, 2476, 2829, 2832, 3097, 3185, 3186, 3273, 3280, 3283. Véase P. A. Bly, "Beards in the *Poema de Mio Cid*: Structural Patterns and Contextual Patterns," *FMLS* 14 (1978): 16-23.

P2418No corregimos *JL*, aunque las palabras "a poder" (*SXNKÑFGBC*) probablemente remontan a la prosificación alfonsí.

[c21]/[P2527]-[P2529]En *PMC* solamente don Ferrando da las gracias al Cid y a Dios por "aueres que no son contados;" en *XXR*, los dos infantes hablan al Cid, diciendo que "somos ya por vos rricos e abondados." Posiblemente la diferencia se deriva de una variante de *P.

[c22]Cf. "en ellos entendieronlo" *PCG* 607a36.

Capítulo XXVII

[P2553]La técnica estilística aquí es *oppositio*, énfasis por la negación, un tipo de *amplificatio*. Véase Heinrich Lausberg, *Handbuch der Literarischen Retorik*, 3 vols. München: Max Huber, I: 791. Cf. *PMC* v. 2752.

[P2540]Falta en *XXR* sub-familia β este *verbum diciendi*.

[P2568]En otras partes (Caps. XVII[c2][P1282], XXII[c6]), *XXR* contiene una reacción (de "plazer") que no encontramos en *PMC*. Quizá la crónica no puede tolerar un discurso de mayor importancia sin respuesta or reacción por parte del interlocutor. Sin embargo, aquí "plazie de corazon" ofrece una buena asonancia, que va con la prevalente en ó, y que es un hemistiquio frecuente en el *PMC* conocido (vv. 1342, 1355, 2648, 3019, 3434).

[P2575]La forma "Tizon," que exige la asonancia, se encuentra en los manuscritos más antiguos y conservadores (*JSXN*), mientras los otros tienen "Tizona." No hay otros casos de "Tizon" en *XXR* en esta edición.

[P2614]Por su tono e interpretación, *XXR* difiere radicalmente de *PMC*: subraya el tema de la onrra aquí y en [P2621], en contrastando así con el poema de Per Abbat, que hace hincapié en los "auueros" (v. 2615) y a los "heredades" (v. 2621) que el Cid dió a sus hijas por las primeras bodas.

[P2647-2649]La forma "Molina" de *PMC* tambien se encuentra en *XXR FG* y en *CRC* (*Famoso* 245₂).

[c2]Posible asonancia en ó ("señor"). *PCG* (608b17-18) basada en la *Refundición del poema, identifica a Abencanon como "vasallo" del Cid.

[P2667]Véase M. Garcí Gómez, "Relación entre 'latinado' y 'paladino,'" *BRAE* 53(1973): 535-542.

Capítulo XXVIII

[c2]Explica el presagio de la afrenta, su inexplicable dolor de corazón de *PMC* v. 2767.

[c3][P2782]En los juramentos, "par" es la forma especial. (Véase *CdmC* 387₃₆, 784₄₀.) Sólo *J* preserva "par Dios" frente a "por" en los otros manuscritos, y "a Dios" *PMC*. La fórmula "par Dios" es desconocida en *PMC*, que suele usar las fórmulas "fio por Dios" (vv. 1133, y 2447) y "por Dios" (v. 3690). Conoce "par aquesta barba" (vv. 2832, 3186) y "par Sant Esidro" (vv. 3028, 3509). Cf. nota a XXX^P3186.

[c4][P2805]En *PMC*, cuando Feliz Muñoz encuentra a sus primas, no pueden hablar (v. 2784) y después, solo doña Sol pide agua. En *XXR*, las dos explican lo obvio, pero cf. la semejanza con su diálogo,[c6][P2861]de este capítulo.

[P2814]Error común de *JXK*, que Diego Tellez "salio a" Feliz Muñoz, contra *PMC* donde lo "fallo."

[P2820-2821]La importante noticia de la circulación de las "nuevas" no se encuentra directamente en lo correspondente de *PMC*, pero en otras partes se mencionan las "nuevas" veinticinco veces, el punto de contacto es la palabra "sabien."

[P2825]Hinard y Lidforss omiten este verso; Michael y Smith lo acceptan.

[P2831]Los manuscritos contienen interesantes variantes en ó: "que los no desonrre yo mucho por esta rraçon" (*C*) y la frase "por ello" (*G*) ocurren en copias tardías.

[c6][P2861]Cf. la frase "pues que a ellos veyen," con la cláusula [c4][P2805]; subraya la dependencia de las hijas.

Capítulo XXIX

[c2]En *PMC*, Muño Gustios besa los "pies" (v. 2935) y Minaya y Per Vermudoz besan los "pies" (v. 1844); *XXR* dice, en ambos lugares, que besan las "manos" (Cap. XXII[c7] y aquí). En ambos pasajes la asonancia en *PMC* es *á-o*, haciéndonos pensar que la frase de *XXR* podría remontar a *P. Hay que tener en cuenta la modificación de las costumbres sociales que se modificaban entre los siglos XII y XIV. Véase C. Smith y J. Morris, "On 'Physical' Phrases in Old Spanish Epic and Other Texts," *Proceedings of the Leeds Philos. and Lib Soc.* 12 (1967): 145-47 y 163-64.

[c4]Frase común a la prosificación. Cf. VI[c10] y XXXI[c3].

P3004RMP clasificó los manuscritos de *XXR* a base de las variantes "Beltran"/"Brebon" (*CdmC* 503₉-555). La forma "Beltran" se encuentra en los manuscritos mejores y más antiguos (*JSXN*), pero que en otros casos (como la abreviatura incorrecta de "caualle*ros*" (VII[P796], [P798]) yerran. La forma que concuerda con la asonancia figura en *KL* ("Brebon") y *ÑFGBC* ("Birvon"). En otros casos, la sub-familia β preserva mejor el arcaismo del Poema ([P880]), de modo que no podemos descartar las variantes de este sub-grupo. Para un estudio del problema de "Beltran," véase Horrent, "Notes" 287-289. A base de la falta de evidencia documental, Smith ("Editing," 16) concluye que parece improbable que "Birvon" sea correcto. Para una discusión de la clasificación de manuscritos de *XXR*, véase Cap. III de este libro.

[c6]Forma va con la asonancia en *ó-e*.

[c7]*XXR K* coincide con *PMC* en la omisión del nombre de Aluar Dias. *PCG* 600b32-34 menciona, "mas diz que peso a Aluar Diaz et a Garcia Ordonnez que non amauan al Çid."

[P3008]*XXR JL* y *PMC* omiten el nombre de Pero Ansures. Horrent ("Notes" 289) explica así: "Le silence de la copie de Per Abbat correspond á l'inaction d'Alvar Díaz e de Pedro Ansúrez, inaction si surprenante chez de tels personnages qu'elle n'est explicable que par leur absence dans les scènes considérés. Per Abbat, qui ne les nomme pas, est dans le vrai, le chroniqueur (ou son modèle poétique) s'est laissé aller à des souvenirs d'histoire familiale."

Capítulo XXX

[P2974]*PMC* no indica quien anuncia "las cortes"; *XXR* sí.

[P3030-3032]La estructura sintáctica "mas...que antes era" se parece mucho a otra frase no-épica en el Cap. XXXI[P3379], "mejor...que non de contender connusco." Las dos construcciones caracterizan el lenguaje del prosificador.

P3156Hay errores en *XXR J* ("Cospes"), *FG* ("Torpes") y *L* ("Tormes").

[c4]La versión de Per Abbat (v. 3158) no explica que el Cid presenta las

espadas al rey.

P3186Las variantes "Para aquesta barba" *S*, y "Par aquesta barba" solo se preservan en *JX*; en los otros es "Por aquesta." "Par aquesta barba" ocurre *PMC* vv. 2832 y aqui.

P3189La forma "Tizon," que la asonancia exige, no se encuentra en ninguno de los manuscritos de *XXR*.

(c5)Michael (*Poema* 238) no añade el nombre de Pero Bermudes al texto; en contraste, Smith lo incluye (3188n).

Capítulo XXXI

(c1)*XXR L* (f. 140r), a diferencia de las otras crónicas, no se divide del capítulo anterior.

[P3316-3318]Solo *S* (f. 242v) conserva estos dos versos y la primera mitad del tercero, que faltan en los demás manuscritos. Véanse las Variantes.

P3395El texto de *PMC* es erreóno; RMP, Smith, Michael lo corrigen a base de *XXR*. Como siempre, Garci-Gómez no corrige.

(c3)"Pues que asi es" es una frase común en el lenguaje de la prosificación. Cf. la paráfrasis en VI(c10), y XXIII(c3).

(c4)Otros locutores se levantan cuando hablan. Cf. XXXP3145 y P3372-3373 de este capítulo.

(c5)*PMC* v. "a deliçio" se convierte a "en viçio e a sabor" para aclarar la idea.

(c7)Cf. (c8)supra. *XXR* otra vez menciona "miedo."

P3372-3373*XXR* implica que Ansur Gonzales estaba sentado mientras hablaba Martín Antolines; esto va contra la información en *PMC* v. 3373. Por tanto, pensamos en otras ocasiones cuando los locutores se levantan para hablar (v. 3361) y en una ocasión en que *XXR* añade el detalle de que el locutor se levanta. Véase nota (c4) arriba.

P3379El tono del discurso de los infantes en *XXR* es más altivo que lo correspondiente en *PMC*.

P3384La correción al manuscrito de Per Abbat "almuzas" > "almuerzas" se relaciona con las variantes *FB* "almuezas".

P3387Posible alternate asonancia en *ó-e* ("omnes").

Capítulo XXXII

P3394Véase *CdmC* 1219-1220. La forma "Miarra" (*J*) es errónea; "Oiarra" (*SXNKL*), "Ojarran" (*FG*) refleja una grafía más arcaica que "Oxarra," "Oxarran" (*ÑC*).

(P3399)*PMC* tiene asonante en *ó* ("Aragon"); *XXR* diferente forma ("señores").

(P3405-3408)*XXR* menciona que los discursos o las acciones del rey agradan al Cid ("plaze").

(P3426)Nótese posible asonancia en *ó-e* ("señores"); la información falta por completo en *PMC*.

(c4)Hay otra posible asonancia en *ó-e* ("Corpes").

(c5)(P3456)Dudoso verso o alternativo adicional; pero "digo yo" ofrecería asonancia en *ó*.

P3467Horrent ("Notes" 285-286) sugiere que *XXR* es menos correcto que

PMC, "en ce qu'elle dit deux fois que les infants sont désarmés et n'insiste pas sur les armes dont disposent leurs adversaires. Cette différence, bien marquée dans le poéme conservé peut seule constituer un motif recevable pour ajourner les duels judiciares."

(c6)*XXR* interpreta "aqui" (v. 3480) como "oy," dando la forma en ó de la asonancia que se exige.

(c8)-(c15)Laguna en el poema de Per Abbat. Aunque Smith (*CmC* 106n) no incluye el texto de *XXR*, reconoce que las "assonances visible in the *CVR* sugest...the missing passage was continuously rhymed in ó." (Las asonantes serían: "omnes," "amor," "yo," "corrio.") Más tarde Smith rechazó esta posibilidades: "there are no obious poetic features or verse structures visible" ("Editing" 12).

(P3536)*XXR* se salta el segundo hemistiquio del v. 3536, dando una distinta interpretación: que los del Cid van a Valencia.

Capítulo XXXIII

(c1)Este capítulo es muy resumido en *XXR*.

(P3644)¿Podría ser otro primer hemistiquio para el v. 3644?

(c3)En otras ocasiones, cuando habla el Cid, levanta la mano antes de rezar: vv. 216, 1616, 2476, 2829, 3185, 3508. En lo correspondiente al v. 3713, el Cid se toma de la barba.

P3723Véase Alan Deyermond, "The Close of the *Cantar de Mio Cid*: Epic Tradition and Individual Variation," *The Medieval Alexander Legend and Romance Epic*, eds. Peter Noble, *et. al.* Millwood, N.Y.: Kraus, 1982, 11-18. Se omite el resto del capítulo que integra una historia navar-aragonesa, de Sigiberto y de Martín Polono. Véase Catalán, "Crón. Gen." 212.

V
Estudio

L A PRESENTE EDICIÓN y estudio del conjunto de los manuscritos de *XXR* y de los dos principales de *PCG* (*EF*) propone trazar los vaivenes de la épica cidiana en el taller alfonsí. La fuente épica que corresponde al *Mio Cid* de hacia 1270 pasó por succesivas etapas de redacción en su preparación para la **EE*: una prosificación preliminar, una refundición editorial que incluye la incorporación de fuentes no-épicas y la elaboración estilística del conjunto, y una posterior reducción de esa refundición conforme a la orientación política o religiosa del cronista. Las minuciosas diferencias entre las crónicas y entre éstas y la épica copiada por Per Abbat forman un mosáico que en su conjunto aclara las perspectivas divergentes de los equipos editoriales y su modo de trabajar.

A. PROSIFICACIÓN PRELIMINAR

1. *Cantar del Destierro*

En la edición paralela del *Cantar del Destierro* (Capítulos I-XIII) cada vez que las crónicas concuerdan en diferir del *Mio Cid* copiado por Per Abbat, identificamos esta modificación compartida con un numerito superpuesto [a]. Hemos designado 127 casos en que *PCG* y *XXR* están de acuerdo en modificar el poema del mismo modo.[1] Además, hay otros casos en que ora éste ora aquel manuscrito de *PCG* concuerda con *XXR* en el lenguaje de la prosificación, sugiriendo que el otro manuscrito de *PCG* se aparta por su cuenta de la prosificación común. (Véase C.2 *infra*.) Tanto *XXR* como las dos versiones de *PCG* manipulan la prosificación del mismo modo con minuciosos cambios que hacen eco del carácter provisional de su ejemplar común. Por

---

[1] Los 127 casos comprobados de [a] se distribuyen por capítulos así: I-6, II-19, III-7, IV-7, V-7, VI-9, VII-11, VIII-4, IX-21, X-7, XI-11, XII-12, XIII-6.

ejemplo, el modo de introducir el discurso directo con un *verbum dicendi* se coloca antes del discurso en *PCG E*, pero se intercala dentro del en el mismo discurso en *PCG F* y *XXR* (IV$^{(449)}$). El número de concordancias entre las crónicas se aumenta aun más si contamos con otros casos donde coinciden en pequeños detalles estilísticos, léxicos y gramaticales, comprobando su origen común en la misma prosificación de un *Mio Cid* escrito, un poema casi idéntico al que copió Per Abbat.

(a.) Intento del "prosificador"

A pesar de las succesivas etapas de manipulación de la fuente épica en las diversas versiones en prosa, se vislumbran innumerables huellas de asonantes y fórmulas épicas, lo cual nos convence que la eliminación de la rima de la base poética--el propio proceso de prosificación-- parece menos importante que la clarificación del contenido e intento de la fuente, siguiendo un modelo aristotélico. El propósito de la prosificación se revela ser el recobro o la colección de datos históricos de la épica cidiana que después se amoldarían para narrar el reinado de Alfonso VI. Si la prosificación fuera simplemente un ejercicio retórico de convertir poesía en prosa, cualquier vestigio de la forma poética original podría constituir un fracaso. Pero hasta los pasajes del texto que se sometieron a una rigorosa abreviación abundan en versos y fórmulas épicas tradicionales (por ejemplo en VI^{P628}, $^{P634\text{-}635}$, ^{P641}, ^{P654}, ^{P656}). Nuestro aparato crítico destaca los elementos que adhieren estrechamente al texto de la fuente épica por medio de $^{P\,+\,numerito}$, sin parentesis; para destacar la distancia de la fuente poética, se añade el paréntesis $^{(P\,+\,numerito)}$. En muchos casos se suprime la fórmula épica y la rima os bien se alarge innecesariamente la escueta expresión del original. Por ejemplo, el v. 425 ("De noch passan la sierra, vinida es la man") se reduce a "De dia" (IV$^{(P425)}$); del v. 456 ("Ya quiebran los albores et vinie la mañana") queda sólo "Cuando fue la mañana" (IV$^{(P456)}$).

Los historiadores que iniciaron la preparación de la épica para su posterior inclusión en la *EE sondearon el subtexto no verbal para sacar a la superficie las ambigüedades intencionales, las elipsis, las claves visuales y aurales de la fuente épica tradicional.[2] Llevaron a cabo el proceso mientras todavía quedaban en su memoria la *sotto voce* oral y los gestos con que el juglar avivaba su presentación. Una gran parte de las interpolaciones no-épicas de este tipo se explican como tentativas de capturar este dinamismo épico-oral que conocían de oídas

---

[2] Para un análisis del *PMC* en su marco "presencial", véase Smith 1984 y Walsh 1990.

y de vista. Las frases cronísticas referentes a los gestos y los movimientos físicos que no corresponden al texto escrito del *PMC* de Per Abbat pero que se intercalan en la prosificación se podrían justificar como claves de la vitalidad de la épica en el momento de la labor alfonsí. Cualquier amplificación verbal bi-partita inicial interpreta respetuosamente el intento y el contenido de la fuente épica, minimalizando cualquier intervención o manipulación que obstruya su mensaje original. Reiteramos aquí que la deliberada eliminación de fórmulas épicas o de la asonancia no desempeñó un papel decisivo en la primera redacción en prosa de la épica cidiana. El intento de la prosificación fue recobrar un momento decisivo en el reinado de Alfonso VI, aprovechando lo histórico del *PMC*.

(b.) Técnicas que sirven el intento del prosificador

Entre los rasgos comunes a la primera etapa de la redacción, el prosificador suele añadir un vocativo ("Amigo") o el nombre del interlocutor ($II^{(a15)}$ *XXR/PCG F*, $III^{(P421)}$, $VI^{(P670)}$, $IX^{P895/(a18)}$); introduce un *verbum dicendi* que falta en la épica ($III^{(P406)}$, $^{(P420)}$, $^{(P489)}$, etc.); intercala una pregunta para comenzar el discurso (VI^{P670}, $^{(a14)/(P670)}$); aclara una reacción, un gesto o un movimiento del locutor ($V^{(P613)}$, ^{P666}, $XII^{(a8)}$); y emplea el ablativo absoluto ($V^{(P568)}$). Cuando pretende embellecer el relato, se nota cierta ingenuidad, como la inclusión las "piedras preciosas" en el tesoro de las arcas de arena del v. 113 ($II^{(a17)}$). A veces, quizás reordena los versos (VI^{P669}, ^{P668}; VII^{P823}, ^{P830}, ^{P831}, ^{P824}; VII^{P835}, ^{P834}; XII^{P1018}, ^{P1020}, ^{P1019}), aunque esto puede ser un rasgo de un poema que prosifica que se diferenciaba ligeramente del de Per Abbat.

(c.) Arcaísmo lingüístico y variación

La primitiva prosificación se caracteriza por su arcaísmo lingüístico, tanto en la conservación del poema primitivo como en el marcado conservadurismo del lenguaje de las interpolaciones y los nexos de origen cronísticos. En la prosificación del *Cantar del Destierro, PCG E*, que es muy decisivo en la selección de variantes: conserva muchos arcaísmos lingüísticos, tanto los del poema como los del lenguaje cronístico. Aunque *PMC* vacile en la selección del imperfecto y el condicional en *-ía, -ié, PCG E* favorece la forma en *-ié*, apoyada por los manuscritos más antiguos de *XXR* (*S*, y a veces *KB*); *PCG F* y los demás manuscritos de *XXR* son menos decisivos aunque tienden hacia *-ía*.[3] *PCG E* conserva unos 45 casos de diptongo ante yod ("Castiella,"

---

[3] La distribución representativa de las formas verbales en *ié-ía* que resaltan el arcaísmo de *E* se pueden comparar en la lista siguiente:

"castiello"); no hay ningún ejemplo de esto en *PCG F* y *XXR J*. Otra vez, *XXR S* coincide con *PCG E* en este arcaísmo, con un total de 19 casos en la prosificación del *Cantar del Destierro* y otros 14 en la continuación, que se dan tanto en la épica prosificada como la materia no-épica. En el léxico, un "estonçes" de *PMC* (v. 951) se convierte en "otro dia mannana" en *PCG E*, mientras se reduce simplemente a "otro dia" en los derivados *PCG F* y *XXR* (XI^{P951}). Con todo, se destaca el sabor arcaico de la glosa cronística.

(d.) Religiosidad

La persona (o varias personas) que emprendió la prosficación habría tenido cierta orientación cristiana, dada la interpolación de unas ascripciones religiosas comunes en la versión en prosa: "si Dios quisiere" (IX$^{(a19)}$), "E bien fio en [E la mercet de] Dios" (XI$^{(a10)}$). Dos de tales interpolaciones se bifurcan entre *PCG* y *XXR*; ésta favorece la expresión religiosa: "Sy le Dios bien fiziese" (II$^{(c3)}$) corresponde a "Si el tiempo uiesse" (*F*: "biese") *PCG* II$^{(b4)}$; "e gradeçiolo a Dios" (IV$^{(c5)}$), frente a "e atreviose a mas" (IV$^{(a7)(507)}$ *F*), "e atrouiosse mas por ende en sus fechos" (*E*). La compilación común reduce "padre santo" (XII^{P1047}) y "Criador" (VI^{P706}) a "Dios," mientras que omite el hemistiquio final del v. 880 ("fiel Criador uos vala"). Por otra parte, la sub-familia β de *XXR* cambia "Santa Maria de Burgos" (VII^{P822}) a "esa tierra vuestra."

2. *Cantares de las Bodas y de Corpes*

La compilación alfonsí de *PCG/XXR* que precede la "laguna cidiana" (XIII$^{(P1089)-P1097)}$) incluye los primeros doce versos del *Cantar de las Bodas* hasta el v. 1097, comprobando así que la prosificación alfonsí que sirvió de fuente de la *EE* incluía por lo menos la parte introductoria de este segundo cantar. Mucho después de la "laguna cidiana" en *J*

	PMC	*PCG E*	*PCG F*	*XXR*
II$^{(a4)}$	0	querie	queria	queria (querie *S*)
V$^{P548-549}$	0	querien	querian	0
V$^{(P565)}$	(auie)	venie	venia	0
V$^{(P592)}$	0	auien	abian	ovieron
XI$^{(HR7)}$	0	tenie	tenie	tenia
XI^{P979}	sera	serie	serie	serie *SKB*, seria *JNXLNFGC*
XI^{P980}	pechara	pecharie	pecharia	pecharia
XI^{P980}	0	fazie	fazia	0
XI^{P981}	sabra	sabrie	sabria	entenderia (entenderie *S*)
XI^{P984}	pueden	podrie	podria	podria
XIII$^{(a13)}$	0	darie	daria	daria (darie *S*)

algunos catorce folios más tarde (nuestro Capítulo XIV), *XXR* vuelve
de nuevo al contenido de los primeros versos del *Cantar de las Bodas*.
Al recoger la prosificación alfonsí, vuelve al v. 1091 que ya había
incluido antes de la "laguna cidiana" y repite la redacción alfonsí
común.

En nuestro Cap. XIII$^{(P1089)-P1097}$ o el f. 77r^a de *XXR J*, la fuente épica
(vv. 1089-1093) prosificada y retocada con datos de la *HR* y *DRH* se
destina directamente a la **EE*: "Despues deŝto a pocos de dias salio el
Çid de alli e fue desçendiendo contra la mar de medio de la tierra por
fazer y sus caualgadas e guerrear alla. E gano desa yda Onda e todas las
tierras que dizen de Burriana." Despúes de la "laguna cidiana," *XXR* (en
J f. 93r^b) repite parte de la prosificación: "Desy acabo de pocas dias salio
de ally" (Cap. XIV$^{(P1091)-P1110/(P1092)}$. La diferencia después de la "laguna
cidiana" es que la prosificación alfonsí no se funde con *HR* y *DRH*,
sino con la fuente árabe (*BA*). Es "mejor" en que incluye más topónimos de la épica y el v. 1095, omitido por completo antes de la laguna.
Se puede concluir que la épica prosificada que termina, como el poema
de Per Abbat, con las segundas bodas se aprovechó más de una vez en
el taller alfonsí. El *Cantar del Destierro* en prosa en *PCG* y *XXR* se
documenta con cautela con las fuentes cristianas no-épicas. Se enfoca
claramente en lo referente a la monarquía, que sería lógico para el
alcance de la **EE*. Como se verá en adelante (E. "*Bodas* y *Corpes* en
Veinte Reyes"), la prosificación de *Bodas* y *Corpes* remonta a la misma
prosificación preliminar que existió en el taller alfonsí, pero carece de
la abundancia de fuentes no épicas y de la intensidad del enfoque pro-
monárquico.

Si se comparan las frases editoriales cronísticas del *Cantar del
Destierro* (las cláusulas identificadas con [a] en la presente edición) con
las frases cronísticas de la prosificación de los dos últimos dos cantares
en *XXR* (las frases únicas marcadas con [c]),[4] notamos muchas técnicas
y semejanzas verbales. En el *Cantar del Destierro* no se notan las
grandes amplificaciones editoriales que caracterizan los dos últimos
cantares. En la continuación se evidencia la leve adaptación editorial
alfonsí de un *Mio Cid* que es casi idéntico al poema de Per Abbat,

---

[4] La materia que no corresponde a *PMC* que identificamos en la
prosificación de *XXR* de *Bodas* y *Corpes*, o sea, los casos de [c] se distribuyen
de la forma siguiente: XIV-1, XV-2, XVI-2, XVII-4, XVIII-5, XIX-5, XX-6, XXI-
10, XXII-13, XXIII-11, XXIV-5, XXV-8, XXVI-22, XXVII-3, XXVIII-6, XXIX-7,
XXX-5, XXI-7, XXII-16, XXIII-4. Nótese que en los casos de [c] siempre se
identifica el título del capítulo. Los capítulos que tienen numerosas adiciones
suelen corresponder a una laguna en la copia de Per Abbat.

hasta el v. 3723, apoyando así la probabilidad de que existió una prosificación íntegra de tal versión del *Mio Cid* en el taller alfonsí.

B. Redacciones alfonsíes de la prosificación
El arreglo del *Mio Cid* pasó por otras fases después de la prosificación preliminar al combinarse con otras fuentes no-épicas (*BA*, *HR*, *DRH* y el marco cronólogico) destinadas a formar parte de la *EE.

1. *Polarización política, cotejo de fuentes*
   (a). Orientación pro-monárquica
   La segunda capa de la redacción interpreta el contenido y modifica la perspectiva de la prosificación, tarea muy distinta de la de expresar los hechos históricos, el contenido y de sondear el intento del relato. Los actos editoriales de la segunda etapa se nos ofrecen como cambios más audaces y políticamente más astutos. Por ejemplo, el editor o los editores destacan el tema de la "graçia" del rey (VII[a8], [a10]), y hasta lo imponen donde falta (IX[P880]). Se insiste en que Alfonso es "nuestro señor" (V[P528(a3)]). Tal enfoque pro-regio introdujo o seleccionó de la prosificación alfonsí todo dato que subrayara la lealtad del Cid y engrandeciera la benevolencia del monarca. Todavía resulta ambivalente en algunos casos, pero no cabe duda de que el propósito del cronista es, a la base, el de integrar el relato cidiano en la historia del reinado de Alfonso VI. Como resultado, el diálogo se aparta de la conversación viva y se convierte en oratorio político. Así, por ejemplo, en la escena del conde de Barcelona, amplifica el discurso del Cid (XII[a5)-(a6)]) entre los vv. 1025 y 1026.

   (b). Transiciones, cronología, auto-referencia
   El *Cantar del Destierro*, que corresponde a nuestros capítulos I-XIII, parece haber sido glosado y amplificado en conjunto, por segunda vez, en su transformación en la *EE. En esta etapa las fuentes no-épicas y los nexos de transición no se incluyen en todas las crónicas de una forma idéntica, como se aprecia en las cláusulas [a] y [b]. Falta en *XXR* algunas transiciones que ocurren en ambas versiones de *PCG*: "Avn ua la estoria por los fechos deste Roy Diaz el Çid" (V[b4]); "Agora dexaremos a Aluar Hannez Minnaya complir su mandadaria e tornaremos a la rrazon del Çid e contaremos dell en esta guisa" (VII[b2]). La transición es más elaborada en *PCG* que en *XXR*: "Agora dexa aqui la estoria de fablar del Çid e torna a contar de Aluar Hannez en su mandaderia o fuera" (*PCG* VIII[a4]) frente a "Mas agora dexaremos de fablar del Çid e diremos de Aluar Fañes." Otro ejemplo de *PCG*: "Agora dexa aqui la estoria de fablar de Aluar Hannez [P899]e de las otras cosas e torna a contar del Çid"(IX[a21]) es más amplio que *XXR*: "Mas agora dexaremos

aqui de fablar desto e de Aluar Fañes [P899]e diremos del Çid Ruy Dias." *PCG* contiene la frase de transición al final del capítulo en cuatro casos donde falta en *XXR*: "Agora diremos aun de los fechos deste Çid Roy Diaz"(X[e8]); "Aun ua la estoria por la cuenta de los fechos del Çid e dize adelante assi" (XI[b5]); "Agora diremos de otra contienda que nascio luego al Çid" (XII[b3]); "Aun cuenta la estoria que acaescio al Roy Diaz Çid empos esto" (XIII[b7]). Estos nexos de transición frecuentemente citan la "estoria," que puede ser la misma prosificación o bien la narrativa general. Los nexos que están en primera persona plural ("dexaremos" y "diremos") sugieren una presentación oral y a veces se dan en el mismo contexto que algunas fórmulas épicas.

El cotejo de fuentes resuelve ciertos problemas de elipsis y ambigüedad, que la épica y su prosificación toleraban, pero al mismo tiempo pasa por alto algunos datos concretos. Por ejemplo, el v. 779 ("mato xxxiiij") se generaliza en "matando" (VII[(P779)/(P785)]), sin dar el número exacto. La versión cronística del v. 637 dice que el Cid mato "tres reyes" (VI[P637]) y no "dos."

En las crónicas el marco cronólogico aparece abruptamente en el cuarto año del reinado de Alfonso VI, al final de nuestro Capítulo IX[(a20)-HAr5]; no se enfoca en el monarca cristiano, sino en el rey moro Abenhabet. Es notable que este tramo del relato cronístico coincide con el final de la segunda redacción de la compilación. Al comienzo de los siguientes capítulos (X, XII, XIII), el cuadro cronológico conecta el relato con el quinto, sexto y séptimo año del reinado de Alfonso, y con la era, el año de la encarnación y el año del reinado de Enrique emperador de Roma. Los últimos dos datos faltan en el capítulo XIII.

El compilador de la *EE a menudo se refiere a lo que se ha dicho antes o anticipa lo que vendrá después. Del v. 875 en adelante, donde Minaya ofrece el botín de Alcocer al rey, las crónicas intercalan una recapitulación de la batalla (IX[(a5)-(a13)]), a base de los vv. 629-785. Aquí el lenguaje es suficientemente alfonsí, desprovisto de claros vestigios de asonancia, que no lo podemos atribuir a ninguna fuente épica, sino al recuerdo de la prosificación de la batalla presentada en su totalidad antes, y repetida aquí para llenar una supuesta laguna. Otro tipo de auto-referencia es la segunda alusión al miedo de los moros en Valencia, después de la "laguna cidiana" en *XXR* (XIV[(P1091)-P1110/(P1092)]); aquí se repite la compilación de XIII[(P1097)], [P1097], según ya se notó, probablemente con base en la prosificación y no en un poema épico diferente de el copiado por Per Abbat.

Alguna vez el editor evita la oportunidad de mencionar a los cristianos (v. 1027 cf. XII[(a5)-(a6)]). En un caso importante intercala un aviso legal: "ca non es fuero nin costumbre si non si lo quiere fazer por su mesura aquel que lo gana" (XII$^{(a12)}$), haciéndonos pensar que el redactor fuera letrado en el derecho igual que en la religión. Una incipiente interpretación política de los asuntos históricos habría alcanzado la prosificación de los *Cantares de las Bodas* y *de Corpes* en *XXR*, como se verá en adelante (*infra*).

2. *Fin de la labor editorial alfonsí de la* *EE

Esta prosificación fue preparada para la *EE, ampliada con fuentes no-épicas en el primer cantar, re-enfocada por segunda vez, en lo que se refiere al destierro. Al abreviar, reduce casi *ad absurdo* los primeros 400 versos del Poema, añadiendo a la vez datos nuevos de origen ajeno al poema épico. Se especifica, por ejemplo, que el Cid dio a los monjes 50 marcos "de plata" y a su familia 100 "de oro" (cf. vv. 250, 253-254). Esta abreviación se acompaña de una re-ordenación de versos que es casi idéntica en *PCG* y *XXR*. Es decir, en la *EE la misma secuencia de versos que va en contra de la del poema de Per Abbat remonta a la mano editorial. *PCG* presenta la serie $^{(P100-121)}$, $^{(P122-135)}$, $^{(P135)}$, $^{(P184)}$, $^{(P186)}$, $^{(P137)}$, $^{(P148-149)}$, $^{(P152)}$; *XXR* contiene la combinación, sino que abrevia todavía más en omitir $^{(P100-121)}$, $^{(P148-149)}$ y $^{(P152)}$. El re-arreglo alfonsí se documenta en otra serie de detalles en que la *EE interpretaba y reordenaba el texto épico, situándo fragmentos consecutivos en distintos capítulos en *PCG* y *XXR*. La secuencia $^{(a12)(P827)/(P836),\ (P829)/(P835)}$ ocurre en el capítulo VII en *XXR* pero en VIII en *PCG*. Semejante abreviación extremada, que destruye por completo el lenguaje y el estilo de la prosificación de *PMC*, se nota en un trozo desprovisto de valor artístico. Otra técnica de la abreviación de la versión en prosa es la re-introducción de un marcado sabor rítmico en dos lugares. (Véase las Notas a II$^{(P238)-(P257)}$ y III$^{(P314)-(P391)}$.)

El carácter radical de la prosificación se atenúa hacia el final del *Cantar del Destierro* y con esto se señala el fin de la redacción editorial alfonsí de la *EE.

C. EL *MIO CID*, LA *ESTORIA* Y LA *PRIMERA CRÓNICA GENERAL*

En su versión del primer cantar, *PCG* es más completa que *XXR*, por incluir más frases cronísticas y más alteraciones (especialmente glosas) que se dan únicamente en *PCG*. Hemos identificado unas 53 frases o interpretaciones cronísticas únicas a *PCG* (señaladas con la $^{(b)}$).[5] Pero *PCG* también es más completa en su reflección de la fuente épica:

---

[5] Por capítulo, el número de casos en que *PCG* glosa o amplifica en común $^{(b)}$ se distribuyen del modo siguiente: I-2, II-8, III-3, V-4, VI-16, VII-2, IX-2, X-1, XI-5, XII-3, XIII-7.

unos 90 versos o fragmentos de origen épico o faltan por completo en *XXR* o son más completos en uno de los manuscritos de *PCG*, o, incluso, en los dos.[6]

1. *Manuscrito E*

(a.) "Mejor" *EE

La glosa o amplificación alfonsí a veces combina un par de sinónimos o equivalentes, quiere decir, suele ser una glosa bi-partita. Por lo general, *PCG E* es más completa, mientras se conserva sólo parcialmente en *PCG F* y en *XXR*. Esto sugiere la posibilidad de que *PCG F* y *XXR* remontan a una versión preliminar ("vulgar") de la compilación alfonsí de la *EE, mientras *PCG E* refleja una elaboración posterior, más "regia." El cotejo de los textos paralelos indica que, en la mayoría de los casos, *PCG E* contiene ambas partes de la glosa bi-partita completa, cuyas dos partes se reflejan de manera desigual ora en *PCG F* ora en *XXR*. *PCG E* comparte algunas frases cronísticas con *XXR* que no figuran en *PCG F* ($I^{(a6)}$, $IX^{(a3)}$); en otros casos ambos intercalan un dato o un elemento que no va de acuerdo con la fuente épica. Por ejemplo cuando ambas versiones de *PCG* intercalan el vocativo "Minaya" en el discurso directo ($IX^{(P881)}$) es probable que seguían el prototipo cronístico. El v. 613 ("Fablo myo Çid Ruy Diaz") se amplifica en *PCG* mediante la interpolación de una reacción sujetiva y de la identificación del interlocutor ("Estonces el Çid con grand alegria que auie [*F*: auia] dixo a todos sus compannas"); *XXR*, de por sí sólo, omite el verso épico pero hace eco de la glosa ("E el Çid con el grand placer que avia dixo" [$V^{(P613)}$]). Se documenta parte del v. 593 ("que ninguno las guarda") que en *E* se amplifica con la adición de "e desamparadas": "e desamparadas de toda guarda." *F* recuerda la amplificación alfonsí ("e desenparadas"), pero omite el vestigio del verso épico. *XXR* no incluye ni el verso ni la glosa.

El v. 704 ("no lo pudo endurar") se amplifica en *E*: "non gelo pudo endurar nin soffrir el coraçon." *PCG F*, todavía bastante fiel al poema, pero derivada de la prosificación alfonsí, dice: "non gelo pudo adurar el coraçon." *XXR*, claramente derivada del la prosificación, borra el verbo

---

[6] Los versos o datos épicos que se atestiguan en *PCG*, pero no en *XXR*, son los siguientes: II^{P31}, $^{(P44)}$ $^{(P33)/(P42)}$ P50 P55-56 $^{(P63)}$ P89 P91 P137 $^{(P148-149)}$ $^{(P152)}$ P162 $^{(P164)}$ $^{(P165)}$; III^{P304} P306 P315, $IV^{(P476)}$ P479 P498-499 P504 P520, $V^{P524-537}$ P536 P554 P556 P564 $^{(P567)}$ P580 $^{(P583)}$ $^{(P593)}$ P594 $^{(P597-598)}$ P599 P602 $^{(P616)}$ P617 P624, VI^{P644} P645 P646 P656 P679 P700 P701 P702 P703 P705 P707 P707 P708 $^{(P709)}$ P722 P723 P724 P746 P747 P750 P751, VII^{P760} P761 P768 P803 P804 P805 P806/(P808) P804/(P808) P825 P826 $^{(P829)}$; $VIII^{P,842}$ P843 P860 P861, $X^{(P925-926)}$; XI^{P941} P954 P955 P958 P970 P998.

"endurar" del *PMC* y retiene "sofrir" que es el verbo de la glosa alfonsí: "non gelo pudo sofrir el coraçon" (VI^{P704}). En el v. 592 ("Al sabor de prender de lo al"), la **EE* glosaba la frase "de lo al" como se ve en *PCG E*: "Sabor de prender al Çid et a sus conpannas." *PCG F* conserva la segunda parte de la glosa entera ("aquellas conpañas"), mientras *XXR* recuerda la primera ("yr en pos del Çid").

Concluimos que *PCG F* y *XXR* se formaron a base de la prosificación preliminar, ya realizada la primera elaboración estilística en el taller alfonsí al cotejar la prosificación con las fuentes no-épicas, pero antes de una segunda etapa de redacción estilística llevada a cabo en 1289 que sólo atestiguamos *E*.

(b.) Más fiel reflejo de *PMC*

Además de los casos en que la prosificación de *E* da fe del lenguaje del poema y también de la glosa alfonsí, en ciertos lugares conserva algún verso perdido en *PCG F* y en *XXR* (IV^{P504}, VII$^{(P827)}$). *E* está de acuerdo con el v. 552 del *PMC* ("a Teca") en decir "a Atecca" mientras *PCG F* y *XXR* dicen "Atiença" (V^{P552}).

La curiosa y famosa glosa pleonástica de *XXR*, de probable origen tradicional, "rricos e onrrados e con grand onrra" (II$^{(a15)}$), en *PCG F* figura como "con grant honrra $^{(b6)}$e con grant ganança $^{(b7)}$si Dios quisiere," enriquecido con la ascripción religiosa.

(c). Desvaríos de *PCG E*

Algunas pocas veces *E* integra una lectura del poema o de la prosificación menos fiel que *PCG F* o *XXR*. *E* se destaca por no conservar la asonante "nada" del v. 889 y omite todo el primer hemistiquio del v. 1071 ("E sy y vinierdes"). La forma "albergada" del v. 1067, atestiguada como "aluerge" en *PCG F* y en todos los manuscritos de *XXR* (menos *J* que pierde la especificidad y dice "lugar"), *E* se convierte en "posada" (XII$^{(P1071)}$). *E* va contra *PMC*, *PCG F* y *XXR* al convertir "falleçiere" en "le non cumpliesse" (II^{P258}). Refiere a los "fijos" del Cid (VII$^{(P823)}$), una interpretación que ocurre en II^{P255} y en la *CAb* (753.LI$_4$).

Es probable que *E* se sometiera a una ligera re-elaboración en 1289, después de que *XXR* se separa de la matriz común. Contamos también algunos casos de frases únicas a esta crónica identificadas en nuestra edición con $^{(e\ )}$. *E* a veces amplifica la **EE*: (VIII$^{(e1)}$; X$^{(e1)-(e4)}$), y la intensifica sujetivamente (XI$^{(e7)}$), extendiendo este procedimiento incluso a las interpolaciones no-épicas (XIII$^{(HR3)}$, $^{(HR4)}$). Alguna vez la elaboración posterior de *E* se antepone a o se intercala en la glosa primitiva. En el v. 893 ("sueltoles los cuerpos e quito les las heredades"), *F* prosifica "e quito les los cuerpos e las heredades," mientras que

E amplifica de la manera siguiente: "e quitoles los cuerpos e los aueres et las heredades." En su glosa, *XXR* se conforma con *E*, con un cambio en el orden de las palabras: "e franqueolos los cuerpos e las aheredades e los averes."

E se muestra idiosincrático al introducir el adverbio arcaico "essa ora" (IV[e1], [e2]; XII[e2]), que atribuimos a una etapa posterior de la creación de *XXR*, sugiriendo la antigüedad de la versión "regia."

2. *Manuscrito F*

(a.) No fiel a **EE*

Hemos establecido que *F* tiene su origen inmediato en la prosificación elaborada, enfocada políticamente (= la **EE*), mientras que *PCG E* constituye un más fiel reflejo de **EE*. *F* se formó antes de la re-elaboración de *E* en 1289, pero es también un reflejo menos adecuado de su modelo común en cuanto omite lo que corresponde a nuestro capítulo X.

Por su cuenta y en oposición a *PCG E/XXR*, *PCG F* innova al omitir un vocativo (II[P407]), al alterar una forma verbal ("saliendo" de "salieron" [V[P587]]), y al saltar parte de una glosa alfonsí ("a los arçones" [IX[a3]]).

(b.) Fiel a *PMC*

F a veces refleja más directamente la épica cidiana al conservar la rima o incluso algún hemistiquio incompleto: por ejemplo, *XXR* omite la prosificación del v. 536. Se conserva en *F* ("Et vos todos auedes agora a sos derechos e non ay ninguno por pagar") frente a *E* ("Et vos todos auedes agora uestros derechos e non ay ninguno por entegar nin que pagado non sea" [V[P536]]). En otro lugar, *PCG F/XXR* conservan un hemistiquio que falta en *PCG E* (V[P622]): "e seruirnos hemos dellos." *F* es mejor que *XXR* al retener la asonante "dellos," aunque cambia el orden de palabras. *PCG F*, por su cuenta mantiene el discurso directo de *PMC* (II[P85]), que *PCG E/XXR*, por su parte, cambian a una conversación reportada. Estas variantes menores autorizan el valor de *PCG F*, y comprueban que *E* fue re-elaborado ligeramente después de *F*.

D. EL *DESTIERRO* EN *VEINTE REYES*
Y LA *PRIMERA CRÓNICA GENERAL*

1. *XXR Derivado de compilación o redacción alfonsí*

En cuanto al *Cantar del Destierro*, *XXR* se derivó de la prosificación ya enriquecida con materia no-épica, ya redactada., no directamente de la versión en prosa.

(a). *XXR* comparte el lenguaje cronístico

Hasta la "laguna cidiana," *XXR* remonta al intermedio alfonsí común (la *EE) y no a una prosificación independiente. En el *PMC*, "pasar"-"posar" constituyen un motivo épico (vv. 402-402) que tiene una variante "caualgar"-"posar" (vv. 413, 415). Debida la relación entre "pasar" y "posar," en *PCG* y "posar," *XXR* interpreta "posar" de *PCG* (III^{P402}) y da "yazer." En el manejo de *PMC*, v. 591 ("Los grandes e los chicos fuera salto dan"), compárese *PCG* E ("Et començaron todos a correr qui mas e qui mas de pie e de cauallo" [F: "que...que"]) con *XXR*: "E començaron todos a correr de pie e de cauallo" (V$^{(P591)}$). Aquí y en otros muchos casos, ha palidecido o desaparecido el lenguaje original del poema, dejando sólo un eco de la glosa alfonsí, que nos induce a atribuir tal innovación a una base épica inexistente. La fuente refleja parcialmente la prosificación glosada.

(b). *XXR* abrevia y pierde la especifidad

La fuerte independencia del formador de *XXR* en cuanto a sus preferencias léxicas y gramaticales casi oscurece el hecho de que, la mayoría de las veces, abrevia y echa a perder la especificidad de la compilación que tenía entre manos. Frente a *PMC/PCG*, *XXR* suele generalizar, inclinándose hacia la expresión menos exacta o informativa. El v. 121 ("todo aqueste año") se representa fielmente en *PCG* (E: "al cabo del año;" F: "fasta vn año"), pero palidece y se hace menos concreto en *XXR*: "fasta un plazo çierto" (II$^{(P121)}$), acercándose más a F que E. Nótese también los términos consistentemente más generales en *XXR* frente a *PCG*: "conpannas" contra "caualleros" (XI$^{(P985)}$), "agueros" contra "aues" (VIII$^{(P859)}$), "fazer de comida" contra "grand cozina adouar manjares" (XII^{P1017}), "torneo" contra "batalla" (XI$^{(P1008)}$), "muy grand hueste" contra "tres mil moros" (VI$^{(P639)}$), "pocos dias" contra "tres semanas" (X^{P915}), "vn golpe" contra "tres" (VII$^{(P760)}$). Pero en ningún caso el término general de *XXR* oscurece la perspectiva de un Campeador ecuánime.

Queda claro que *XXR* abrevia la *EE, por ejemplo en VII$^{(P802)/(P804)}$. Al suplir un *verbum dicendi* implícito en *PMC*, *PCG* eleva el tono a "razonosse." *XXR* (y *Cr1344*, *CRC*) expresa el concepto con un prosáico "dijo" (XI$^{(P1068)}$) que probablemente precidió el término más elegante y correcto de un *PCG*.

Aunque esta tendencia a neutralizar las implicaciones del texto podría haberse originado en un manejo directo del poema, el mismo procedimiento también caracteriza el manejo de las fuentes no-épicas interpoladas en la matriz épica. Donde *PCG* menciona una "grant querella," *XXR* dice "desamaua" (Cap. XI$^{(HR4)/(HR6)}$).

(c). Más fiel reflejo de *EE

Rara vez XXR no se somete a la reducción violenta para conservar mejor su fuente, la redacción de la *EE. Vista desde la otra perspectiva, PCG probablemente abrevia su fuente alfonsí compartida con XXR. Compárese el par "quitararian"/"desanpararian" en XXR J ("todos los otros dixieron que yrian con el o quier que fuese e que se non quitarian nin le desanpararian por ninguna guisa" [II$^{(a7)-(a8)}$]) y en PCG E ("Et esto mismo le dixieron todos los otros e quel non desampararien por ninguna guisa" [F: que le; desanpararian]). E carece de la amplificación "quitararian." Hay otros casos en que XXR por si sóla es más amplia siguiendo el estilo alfonsí (IX$^{(c2)}$, XII^{P1040}), quizás reflejando mejor la prosificación redactada.

El marcado arcaismo del lenguaje del prosificador o primer redactor se conserva ora en ésta, ora en la otra sub-familia de XXR. Por ejemplo, en IV$^{(a7)(P507)}$ o la sub-familia β es unitaria en la forma "vido."

A veces no se puede determinar si XXR conoce un prototipo de la *EE más fiel a sus fuentes que PCG o que, por otra parte, enriquece el texto através de una re-examinación directa de una prosificación intermedia. En PMC consta un número específico (v. 674 "seiscientos hombres") que PCG generaliza ("hombres de armas" [VI^{P674}]); o una correspondencia verbal exacta ("cauallero" [v. 671]) frente a PCG ("conpanna" [E], "conpañero" [F][VI^{P671}]). Concluimos que XXR remonta a una versión de la *EE anterior a la PCG de 1289.

2. Matriz alfonsí re-enfocada que favorece al Cid

En su manejo de la matriz alfonsí y de una prosificación de la épica el formador de XXR está guiado por su propia motivación política y tiende a absolver al Cid de una percebida apariencia de transgresión ética o legal. Transfiere el origen del plan de las arcas de arena a Martín Antolines (II$^{(c5)}$), y elimina los detalles específicos del encuentro con Raquel y Vidas (II$^{(c8)-(P182-202)}$), ya radicalmente abreviado en la *EE. También suprime algunas referencias a la ira del rey (VI$^{(P629)}$, IX$^{(a5)(P629)/}$ $^{(P1325)}$). Tiende a reducir toda acción que no se enfoque directamente en el protagonista de Bivar. Por ejemplo, simplifica "Aluar Hannez con todos sus conpannas" a "todos" (V$^{(a3)}$) y omite el nombre de los reyes moros (VI$^{P653-654}$). En el ardid, cuando el Cid deja la tienda frente a Alcocer, XXR (V$^{(P581)}$, $^{(P584)}$), por su cuenta, reduce a un resumen cronístico el discurso directo de los moros que se encuentra en ambos PMC y PCG.

Por su parte, XXR re-ordena los versos (VI^{P661}, ^{P664}, ^{P662}, ^{P663}) e invierte el orden de hemistiquios (XII$^{(P1038)}$). Tales cambios no demuestran una clara motivación política, pero no es el caso con el cambio del vocativo "Çid" a "Don Rodrigo" ($^{P1060-1061}$).

3. *Fiel a PMC*

A pesar de su clara derivación de la compilación alfonsí editada para la *EE, XXR* se mantiene en contacto directo con el *Mio Cid* épico de otra vía o vías, mediante la prosificación preliminar o la "memoria auditiva," el súbito eco de algún que otro dato de una versión oral de la épica cidiana en su memoria. *XXR* contiene algunos versos atestiguados en el poema de Per Abbat que faltan en *PCG*, o que, por lo menos, los conserva *XXR* en mejores condiciones. Entre los versos únicos atestiguados por *XXR* contamos "e mataron ally mas de trezientos moros" (IV^{P605}) y "fueron en pos ellos en alcançe" (VII^{P776}). El v. 611 ("Vino Pero Vermudez que la seña tiene en mano") se reduce en *PCG* a "Et fue luego Pero Vermudez" (V^{P611}), pero *XXR* recuerda el verso entero ("E Pero Bermúdez que traia la seña de Çid."

XXR suele omitir el segundo hemistiquio de un verso (V^{P542}, ^{P551}, ^{P557}, ^{P591} $^{(P614)}$ $^{(P615)}$; $VI^{(P654)}$, ^{P678}), aunque de paso una omisión corresponde a un primer hemistiquio ($VIII^{(P857)}$). Este rasgo sobresaliente sugiere que *XXR* en el *Destierro* conocía una versión de *PMC* en prosa en adición a la compilación alfonsí que se aleja más de la cláusula rítmica.

Mientras *PCG* tiende hacia una expresión más elegante, *XXR* se adhiere al *PMC*: conserva "dixo" (v. 1028) donde *PCG E* eleva el tono a la más exacta "respondiol" (XII^{P1028}). Creemos que *XXR* adhiere al poema por medio de la prosificación, mientras *PCG E* retoca y mejora la expresión. Esta tendencia a acercarse a la fuente por parte de *XXR* tambien se aplica a la fuente no-épica ($XII^{HR6(c6)}$, $XIII^{HR7(c2)}$).

En un caso curioso, *XXR JS* recogen un supuesto "error" en la copia de Per Abbat, mientras *PCG* y *XXR NKLNFGBC* lo corrigen. Per Abbat indica que el Cid llevó al conde de Barcelona a su "tierra" (v. 1012) y que pronto de repente se marchó de su "tienda" (v. 1014). El fallo ha sido corregido por muchos editores modernos. *XXR JS*, por su parte, concuerdan en el "error" que el Cid lo llevó a su "tierra." La "tienda" de *PCG* es una "mejor" lectura en que coincide con *PMC*.

E. *BODAS* Y *CORPES* EN *VEINTE REYES*

La presencia de los doce versos del comienzo de *Cantar de las Bodas* en la compilación alfonsí antes de la "laguna cidiana" (cf. Cap. III "Manuscritos"), y la consistencia en el manejo del contenido y forma con la prosificación del *Cantar del Destierro* de los *Cantares de las Bodas* y *de Corpes* en *XXR* apoyan la hipótesis de que existió en el taller alfonsí una prosificación íntegra de un *Mio Cid* casi idéntico al poema copiado por Per Abbat. Entre las numerosas coincidencias estilísticas, figura la clarificación de elementos extra-textuales (los gestos, el *verbum dicendi*, identificación de interlocutores a menudo mediante la interpolación de un vocativo), el marcado arcaísmo del lenguaje y la vacilación entre variantes. En la narración del contenido de los dos últimos cantares la prosificación también preserva el contenido sin la necesidad de eliminar la rima. El resultado es que las proezas del heroe épico se narran en una prosa salpicada de numerosas asonantes y recursos poéticos. Resulta notable que en *XXR* falta la perspectiva pro-monárquica a favor de Alfonso VI y a costa del retrato favorable del Campeador.

1. *Prosificación preliminar*

(a). Intento y perspectiva

Se resalta en la prosificación de *Bodas* y *Corpes* la falta de preocupación por la forma, o sea, mediante la eliminación de rasgos poéticos (la rima y la fórmula). El gran número de asonantes y fórmulas en la prosificación de *Bodas* y *Corpes* sin duda también habría existido en la versión preliminar en prosa del *Cantar del Destierro*, pero las succesivas capas de refundición habrían logrado borrar muchos de estos rasgos. La prosificación preliminar del *Cantar del Destierro* fue redactada para la **EE* mediante el cotejo de diversas fuentes, la nivelación del lenguaje y del estilo, y el desarrollo de la perspectiva pro-monárquica. *XXR*, a su vez, retocó esta matriz para favorecer al Cid, o volvió directamente a la prosificación, que carecía de este énfasis pro-regio. La prosificación de los *Cantares de las Bodas* y *de Corpes* trae a la superficie las claves extra-textuales todavía vivas en el recuerdo del editor. La prosificación expone el contenido del *PMC*, rindiéndolo más asequible para una posterior refundición en la **EE*, tarea editorial que poco a poco cayó en el olvido.

(b.) Técnicas de clarificación de la épica oral

Como en la prosificación del *Destierro*, para poner a descubierto algunos detalles implícitos de la presentación en viva de *Bodas* y *Corpes* el cronista alfonsí añade el vocativo ("Amigos") o bien el nombre del interlocutor (XIV [P1115]; XXII[P1850]; XXIII[P2129]; XXIV[P2232]), añade el *verbum dicendi* (XVIII[P1346]; XXII[P1860]; XXIII[P2026], [P2030], [P2125], [P2142]; XXV[P2295]; XXVI[P2477]; XXX[P3027]; XXXI[P3270]; XXXII[P3429]). Incluso se intercala el *verbum dicendi* en medio del discurso (XXVII[P2540]), como ya se hizo en el *Destierro* (IV[P449] PCG F/XXR, V[P585] XXR). También se amplifica la presentación del discurso oral mediante alguna reacción o gesto (XXI[P1632], [P1646], [P1647], XXII[c7], [P3127], XXXI[c4], XXXIII[c]). Como tambien en el *Destierro* (VI[P670]), a veces se inventa una pregunta (XXXI[P3303], [P3363]).

El embellecimiento del texto es ingenuo, pero logra captar algún detalle de la tensión dramática implicada, llevándolo al primer término en la versión en prosa. Por ejemplo, cuando doña Jimena ve las tiendas de los moros "fue toda espantada" (XXI$^{(P1647)}$). Al explicar la afrenta de Corpes, *XXR* añade que Feliz Muñoz "ouo muy grand pesar e entendio que por aquell grand mal le dolie el coraçon" (XXVIII$^{(c2)}$).

(c). Arcaísmo y variación

La prosificación de los cantares de *Bodas* y *Corpes* en *XXR* continúa de idéntica manera la vacilación entre -*ié*, -*ía*, como se notará en las Variantes. En la sub-familia α, *S* es más constante en su marcada falta de vacilación, favoreciendo -*ié* en todos, menos tres, de más de cien casos. Otra vez, *S* se destaca por la misma marcada preferencia por "-iell-," con unos 14 casos en la continuación de *Bodas* y *Corpes*. Incluye el arcaísmo "par" o su eco: "Para esta mi barua" (XXVII^{P2832}), "Par aquesta mi barua" (XXX^{P3186}).

(d). Religiosidad

La sensitividad del cronista hacia la religión cristiana se evidencia en las interpolaciones de la continuación de *Bodas/Corpes*: "quando vieron que tanto bien fazie Dios" (XXIII$^{(c2)}$); "de quanto bien le fazia *[Dios]*" XXII$^{(c2)}$; "asy como manda la santa yglesia" (XXIV$^{(c2)}$). Por otra parte, aunque conserva el nombre de la iglesia, *XXR* lo abrevia a "Santa Maria" $^{(P2237)}$ y en el hemistiquio "e de Santa Maria madre" (v. 1654), cf. XXI$^{P1654/P1656}$. Tiene "Criador" por "Dios" (XXII$^{(P2055)}$), exactamente igual que en VI^{P706}, pero esta diferencia pudiera remontar una base épica que conocía.

2. La redacción alfonsí

En la prosificación de *Bodas* y *Corpes* se vislumbra la continuidad en las técnicas estilísticas y en los criterios que determinaron la selección del contenido. Por ejemplo, en el discurso directo, el formador de *XXR* interpoló una frase de transición, única a esta crónica, "pues asi es" (VI$^{(c9)}$, XXIII$^{(c3)}$, XXIX$^{(c4)}$, XXXI$^{(c3)}$), revelando la cohesión estilística de su versión en prosa del *Mio Cid*. El redactor temprano infundió al relato de una leve interpretación pro-monárquica y suavizó el lenguaje de las otras fuentes cotejadas. No abrevia radicalmente como hizo al comienzo del *Destierro*.

(a). Se destaca el papel del Cid como vasallo

Se detectan las huellas de una orientación pro-monárquica en algunas diferencias del *Mio Cid* conocido. Notablemente se hace hincapié en la humildad y la deferencia social, en particular en el uso del vocativo "señor" como sustituto por el nombre u otro título, o, más común, como una interpolación. Es probable que esta técnica remonte a la etapa de la prosificación original porque este cambio se registra en el *Destierro* en *PCG* y *XXR* donde se sustituye en IX^{875} y $^{P895/(a18)}$. En *Bodas/Corpes* en *XXR* se ve la sustitución por "señor": XVIII$^{P1321,\ (P1346\text{-}1347),\ P1351}$; XXI$^{P1645\text{-}1646}$; XXII$^{(P1845)/P1847}$; XXIII$^{P1908,\ P2031,\ P2086,\ P2125,\ P2145}$; XXV^{P2295}; XXIX$^{(P2936\text{-}2937/P2948)}$; XXX$^{P3117,\ P3146}$; XXI^{P3201}; XXXI$^{P3468,\ P3473,\ P3486}$ $^{(c12)}$. Aunque hay otros casos en que el vocativo se intercala para nombrar al interlocutor (XX^{P1457} y XXI^{P2129}), el uso repetido de "señor" para el rey Alfonso VI probablemente se hizo con el motivo de destacar al monarca y hacer hincapié en la humildad de sus sujetos.

(b). Transiciones, cronología, auto-referencia

El marco cronológico otra vez se intercala repentinamente en *XXR* en la prosificación redactada al final del capítulo XX, igual que en su primera apariencia al final del IX. La cronología es incompleta por contar sólo el año del reinado de Alfonso y el de la muerte del papa Urbano, quien fue reemplazado por Pascual II. Al comienzo de los capítulos XXI y XXV, la cronología se orienta hacia el año del reinado de Alfonso, la era, el año de la encarnación y el del papa Enrrique, como en los capítulos X, XI y parcialmente en el XIII. El capítulo XXVI comienza con el "sobredicho" año, marcando el fin del cotejo del *PMC* prosificado con las fuentes de la cronología.

En los *Cantares de las Bodas* y *de Corpes*, *XXR* suele marcar el fin de un capítulo con la fórmula de transición: "Mas agora vos dexaremos aqui de fablar desto ^{P1879} e deziruos hemos de los infantes de Carrion" (XXII$^{(c13)}$) y "Mas agora vos dexaremos aquí de fablar desto $^{(c5)}$e deziruos hemos del rrey don Alfonso" (XXIV$^{(c4)(P2276)}$). Ambos casos están en la primera persona del plural y sugieren la presentación oral de la crónica. Al final de prosificación del poema, *XXR* alude a los infantes de Navarra e de Aragón "de que vos deximos ya" (XXXIII$^{(c4)}$), haciendo uso de una auto-referencia de tipo alfonsí. Tales características de *Boda* y *Corpes* en *XXR* subrayan la unidad estilística de la prosificación del *Cantar del Destierro* incorporado en la misma crónica.

F. Valor de variantes

Las variantes cotejadas en nuestra edición revelan la fluidez y el arcaísmo de la lengua en el momento de la prosificación y la compilación y nos proporciona un comentario indirecto acerca de los primeros editores del *Mio Cid* y el proceso historiográfico alfonsí. En las variantes se percibe la irreprimible vitalidad de otras versiones orales de la épica cidiana que confluyeron en la prosificación y en su elaboración posterior.

En la prosificación, especialmente en *Bodas* y *Corpes*, captamos algún que otro eco de la *-e* paragógica: "Yde" (*SLK* VII[P833]; *SNK* XII[P1068]; *J* XX[P1462]; *SNLÑF* XX[P1466]; *SXÑFG* XXIII[P2130]; *NKÑ* XXVI[c8]) y "Cide" (*X* VI[P662]). El recurso se da hasta en una fórmula distinta de la correspondiente en el poema de Per Abbat (*X* VI[P734/(a6)]). El manuscrito *S* se destaca por su notable conservatismo al conservar el diptongo ante yod ("Castiella," "castiello"), revelándose irrefutable y estrechamente emparentado con *PCG E* en la prosificación del *Destierro*. Una búsqueda automatizada de textos y variantes comprueba que los sustantivos en "-iell-" occurren 45 veces en *PCG E* y 18 en *XXR S*, pero falta por completo en en *XXR J* y *PCG F*. Estas formas en "-iell-" se encuentran tanto en la materia de origen épica como en la traducción castellana de *HR* y en las deducciones crónisticas, comprobando así el arcaísmo del dialecto del formador de la compilación alfonsí común. Además, en la prosificación de *Bodas* y *Corpes*, *S* continúa del mismo modo con otros 13 casos, inclusive "Cadiella/-o" (XV[HR4/(P1162-1163)]; XVIII[P1330]) y "siellas" (XXIII[P2144-2145]), y el ya citado caso de "-iell-" en la *HR*, reiterando la unidad lingüística de la prosificación entera.

Las variantes documentan un rasgo asociado con el lenguaje oral, el ensordecimiento esporádico de *-d*: "Çit" (*N* VII[P892]), "merçet" (*X* VII[(P831)]), "mortandat" (π V[(P500-501)]), "verdat" (*LNFGBC* VIII[P1335]), "çibdat" (XV[BA3]). También hay un caso de "mercet" en *PCG E* XI[(a10)].

El sistema verbal de *XXR* está en fluctuación, pero tiende hacia el arcaísmo. La morfología verbal atestigua la variación entre dos raíces verbales, la regular y la aspectualmente extendida con el prefijo preposicional *a-*: "consejar" (*SXNC*) ∼ "aconsejar" (*FGLN* XXIII[P1949]); "quexar" ∼ "aquexar" (*Ñ* XII[(a3)]; *NLÑ* XXVIII[(P2767)]), etc. A pesar de cierta variación interior en casi todos los manuscritos, la marcada preferencia por los imperfectos y condicionales en *-ié*, y la claramente documentada primera persona en *-ía* (XXXI[(P3202)]) establece el arcaísmo de *XXR* y su relación con la prosificación alfonsí.

Son frecuentes las formas del verbo "veer": *N* (XII[(a5)]), *K* (XIV[P1124]), *SNK* (XVII[P1293]), *XN* (XXI[(P1645)]), *SN* (XXI[P1648]), *SN* (XXVI[(P2408-2409)]), *JNKFB* (XXVI[P2410]), *SN* XXXI[P3378]. La sub-familia β es unitaria en usar "vido" (IV[(a7)(P507)]) que occurre en el lenguaje de la prosificación, pero que no corresponde con el *PMC* de Per Abbat.

En la sintaxis, se nota la concordancia del participio usado con "haber," así como la variación en el uso de "se" incoativo (XX[P1473-1474]). Para el futuro perifrástico, "ir" más infinitivo vacila en el uso de "a": "yre lidiar" *J*, "lidiare" *XNK*, "yre a lidiar" *LÑFGBC* (XXI[(P1653)]). También la preposición "a" personal es frecuente ante topónimos: "paso a Duero"

(*J*), frente a "paso Duero" (π) (III^P401).

Entre los manuscritos de *XXR, S* a veces se acerca más al poema. También conserva la prosificación de dos versos enteros ^(P3316-3317) y hemistiquios aislados de varios otros: (^P951, ^(P1392), ^P3318, ^P3426). Conserva ciertas palabras asonantes: "rebata" V^(P562), y (con la sub-familia β) "merçed" (IX^P880), donde los demás manuscritos carecen de estos detalles. Por su parte prefiere el imperfecto en -*ié* sin la variación observada en los demás códices de su sub-familia. Da fe del arcaísmo sintáctico "del myo rregno" (IX^P891), que falta en los otros manuscritos. En otro uso idiosincrático, *S* añade el pronombre reflexivo al verbo (XII^P1047; XVII^(P1224)) y prefiere un complemento directo "le" para objetos inanimados. En el léxico, por otra parte, con *PCG E*, prefiere el verbo en "tomar" (V^(P569)) frente a "toller" o "prender"; a continuación, en la prosificación de los *Cantares de las Bodas* y *de Corpes, S*, frente a los otros manuscritos continúa esta preferencia. La raíz en "tom-" aparece solamente en *S* (XVII^(P1223)) o apoyado por *J* (XXI^(P1622)). En la prosificación de los *Cantares de las Bodas* y *de Corpes, S* refleja el estado más temprano, menos redactado, de la versión en prosa del *Mio Cid*. Las fundamentales tendencias arcaizantes junto con la repentina innovación que ocurre en paralelo tanto en *XXR S* como en *PCG E* por toda la narrativa del *Destierro* y que continúan en *tandem* en *S* en la narrativa de *Bodas/Corpes*, apoyan la probable existencia de una prosificación alfonsí del *PMC* desde el destierro del Cid hasta las segundas bodas de sus hijas.

Las variantes subrayan la intervención de una perspective pro-religiosa por parte del cronista al desdoblar las abreviaturas y añadir glosas. La "glera" (vv. 56, 59; cf. *PCG E, XXR SXNK*) transformada en "aguilera" en *PCG F* y "vega" en *XXR J*, se convierte en la "iglesia de Burgos" en la sub-familia β (II^P56-59). La versión en prosa de *XXR* moraliza y glosa las palabras succintas y portentosas de Minaya cuando les ofrece las hijas del Cid a los infantes de Carrión. El v. 2233 del poema de Per Abbat ("Que las tomassedes por mugieres a ondra e a recabdo") se amplifica: "que las reçibades vos a bendiçion, ^(c2)asy commo manda la santa yglesia. ^P2233E les fagades onrra e todos los conplimentos ^(c3)que buenos maridos fazen ^P2232a donzellas fiias dalgo." El formador de la sub-familia β o amplió la glosa "santa iglesia" a "santa madre iglesia" *LÑ* o "madre santa iglesia" *FGBC* (XXIV^(c2)), o la sub-familia α omitió "madre" que formó parte de la glosa original. Rara vez, un manuscrito omite un dato relacionado con la iglesia: la fórmula "mi orden e mis manos" (v. 2373) se invierte en la versión en prosa a "mis manos e mis ordenes" (XXVI^P2373); *X* (de la sub-familia α) omite "e mis ordenes."

El nexo o marco cronístico constituye la transición entre capítulos e intenta relacionar la narrativa basada en la épica cidiana a los años del reinado del rey Alfonso VI y a otros succesos notables. Los cronistas solían añadir a este marco cronológico otra frase o fórmula de transición que sugiere la presentación oral de su obra historiográfica. Compárese *PCG* "torna a contar" (VIII[a4]) con "diremos" *J*, "ablaremos" *Ñ*, "oiremos" *B*. Por otra parte, el marco cronológico, tanto en los capítulos referentes al *Destierro* como en los que narran los sucessos de los últimos dos cantares de la épica tiende hacia un número desproporcional de variantes. Las marcadas diferencias léxicas entre los cuadros cronológicos y las frases de transición remontan al carácter provisional del arreglo de las fuentes y a la cohesión de las sub-familias de *XXR*. La prioridad e importancia del año del reinado de Alfonso VI se destaca porque siempre aparece en todos los manuscritos basados en la prosificación épica (Capítulos X, XI, XIII, XXI, XXV); sólo en nuestro Capítulo XX, el año del reinado de Alfonso varía inexplicablemente (29 *J*, 21 *Ñ*, 30 *FC*, 39 *B*). La era hispánica suele omitirse en *L*; en nuestro Capítulo X, *S* se aparta por indicar la era de "1100," frente a "1105" en los demás manuscritos. En Capítulo XI, la sub-familia α es unitaria en "1006" mientras la sub-familia β reza "1106." En cuanto al año de la encarnación, en el Capítulo X, la sub-familia α se fecha "1168," mientras en β consta "1170"; se omite el año de la encarnación por completo del marco en nuestros Capítulos XIII, XX, XXVI; el año del reinado del papa falta en XXVI. Las marcadas diferencias léxicas entre los cuadros cronológicos y las frases de transición remontan al carácter provisional del arreglo de las fuentes y a la cohesión de las sub-familias de *XXR*. Pero al mismo momento esta variación entre los códices en el marco crónistico y en las frases de transición contribuye a un entendimiento del manejo independiente de la temprana prosificación redactada por parte de varios equipos alfonsíes, y del legado oral todavía presente en la tradición historiográfica española.

El estudio del conjunto de los manuscritos de *XXR* y *PCG* resulta imprescindible para conocer mejor la versión del *PMC* manejada por los historiadores alfonsíes. Las variantes, esporádicas y a veces al paracer insignificantes, atestiguan al arcaísmo y a la vitalidad de la épica en el momento cuando el Rey Sabio la seleccionó y encaminó su proyecto historiográfico hacia la elaboración de su *Estoria de Espanna*.

VI
Títulos de capítulos

Abreviaturas

Las referencias se detallan y se completan en la Bibliografía.

1. *Revistas*

AFA	=	*Archivo de Filología Aragonesa*, Zaragoza.
Andalus	=	*Al-Andalus*, Madrid.
BRABLB	=	*Boletín de la Real Academia de Buenas Letras de Barcelona*, Barcelona.
BRAE	=	*Boletín de la Real Academia Española*, Madrid.
BRAH	=	*Boletín de la Real Academia de Historia*, Madrid.
BHS	=	*Bulletin of Hispanic Studies*, Liverpool.
BH	=	*Bulletin Hispanique*, Bordeaux.
CCM	=	*Cahiers de Civilisation Médievale*, Poitiers.
CHA	=	*Cuadernos Hispanoamericanos*, Madrid.
CHE	=	*Cuadernos de Historia de España*, Buenos Aires.
Fil	=	*Filología*, Buenos Aires.
FiR	=	*Filología Romanza (Filologia e Letteratura)*, Napoles.
FMLS	=	*Forum for Modern Languages Studies*, St. Andrews, Scotland.
H	=	*Hispania*, Baltimore.
HispM	=	*Hispania, Revista Española de Historia*, Madrid.
HR	=	*Hispanic Review*, Philadelphia.
LaC	=	*La Corónica*, Williamsburg, USA.
MAe	=	*Medium Aevum*, Oxford.
MLR	=	*Modern Language Review*, Lóndres.
MA	=	*Le Moyen Age*, Bruselas.
NRFH	=	*Nueva Revista de Filología Hispánica*, México.
PQ	=	*Philological Quarterly*, Iowa City.
RABM	=	*Revista de Archivos, Bibliotecas y Museos*, Madrid.
RFE	=	*Revista de Filología Española*, Madrid.
RHi	=	*Revue Hispanique*, París.
RPh	=	*Romance Philology*, Berkeley.
Ro	=	*Romania*
RR	=	*Romanic Review*, Nueva York.
RF	=	*Romanische Forschungen*, Frankfort.
Script	=	*Scriptorium*, Madrid.
VR	=	*Vox Romanica*, Berne.
ZRP	=	*Zeitschrift für Romanische Philologie*, Halle.

2. *Libros*

Antig.	= Berganza, *Antigüedades de España.*
AXC Patron	= Procter, *Alfonso X of Castile, Patron of Literature and Learning.*
BAE	= *Biblioteca de Autores Españoles.*
CAb	= Blecua, ed. *Crónica abreviada.*
Cantar	= Garci-Gómez, ed. *Cantar de mio Cid.*
Cat. crón.	= Menéndez Pidal, *Catálogo de la Real Biblioteca: Crónicas Generales de España.*
Cat. BMP.	= Artigas, *Catálogo de la Biblioteca de Menéndez Pelayo.*
Cat.Brit. M.	= Gayangos, *Catalogue of the Manuscripts in the Spanish Language in the British Museum.*
Cat. El Esc.	= Zarco Cuevas, *Catálogo de los manuscritos castellanos de la Real Biblioteca de El Escorial.*
Cat. Gayangos	= Roca, *Catálogo de los manuscritos que pertenecieron a d. Pascual de Gayangos.*
CdmC	= Menéndez Pidal, ed. *Cantar de mio Cid.*
CmC	= Smith, ed. *Cantar de mio Cid.* (Oxford)
CmCMad	= Smith, ed. *Cantar de mio Cid.* (Madrid)
Colec.	= Sánchez, ed. *Colección de poesías castellanas anteriores al siglo XV.*
Cr. 1344	= Cintra, ed. *A Crónica Geral de Espanha 1344.*
Crón. Ocamp.	= d'Ocampo, ed. *Las quatro partes enteras de la Cronica de España que mando componer el Serenisimio rey don Alonso llamado el Sabio* (4ª parte).
CVR	= *Crónica de veinte reyes,* ed. Ayuntamiento de Burgos.
DAX	= Catalán, *De Alfonso X al conde de Barcelos.*
DRH	= Ximenez de Rada, *De rebus hispaniae.*
EDC	= Menéndez Pidal, ed. *La España del Cid.*
Epic/Chron.	= Powell, *Epic and Chronicle.*
Épica	= Menéndez Pidal, *La épica medieval española.*
Estoria	= Catalán, *La Estoria de España de Alfonso X: Creación y evolución.*
Famoso	= Huber, *Chronica del famoso cavallero Cid Ruy Diez Campeador.*
HAr	= Ximenez de Rada, *Historia Arabum.*
Hist.	= Horrent, *Historia y poesía en torno al Cantar del Cid.*
Hist. crít.	= Amador de los Ríos, *Historia crítica de la literature española.*
HR	= *Historia Roderici,* ed. RMP en *EDC.*
Inv. B.N.	= López de Toro y Paz Renolar, *Inventario general de Manuscritos de la Biblioteca Nacional de Madrid.*

Lara	= Menéndez Pidal, *La leyenda de los Infantes de Lara*.
Leg./Chron.	= Pattison, *From Legend to Chronicle*.
PCG	= Menéndez Pidal, ed. *Primera Crónica General*.
PMC/Ob.	= Bello, ed. *Poema del Cid* en *Obras completas*.
Poema	= Michael, ed. *Poema de mio Cid*.
Poes. hero.	= Milá y Fontanals, *De la poesía heroico-popular castellana*.
*Poes. jugl.*₆ₐ	= Menéndez Pidal, *Poesía juglaresca y orígenes de las literaturas románicas*, 6ª ed.
Sources	= Babbitt, *La Crónica de Veinte Reyes: A Comparison with The Text of the Primera Crónica General and a Study of the Principal Latin Sources*.
Trads.	= Vaquero, *Tradiciones orales en la historiografía medieval de fines de la Edad Media*.
Vers. crít.	= Fernández-Ordóñez, *Versión crítica de la Estoria de España*.

3. *Artículos y capítulos en libros*

"Cantares"	= Armistead, "Cantares de gesta y crónicas alfonsíes."
"Contrib."	= Lang, "Contributions to the Restoration of the Poem of the Cid."
"Crón. gen."	= Catalán, "Crónicas generales y cantares de gesta. El *Mio Cid* de Alfonso X y el del Pseudo-Ben Alfaraŷ."
"Editing"	= Smith, "On Editing the *Poema de mio Cid*."
"Elab."	= Gómez Pérez, "Elaboración de la PCG de España."
"*Est. Esp.*"	= Gómez Pérez, "La *Estoria de Espanna* alfonsí de Fruela II a Fernando III."
"First"	= Smith, "The First Prose Redaction of the *Poema de mio Cid*."
"From Epic"	= Armistead, "From Epic to Chronicle: An Individualist Appraisal."
"Initial"	= Armistead, "The Initial Verses of the Cantar de Mio Cid."
"Jura"	= Vaquero, "El *Cantar de la Jura de Santa Gadea* y la tradición del Cid como vasallo rebelde."
"La toma"	= Levi-Provençal, "La toma de Valencia por el Cid."
"Manusc."	= Ruíz Asencio, "El manuscrito Escorial X-I-6 de la *Crónica de veinte reyes*."
"Neo indiv."	= Armistead, "The *Mocedades de Rodrigo* and Neo-Individualist Theory."
"New Persp."	= Armistead, "New Perspectives in Alfonsine Historiography."
"Notas *Morea*"	= Hodcroft, "Notas sobre la *Crónica de Morea*: fonética."

"Notes"	= Horrent, "Notes de critique textuelle sur le CMC."
"Opening"	= Powell, "The Opening line of the *Poema de mio Cid* and the *Crónica de Castilla*."
"*PMC*/Cr. Gen."	= Menéndez Pidal, "El *Poema del Cid* y las Crónicas Generales de España."
"PMC/XXR"	= Dyer, "*El Poema de mio Cid* in the *Crónica de veinte reyes* Prosification."
"Sobre *CMC*"	= Lapesa, "Sobre el *Cantar de Mio Cid*"
"Stylistics"	= Dyer, "The Stylistics of Alphonsine Historiography: Redacting the *Poema de Mio Cid*."
"Taller"	= Catalán, "El taller historiográfico alfonsí."
"Tense/Mood"	= McArdle, "Tense and Mood in the *Crónicas de Veinte Reyes* and the *Poema de mio Cid*."
"Twelfth-Cent."	= Babbitt, "Twelfth-Century Epic Forms in Fourteenth-Century Chronicles."
"Two New"	= Pattison y Powell, "Two New Manuscripts at Salamanca of the Alphonsine Chronicle Tradition."
"Unknown"	= Collins, "An Unknown Manuscript of the *Crónica de Veinte Reyes*."
"Vars., refund."	= Dyer, "Variantes, refundiciones y el *Mio Cid* de las crónicas alfonsíes."
"*XXR* Use"	= Dyer, "*Crónica de veinte reyes*' Use of the Cid Epic: Perspectives, Method and Rationale."

4. *Crónicas*

CO	= *Crónica Ocampiana.*
CRC	= *Crónica de los reyes de Castilla.*
PCG	= *Primera Crónica General.*
XXR	= *Crónica de veinte reyes*

5. *Otro*

| PMC | = *Poema de mio Cid.* |
| *EE | = *Estoria de Espanna* |

BIBLIOGRAFIA

Aguirre, J. M., "Epica oral y épica castellana: tradición creadora y tradición repetitiva," *RF* 80 (1968): 13-43.

——, "*Poema de mio Cid*: Rima y oralidad," *LaC* 7.2 (1979): 107-08.

Almela, Diego Rodríguez de. Véase Rodríguez de Almela, Diego.

Alonso, Dámaso, "El anuncio del estilo directo en el Poema de Mio Cid y en la épica francesa." *Mélanges offerts a Rita Lejeune*, 2 vols. Gembloux: Duculot, 1969. 1: 379-93.

Allen, Louise H. *A Structural Analysis of the Epic Style of the 'Cid'*. Structural Studies on Spanish Themes. Urbana: University of Illinois Press, 1959.

Amador de los Ríos, José. *Historia crítica de la literatura española*. 7 vols. Madrid: el autor, 1861-65.

Antonio, Nicolás. *Biblioteca Hispana Uetus*. 2 vols. en 1, Roma: A. de Rubis, 1696; vol. 1. Madrid, 1672; vol 2. Madrid, 1788.

Armistead, Samuel. G. "*La gesta de las Mocedades de Rodrigo*: Reflections of a Lost Epic Poem in the *Crónica de los Reyes de Castilla* and the *Crónica General de 1344*." Tesis inédita, Princeton University, 1955.

——, "New Perspectives in Alfonsine Historiography," *RPh* 20 (1966): 204-17.

——, "The *Mocedades de Rodrigo* and Neo-Individualist Theory," *HR* 46 (1978): 313-27.

——, "The MS *Z* of the *Crónica de Castilla*: Lost and Found," *LaC* 6.2 (1978): 118-22.

——, "Neo-Individualism and the *Romancero*," *RPh* 33 (1979-80): 172-81.

——, "The Initial verses of *CMC*," *LaC* 12.2 (1983-84): 178-86.

——, "*Encore les Cantilènes*!: Prof. Roger Wright's Proto-Romances," *LaC* 15 (1986): 52-66.

——, "From Epic to Chronicle: An Individualist Appraisal (Review Article)," *RPh* 40.3 (1987): 338-59.

——, "Cantares de gesta y crónicas alfonsíes: 'Mas a grand ondra / tornaremos a Castiella," en *Actas del IX Congreso de la Asociación Internacional de Hispanistas*, ed. Sebastian Neumeister. Frankfurt: Vervuert, 1989. I: 177-185.

——, "Chronicles and Epics in the 15th Century," *LaC* 18.1 (1989): 103-107.

—— y Joseph Silverman. *Judeo-Spanish Ballads from the Oral Tradition, I. Epic Ballads*. Berkeley, Los Angeles, London: University of California Press, 1986.

Arribas Arranz, Filemón. *Paleografía documental hispánica*. 2 vols. Valladolid: Sever-Cuesta, 1965.

Artigas, Miguel. *Catálogo de los manuscritos de la Biblioteca de Menéndez Pelayo*. Santander, 1930; rev. Enrique Sánchez Reyes, Santander: Taller de Artes Gráficas de los Hermanos Bedia, 1957.

Asensio, Eugenio. *La España imaginada de Américo Castro*. Barcelona: El Albir, 1976.

Babbitt, Theodore. "Observations on the *Crónica de Once Reyes*," *HR* 2 (1934): 202-16.

————, "Twelfth Century Epic Forms in Fourteenth Century Chronicles," *RR* 26 (1935): 128-36.

————. *La Crónica de Veinte Reyes. A Comparison with the Text of the Primera Crónica General and a Study of the Principal Latin Sources*. Yale Romanic Studies 13. New Haven: Yale University Press, 1936.

Badía Margarit, Antonio, "Dos tipos de lengua cara a cara," *Homenaje a Dámaso Alonso*. 3 vols. Madrid: Gredos, I: 1960, 115-39.

Ballesteros y Beretta, Antonio. *Alfonso X el Sabio*. Barcelona: Salvat, 1963.

Bandera Gómez, Cesáreo. *El Poema de Mio Cid: poesía, historia y mito*. Madrid, 1969.

Bello, Andrés. *Obras completas*, 6 vols. Santiago de Chile: Pedro G. Ramírez, 1881.

Benito Ruano, Eloy, "La historiografía en la alta edad media española," *CHE* 17 (1952): 50-104.

Berganza, Francisco de. *Antigüedades de España*, 2 vols. Madrid: Francisco del Hierro, 1719-21.

Blecua, José Manuel, ed. *Crónica abreviada* en *Don Juan Manuel. Obras Completas*. 2 vols. Madrid: Gredos, 1983. II: 504-815.

Bly, Peter. A., "Beards in the *Poema de Mio Cid*: Structural and Contextual Patterns," *FMLS* 14 (1978): 16-23.

Boggs, Ralph. S., et al. *Tentative Dictionary of Medieval Spanish*. Chapel Hill, 1946; facs. Ann Arbor: University Microfilms, 1968.

Briquet, Charles Moises. *Les filgranes. Dictionnaire historique des marques du papier des leurs apparition vers 1282 jusqu' en 1600*, 4 vols. Paris: A. Picard & fils, 1907.

Cabanes Pecourt, María D., ed. Véase Ximénez de Rada, Rodrigo.

Castro, Américo, "Acerca del castellano escrito en torno de Alfonso el Sabio," *FiR* 1.4 (1954): 1-11.

Catalán Menéndez Pidal, Diego, "La version portuguesa de la Crónica General," *RPh* 13 (1959-1960): 67-75.

————. *De Alfonso X al Conde de Barcelos: Cuatro estudios sobre el nacimiento de la historiografía romance en Castilla y Portugal*. Madrid: Gredos, 1962.

————, "Crónicas Generales y Cantares de Gesta. El *Mio Cid* de Alfonso X y el del Pseudo-Ben Alfaraŷ," *HR* 31 (1963): 195-215; 291-306.

————, "El taller historiográfico alfonsí. Métodos y problemas en el trabajo compilatorio," *Ro* 84 (1963): 354-375.

————, "Poesía y novela en la historiografía castellana de los siglos XIII y XIV," *Mélanges offerts à Rita Lejeune.* 2 vols. Gembloux: J. Duculot, 1969. 1: 423-41.

————, "Don Juan Manuel ante el modelo alfonsí: El testimonio de la *Crónica abreviada*," en *Juan Manuel Studies*, ed. Ian MacPherson, London: Tamesis, 1973. 17-52.

————. *La Estoria de España de Alfonso X: Creación y evolución.* Fuentes cronísticas de la historia de España 5. Madrid: Fundación Ramón Menéndez Pidal y la Universdiad Autónoma de Madrid, 1992.

Cejador y Frauca, Julio, "*Cantar de Mio Cid* y la epopeya castellana," *RH* 49 (1920): 1-310.

————. *Vocabulario medieval castellano.* Madrid: Hernando, 1929.

Cintra, Luís Filipe Lindley. *Crónica Geral de Espanha de 1344.* 3 vols. Lisboa: Academia Portuguesa da Historia, 1951-1990; ed. facs. de vols. 1-3, Casa de Moeda, 1983.

Cirot, Georges, "Anecdotes ou legendes sur l'époque d'Alphonse VIII," *BH* (1926): 246-259.

————, "La Chronique Générale et le Poème du Cid," *BH* 40 (1938): 306-09.

————, "'Cantares' et 'romances'," *BH* 7 (1945): 5-25, 169-86.

————, "L'Episode des Infants de Carrion dans le *Mio Cid* et la Chronique Générale," *BH* 47 (1945): 124-33; 48 (1946):7-74.

Coester, A., "Compression in the *Poema del Cid*," *RH* 15 (1907): 98-203.

Collins, Larry Lee, "An Unknown Manuscript of the *Crónica de Veinte Reyes*," Tesis inédita, University of Minnesota, 1969.

————, "An Unknown Manuscript of the *Crónica de Veinte Reyes*," *Script* 28 (1974): 51-60.

————, "The Historiographical Background of the *Cronica de Veinte Reyes*," *Revue d'Histoire des Textes* 4 (1974): 339-57.

Corfis, Ivy, "The Count of Barcelona Episode and French Customary Law in the *Poema de mio Cid*," *LaC* 12.2 (1984): 169-177.

Corominas, Joan. *Diccionario crítico etimológico de la lengua castellana.* 4 vols. Madrid: Gredos, 1954-1957.

———— y J. A. Pascual *Diccionario crítico etimológico castellano e hispánico.* 6 vols. Madrid: Gredos, 1983-1991.

Crónica abreviada. Véase J. M. Blecua, ed.

Crónica de España. Véase Tuy, Lucas de.

Crónica del Cid Ruy Díaz. (Sevilla, 1498). Véase R. Foulche-Delbosc, ed.

Crónica latina de los reyes de Castilla, ed. María D. Cabanes Pecourt. Textos med. 11. Valencia: Anubar, 1964.

Curtius, Ernst R. *Europäische Literatur und Lateinische Mittelatter.* 7ª ed. Berna: Francke, 1969.

Chalon, Louis, "La bataille du Quarte dans le *Cantar de mio Cid*," *MA* 72 (1966): 425-42.

————. *L'histoire et l'epopée castillane du moyen âge.* Paris: Nouvelle Bibliothèque du Moyen Âge, 1976.

————, "De quelques vocables utilisés par la *Primera Crónica General de*

España," *MA* 77 (1971): 79-84.

————, "Le roi Bucar du Maroc dans l'histoire et dans la poésie épique espagnole," *MA* 75 (1969): 39-49.

Chrónica del famoso cavallero Cid Ruy Diez Campeador. Véase Velorado, Juan de.

Chronicon Mundi. Véase Tuy, Lucas de.

Chronicon Complutense. Véase Florez, Henrique.

Chronicon Conimbricense. Véase Flores, Henrique.

Chronicon Lusitanum. Véase Flores, Henrique.

Crónica de veinte reyes, ed. César Hernández Alonso. Burgos: Excelentísimo Ayuntamiento de Burgos, 1991.

David, Pierre. *Etudes historiques sur la Galice et le Portugal de VIe au XIIe siècle.* Lisboa-Paris: Livraria Portugalia, 1947.

De Chasca, Edmund, "The King-Vassal Relationship in the *Poema de Mio Cid,*" *HR* 20 (1953): 183-92.

————, "Composición escrita y oral en el *Poema del Cid,*" *Filología* 12 (1966-67): 77-94.

————, "Towards a Redefinition of Epic Formula in the Light of the *Cantar de Mio Cid,*" *HR* 38 (1970): 251-63.

————. *El arte juglaresco en el Cantar de Mio Cid.* Madrid: Gredos, 1967. 2da ed., 1972.

D'Heur, Jean Marie y Nicoletta Cherubini, eds. *Études de Philologie Romane et d'Histoire Litteraire offerts a Jules Horrent.* Liège: Comité Organisateur, 1980.

De rebus Hispaniae. Véase Ximénez de Rada, Rodrigo.

Deyermond, Alan D. "The Singer of Tales and the Mediavel Spanish Epic," *BHS* 42 (1965): 1-8.

————. *Epic Poetry and the Clergy: Studies on the 'Mocedades de Rodrigo.'* London: Tamesis, 1969.

————, "Structural and Stylistic Patterns in the *Cantar de Mio Cid,*" *Medieval Studies in Honor of Robert White Linker,* eds. Brian Dutton et. al. Madrid: Castalia, 1973, 55-71.

————, ed. *"Mio Cid" Studies.* London: Tamesis, 1977.

————, "The Close of the *Cantar de Mio Cid*: Epic Tradition and Individual Variation," *The Medieval Alexander Legend and Romance Epic: Essays in Honor of David J. A. Ross,*" eds. Peter Noble et. al. Millwood, N.Y.: Kraus, 1982, 11-18.

————, Reseña de Brian Powell *Epic and Chronicle,*" *LaC* 13.1 (1984): 71-80.

————, "A Monument for Per Abad: Colin Smith on the Making of the *Poema de Mio Cid,*" *BHS* 62 (1985): 120-26.

———— y Margaret Chaplin, "Folk Motifs in the Medieval Spanish Epic," *PQ* 51 (1972): 36-53.

Di Stefano, Giuseppe, "Los versos finales del romance 'En Santa Agueda de Burgos,'" *Homenaje a Eugenio Asensio.* Madrid: Gredos, 1988, 141-58.

Docampo. Véase Ocampo, Florián de.

Dozy, Reinhart. *Histoire des Musulmans d'Espagne jusqu'a la conquête de l'Andalousie par les Almoravides*, ed. E. Lévi-Provençal. Leiden: Brill, 1932.

Dubler, C. E. "Fuentes árabes y bizantinas en la *Primera Crónica General*," *VR* 12 (1952): 120-80.

Duggan, Joseph J., "Formulaic Diction in the Cantar de Mio Cid and the Old French Epic," *FMLS* 10 (1974): 260-69.

————, "Medieval Epic as Popular Historiography: Appropriatio of Historical Knowledge in the Vernacular Epic," en *Grundriss der romanischen Literaturen des Mittelalters*. vol. 11. *La Littérature historiographique des origines à 1500, I: Partie historique*, eds. Hans Ulrich Gumbrecht, et. al. Heidelberg: Carl Winter Universitätsverlag, 1986, 285-311.

————. *The 'Cantar de mio Cid.' Poetic Creation in its Economic and Social Context*. Cambridge: Cambridge University Press, 1989.

Dunn, Peter N., "Poema de Mio Cid, vv. 23-48: Epic Rhetoric, Legal Formula and the Question of Dating," *Ro* 96 (1975): 255-65.

Dyer, Nancy Joe, "*El Poema de Mio Cid* in the *Crónica de veinte reyes* Prosification: A Critical Edition and Study," Tesis inédita, University of Pennsylvania, 1975.

————, "*Crónica de veinte reyes'* Use of the Cid Epic: Perspectives, Method and Rationale," *RPh* 33 (1980): 534-44.

————, "El *Poema de Mio Cid* en la *Primera Crónica General* y la *Crónica de veinte reyes*," *La Juglaresca*, ed. M. Criado de Val. Madrid: Edi 16, 1986, 221-28.

————, "Variantes refundiciones y el *Mio Cid* de las crónicas alfonsíes," *Actas del IX congreso de la AIH*. 2 vols. Frankfurt, 1989. 1: 195-203.

————, "Alfonsine Historiography and the Literary Narrative," en *Alfonso X the Learned: Emperor of Castile and His Thirteenth-Century Renaissance*, ed. Robert I. Burns. Philadelphia: University of Pennsylvania Press, 1989, 141-158, 248-152.

————, "The Stylistics of Alphonsine Historiography: Redacting the *Poema de mio Cid*," *Exemplaria Hispanica* I.1 (1992): 18-37.

Eisenberg, Daniel, "The *General Estoria*, Sources and Source Treatment," *ZRP* 89 (1973): 206-27.

Faulhaber, Charles B., "Neo-traditionalism, Formulism, Individualism, and Recent Studies on the Spanish Epic," *RPh* 30.1 (1976): 83-101.

Fernández Llera, Víctor. *Gramática y vocabulario del Fuero Juzgo*. Madrid: Real Academia Española, 1929.

Fernández-Ordoñez, Inés. *Versión crítica de la Estoria de España. Estudio y edición desde Pelayo hasta Ordoño II*. Fuentes cronísticas de la historia de España 6. Madrid: Fundación Ramón Menéndez Pidal y Universiad Autónoma de Madrid, 1993.

Fernández Valverde, Juan, ed. Véase Ximenez de Rada, Rodrigo.

Floranes, Rafael de, "Disertación sobre las Crónicas generales de España." Biblioteca Nacional, Madrid. (MS 11264, folletín 6.)

————, "Observaciones sobre las Crónicas Generales de España que mandó escribir el Rey D. Alonso el Sabio." Manuscrito, Biblioteca Nacional, Madrid. (MS 11264, folletín 31.)

Flores, Henrique, ed. *Chronicon Complutense. España Sagrada*, 29 vols. Madrid, 1767, 23: 315-17.

————. *Chronicon Conimbricense. España Sagrada*, 29 vols. Madrid, 1767, 23: 329-55.

————. *Chronicon Lusitanum. España Sagrada*, 29 vols. Madrid, 1758, 24: 402-19.

Floriano Cumbreño, Antonio C. *Curso general de paleografía y diplomática española*. 2 vols. Oviedo: Imprenta de la Cruz, 1946.

Fontecha, Carmen. *Glosario de voces comentadas en ediciones de textos clásicos*. Madrid: C. S. I. C., 1941.

Foulché-Delbosc, R., ed. "Suma de las cosas marauillosas, *Coronica del Cid Ruy Diaz* (Sevilla, 1498)," *RH* 20 (1909): 316-426.

Fradejas Lebrero, José, "Valores literarios de la *Crónica de veinte reyes*," en *Crónica de veinte reyes*, 31-51.

Friedman, Edward H., "The Writerly Edge: A Question of Structure in the *Poema de Mio Cid*," *LaC* 18.2 (1990): 11-20.

Garci-Gómez, Miguel, "Relación semántica y etimológica entre 'latinado', ('latino,' 'ladino') y 'paladino'," *BRAE* 5 (1973): 535-42.

————. *Mio Cid: Estudios de endocrítica*. Barcelona: Planeta, 1975.

————. *Cantar de Mio Cid*. Madrid: Cupsa Editorial, 1977.

García Gómez, Emilio, "Esos dos judíos de Burgos," *Andalus* 16 (1951): 224-27.

————, "El rey Búcar del *Cantar de Mio Cid*," *Studi Orientalistici in onore Giorgio Levi della Vida*, 2 vols. Roma: Instituto per l'Oriente 1956, 1: 371-77.

García Villada, Zacarías. *Paleografía española*. 2 vols. Madrid: RFE, 1923.

Garibay y Zamalloa, Esteban. *Los quarenta libros del Compendio Historial de las chronicas y de todos los reynos de España*. 4 vols. Barcelona: Sebastián de Cormellas, 1628.

Gayangos, Pascual de. *Catalogue of the Manuscripts in the Spanish Language in the British Museum*, 4 vols. London: British Library, 1875-93.

Gómez Pérez, José, "Solalinde y la *Primera Crónica General de España*," *RABM* 62 (1956): 405-10.

————, "Fuentes y cronología en la *Primera Crónica General*," *RABM* 67 (1959): 615-34.

————, "Jimenez de Rada y su traductor Domingo Pascual," *Celtiberia* 23 (1962): 119-29.

————, "Elaboración de la *Primera Crónica General de España* y su transmisión manuscrita," *Script* 17 (1963): 233-76.

————, "La *Estoria de España* alfonsí de Fruela II a Fernando III," *HispM* 25 (1965): 485-520.

Grases, Pedro. *La épica española y los estudios de Andrés Bello sobre el 'Poema del Cid.'* Caracas: Ragón, 1954.

Grismer, Raymond L. y Mildred B., eds. Juan Manuel. *Crónica abreviada*. Minneapolis: Burgess, 1958.

Hart, Thomas R., "The Infantes de Carrión" *BHS* 33 (1956): 17-24.

——, "The Rhetoric of Epic Fiction: Narrative Technique and the *Cantar de Mio Cid*," *PQ* 51 (1972): 23-25.

Herslund, Michael, "Le *Cantar de Mio Cid* et la chanson de geste," *RR* 9.1 (1974): 69-121.

Hills, E. C., "The Unity of the Poem of the Cid," *H* 12 (1929): 113-19.

Hinard, Damas. *Poëme du Cid, Texte espagnol accompagné d'une traduction française*. París: Imprimerie impériale, 1858.

Historia Arabum. Véase Ximénez de Rada, Rodrigo.

Historia Silense, ed. Francisco Santos Coco. Madrid: Centro de Estudios Históricos, Sucesores de Rivadeneyra, 1921.

Hodcroft, F.W., "Notas sobre la *Crónica de Morea*: fonética," *AFA* 14-15 (1963-64): 83-102.

——, "'Elpha': nombre enigmático del *Cantar de Mío Cid*,'" *AFA* 34-35 (1984): 39-63.

Hogberg, Paul, "La Chronique de Lucas de Tuy," *RHi* 81 (1933): 404-20.

Hook, David, "The Conquest of Valencia in the *Cantar de Mio Cid*," *BHS* 50 (1973): 120-26.

——, "The Opening Laisse of the *Poema de Mio Cid*," *RLC* 53 (1979): 490-501.

Horrent, Jules, "Les Chroniques espagnoles et les chansons de geste," *MA* 53 (1947): 271-302; 62 (1956): 279-99.

——, "Notes de critique textuelle sur le *Cantar de Mio Cid*," *Mélanges de linguistique et de philologie médiévale offerts a M. Maurice Delbouille*. 2 vols. Gembloux: 1964. 2: 275-89.

——, "Traditions poetiques du *Cantar de mio Cid* au XII siécle," *CCM* 7 (1964): 451-77.

——. *Historia y poesía en torno al Cantar del Cid*, trad. Juan V. Martínez. Barcelona: Editorial Ariel, 1973.

——. *Cantar de mio Cid: Chanson de mon Cid, Edition, Traduction et Notes*. 2 vols. Ghent: Ed. Scientifiques, 1982.

Huber, Victor A., ed. Véase Velorado, Juan de.

Huici Miranda, Ambrosio. *Historia musulmana de Valencia y su región*. Valencia: Anubar, 1969.

Huntington, Archer M. Véase Velorado, Juan de.

Janer, Florencio, ed. *Colección de poesías castellanas anteriores al siglo XV*. en *Biblioteca de Autores Españoles*, vol. 58. Madrid: Biblioteca de Autores Españoles, 1864.

Jiménez de Rada, Rodrigo. Véase Ximénez de Rada, Rodrigo.

Kleinhenz, Christopher, ed. *Medieval Manuscripts and Textual Criticism*. University of North Carolina Studies in Romance Languages and Literatures 173. Chapel Hill: University of North Carolina Press, 1976.

Kuhn, Alwin. *Poema del Cid*, 2ª ed. Tübingen: Sammlung Romanischer Übungstexte, 1970.

Lacarra, María Eugenia. *El 'Poema de Mio Cid': realidad histórica e ideología.* Madrid: J. Porrúa Turanzas, 1980.

Lanchetas, Rufino. *Gramática y vocabulario de las obras de Gonzalo de Berceo.* Madrid: Suc. de Rivadeneyra, 1900.

Lang, Henry R., "Contributions to the Restoration of the *Poema del Cid, RH* 66 (1926): 1-509.

Lapesa, Rafael. "Sobre el *Cantar de Mio Cid.* Crítica de críticas. Cuestiones lingüísticas," *Études...Jules Horrent,* eds. Jean Marie d'Heur y Nicoletta Cherubini. Liège: Gedit, 1980. 213-231.

————. *Historia de la lengua española,* 9ª ed. Madrid: Gredos, 1981.

————. *Estudios de historia lingüística española.* Madrid: Paraninfo, 1985.

Lausberg, Heinrich. *Handbuch der literarischen Rhetorik.* 3 vols. München: Max Hueber, 1960.

Lázaro Carreter, Fernando, "Sobre el 'modus interpretandi' alfonsí," *Ibérida* 6 (1961): 97-114.

Lévi-Provençal, Evariste. *Islam d'Occident.* Paris: G. P. Maisonneuve, 1948.

————, "La toma de Valencia por el Cid," *Andalus* 13 (1948): 97-156.

Liber Regum, ed. Enrique de Setien. *Memorias de las Reinas católicas de España.* 2 vols. Madrid, 1761; reprod. Aguilar, Madrid, 1959.

Lidforss, Eduardo, ed. *Los Cantares de Myo Cid.* Lund: Acta Universitatis Lundensis, 1895.

Linehan, P. *The Spanish Church and the Papacy in the Thirteenth Century.* Cambridge: Cambridge University Press, 1971.

Lomax, Derek W., "Rodrigo Jiménez de Rada como historiador," *Actas del Quinto Congreso Internacional de Hispanistas [AIH],* 2 vols. Bordeaux: Université de Bordeaux III, 1977. 2: 587-92.

————, "The Date of the *Poema de mio Cid,*" *Mio Cid Studies,* ed. Alan D. Deyermond. London: Tamesis, 1977, 73-81.

López de Toro, José, y R. Paz Remolar. *Inventario general de manuscritos de la Biblioteca Nacional de Madrid,* IV. Madrid: Ministerio de Educación Nacional, 1958.

Lorenzo, Ramón. *La traducción de la Crónica General y de la Crónica de Castilla.* 2 vols. Orense: Instituto de Estudios Orensanos "Padre Feijóo," 1975-77.

Lowe, S. K. *Paleographic Guide for Spanish Manuscripts, Fifteenth-Seventeenth Centuries: Roman Numerals.* Philological and Documentary Studies, Middle America Research Institute, 2 vols. New Orleans: Tulane University, 1943.

Lozano Sánchez, José, ed. Véase Ximénez de Rada, Rodrigo.

Lucas de Tuy. Véase Tuy, Lucas de.

Magnotta, Miguel. *Historia y bibliografía de la crítica sobre el PMC (1750-1971).* University of North Carolina Studies in Romance Languages and Literatures 145. Chapel Hill, 1976.

Malo de Molina, Manuel. *Rodrigo el Campeador, Estudio histórico fundado en las noticias que sobre este héroe facilitan las crónicas y memorias árabes.* Madrid: Imprenta Nacional, 1857.

Mannetter, T. A. *Text and Concordance of the "Crónica de Once Reyes."* Microfichas. Madison: Hispanic Seminary of Medieval Studies, 1989.

McArdle, Ellen C. Nugent, "Tense and Mood in the *Crónica de veinte reyes* (MS.J.) and the *Poema de Mio Cid.*" Tesis inédita, Columbia University, 1984.

Menéndez Pidal, Gonzalo, "Como trabajaron las escuelas alfonsíes," *NRFH* 5 (1951): 363-80.

Menéndez Pidal, Ramón. *La leyenda de los Infantes de Lara*, Madrid: Hijos de José M. Ducazcal, 1896; 3ª ed. Madrid: Espasa-Calpe, 1971.

———, "El Poema del Cid y las Crónicas Generales de España," *RH:* 5 (1898): 435-69.

———, ed. *Primera Crónica General de España*. Madrid: Bailly-Bailliere e Hijos, 1906; 2 vols.; ed.rev., 1955.

———. *Cantar de mio Cid. Texto, Gramática y Vocabulario*, 3 vols. Madrid, 1908-11; 4ª ed. Madrid: Gredos, 1969.

———. *Catálogo de la Real Biblioteca, Manuscritos Crónicas Generales de España*, 3ª ed. Madrid: [Real Biblioteca], 1918.

———, "Relatos poéticos en las crónicas medievales, nuevas indicaciones," *RFE* 10 (1923): 329-72.

———. *Poesía juglaresca y juglares: aspectos de la historia literaria y cultural de España*. Publicaciones de la Revista de Filología Española 7. Madrid: Centro de Estudios Históricos, 1924; ed. rev. *Poesía juglaresca y orígenes de las literaturas rómanicas: Problemas de de historia literaria y cultural*. Biblioteca de Cuestiones Actuales, 6. Madrid, 1957.

———. *La España del Cid*. 2 vols. Madrid, 1929; 7ª ed. Espasa-Calpe, 1969.

———. *De primitiva lírica y antigua épica*. Buenos Aires: Espasa Calpe, 1951.

———. *Reliquias de la poesía épica española*. Madrid: Gredos 1951; ed. rev. Diego Catalán, Madrid: Gredos, 1980.

———, "Tradicionalidad de las Crónicas Generales de España. A propósito de los trabajos de L.F. Lindley Cintra," *BRAH* 136 (1955): 131-97.

———, "Los cantores épicos yugoeslavos y los occidentales. El *Mio Cid* y dos refundidores primitivos." *BRABLB* 31 (1965-66): 195-225.

———. *La épica medieval española desde sus orígenes hasta su disolución en el romancero*, eds. Diego Catalán y María del Mar de Bustos. Obras de R. Menéndez Pidal 13. Madrid: Espasa Calpe, 1992.

Menéndez y Pelayo, Marcelino, "Dos opúsculos inéditos de D. Rafael Floranes y D. Tomás Antonio Sánchez sobre los orígenes de la poesía castellana," *RH* 18 (1908): 295-342.

Michael, Ian. *The Poem of the Cid*. Manchester: Manchester University Press, 1975.

———. *Poema de Mio Cid*. Madrid: Castalia, 1976; 2ª ed. 1978.

———, "Geographical Problems in the *PMC*: I. The Exile Route," *Medieval Hispanic Studies... Rita Hamilton*, ed. London: Tamesis, 1976, 117-28.

———, "Geographical Problems in the *PMC*: II. The Corpes Route," *Mio Cid Studies*, ed. Alan D. Deyermond. London: Tamesis, 1977, 83-89.

Milá y Fontanals, Manuel. *De la poesía heroico-popular castellana*. Barcelona:

Alvaro Verdaguer, 1896.

Millares Carlo, Augustín. *Paleografía española*. 2 vols. Barcelona: Labor, 1929.

———. *Tratado de paleografía española*, 2ª ed. 2 vols. Madrid: Victoriano Suárez, 1932.

Montgomery, Thomas, "The Cid and the Count of Barcelona," *HR* 30 (1962): 1-11.

———, "Narrative Tense Preference in the *Cantar de Mío Cid*," *RPh* 21 (1968): 253-74.

———, "Grammatical Causality and Formulism in the *Poema de mio Cid*," *Studies in Honor of Lloyd A. Kasten*, Madison: Hispanic Seminary of Medieval Studies, 1975, 185-98.

———, "The 'Poema de Mio Cid': oral art in transition," *Mio Cid Studies*, ed. Alan D. Deyermond. London: Tamesis, 1977, 91-112.

———, "Basque Models for Some Syntactic Traits of the *Poema de Mio Cid*," *BHS* 54 (1977): 95-99.

———, "Mythopoeia and Myopia: Colin Smith's *The Making of the Poema de Mio Cid*," *JHP* 8.1 (1983): 7-16.

———, "Marking Voices and Places in the *Poema del Cid*," *LaC* 19.1 (1990): 49-66.

Morel-Fatio, Alfred. *Catalogue des manuscrits espagnols et des manuscrits portugais de la Bibliothèque Nationale*. Paris: Imprimerie Nationale, 1892.

Morón Arroyo, Ciriaco, "La teoría crítica de Menéndez Pidal," *HR* 38 (1970): 22-39.

Ocampo, Florián de. *Las quatro partes enteras de la Crónica de España que mandó componer el Serenissimo rey don Alonso llamado el Sabio*. Zamora: Augustín de Paz y Juan Picardo, 1541.

Oelschläger, Victor R. B. *A Medieval Spanish Word-List: A Preliminary Dated Vocabulary of First Appearances up to Berceo*. Madison: University of Wisconsin Press, 1940.

———, *Poema del Cid in Verse and Prose*. New Orleans: Tulane University, 1948.

Pardo, Aristóbulo, "Los versos 1-9 del Poema de mio Cid: ¿no comienza ahí el Poema?" *Thesaurus* 27 (1972): 261-92.

Pattison, D. G., "The *Afrenta de Corpes* in Fourteenth-Century Historiography," *Mio Cid Studies*, ed. Alan D. Deyermond. London: Tamesis, 1977, 129-40.

———. *From Legend to Chronicle: The Treatment of Epic Material in Alphonsine Historiography*. Medium Aevum Monographs, n.s. 13. Oxford: The Society for the Study of Medieval Languages and Literatures, 1983.

———, "Reseña de Brian Powell *Epic and Chronicle*," *MAe* 55.2 (1986): 333-36.

———, "Reseña de Colin Smith *The Making of the 'Poema de mio Cid*,'" *MAe* 55.2 (1986): 330-32.

———, "The Reign of Ordoño II in a New Chronicle Manuscript: More light on the Alphonsine *borrador*," *MÆ* 60.2 (1991): 268-271.

————— y Brian Powell, "Two New Manuscripts at Salamanca of the Alphonsine Chronicle Tradition," *LaC* 18.2 (1990): 5-9.

Pavlović, Milija N. y Roger M. Walker, "Money, Marriage and the Law in 'The Poema de Mio Cid,' *MAe* 51 (1982): 197-212.

—————, "Roman Forensic Procedure in the *Cortes* Scene in the *Poema de Mio Cid*," *BHS* 60 (1983): 95-107.

Pineda, Juan de. *Memorial de la excelente santidad y heroycas virtvdes del Señor Rey don Fernando Tercero deste nombre*. Sevilla: Matías Clavijo, 1627.

Powell, Brian. *Epic and Chronicle: The 'Poema de Mio Cid' and the 'Crónica de Veinte Reyes'*. Modern Research Association Texts and Dissertations 18. London: The Modern Humanities Research Association, 1983.

—————, "The *Partición de los reinos* in the *Crónica de veinte reyes*," *BHS* 61 (1984): 459-71.

—————, "The Opening Lines of the *Poema de Mio Cid* and the *Crónica de Castilla*," *MLR* 83.2 (1988): 342-50.

Procter, Evelyn S. *Alfonso X of Castile, Patron of Literature and Learning*. Oxford: Clarendon Press, 1951.

Puyol, Julio, ed. Véase Tuy, Lucas de.

Rico, Francisco. *Alfonso el Sabio y la 'General estoria.'* Barcelona: Ariel, 1972.

Richardson, Henry B. *An Etymological Vocabulary to the Libro de buen amor of Juan Ruiz Arcipreste de Hita*. Yale Romanic Studies 2. New Haven: Yale University Press, 1930.

Riquer, Martín de. "Bavieca, caballo del Cid Campeador, y Bauçan, caballo de Guillaume d'Orange," *BRABLB* 25 (1953): 127-44.

Risco, Manuel. *La Castilla y el mas famoso castellano*. Madrid: Blas Román, 1792.

Ritter, Jane, "The Legend of the Cid in the *Crónica de Veinte Reyes*." Tesis inédita de M.A., Tulane University, 1967.

Roca, Pedro. *Catálogo de los manuscritos que pertenecieron a D. Pascual de Gayangos*. Madrid: Revista de Archivos, Biblioteca y Museos, 1904.

Rodríguez de Almela, Diego. *Crónica de España*. Sevilla: Alfonso del Puerto para Michael Dachauer & García de Castillo, 1482. Transcr. María Jesús García Toledano. Berkeley & Madrid: ADMYTE, 1992.

—————. *Valerio de las istorias escolásticas*. Medina del Campo: Nicolas de Piemonte, 1511; [*Valerio de las historias de la sagrada escritura y de los hechos de España*], nueva ed. Juan Antonio Moreno, Madrid: Blas Román, 1793.

Rossini, Egidio, "Introduction to the Edition of Medieval Vernacular Documents (XIII and XIV Centuries)," en *Medieval Manuscripts and Textual Criticism*, ed. Christopher Kleinhenz, 175-93.

Rubio García, Luís. *Estudios sobre la edad media española*. Biblióteca filológica 5, Murcia: Universidad de Murcia, 1973.

Ruíz Asencio, José, "El Manuscrito Escorial X-I-6 de la *Crónica de veinte reyes*. Estudio codicológico y paleográfico" en *Crónica de veinte reyes*, 53-62.

Russell, Peter. E., "Some Problems of Diplomatic in the 'Cantar de Mio Cid" and their Implications," *MLR* 47 (1952): 340-49.

⸺, "San Pedro de Cardeña and the Heroic History of the Cid," *MAe* 28 (1958): 57-79.

Sánchez Alonso, Benito. *Historia de la historiografía española*, 2ᵈᵃ ed., 2 vols. Madrid: C.S.I.C., 1947.

Sánchez, Tomás Antonio. *Colección de poesías anteriores al s. XV*, 4 vols. Madrid: Antonio de Sancha, 1779.

Serrano y Sanz, M., "Chronicon villarense (*Liber regum*)," *BRAE* 6 (1919): 1922-20; 8 (1921): 367-82.

Setien, Enrique de. Véase *Liber Regum*.

Smith, Colin, "Did the Cid Repay the Jews?" *Ro*, 86 (1965), 520-38.

⸺, "Latin Histories and Vernacular Epic in Twelfth Century Spain: Similarities of Spirit and Style," *BHS* 48 (1971): 1-19.

⸺. *Poema de mío Cid*. Oxford: Clarendon Press, 1972; rev. 1985.

⸺, "Personages of the *Poema de mio Cid*," *MAe* 42 (1973): 1-17.

⸺, "Per Abbat and the *Poema de mio Cid*," *MAe* 42 (1973): 1-17.

⸺, "Literary Sources of Two Episodes in the *Poema de mio Cid*," *BHS* 52 (1975): 109-22.

⸺. *Poema de Mio Cid*. Madrid: Cátedra, 1976.

⸺. *Estudios cidianos*. Madrid: Planeta, 1977.

⸺, "Sobre la difusión del *Poema de Mio Cid*," *Etudes...Jules Horrent*. Liège: Gedit, 1980, 417-27.

⸺, "Epics and Chronicles. A Reply to Armistead," *HR* 51 (1983): 409-28.

⸺. *The Making of the 'Poema de mio Cid'*. Cambridge: Cambridge University Press, 1983.

⸺, "Tone of Voice in the *Poema de Mio Cid*," *JHP* 9 (1984): 3-18.

⸺, "On editing the 'Poema de mio Cid'," *Iberoromania* 23, (1986): 3-19.

⸺, "The First Prose Redaction of the *Poema de Mio Cid*," *MLR* 82.4 (1987): 869-86.

⸺ y J. Morris, "On 'Physical' Phrases in Old Spanish Epic and Other Texts," *Proceedings of the Leeds Philosophical and Literary Society* 12 (1967): 129-90.

Solalinde, A. G., "Intervención de Alfonso X en la redacción de sus obras," *RFE*, 2 (1915): 283-88.

Spitzer, Leo. "Sobre el carácter histórico del *Cantar de Mio Cid*," *NRFH* 2 (1948): 105-17.

Such, Peter, y John Hodgkinson, trads. *The Poem of my Cid*. Warminster: Aris & Phillips, 1987.

Thompson, F. Harrison. *Latin Bookhands of the Later Middle Ages, 1100-1500*. Cambridge: University Press, 1969.

Torres Rodríguez, Casimiro, "La era hispánica," *RABM* 79 (1976): 733-56.

Tuy, Lucas de. *Chronicon Mundi*, ed. A. Schottus. *Hispaniae Illustratae, seu urbium rerumque Hispaniarum*, 4 vols. Frankfurt: apud Claudium Marnium, 1608. 4: 1-116.

————, *Crónica de España*, ed. Julio Puyol. Madrid: Revista de Archivos, Bibliotecas y Museos, 1926.

Tyssens, Madeleine, "Le jongleur et l'écrit," *Mélanges offerts a René Crozet*. 2 vols., eds. Pierre Gallais y Y. Rion. Poitiers: Société d'Études Médievales, 1966. 1: 685-95.

Ubieto Arteta, Antonio. *El 'Cantar de mio Cid' y algunos problemas históricos*. Valencia: Anubar, 1973.

————, "Observaciones al *Cantar de mio Cid*," *Arbor* 37 (1957): 145-70.

Uriarte Rebaudi, Lia Noemí, "Un motivo folklórico en el *Poema del Cid*," *Fil*, 16 (1972): 215-30.

Vaquero, Mercedes, "The Tradition of the *Cantar de Sancho II* in Fifteenth-Century Historiography," *HR* 57.2 (1989): 137-54.

————. *Tradiciones orales en la historiografía de fines de la Edad Media*. Madison: Hispanic Seminary of Medieval Studies, 1990.

————, "El cantar de la jura de Santa Gadea y la tradición del Cid como vasallo rebelde," *Olifant* 15.1 (1990): 47-84.

Várvaro, Alberto, "Dalla storia alla poesia epica: Albar Fañez," *Studi... offerti a Silvio Pellerini*. Padova: Liviani, 1971, 655-65.

Velorado, Juan de. *Cronica del famoso cauallero Cid Ruydiez campeador*. Burgos: 1512 (ed. facs. Archer. M. Huntington, The Hispanic Society of America, 1903); 1593 (ed. V.A. Huber, *Chronica del famoso cavallero Cid Ruydiez Campeador*. Marburg: Bayrhoffer, 1844.)

Vollmöller, Karl, ed. *Poema del Cid, nach der einzigen Madrider Handschrift*. Halle: M. Niemeyer, 1879.

Von Richthofen, Erich, *Estudios épicos medievales*, trad. J. Perez Riesco. Madrid: Gredos, 1954.

————, "Nuevas aportaciones críticas sobre la estructura del *Poema de Mio Cid*," *Prohemio* 5 (1974): 197-206.

————. *Tradicionalismo épico-novelesco*. Barcelona: Planeta, 1972.

Walker, Roger, "Reseña de *Poema de mio Cid* (Smith)," *BHS* 52 (1975): 398-404.

————, "A Possible Source for the 'Afrenta de Corpes' Episode in the *PMC*," *MLR* 72 (1977): 335-47.

Walsh, John K., "Performance in the *Poema de mio Cid*," *RPh* 44.1 (1990):1-25.

Waltman, Franklin M. *Concordance to Poema de Mio Cid*. University Park and London: Penn State University Press, 1972.

Webber, Ruth House, "Formulaic Diction in the *Mocedades de Rodrigo*," *HR* 48 (1980): 195-211.

————, "Lenguaje Tradicional: epopeya y romances," *Actas del VI Congreso Internacional de Hispanistas*. Toronto: AIH, 1980.

West, Geoffrey, "Mediaeval Historiography Misconstrued: The Exile of the Cid, Rodrigo Díaz, and the Supposed *invidia* of Alfonso VI," *MAe* 52.2 (1983): 286-99.

Willburn, Glen D. *Elementos del vocabulario castellano del siglo trece*. México: Editorial Jus, 1953.

Wright, Roger, "How Old is the Ballad Genre?" *LaC* 14.2 (1985): 251-57.

————, "Several Ballads, One Epic and Two Chronicles (1100-1250)," *LaC* 18.2 (1990): 21-37.

Ximénez de Rada, Rodrigo. *De rebus Hispaniae*, ed. A. Schottus. *Hispaniae Illustratae*, 3 vols., Francfurt, 1603. 2: 25-148.

————. *Historia Arabum*, ed. Fr. de Lorenzana, *P.P. Toletanorum quotquot extant opera* vol. 3, Madrid: Viuda de Joaquim Ibarra, 1793. vol. 3; ed. facs. María Desamparados Cabanes Pecourt, ed. Valencia: Anubar, 1968, 242.

————. *Historia Arabvm*, ed. José Lozano Sánchez. Anales de la Universidad Hispalense, serie Filosofía y Letras 21. Sevilla: Universidad de Sevilla, 1974.

————. *Historia de rebvs Hispanie sive historia gothica*, ed. Juan Fernández Valverde. Corpus Christianorum continuatio mediaevalis 72, Turnhout: Brepols, 1987.

Zarco Cuevas, Fr. Julián. *Catálogo de los manuscritos castellanos de la Real Biblioteca de El Escorial*. 3 vols. Madrid, 1924, 1926, 1929.

Zingarelli, Nicola, "Per la genesi del *Poema del Cid*. Alcuni raffronti con la Cronica Generale," *Rendiconti del Reale Instituto Lombardo di Science e Lettere*, serie: 58 (1925): 705-26.